书山有路勤为径,优质资源伴你行
注册世纪波学院会员,享精品图书增值服务

整体回报 2.0
完全指南

组织的奖酬和激励战略与架构

The WorldatWork
Handbook of Total Rewards

A Comprehensive Guide to
Compensation, Benefits, HR & Employee
Engagement (Second Edition)

美国世界薪酬协会 著
(WorldatWork, Total Rewards Association)
[美]丹·卡法罗（Dan Cafaro）编
张宏 唐秋勇 译

电子工业出版社
Publishing House of Electronics Industry
北京·BEIJING

The WorldatWork Handbook of Total Rewards: A Comprehensive Guide to Compensation, Benefits, HR & Employee Engagement, Second Edition by WorldatWork, Total Rewards Association; compiled & edited by Dan Cafaro
Copyright © 2021 by John Wiley & Sons, Inc.
Simplified Chinese translation edition copyright © 2022 by Publishing House of Electronics Industry.
All rights reserved. This translation published under license.
Copies of this book sold without a Wiley sticker on the cover are unauthorized and illegal.

本书简体中文字版经由John Wiley & Sons, Inc.授权电子工业出版社独家出版发行。未经书面许可，不得以任何方式抄袭、复制或节录本书中的任何内容。
本书封底贴有Wiley防伪标签，无标签者不得销售。

版权贸易合同登记号　图字：01-2021-2027

图书在版编目（CIP）数据

整体回报完全指南 2.0：组织的奖酬和激励战略与架构／美国世界薪酬协会著；张宏，唐秋勇译.—北京：电子工业出版社，2022.6
书名原文：The WorldatWork Handbook of Total Rewards: A Comprehensive Guide to Compensation, Benefits, HR & Employee Engagement（Second Edition）
ISBN 978-7-121-43365-8

Ⅰ.①整… Ⅱ.①美… ②张… ③唐… Ⅲ.①企业管理—人力资源管理 Ⅳ.① F272.92

中国版本图书馆 CIP 数据核字（2022）第 085138 号

责任编辑：杨洪军
印　　刷：北京七彩京通数码快印有限公司
装　　订：北京七彩京通数码快印有限公司
出版发行：电子工业出版社
　　　　　北京市海淀区万寿路173信箱　邮编100036
开　　本：787×1092　1/16　印张：22.75　字数：474千字
版　　次：2022年6月第1版
印　　次：2024年2月第6次印刷
定　　价：128.00元

凡所购买电子工业出版社图书有缺损问题，请向购买书店调换。若书店售缺，请与本社发行部联系，联系及邮购电话：（010）88254888，88258888。
质量投诉请发邮件至zlts@phei.com.cn，盗版侵权举报请发邮件至dbqq@phei.com.cn。
本书咨询联系方式：（010）88254199，sjb@phei.com.cn。

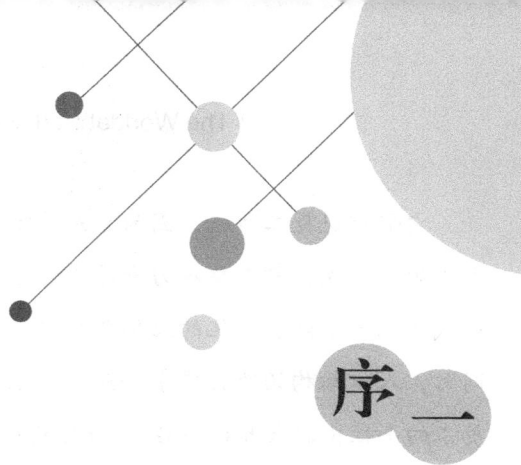

序一

何其有幸，我们生活在这样一个技术领先、互联互通的现代世界。只要你敢想，那么实现只是时间问题，甚至有些还未来得及去充分想象的事儿，就已然成为现实。然而，2019年年底爆发的新型冠状病毒肺炎疫情，却给了世界一个大大的措手不及。疫情在全球范围内的波及之广与影响之大令所有人始料未及。

作为一家人力资源管理咨询机构，我们目睹与亲历了危机下的企业百态：有些采取敏捷行动，加速转型；有些集中有效资源，因时制宜，推进了之前没有合适时机落地的项目；有些本就沉疴傍身，加之突如其来的千头万绪，疫情成了最后一根稻草；有些虽然还在苦苦支撑，但是人才流失愈加严重，形成恶性循环，前景不容乐观。

纵观那些历经风浪的洗礼却依然挺立甚至愈加健康的企业，除行业与市场等外部因素外，它们基本都有一个共同的内因：对人力资本的高度重视与有效投资。

它们关注整体回报的投资回报，持续优化薪酬策略。怡安的调研显示，每家公司的实际薪酬给付与制定的薪酬策略都有差别，通常，员工能感知到的薪酬价值仅为薪酬实际给付的70%，至少25%的薪酬投资未见成效，只有20%的公司在使用非现金激励项目。企业应该经常给自己把把脉，做做薪酬体检，结合员工效能与员工保留率的分析，不断提升与优化薪酬策略，实现"付准薪、育真才"。

它们擅用薪酬激励组合工具，助力人才吸引与保留。人才是第一资源，是企业生存与发展的核心竞争力，这已经成为普遍共识。传统的薪酬与奖金策略已经无法支持企业参与激烈的"人才竞争"，人力资源管理者需要思考的是如何兼顾组织的现在和未来，结合战略导向、核心竞争力、阶段里程碑等维度，合理使用现金、长短期激励等多种工具组合，综合设计人才的激励机制，最终实现企业在运营、成长与股东回报上的目标。

它们重视员工体验，因为它是最重要的生产力来源。无论是敏捷组织建设还是多元化用工模式，都需要人力资源管理者跳出传统的管理机制与思维模式，思考如何在一个组织内平衡多样化的雇佣关系并形成合力，如何赋能业务管理者建设敏捷组织。同时，人口结构的变化要求企业在管理形式与手段上不断创新，员工结构的多样化使员工的个性化需求开始凸显，HR要激发个性化中潜藏的巨大创造力。

中国已成为全球第二大经济体。2021年，中国企业在《财富》世界500强的榜单上占据了超过四分之一的席位。我国历史上的前两次人力资本革命——文化扫盲及九年制义务教育的普及，为过去30多年的经济发展奠定了广泛的人力资源基础。在经济新常态、外部环境不确定性增加以及数字化融合趋势愈演愈烈的三股力量之下，企业已经迎来了第三次人力资本革命。近期召开的中央人才会议也传递出非常明确的信息：构建充分体现知识、技术等创新要素价值的收益分配机制，让事业激励人才，让人才成就事业。

面对历史机遇与时代最强音，一个对于人力资源管理者而言最好的时代，已经来临！

张宏

怡安人力资本管理咨询亚太区首席执行官

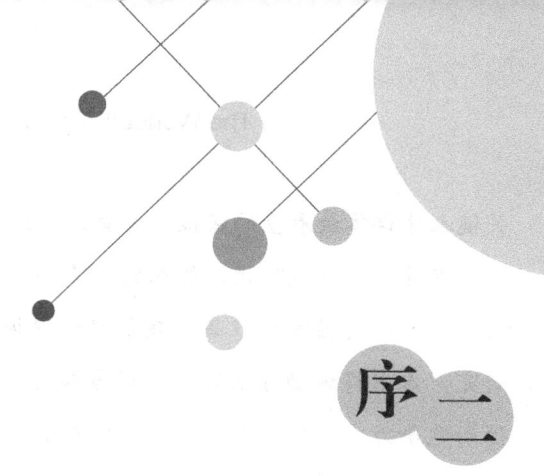

序二

整体回报体系的巨变

新型冠状病毒肺炎疫情改变了几乎所有企业的运营模式，并在一夜之间加速了未来的工作趋势，数字化协作以及远程办公带来的人际问题，给组织带来了巨大的管理挑战。员工对于从组织获得回报的需求和要求也发生了巨大的变化，例如，对于安全稳定、健康、隐私、员工体验、幸福度的需求陡然上升。

如今的组织成员不仅关注薪酬福利，更寻求工作的意义感、价值感、幸福感、参与感，这些来自每一个工作触点形成的员工体验。提升员工体验已成为雇主的当务之急。积极的员工体验是提升敬业度、员工福祉、生产力以及吸引和留住人才能力的关键驱动力。组织要想取得成功，必须从大胆的员工体验战略开始，以支持组织的业务战略。回报战略需要基于情势更加快速和灵活地进行计划和政策调整，以适应外部环境和满足内部员工多样化的需求。

薪酬策略对于实现较高的员工满意度和保留率至关重要。因为人的复杂性，单一的回报模式难以吸引、激励、保留优秀的人才和团队。整体回报管理提供了整体薪酬计划的概览，让员工了解他们的回报并增强获得感，使组织能够利用回报的力量来帮助团队获得价值感，激励团队并支持人力资源和财务专业人员做出明智的、数据驱动的决策，以帮助组织实现商业目标。组织通过构建差异化的整体回报组合来获得差别化的组织竞争力，并构建最具竞争力的人力资源管理体系。

整体回报体系高度影响组织的商业竞争力。第一，组织需要从战略上思考如何将整体回报与人才激励和吸引相结合。第二，组织必须通过透明地传达业务绩效、个人绩效和奖励之间的联系来证明其薪酬结构的公平性。第三，用面向未来的奖酬方法全面评估回报体系，而不是按孤立的计划或政策进行评估，从而增进组织对其累积影响的理解。第四，了解员工重视什么。从细分和调查分析中获得的见解使组织能够理解关键人才群体最看重的回报，并制订专为满足其需求的计划。

在这个VUCA时代，组织需要重新审视业务、结构、规模、水平和工作，以便为未来的不确定性做好准备。我们建议遵循的一个未来趋势就是投资于整体回报体系的研究。本书将帮助你研究、分析当前的薪酬体系，以评估其在所在区域和行业的有效性和竞争力，以及实践中的盲点和不足。

本书为你提供了一份全面的人才回报指南，你可以了解整体回报体系应该涵盖哪些领域，以及如何在组织中实施这一战略。毫无疑问，人才对于回报中的确定性、体验、福祉的要求比重将大幅增加，这将是一个更好地沟通人才的贡献与回报、组织绩效与个人产出/贡献之间联系的机会。构建一个有效的、全面的人才回报体系极具挑战性，但这一工作是构建、维持、推动组织能力的重中之重，作为人力资源管理者的你，需要快速响应并积极投入这一伟大和艰辛的工作之中。

唐秋勇

法国里昂商学院全球人力资源与组织创新中心联席主任

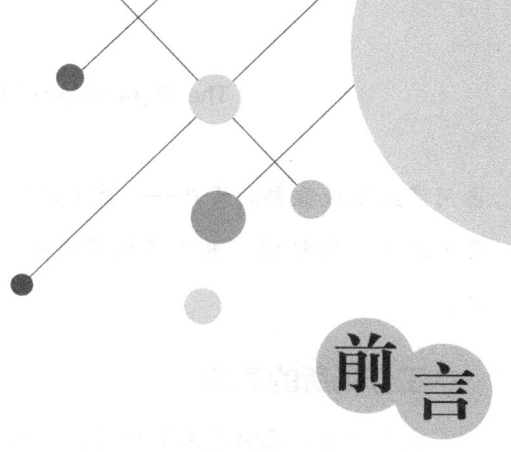

前言
寻找我们前进的道路

第四次工业革命正在模糊人类与技术之间的界限，人们的工作方式和企业创造价值的方式都在受到影响。我们的竞争对手和威胁也比以往任何时候都多，包括便捷的初创公司市场准入、更快的速度和更先进的技术，以及像新型冠状病毒肺炎这样的全球流行病，似乎都有可能在一夜之间摧毁价值。

我们也处在巨大的工作变化之中。第四次工业革命对工作场所的影响将是以往任何工业革命中最深刻的。虽然第一次工业革命到第三次工业革命对我们的大规模生产和提高质量的制造能力产生了直接影响，但第四次工业革命将对我们的工作方式产生更直接的影响，并可能拆除我们所知的许多传统的工作场所。领导者需要为员工和工作场所做好准备，以迎接一个追求目标而非利润、追求速度而非结构的随需应变的世界。

企业和政府必须学会引领和适应这些变化，并且支持劳动力的转型。如果管理得当，未来的工作可能是让更多人充分发挥他们的潜力，并为他们的组织带来更高的价值。

这些变化意味着整体回报和人力资源专业人员将拥有为其员工带来更好的体验，同时为组织的发展做出贡献的最大机会。为此，这将要求人力资源从注重工作和合规性转变为真正以人为本，把更多的精力放在工作和员工上，而不是规则和政策上。这将有助于释放生产力，并提升员工的体验，从而产生让世界更加美好的结果。

组织机构越来越多地将其商业模式转换为投入提升员工体验上。提升员工体验可以改善客户体验，有助于吸引和留住员工，建立承诺并提高团队生产力。因此，随着越来越多的研究和数据支持这样的观点，工作场所革命仍在继续。

人力资源过于关注员工在就业方面的体验，而这并没有增加足够的价值，并且占用了组织最重要的资产——员工的宝贵时间。一个组织拥有以有意义的方式培育自己员工的独特技能，并为其提供最佳的员工体验，这将大大增加组织和员工成功的机会。

工作场所的革命

当人们真正能够产生影响时，一定是他们处于最好状态——最快乐、最投入、最富有成效的时候，而这样的结果与所创造的工作场所有很大关系。

工作场所的可持续性是指通过重塑员工在组织中的体验，以提供最高的经济、社会和环境价值。这种转变绝不仅仅是对一个不断变化的世界的滞后反应。随着我们进入这个新的工作环境时代，为人们需要和想要的工作方式创造战略性设计的工作场所是一种必要的能力。你准备好迎接挑战了吗？

可持续性和颠覆是我们在商业互动中经常听到的两个词。事实上，几乎每天都有人通过这些术语，来解释我们现在需要如何思考、行动和工作。表面上，这些概念似乎不太合适，但实际上，它们对你的未来至关重要。可持续性是持续存在的能力。颠覆是指创新改变了现有的常态。为了可持续性，你需要颠覆。想要颠覆，你必须拥有超越现有的产品、服务或业务的能力。

今天，我们有一个独特的机会，将促进可持续发展的工作从商业外围带入其核心领域，以充分利用工作场所和员工。工作场所可以成为你想做的几乎所有事情的最佳推动者，甚至可能超过领导力。

未来十年的工作场所（它们将更加混乱、不一致、缺乏规则、具有流动性和弹性）将与我们目前所知的情况并存，所有这些都将与全球范围内的极端市场波动保持同步。未来的速度、变化和动荡将需要不同的解决方案，需要比历史上任何时候都更多的连通性。

答案不是"做好准备"安然渡过难关，而是重新想象人们在这些新情况下想要和需要如何工作。毫无疑问，工作场所革命将是整体回报和人力资源专业人员对业务产生影响的最大机会之一。无疑会有赢家和输家，而且所有迹象都表明，技术和速度将继续是罪魁祸首。这意味着我们大多数传统的人事流程不够动态，无法跟上变化。如果我们在工作场所不尽自己的一份力来提高创新性、敏捷性和洞察力，以及了解何时转向，那么它们将使我们失败。

前言

可持续发展的公式

工作场所的可持续发展将要求你打破许多现有的员工计划，如招聘、职位描述、职位名称、绩效反馈和入职等。这种内部的打破对于吸引和留住最优秀的人才是必要的。这些变化看似令人望而生畏，但它们正在到来，我们的目标不应该是转移，而是调整，以便我们能够为员工提供最好的体验。一个重要的驱动因素是，传统的雇主和员工合同已经不复存在，取而代之的是一种按需、高度数字化的关系，而且很可能是一种更短期的关系，它比以往任何时候都更多地将完整的人吸收到工作情境中。

除努力寻找优秀的新员工外，你还必须努力让他们专注于你不断变化的供应链。这比听起来的更棘手。新员工是一个风险群体，往往是流动率最高的群体。现在，对在何处、如何和何时工作，有更多选择。对人才的竞争将继续影响我们每个人的交付能力。新员工的入职、留任或离职的决定在很大程度上受面试和入职过程的影响，这为他们未来的预期经历奠定了基调。

员工推荐是一个非常好的模式，它可以产生比没有推荐更好的整体表现。而新员工比其他员工更成功的原因是，推荐他们的人通过承担入职责任，确保他们的成功，这意味着新员工会得到额外的关注和支持。

麻省理工学院斯隆管理学院教授埃米利奥·卡斯蒂拉的研究发现，如果推荐人在新员工开始工作之前就离开了，那么这类新员工的表现并没有比其他员工好。这一点很重要，因为这表明我们没有对招聘过程中许多不相关的部分给予足够的关注，即使给予了足够的关注，如果我们想要持续的绩效和任期，内部变化的不断升级的步伐将需要额外的支持。

如果需要从一个地方开始，就直接从基础开始。检查一下招聘过程是否真的满足了你的需求——让你建立了可持续性。同时，确保目前提供的薪酬是公平合理的，以让你的员工对公司有使命感。你是否为员工提供了广泛而灵活的奖励，以支持他们生活中最重要的时刻？你是否为员工提供了可持续发展、职业成长、获得认可的机会，以及鼓励员工自己做保证？

如果可持续发展在某种程度上就是培养组织中的人才，那么如何以最佳方式培养他们，使他们为今后的工作做好准备？他们是否准备好了随着市场的变化、技术的变化、现在和未来工作类型的变化而发展？如果有一个适当的计划来训练技能，那么即使某项工作即将消失，你也不会失去一个有创造力、有智慧的人。

维持和发展你自己的人才库将在长期成功中发挥非常突出的作用,特别是当更多的常规技能在工作场所变得不那么有价值和需要的时候。如果把这些因素结合起来,你就有了一个可持续地发展组织的公式,你越强大,就越能成为颠覆性的人物。

你是谁,你的组织是谁

我很高兴能成为一个组织的一员,从事为这些组织和其中的个人增加很多价值的工作。我想你会同意,如果不使用整体回报,你永远不会发现、雇用、留住和发展你的员工。毫无疑问,它们是我工作经历中最喜欢的部分,也是最关键、要做好的部分。

你的一生中没有一刻离得开整体回报。你结婚了,有一个整体回报的响应。如果你有了孩子,就转移一下工作,这是一个整体回报的组成部分。你升职、加薪、换工作,当有整体回报时,所有这些事情都会更成功。

我们能够在整体回报空间中去影响所有生命中最重要的时刻。当花点时间想一想你能给这么多人带来的影响时,你会觉得在这个行业服务真的是一种荣誉。

我们确实需要改变在设计薪酬、福利、健康、绩效和表彰计划时采用的"一刀切"的方法。我喜欢那些既符合法律规定又公平的程序,同时能考虑到每个人的需求,并使他们达到最佳状态。我们每个人都有不同的生活经历,受到不同事物的激励,我们的奖励计划可以更加适应这些细微的差别,同时可以服务于庞大的群体。

如果奖励计划的设计和实施得当,就会向员工发出你关心他们的信号。你关心他们所做的事情,关心他们做事的方式,关心他们的想法,关心他们因为出色的工作而得到的回报。奖励可以加强你对他们的身份和工作的重视。

所有领导者都必须熟练掌握如何实施奖励计划。这不仅是一个整体回报或人力资源职能。每个人都有自己的上司或伙伴,即使零工,也会和公司里的某个人保持联系。这些对话(从反馈到认可)是以对员工有意义的方式奖励和认可员工的一部分。

整体回报:解决混乱的灵丹妙药

当你在外面开车的时候,停顿片刻,让别人把车开到你前面——当你这样做的那一刻,你希望发生什么?你在看他们是否向你挥手,当他们挥手的时候,你感觉棒极了。你会说:"哦,我太棒了!"这样你就会觉得自己的生活有所不同。

这是一个有回报的时刻。这就是整体回报的工作原理。一个有意义的事情发生,

| 前言 |

它迫使你去做得更好一点，做出不同的选择，做得更有意义，或者为组织多付出一点。奖励时刻告诉你很多关于你是谁、你的组织到底是谁，这是员工体验最关键的方面。

工作的世界正在改变，而且变得越来越好。我们正在学习如何让一群不同的人参与到共同的主题中，并努力在我们似乎拥有无限数量的信息时寻找意义，而这些信息必须经过审查才能筛选出重要的东西。请记住，一个精心设计的奖励计划是解决世界混乱局面的灵丹妙药。所以下次当你在外面开车时，当你让别人把车开到你前面时，找找别人的挥手，看看你感觉有多好。然后，记录下这一刻的感受，并把它用到你的员工、同事和组织中。团结起来，我们就能为全世界数以百万计的员工带来改变——朋友们，这就是最大的回报。

斯科特·卡伍德
世界薪酬协会首席执行官

注：参与本书翻译工作的还有田亚茸，特此表示感谢。

简介

第四次工业革命带来工作的终结（又保有良好的薪酬水平）

在整个20世纪，员工和管理层之间的社会契约的演变是动荡的。社会契约，通常是不言自明的，而非明文规定，是个体与主权者之间的一项协议，以个人自由换取权利的保护和秩序的维持。

> **社会契约**旨在定义社会治理的条件：人民与他们的统治者签订了一份契约，该契约决定了他们与统治者的关系。人民承诺服从统治者，而统治者承诺提供保护和良好的政府服务。当统治者履行自己的承诺时，人民也必须履行自己的承诺，但如果统治者管理不当，契约就会被打破，忠诚也就结束了。（高夫，1936）

从那时起，这种社会契约就不断地被打破、修补和改变。19世纪末，席卷生活的变革飓风影响了人们每天获得面包的方式、地点和时间。当罗特里斯伯格和迪克森（1937）将组织描述为"社会系统"时，他们关心的就是平衡员工和雇主的需求。他们在撰写19世纪20年代的霍桑实验时指出："机械过程、所用材料的类型和质量，都是基于精心设计的实验和知识而得出的；而公司的人力政策，都是基于传统的行政理念和做法的。在制定人力政策时，公司没有满意的标准来衡量其人力管理方法的实际价值。"

变革的力量

劳动力

在工业化真正扎根之前，雇员与今天的自由职业者没有什么不同——专业化程度较低，流动性更强，而且几乎是按项目雇用的。他们要么是农民，生产他们需要的东西；要么是城市手工业者，是手工业行会的成员，用自己的工具和自己的特长工作。

但是，随着资本开始集中在制造业，家庭迁移到城市以便到工厂工作，工厂的出现是为了更好地组织工作。在这些工厂里，结构化的等级制度得到了发展，劳动力变得更加功能化。工厂提供了一种比个体、个体工匠和劳工更有效的生产方法。然而，工厂的决定性特征不一定是大规模生产，而是"权力在特定组织形式协调机制中占主导地位"（卡巴斯，2008）。通过计划生产、无固定期限的雇佣合同管理劳动力、发布订单而不是与劳动力提供者合作，企业可以更有效地配置资源（科斯，1937）。最后，由于本组织规模的扩大，这些命令必须通过主管和经理的等级制度发出和监测。

在这一阶段，双方社会契约中的不平等现象是不可避免的。在20世纪初，工人几乎没有任何福利。工人每周平均工作时间为53小时（菲斯克，2001）。雇主在任何纠纷中都占了上风，因为他们在经济上可以比任何员工坚持得更久，正如亚当·斯密于1776年在《国富论》（全名为《国民财富的性质和原因的研究》）中写道："如果不受雇，很多人不能维持一周的生活，很少有人能维持生活一个月，几乎没有人能维持生活一年。"在英国，这最终导致工会的兴起，并在20世纪早期引发了福利改革，包括养老金和失业保险。在美国，1938年的《公平劳动标准法》为合理的工作周制定了标准，设立了最低工资标准，禁止雇用童工，并保护集体谈判。1935年美国通过的《社会保障法》建立了永久性的养老金（以及后来的残疾金）制度。

在过去的一个世纪里，工作场所的人口结构发生了巨大的变化。科技（从电力驱动的机器到通信技术）改善了工作场所的安全性，同样在家庭方面的进步也使女性从家务劳动中解放出来，去追求有薪酬的工作。改善的医疗和新药意味着疾病不再那么致命，受伤后重返工作岗位的速度也更快。人口增长、移民和教育水平的提高都有助于劳动力的扩大（菲斯克，2001）。

21世纪初出现了一种新的工作形式：以技术为基础的零工经济和组合工作（为不同组织从事多个不同项目工作的人）。如今，这种工作形式占美国劳动力的近16%（卡茨和克鲁格，2016）。根据2014年一项针对敏捷工作的调查，大约一半的零工没有接受过培训，只有三分之一接受了绩效评估。在接受调查的雇主中，只有不到一半的人"愿意将他们纳入内部沟通对象范围或考虑授予表彰奖励"（英国特许人事发展协会，2014）。随着这种雇佣方式的不断发展，政府颁布了各种各样的规定，不仅是最低工资和其他基本要求，还试图在社会契约的构建中保持某种程度的平衡。这些规定的范围很广，从要求雇主提供诸如带薪病假之类的基本条件，到要求雇主制定政策声明，概述他们如何在供应链中保护员工不受奴役。

这样看来，至少在某些方面，过去的一切似乎只是个序幕。但在得出任何过早的结论之前，让我们先看看影响职场的其他力量。

管理

随着铁路、电报通信和蒸汽动力的兴起，商业只有在非常大规模的情况下才变得有效率。企业主们意识到他们需要新的技术来管理他们的资源，建立和维护原材料供应链，并提高生产力。股东需要看到组织得到较好的控制，以提高利润。随着教育的兴起，一个由工程师、会计师和监督员组成的新的专业阶层开始为实现这种新模式而努力。

小阿尔弗雷德·钱德勒对此观点表达得最清楚："无论一个工厂的效率有多高，如果原材料不能及时到达，或者产出不能迅速分发和销售，都会是巨大的浪费。管理者和统计控制都是必不可少的。协调和组织也很重要。克服了这些问题的公司都获得了成功。大企业的崛起不仅涉及富豪，它的核心特征实际上是创造了职业经理人。"（萨谬尔森，2006）

在凯切尔（2012）所称的"管理世纪"的开始，出现了将科学理论应用于人员管理的实验。弗雷德里克·泰勒的时间和动作研究试图将任务分解成最基本的单位，使人成为机器的一部分。埃尔顿·梅奥在西部电气霍桑工厂的研究发现，无论采取何种干预措施来改善工作环境，员工都会对被咨询的、事先向他们解释的变化，以及由此产生的团队活力做出更积极的回应。其他见解包括道格拉斯·麦格雷戈的"Y理论"，它强调了工作满意度和自主性在激励员工方面的重要性，以及彼得·德鲁克将工作场所视为一个社会网络，在这里，技能和才华是被尊重的，而不是简单地被驾驭在一个时间钟上。他们的目标是在推动经济成果与创造这些成果的员工的人性需求之间取得平衡。

然而，秒表式的心态（职业经理人对业务各个方面的微观分析）很快催生了更为激进的企业战略。最终，美国和英国放松管制、全球贸易和计算机技术向管理者和股东表明，行业整合、公司合并和恶意收购是增加利润和/或增加股东价值的途径，至少在短期内如此。在急于控制价值链的每个环节（包括人的因素），对企业核心（员工、客户、股东）的需求不再优先考虑。正如凯切尔（2016）指出的，"最著名的是在杰克·韦尔奇领导下的通用电气，隐含的终身雇佣之类保证的旧的雇主和员工合同被撕毁了"。

今天的管理挑战集中在工作与生活的平衡问题、灵活的工作和正式的评估上。在欧洲管理发展基金会发布的一份报告中，大多数受访者认为，他们的组织过于依赖薪酬作为关键的参与策略，而没有认识到需要提供具有挑战性和有趣的工作（登特、霍尔顿和拉贝茨，2010）。该报告认为，"很容易忽视激励中人际关系和人的方面的重要性，尤其是当你周围的人都失业了，而你又超负荷工作的时候……此外，许多组织使用传统的奖励和表彰手段的余地更小"。

今天，我们正处于第四次工业革命的早期阶段，通常被称为数字化转型阶段，它包含了广泛的技术，如人工智能、量子计算、物联网和3D打印，它是在瑞士达沃斯举行的2019年世界经济论坛会议上的一个重要议题。世界经济论坛提出，这场革命将使"我们的生活、工作和相互联系的方式发生根本性变化。这是人类发展的一个新篇章，它是由与第一、第二和第三次工业革命一样的非凡技术进步所促成的。这些进步正在以创造巨大希望和潜在危险的方式将物理、数字和生物世界融合在一起"（世界经济论坛，2019）。

正如世界经济论坛使用"危险"（peril）一词所表明的那样，雇主和员工如今面临的许多职场挑战都植根于这场革命。同样，随着员工体验的大幅提升，以及更广泛地说，随着新类型工作的出现，这场革命将继续带来大量的新机会，以提高生产率，加强工作与生活的平衡，并提高员工敬业度，其中许多工作可能是今天无法想象的。

人力资源

在第二次世界大战之前，一个组织中没有什么能与现代人力资源职能相媲美。招聘和培训员工的工作落到了部门经理和少数的专家身上，如招聘官或企业培训师（罗迪奇，2015）。他们的职责主要是保存记录，很少参与员工关系管理。该职能与组织的其他部门是分开的，它在组织的业务战略发展中分担得很少。甚至，组织的业务战略有时似乎与人力资源部门的业务无关。随着霍桑研究引发的激励实践的兴起，对员工满意度的各种尝试开始实施，如提供更高的工资和更好的工作条件。

直到第二次世界大战后，管理层才开始重视对工作场所人员的正确管理。这是基于20世纪30年代发展的科学管理理论的新人际关系运动的结果。人事职能扩大到包括激励技术、员工福利问题、正式的工作描述、薪酬战略，以及绩效评估和奖励制度。

这种新的人事职能对员工的最大影响之一是在绩效考核方面。这个过程对员工来说是不透明的，几乎没有发展的可能性，而且与物质成果挂钩。绩效差的员工往往意味着被减薪，而绩效好的员工可能意味着有加薪或奖金，这反映了一种信念，即金钱是激励员工生产力的最有力工具（布伊扬、乔杜里和费尔杜斯，2014）。这个过程在很大程度上是不公平的，往往是有偏见的，而且会挫伤员工的士气。

朝鲜战争后，出现了一批受过大学教育的新的管理者，他们比他们的前辈更有社会责任感。从20世纪60年代开始，人事职能开始被称为人力资源。对法规遵从性要求的增加和对人力资源有助于组织盈利的进一步认识，导致了人力资源部门职能的增加。人力资源部门职能变得更加整合，并注重组织效能。

20世纪80年代，越来越多的公司开始关注员工的积极性和敬业度，努力改善沟通、团队建设、员工健康和财务状况、员工职业发展和继任计划，以及更加平等的工作环境。（或者，我们总结一下，关注的是个人的整体福祉。）计算机发展所带来的技术变革进一步加强了沟通和员工参与，并加深了对组织文化的关注度。

盖洛普在2018年8月的年度职场调查中发现，员工的敬业度高于往年，对休假、灵活的工作时间、绩效和薪酬计划等福利的满意度、工作自主权水平普遍提高，以及他们与同事和上司的关系都比往年略有上升（哈特，2018）。报告总结道："21世纪的劳动力期望有一位根据他们的优势对他们进行辅导的管理者——许多工作场所的这种日益增长的意识和行动很可能解释了参与型员工比例逐渐上升的原因。"

伴随着这种演变，人力资源职能部门及其领导者也有了新的标签：首席人力资源官（CHRO）现在被首席人才官（Chief People Officer, CPO）替代，以这种更流行的标签来凸显。

员工福利和退休的诞生

卫生保健

影响雇主和员工关系变化状态的一个关键因素是在英国、德国以及最终在大多数欧洲国家发展的单一支付人（政府）医疗保险。美国几乎是唯一没有走上这条道路的国家，这主要由于20世纪早期各种医疗保健利益集团的强烈抵制（和有效游说）。因此，我们将在本节中重点讨论美国的经验。

简介

由于需要保护收入不因工伤、残疾或死亡而受到损失，互助会得到了发展。到了世纪之交，雇主开始引入适度的"疾病保险"计划，作为对工伤的实际反应，并作为加强员工和雇主之间关系的一种方式（菲尔德和夏皮罗，1993）。基于标准精算原则的保险产品的开发始于1850年的英国，但直到第二次世界大战后才在美国兴起。

美国在20世纪30年代出现了蓝十字医保计划，涵盖了医院费用；蓝盾计划最终涵盖了医生提供的服务。在第二次世界大战期间和之后，越来越多的雇主提供医疗保健福利，作为规避国家工资控制的一种方式。1950—1965年，雇主在医疗保健方面的支出上升到了整体回报成本的0.5%~1.5%（菲尔德和夏皮罗，1993）。慢慢地，形成了一些关键原则：基于实际风险的保费，通过免赔额和共同保险分担的费用，引入主要医疗福利，控制对保健提供者的付款，并监测其使用情况。

从那时起，医疗保健诊断、治疗和医药领域（也许是最重要的）都有了指数级的进步。其结果是，在过去30多年里，医疗保健费用急剧上升，给寻求保持有竞争力福利的雇主带来了重大挑战。近年来，尽管有雇主赞助医疗保健保险，但员工往往因保险费增加和高额的自付费用而苦恼。

与此同时，多年来的证据表明，健康的员工和工作表现之间存在很强的相关性。《职业与环境医学杂志》进行了最广泛的研究之一（法比尤斯等人，2016）。在这项研究中，研究人员发现由美国职业与环境医学学院颁发的"企业健康成就奖"的20位获奖者组成的"投资组合"表现（以股票价值衡量），在14年间（1999—2012年）比标准普尔500指数的表现高出约80%。该研究的后续更新也显示了类似的结果。

退休

成功的储蓄和投资需要远见、自律和技巧。在工业化进程的初期，当退休是人生的一个新兴阶段时，员工们没有可以模仿的榜样。退休储蓄似乎没有必要。工业化的到来，使得工作地点从家庭转移到大型企业。65岁以上老人的就业率随着生产力的下降而下降，但大多数人在年老时没有资产。随着工作场所医疗和公共政策的改善，人们的寿命开始延长，但只能维持较小的家庭规模，因为他们能用于支持"退休"需求的资源较少。

美国内战退伍军人在战争期间致残，可领取养恤金，这些福利会一直持续下去。最后，大型雇主引入了企业养老金制度，让他们有机会在不损害与其他劳动力关系的情况下解雇年长员工。

从1949年到1979年，退休项目有所扩大。工资控制和1947年《塔夫脱-哈特利法案》的直接工资最高限额导致雇主和工会提供更好的医疗保健、退休和其他"附加福利"。斯蒂庞克（Studebaker）汽车厂的关闭导致1974年《就业退休收入保障法》的制定和社会保障的加强。

在20世纪的最后20年里，固定收益养老金计划蓬勃发展，尽管它们并不完美。此外，社会保障能够替代大约40%的退休前工资。1966年推出的医疗保险覆盖了大部分医疗保健支出。自2000年以来，出现了从固定收益计划转向固定缴款计划，并退出了退休人员的健康保险。社会保障继续面临着经济挑战——员工寿命的延长及终身职业的减少。

新风徐来：整体回报满足全面幸福

虽然雇主赞助的医疗保健项目旨在支付医疗费用，退休项目旨在帮助员工为他们的退休生活提供资金支持，但许多雇主意识到，预防疾病和财务压力对支付成本和提高生产率至关重要。兰德公司发现，在2013年的调查中，69%的雇主购买了健康筛查服务和干预服务（玛特科等人，2013）。

世界薪酬协会的整体回报模式展示了雇主和员工之间的动态关系。这一概念最初是在21世纪初提出的——我们坦率地说，部分原因是为了向员工说明，不断上涨的医疗费用影响了雇主提供有意义的工资增长的能力。然而，它已经演变为描述雇主和员工交流的战略要素，以及反映外部影响和日益全球化的商业环境如何影响吸引、激励、保留和敬业。

整体回报项目，特别是那些旨在支持个人的职业、身体、经济和社会/社区（整体）福祉的项目，作为一种战略工具，通过能够更有效地留住、吸引和支持更有生产力的员工来实现商业成果。项目包括薪酬、福利、工作和生活效率、认可、绩效管理和人才发展（IBISWorld，2019）。这些项目还在继续发展，以应对今天的挑战。例如，陪产假正得到与产假同等的重视，"家庭假"正日益扩大，以及涵盖其他需求，例如照顾年迈的父母。

同样，公司赞助的志愿者和社区参与项目正在成为雇主整体福利战略的重要组成部分（巴克，2018）。这些项目不仅有助于吸引和留住年轻一代的劳动力，而且加强了全体员工的责任感和福祉。

简介

人力资源数字化转型

关于数字化转型的话题已经很多了，而且还将继续下去，所以我们不会在这里深入探讨这个话题。但是如果完全忽略它，这一节就不完整了。

与蒸汽、电力和计算机等先前的颠覆性革命相比，数字化转型通常被称为第四次工业革命。如果把投资水平作为指标，数字化转型当然是够格的。随着97.2%的公司对数字化转型技术进行实质性投资（德勤，2017），毫无疑问，这种转型将影响社会契约的向前发展。

数字化转型的主要关注点是生产力和质量的提高，但我们从以前的革命中知道，在这个变革时代，劳动力将受到巨大的破坏。在20世纪80年代的计算机革命期间，生产员工的效率明显提高了。但是，这并不能抵消对组织内其他部门的巨大影响。信息工作者类别的工作岗位扩大了，而他们的同期生产率几乎下降了7%（《经济学人》杂志，2000）。为了管理这些新技术，人们创建了全新的IT组织，所有市场部门都对极其稀缺的IT人才产生了强烈的需求。根据美国劳工统计局（2019）的数据，计算机革命花了近10年时间才使美国整个市场的生产率出现净增长。

社会契约的下一步发展不仅包括部署新的数字化转型技术，而且要确保雇主有效地配合，员工清楚地了解对他们的影响，参与、支持并接受适当的培训，以支持未来十年的变革。

为了强调这一点的重要性，2018年的一项调查显示，大多数高管（64.7%）表示他们在数字化转型技术商业应用方面遇到了重大挑战。当被问及是什么因素阻碍了他们部署和利用最新数字化转型技术的能力时，只有5%的人认为问题出在技术上，其他95%的人都认为是因为存在文化障碍（New Vantage，2018）。很明显，当纵观数字革命中的所有挑战时，你不能仅通过技术来实现数字化转型目标，因为人的方面是成功的关键。

地缘政治的力量

2019年8月19日，《纽约时报》发表题为《首席执行官说股东价值不再是一切》（盖利斯和亚菲-贝拉尼，2019）的文章。这篇文章报道了商业圆桌会议发表的一份由181位首席执行官签署的声明（2019）。在这份声明中，这些首席执行官承诺领导他们的公司"为了所有利益相关者——客户、员工、供应商、社区和股东——谋福利"。

换句话说，重申他们对组织、个人和其他利益相关者之间的社会契约的承诺。

"美国梦依然存在，但正在消逝，"摩根大通公司董事长兼首席执行官、商业圆桌会议主席杰米·戴蒙写道，"主要雇主都在为他们的员工和社区投资，因为他们知道这是实现长期成功的唯一途径。这些现代化的原则反映了工商界坚定不移地致力于继续推动一个为所有美国人服务的经济。"（商业圆桌会议，2019）

该声明阐明了所有签约公司与所有利益相关者之间的"基本承诺"。这些承诺包括：为客户提供价值，对员工进行投资，与供应商进行公平和合乎道德的交易，支持他们工作的社区，以及为股东创造长期价值（最后上市）。

对员工的投资，声明中写道："首先要公平地给予他们补偿，并提供重要的福利，还包括通过培训和教育为他们提供支持，帮助他们发展新的技能，以适应迅速变化的世界。我们促进多样性和包容性、个人尊严和彼此尊重。"

诺贝尔经济学奖获得者米尔顿·弗里德曼（1970）说："企业的社会责任只有一个：只要企业遵守游戏规则，即参与公开和自由的竞争，没有欺骗或欺诈，就可以利用其资源，从事旨在增加利润的活动。"然而，面对弗里德曼主义，这些全球领先的雇主发表了他们强有力的声明：他们不仅提出组织对其他几个利益相关者负有责任，而且他们把客户价值和雇主责任放在了责任清单的首位。

多年来，其他雇主也提出了这一观点，并渴望以这种方式运作。这些类型的组织甚至有一个分类：B公司，其使命是"利用商业作为向善的力量推动全球人口流动"（2019）。

在当前地缘政治力量的推动下，企业是否会成为抵御社会倒退的有效堡垒，并在事实上加速推动全球个人福祉的进步？它们绝对拥有这样做的资源和话语权。

洛里·布洛克和迈克尔·戴维森

目录

1　整体回报的力量 …………………………………………………… 001

2　关于薪酬你想知道的一切（但又不敢问）………………………… 022

3　市场定价和人才之争 ……………………………………………… 061

4　通过绩效工资将薪酬与绩效挂钩 ………………………………… 079

5　高管薪酬披露、趋势和挑战 ……………………………………… 106

6　销售薪酬要素 ……………………………………………………… 127

7　员工幸福感的变化 ………………………………………………… 156

8　福利的基础知识 …………………………………………………… 181

9　如何通过持续发展来提高员工的技能 …………………………… 221

10　如何认可和奖励绩优员工 ………………………………………… 236

11　全球员工敬业度战略的基石 ……………………………………… 250

12　多样性和包容性世界中的企业问责制 …………………………… 270

13 薪酬平等和奖励公平 ·· 292

14 零工与新人才价值主张 ·· 309

15 工作的现在和未来：数字化颠覆、自动化和技能重塑 ·················· 324

1
整体回报的力量

65年前,一群有远见的专业人士组建了世界薪酬协会(WorldatWork),当时的工作和薪酬比今天要简单得多。薪酬是主要的"奖励",而福利还处于起步阶段,是对员工的一种额外的低成本补贴。将这些东西结合起来的概念是几十年之后的事了,更不用说,用它们和其他"奖励"来影响员工在工作中的行为。

当前,我们只是部分地经历了从一个主要由工业化的商业环境到一个更加虚拟的、以知识和服务为基础的环境的演变,至少在北美和欧洲是这样的。以下是一些主要转变:

- 企业越来越像一个地球村一样运作,工作转移到世界各地,以利用低成本劳动力的优势,并解决技能差距。
- 技术持续革新着,不仅使更多的工作自动化,而且使虚拟工作场所成为可能,专业人员越来越多地在家办公或远程办公。
- 女性在整个劳动力队伍中的比例是与男性平等的,即使在高层管理者中的占比尚未与男性持平。
- 传统的等级差别已经被更快的决策和市场速度所侵蚀。团队合作是绩效评估中最常见的行为之一。
- 在美国,越来越多的企业和业务部门为欧洲或亚洲母公司所有,他们希望自己的惯例和规范在工作场所被遵守和尊重。

- 工作流动性被认为是理所当然的。根据美国劳工统计局的数据，2020年，平均年龄在40岁的普通员工会从事10种不同的工作，而且这个数字预计还会增长。弗雷斯特研究公司预测，当今最年轻的员工一生中将从事12~15种工作。
- 性别、种族和宗教差异是大多数工作环境中常见的一部分。多样性已经成为一种被尊重的价值，并通过一系列具体的项目加以体现。
- 企业领导者越来越把员工视为生产力的驱动因素，而不是一个更大车轮上相对可更换的齿轮。

伴随着这些变化，人们对奖励的本质产生了截然不同的看法。在向知识型和服务型经济转变的过程中，雇主和员工之间的关系或交易也开始发生变化。将员工视为业绩驱动力意味着要从不同的角度思考如何吸引、留住员工，并让他们在工作中付出能够自由裁量的努力。因此，词典中引入了整体回报的概念，以满足这些需求。

拓宽整体回报的定义

整体回报的定义总是会引发争论。例如，图1.1列出了在某个组织的整体回报定义中曾经出现过的项目。由此不难看出，人们在谈话中使用这个词时，却发现他们所指的概念大相径庭。

一般来说，定义有两大主流的阵营。

- 狭义的整体回报，包括薪酬和福利，有时还包括其他有形的因素（如发展），又被称为整体回报或整体薪酬。
- 广义的整体回报，可以扩展到所有与为某个特定雇主工作有关的"有回报"的东西，或者员工因受雇而得到的一切东西。有时，像价值主张、总价值等术语可以与整体回报互换使用。

虽然狭义的整体回报已经存在很长一段时间，但引发热议的是其广义的概念。事实上，整体回报中的许多活动都涉及企业向更广泛的定义转变。这有几个原因：

- 一揽子计划的"核心"要素受到侵蚀。传统的薪酬要素（薪酬、福利和股票奖励）不再是组织的差异化因素。薪酬的竞争地位正趋向于中位数或平均值，福利成本继续上升。股票项目，如期权的分配，不再像以前那样有吸引力。鉴于这些情况，一个合理的反应是扩大组织为整体就业提供的服务。综上所述，一个合理的响应是扩宽组织为整体雇佣方案所提供的范畴。

直接经济薪酬	工作	附加
基本工资	自主管理	体育联盟
奖金	休闲服装政策	社区
现金利润分红	具有挑战性的工作	婚恋支持
员工推荐项目（现金）	建设性的反馈	多元化项目
股票项目	提供停车场所	员工庆祝活动
建议项目（创意现金奖励）	符合人体工程学/舒适的工作场所	员工俱乐部
	灵活的工作安排	专业协会
间接经济薪酬	免费停车	研讨会
建议采纳奖	有趣的工作	春假
大学储蓄项目	工作技能培训	派对
大学学费和费用	现代且维护良好的工作空间	支持团体
通勤报销（税前）	开放的沟通	志愿者联系
公司食堂	绩效管理	
公司商店	晋升机会	其他/便利
家属关怀	安全的工作环境	自动取款机
家属奖学金	建议程序（非现金）	拼车/货车合用/穿梭车
折扣机票	远程办公机会	汽车座椅代金券（新生儿）
教育补助	制服津贴	儿童保健资源
健身设施折扣	研讨会	信用合作社
健康和福利		员工心理援助项目
额外的家属关怀（旅行）	职业生涯	员工优惠卡券及礼品商店
通过工资扣除保险（汽车/家庭）	360º 技能评估	准家长项目
长期护理保险	职业发展	法律服务
公司配捐	教练	医疗中心
搬迁项目	午餐与学习系列	服役支持
退休项目	管理发展	在线服务
通过工资扣除储蓄债券	辅导项目	现场干洗
奖学金	开放的职位	疫苗服务
股票购买项目	退休前咨询	现场食品服务
学生贷款	服务奖项	现场邮局
学费报销	培训和发展	私人定制旅行
		健康项目
		全球旅行援助

图1.1 整体回报：不同的雇主有不同的奖励

- 运营效率和有效性的压力。整体回报代表着一个主要的成本要素。当组织试图严格管理成本时，就更加强调确保所有成本都被计算和管理。通过更广泛地重新定义薪酬，并关注那些能获得最大回报的元素，组织可以提高效率。
- 满足不同的需求。今天的组织管理的是更多的异质人群。对于多元化的劳动力来说，没有一个单一的组成部分成为价值驱动因素。员工需要做出选择，也需要更大的灵活性。对整体回报的广泛定义有助于雇主展示他们的薪酬体系是如何回应当今全球劳动力的广泛需求的。
- 要更有力地强化业务战略。企业关心的是向员工发送清晰的业务信息。一个结构合理的整体回报方案会发送一个关键信息。通过将整体回报的所有组成部分与整体业务愿景相一致，一个公司便可以确保员工的目标一致。

考虑到这些因素，广义的定义在市场上受到青睐也就不足为奇了。组织仍然需要根据他们能够充分衡量和管理的东西，来决定他们要如何广泛地定义整体回报。

什么是整体回报

整体回报包括薪酬、福祉、福利、发展和认可等因素，这些因素共同作用，导致了最佳的组织绩效。当战略设计和执行与业务目标相一致时，整体回报项目会激发积极性和生产力，使员工感到自己的贡献受到赞赏和奖励，从而推动组织取得更大的成功。

整体回报模型

世界薪酬协会于2000年推出了整体回报模型。该模型的不断发展，反映了组织需求、劳动力预期、劳动力人口统计数据和整体回报行业的变化。

整体回报的实践需要深入的知识、专门的技能，并及时洞察劳动力面临的最关键问题。该模型囊括了整体回报实践及从业人员对组织战略和劳动力结果的广泛影响。

2020年整体回报模型包含五个部分，每个部分都包括计划、实践和一些维度上的细微差别。

薪酬

雇主为员工提供的薪酬，以换取员工提供的服务，如时间、精力和才能。这包括与总体贡献挂钩的固定和可变薪酬。

福祉

劳动力的状况，即员工是否有高效、舒适、快乐和健康的状态，要求组织能够考虑到其身体、情感/精神、经济和环境因素对员工的影响。专业人士可以通过组织战略影响力和建设项目来影响员工的这种状态，这些项目能够支撑员工在工作内外都取得成功。

福利

福利部分侧重于健康和福利、收入保护、财务准备、退休和休假（包括请假）的计划，旨在为员工及其家人提供全面的福祉和安全。

发展

包括雇主提供给员工的激励和机会，以提升他们无论是在短期还是长期的职业生涯中的技能、能力、责任和贡献。

认可

在调整和加强组织文化的同时，感谢、确认、承认和庆祝员工在正式或非正式的项目中的贡献。

内部的影响

整体回报项目必须与整体业务战略保持一致，得到领导的支持并符合组织文化。其他的劳动力要素，如包容性的商业影响，对项目的成功至关重要。

在这个充满挑战和超速发展的时代，多样性和包容性是一个需要整体回报专业人员能力的战略领域。现在，薪酬福利专业人员提供的不再仅仅是支持，而且被期望成为文化智商和行为改变的最有力倡导者。各个组织都依赖他们在设计和交付其整体回报项目时理解、影响和反映多样性和包容性原则。

指导设计和实施整体回报举措与项目的内部影响因素包括战略、文化、劳动力、包容性和领导力。

战略

整体回报战略是一种使强有力的商业战略得以实现的机制。无论目标是卓越的运营、产品/服务的领先地位，还是客户参与，奖励项目都有助于沟通期望，调整努力，并激励所需的行为，以实现结果。

文化

简单地说，组织文化指的是随着时间的推移人们在一起互动和合作时形成的一套共同的价值观和信念。它涵盖了组织的愿景、价值观、规范，并最终影响了员工的体验和产出。整体回报可以帮助组织转变和加强所需的文化规范，并显著影响工作的执行和在组织中的认可。

劳动力

奖励必须量身定制，以满足日益多样性的员工群体的需求，这些需求由地缘政治趋势、技术进步和人才统计（包括当今的五代员工）定义。精通整体回报的专业人员将其视为吸引最高绩效和最佳竞争的机会。

包容性

在这个高度加速的时代，多样性和包容性战略为组织在人才吸引和劳动力生产率方面提供了竞争优势。整体回报管理者可以通过制定公平与透明的薪酬、职业发展、包容性福利等明确方法，帮助组织实现更大的多样性，同时建立包容性的文化。

领导力

只有当领导者在促进对薪酬项目的理解和欣赏方面发挥积极作用时，整体回报项目才会有效。整体回报专业人员必须与组织领导合作，以确保整体回报项目与业务目标相一致，并确保这些项目被员工充分理解、使用和赞赏，以达到最大的效果。

外部的影响

20年来，最佳整体回报设计战略的设计基本原理一直相对稳定。企业必须认识到一些外部因素，如竞争性（产品和劳动力）市场、监管环境以及影响每个领域的社会和文化规范。对这些因素的深入理解将为整体回报专业人员提供构建有效的整体回报项目以驱动性能结果所需的环境。

成效

虽然整体回报在员工体验中起着主导作用，但它并非存在于真空中。相应的举措必须完全融入企业的人力资源战略，并将影响项目设计和战略的人力资本和社会影响考虑在内。技能提升、零工经济、监管变化、人工智能的影响、数据分析、薪酬平等和其他人力资源因素都会影响整体回报战略。

战略、文化和整体回报元素的协调为员工和组织带来了差异化的价值主张：在一个包容性的环境中，敬业度得到提高，绩效（个人/团队/业务）得到提升。这一领域的关键绩效指标可能包括薪酬公平、公平感、就业品牌实力、财务绩效、整体生产力、员工敬业度和满意度。

整体回报方法为什么有效

几十年来，一直有令人信服的证据表明，吸引、聘用和留住员工的最佳方式是关注整体回报，而不仅是工资和福利。

20世纪50年代，弗雷德里克·赫茨伯格对影响工作态度的因素进行了著名的研究。他确定了16个因素，并将它们分为10个"保健因素"和6个激励因素（成长、晋升、责任、工作本身、认可和成就）。注意，激励因素不包括工资和福利——这些都是保健因素。因此为了激励员工，必须采取整体回报的方法。

自20世纪60年代以来，心理学家（包括亚伯拉罕·马斯洛）一直强调较少的有形需求、成长和自我实现，对个人的价值感同样重要。图1.2说明了整体回报如何映射到著名的马斯洛需求层次。多年来，这一信息得到了其他著名思想家和管理大师的进一步强化，包括马斯洛、埃德·劳勒、彼得·德鲁克和爱德华·戴明。

大多数数据显示，工作和职业机会、领导才能和认可度（而不是薪酬）是员工敬业度和留任率的主要驱动因素。

当得到一个工作机会时，你会怎么做？拿一张纸，在中间画一条竖线，在一侧标记"维持目前工作"，在另一侧标记"接受新工作"。然后在每侧填写与每个工作相关的整体回报。如果一个人的决策基于整体回报的思维模式，那么在考虑如何吸引、留住和激励更广泛的员工时，难道不应该采用同样的思维模式吗？

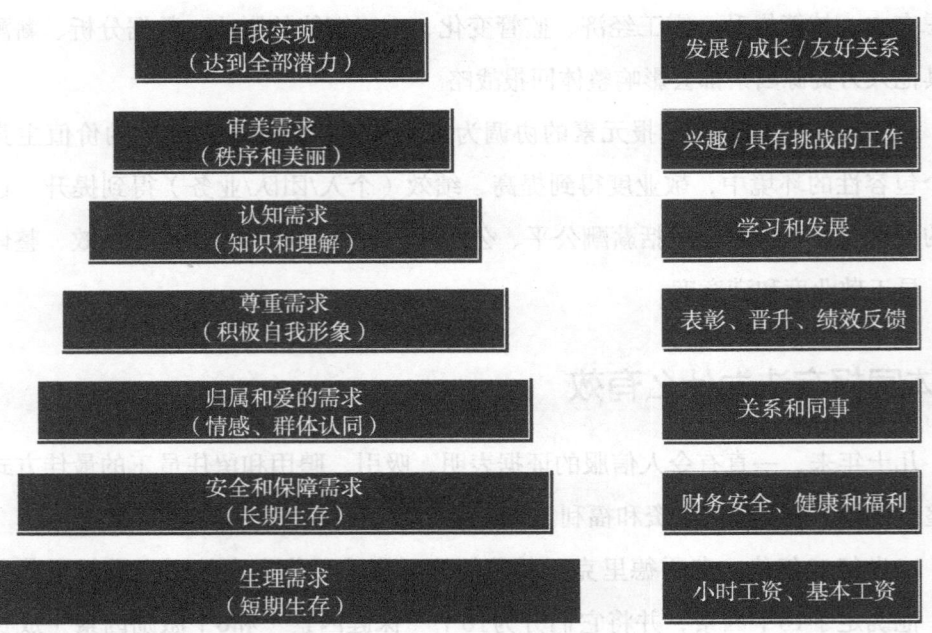

图1.2　整体回报与马斯洛需求层次

在今天的环境中，采用整体回报的理由比以往任何时候都更加充分：

- 整体回报解决了当今企业在成本管理和增长方面的业务需求。研究表明，对薪酬的看法越有限，代价就越高，因为企业往往会用现金来应对各种情况。整体回报支持从无效的项目转向有助于推动业务发展的项目。
- 整体回报满足了当今员工不断变化的需求。随着员工队伍的不断多样性，员工的期望也在发生变化。例如，他们更加强调工作的丰富性、时间的灵活性和工作环境的整体性。整体回报方法更好地解决了许多不同的员工需求。
- 整体回报能够将组织从现金和股票中摆脱出来。随着股票的作用在大多数公司变得不那么重要，人们开始寻找其他东西，帮助组织重新定义市场上对人才提供的具有吸引力和差异化的待遇。整体回报可以帮助组织做到这一点。

整体回报方法的五大优势

增加灵活性

随着"一刀切"的做法基本消失，21世纪正朝着"用你想要的方式奖励你"的时代迈进。正如公司创造利基产品和服务来迎合小众消费者群体（微营销）一样，雇主也需要开始为不同的员工群体创造不同的奖励方案。在全球劳动力市场上尤其如此，因为在这个市场上，劳动力的多样性和特定技能短缺是毫无例外的普遍规律。

将交易性奖励和关系型奖励相结合的整体回报方法提供了极大的灵活性，因为它允许奖励的混合和再混合，以满足员工不同的情感和激励需求。事实上，灵活性是一条双行道，雇主和员工都希望得到更多。

随着人们对灵活性的重要性有了更多的了解，越来越多的公司允许员工自己决定何时工作、在哪里工作以及如何工作。整体回报理论认为到员工想要，而且在很多情况下需要将他们的生活方式和工作结合起来。

改进人才招聘和留用

企业正面临着最优秀的员工（表现出众的员工）、拥有热门技能的IT员工以及入门级非技术性工作人员的严重短缺问题。对于人才招聘和留用的难题，经典的初始解决方案是砸钱。但是，由于这种解决方案被过度使用，因此它不仅不会提供竞争优势，还会提高用工成本。

整体回报战略对于解决招聘和留用造成的问题至关重要。它可以帮助组织创造一种满足员工需求的工作体验，并鼓励他们付出额外的努力——制定一项解决广泛问题的协议，并在最有效地解决员工价值观变化问题的地方支付奖金。

事实上，今天的求职者在决定他们想在哪里工作时，他们的目光已经超越了"大局"。工作和生活应该被视为互补优先，而不是竞争优先。当公司帮助员工有效地管理他们的生活和工作时，员工会感到对组织有更强的承诺。此外，大量研究表明，员工在决定是否加入或留在一家公司时，会考虑整体回报。

可以为潜在员工准备一份实际的汇总报表，让他们看到被公司雇用的全部价值。因此，当非常理想的求职者在不同的公司探索他们的选择时，拥有整体回报的公司更具有竞争优势，因为它们能够显示员工职业生涯方案的"总体价值"。

降低人工成本/人员流动成本

人员流动成本（常常是招聘和留用人才的驱动力）有时是无形的，而且往往不便宜。工作研究所（Work Institute）估计，员工离职的成本为离职员工工资的33%~200%。韦莱韬悦的研究表明，在通知期、空缺期和过渡期，销售人员的劳动成本是很高的。为了替换一个直销专业人员，软性成本可能是实际支出成本的25%~100%。

此外，人员流动成本包括间接成本，如来自客户和销售的损失，以及因为有生产力的员工离开、其余员工被分散导致的效率的降低。

在劳动力市场紧张的情况下提高曝光度

人才短缺已成为商业生活的一种长期状况，专家一致认为，紧张的劳动力市场将变得更加紧张。因此，雇主再也不能把员工简单地看作可互换的部件了。企业很快意识到，当没有足够的员工来填补空缺时，每个员工的作用就更加重要了。

此外，人口结构的变化（如劳动力中女性人数的增加）加上新的经济力量（如全球竞争）改变了就业格局，在忠诚度低的时候创造了对忠诚员工的前所未有的需求。如果人们能找到一个更符合他们需求的环境，他们就会为此做出改变。同样地，当他们觉得自己的需求得到满足时，他们也会原地不动。

通过清晰地了解员工的价值，并在一个全面的框架内混合和匹配薪酬，公司可以重新分配投资资金，以匹配员工表示的他们最重视的东西，并可以沟通整个方案，而不是单个组件的拼凑。

增强盈利能力

除了高昂的技术成本，人力资源专业人员还面临着不断上涨的福利成本和医疗保险覆盖范围和医疗协议的变化问题。员工想要一项"新政"的同时，正在为实现财务目标而努力的公司也正准备削减项目以削减成本。如何平衡这两个现实？改变搭配。

整体回报方案更贵是一个大误解。原因是很多公司把"整体"的概念等同于"更多"，如更多的工资、更多的福利、更多的奖励组合等。公司需要意识到的是，通过以一种更具成本效益的方式重新组合奖励，加强计划，提高员工的价值感知，不一定会增加整体投资。这在很大程度上是重新分配资金的问题，而不是寻找更多的资金。

事实上，当公司发现有针对性的重新分配奖励的力量，并开始提升项目的总价值时，他们就会选择放弃单独制定薪酬、福利和其他预算的做法，而不是选择参考广泛的战略和成本目标。当开始了解真正的总体成本时（通常是第一次），他们就可以衡量他们的支出在多大程度上与竞争实践相一致、超过或低于竞争实践。然后，他们就可以衡量整体投资是否得到了合理回报。

此外，今天的劳动力包括不同的几代人，每个人都有不同的雇主和员工关系的观点。大多数对员工的研究表明，年轻员工对工作环境、学习和发展的重视程度远远高于传统的奖励因素。相比之下，年长的员工更注重工资和福利。所有员工都关心医疗保健、财富积累、职业发展和休假。创造一套对所有员工都具有普遍吸引力的奖励机制，或者通过一套单一的解决方案来解决一系列复杂的业务问题，已经不可能。

我们面临的挑战是开发和实施一个灵活的项目，利用多样性的劳动力（见图1.3）。对每个员工的重视包括理解每个人都不希望以同样的方式工作或得到同样的奖励。为了达到卓越，雇主需要一套完整的薪酬项目。

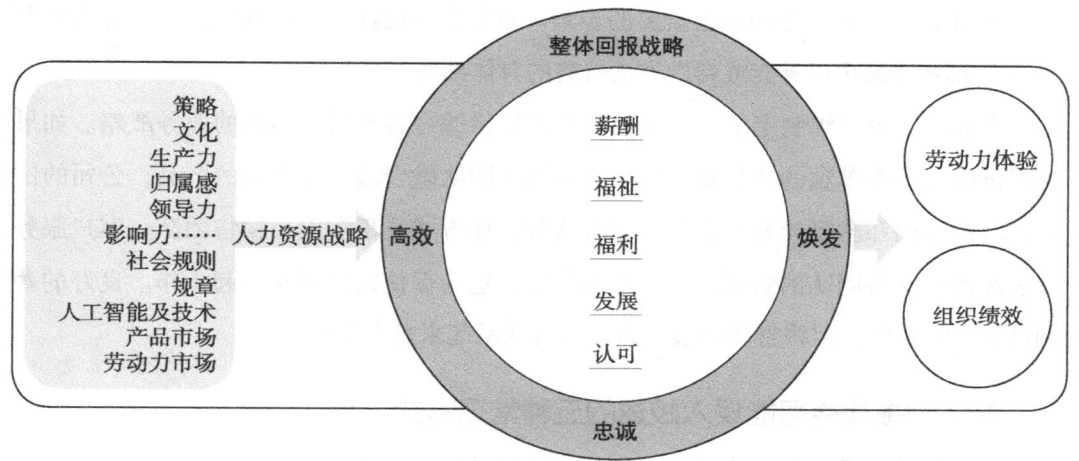

图1.3　整体回报战略

制定整体回报战略

虽然许多组织都同意"整体回报"的理念，但通常不会将"整体回报"战略付诸实践。薪酬福利部门可以与修改401（k）计划[1]的福利部门分开设计销售薪酬项目。这种零敲碎打的方法很常见，但这就好比在一栋有30年历史的中层办公楼的基础上建造一栋最先进的摩天大楼。这栋摩天大楼会因为使用了一个并非为其设计的地基而结构不健全。当建立新的或修订的福利而不考虑整体回报和福利结构时，也会发生同样的事情。

整体回报蓝图

从正确的角度开始实施整体回报项目，需要对已经实施的项目进行全面盘点，对每个项目的有效性进行排序，并找到薪酬和商业战略之间的联系。

---
[1]　也称401（k）条款，美国诸多雇主首选的社会保障计划。

- 盘点。找出已经在奖励组合中的项目内容，包括每个项目、计划和福利，甚至那些目前尚未启用的。
- 排序。确定每个项目的有效性，以及它在多大程度上接近于行业的最佳实践。有效性可以从几个方面来定义。例如，低敬业度可能意味着低兴趣，或者可能是对某一特定项目的低理解。要求部门经理列出当前一揽子计划中的前五个和后五个项目。
- 连接。这是一个困难但重要的步骤。看看公司的商业战略和地图，了解奖酬在哪些方面可以补充或帮助推动战略的具体细节。

例如，一个组织制定了专注于为其客户提供综合客户服务体验的业务战略。如果公司试图将十个单独的产品和三个不同的销售团队融合成一个无缝的产品，公司的销售团队的结构和薪酬计划可能不会支持这种合作方式。事实上，销售团队、客户服务代表和销售支持团队的薪酬结构可能不一致，这会促使人们不在一起工作。良好的薪酬计划固然重要，但将整体回报与商业战略联系起来是必要的。

整体回报战略可能误入歧途的五种常见方式

1. 试图碎片化地重新设计项目。当转向整体回报的方法时，应回顾并重新设计整个项目。不要今年重新设计短期的可变工资项目，明年又进行基本工资项目的调整。这违背了确保所有的项目协同进行以交付成功所需的业务成果的目的。

2. 尝试一次实现所有的改变。重新设计整个项目是必要的，然而，一次性实现所有更改会产生不利影响。随着时间的推移，逐步引入新规则和新程序会好得多。员工一次能吸收和适应的变化是有限的。此外，有必要为管理者和员工都留出时间来完成学习曲线。当规划对整体回报项目进行彻底改变时，建议给两年到五年的时间。

3. 限制参与的人数。更广泛人群都应该参与到整体回报的工作中。所有利益相关者都需要在谈判桌上占有一席之地，包括人力资源、高管、财务、员工、董事会和客户。虽然为了简单起见，排除一些群体可能更容易，但如果没有每个会受到项目影响的群体的投入，就很容易忽略关键元素。

4. 没有做全面的影响分析。在实施整体回报项目的任何部分之前，要对项目对财务、组织、员工和客户的影响做一个彻底的分析。要从今天和未来的角度来看这些影响。别忘了看看所有的结果。如果公司利润下降50%，或者销售和收入增长三倍，那么整体回报项目会发生什么？如果不知道项目元素在公司生命周期的不同阶段将如何表现，那将是一种巨大的伤害。

5. 没有有效沟通。很多时候，当公司对薪酬和福利项目做出大规模的改变时，他们与员工的沟通太多、太早，创造了一个充满夸张操作和不现实期待的员工队伍。而沟通太少、太晚也是一个问题，因为员工不了解这些变化的商业原因，或者这些变化将如何影响他们的个人情况。对整体回报变化进行适当的沟通是成功的关键，要确定正确的信息量、正确的发布时间，以及正确的发布方式。

明确整体回报项目的精神内涵

如果仔细评估、开发和编纂一个整体回报战略，那么整体回报各个元素的共同作用，会对员工的吸引和留任产生比单独考虑任何元素都更大的影响。这确实是一个整体大于部分之和的战略。

此外，整体回报战略使组织在薪酬、福利和其他投入的薪酬上的回报最大化；为管理者提供多种工具，以鼓励员工发展和奖励表现；创建一个薪酬方案，满足或超过竞争对手的整体回报的价值。与任何有效的、有竞争力的人力资源计划或规划一样，整体回报战略不应该在真空中创建。在选择关注什么（和选择不关注什么）时，它应该提供具体的、激励人心的方向。薪酬战略应该遵循两个主要目标：

1. 为当前和未来的员工阐明一个独特的价值主张，以吸引和留住那些具有雇主所需能力和价值观的员工。

2. 提供一个框架，雇主据此设计、管理和沟通奖励计划，以产生最大的激励效果，推动期望行为。

整体回报战略应确保薪酬框架与企业的战略需求相匹配，并确保整体回报结构的机制能够加强所需的企业文化和管理风格。此外，它应该有助于构建奖励系统的组成部分，以影响和激励员工的行为，使其朝着正确的方向发展。

整体回报战略应该解决的问题

一个精心设计的整体回报战略应该涉及以下几个要素：
- 战略视角。整体回报战略首先要明确公司的价值和商业战略。与业务需求和目标的联系应该在最前面说清楚。在整体回报战略中，应该明确在什么地方、什么时候以及如何将商业目标和回报联系起来。

- 总体目标陈述。整体回报战略应该包括描述薪酬系统将如何支持企业和公司的客户、员工、股东和其他关键利益相关者的需求的声明。这通常包括每个薪酬元素的角色描述。如果不能明确定义任何给定奖励元素的角色，就应该问问自己为什么要提供这种薪酬。
- 突出性。整体回报战略应该描述薪酬相对于其他能够集中和影响行动和决策的工具的整体重要性（如共同的价值观、很酷的产品、鼓舞人心的领导等）。思考突出性的一个方法是，想象一个员工与朋友谈论为公司工作的情况。当这个员工讲述公司的优点时，突出性涉及两个关键问题：

1. 在对话的哪个阶段，你希望员工提到薪酬方案（而不是诸如企业文化、领导素质、对客户的关注等）？这有助于在员工整体体验的背景下定义整体回报的重要性。你是用整体回报来领导，还是用它来支持你？

2. 你希望首先听到项目中哪些元素被提到，哪些应该最后被提到，或者干脆不提？你的公司想要以什么闻名？什么是标志性项目？这些问题的目的是筛选出在设计、管理和交流中值得你投入80%或90%注意力的薪酬元素。

- 绩效指标。整体回报战略应该清楚地确定薪酬的绩效标准，每个单位（如公司、业务单位、区域、工作组、个人等）的适当衡量水平，以及哪些薪酬元素将与哪些衡量挂钩。此外，整体回报战略应该描述期望奖励通过可变性、对结果的影响（可控性）和薪酬-绩效联系的显性来驱动员工行动和决策的程度。
- 竞争市场的参考点。整体回报战略应该描述公司、行业或其他参考点的类型，这些类型将被用作决定薪酬方案竞争力的基础。这些参考点是什么？它们在不同的业务单位之间是否有差异？为什么？

对于参考点这个问题，一个普遍的回答是，它们应该由与竞争人才的公司组成。这是一种合理的方法，通常会导致同一行业或同一地区的公司占主导地位。另一个要考虑的角度是，你希望公司以什么出名。或许可以将该公司的标志性项目与该地区已有名气的公司进行对比，即使这意味着要把眼光放到行业或地理位置之外。

- 竞争定位。整体回报策略应该清楚地描述相对于劳动力市场竞争参考点的期望竞争位置。理想情况下，它应该定义竞争定位是如何随性能或其他标准而变化的。

值得注意的是，许多公司越来越频繁地将中位数定义为所有薪酬成分的理想竞争基准。这就提出了一个问题：如果把所有元素都放在中位数，你将如何区分？定义"标志性"计划是一种方法，可以避免产生一套看起来像其他公司提供的普通薪酬体系。

- 内部公平和一致性的程度。整体回报战略应说明在多大程度上整体回报战略将在整个公司统一应用，无论是横向的还是纵向的。内部和外部的相对关系都很重要的观点是好的，但战略是要做出选择的。当两者发生冲突时，一个好的战略清楚地定义了哪个更重要。

- 沟通和参与。整体回报战略应该确定有多少关于薪酬项目的信息将被披露和解释给员工。它还应该概述员工参与薪酬项目的设计和持续管理的程度。这包括清楚地界定人力资源部门设计和管理薪酬的责任在哪里结束，管理层的责任在哪里开始。它还应该包括公司对员工工会、劳资委员会和其他代表或集体谈判单位的政策。

- 治理。虽然管理薪酬项目的核心原则应该保持稳定，但潜在的项目需要定期修订和更新，以确保它们具有竞争力和吸引力。薪酬战略应该描述这种审查发生的频率，以及谁在执行审查和重新设计中扮演什么角色。

- 数据和信息管理。整体回报战略应规定数据管理、信息来源、收集和报告方法以及使用数据支持决策的过程的指导方针。这个战略还应该包括一个衡量整体回报项目有效性的整体过程，以及支持数据。

底线

有效地执行适当的整体回报战略可以增加公司的市场溢价。遗憾的是，执行力弱意味着许多公司至少会把一部分资金留在桌面上。

执行上的问题可以理解。许多薪酬和福利项目以一种支离破碎的方式发展，没有考虑各个部分如何组合在一起，也没有考虑它们是否能加强业务目标。即使在具有真正集成设计能力的组织中，有效的交付也依赖于性能管理、变更管理、沟通和技术的使用的成功实施。

每个组织都可以开发和执行一个卓越的整体回报方案。通过后退一步，分析整体回报战略的设计和交付，公司可以确定需要采取的步骤，以最大化其有效性（见补充内容1.1）。

> **补充内容1.1　重新评估不断增长的远程劳动力的整体回报战略**
>
> 史蒂夫·布林克
>
> 　　在2020年的全球疫情大流行之前，全球职场分析（Global Workplace Analytics）网站在2018年的一项研究强调，在美国劳动力中，只有3.6%的人在50%以上的时间里远程工作。
>
> 　　同一份报告还告诉我们，56%的员工的工作可以远程完成。随着隔离/保持社交距离措施的实施，除了某些部门（如服务业、制造业等），大多数劳动力在家中完成工作。
>
> 　　多数人认为，新型冠状病毒肺炎迫使人们进行的远程工作实验取得了成功。但这也引发了关于在家工作的人力资源政策问题，如在你想住的地方工作还是住在工作办公室附近。在现场/同一地点工作的价值已经受到质疑，而这次经历将这些问题带到了前沿。
>
> 　　如果距离近和交通便利不再是问题，那么是什么因素决定了我们首选的工作/生活地点？是离家人近，还是和你的兴趣爱好相吻合的地方？无论答案是什么，我们在这里真正要讨论的是地点在整体回报矩阵中的作用。

WFA：重新评估整体回报方程式

　　整体回报通常关注的是薪酬、福祉、福利，以及最近的职业发展和认可。随着远程工作的成功证明，组织正在认识到工作地点也是一个重要的考虑因素，可能与整体回报矩阵中的其他元素相当。"随时随地工作"（Work from Anywhere，WFA）是一项重要的变革，因为它意味着企业在推动其人才战略方面有了另一个强大的新杠杆。认识到这一点并在员工价值主张中充分考虑工作地点的公司，可以在以下方面显著受益。

- 吸引人才。很多时候，我们需要/想要的人才无法在我们经营的地方找到。因此，我们要么满足于现有市场的候选人，要么利用流动性将人才转移到工作地点。两者都是代价高昂的解决方案。由于组织能够促进有效的远程工作，它们将能够吸引更喜欢他们现在的位置或更喜欢远程工作环境的新型人才。换句话说，不想离开得克萨斯州奥斯汀市的关键软件开发人员现在已经触手可及了。

- 留住人才。每个组织都因为个人需要而流失人才。也许一位关键员工的配偶可以在全国范围内找到一份新工作，或者需要搬家照顾年迈的亲属。这些员工所拥有的机构知识数量惊人，公司花了大量的时间和金钱来替换这些员工以及培训新员工。通过对分布式工作的投资，公司可以节省人才和组织资源，从而减少干扰，节省成本和时间。人们也会认为，如果员工能够住在他们想住的地方，他们就会更快乐，并愿意留在一个促进这种生活方式的组织。
- 优化人才。到目前为止，我们都知道多样性和包容性团队的好处。多样性意味着很多东西，其中一个定义可能包括工作地点。住在圣安东尼奥的人和住在旧金山的人看世界的方式完全不同——这是件好事。多样性为我们提供了独特的想法和不同的视角，激发我们的业务创造力和表现。位置绝对不能取代其他与多样性和包容性相关的努力，但它可以在加强组织的多样性和包容性战略方面发挥作用。

达到这一目标的公司将为员工提供额外福利，包括：

- 通勤时间更短。
- 减少交通费用。
- 降低日常开支（如置装费和餐费）。
- 提高生产率。
- 提高生活质量。
- 对家庭的照顾。
- 提高工作的灵活性，以他们喜欢的风格/时间等。

随时随地工作

有很多资源在讨论促进远程工作所需的工具和技术，但到目前为止，关于这一随时随地工作战略与补偿相关方面的讨论还很少。

新型冠状病毒肺炎使随时随地工作成为移动行业领导者的首要考虑事项。Facebook（现已更名为Meta）在2020年5月宣布，预计在5~10年内，其48000名员工中将有50%的人进行远程工作。Facebook将远程工作视为留住想要离开旧金山湾区的人才的一种方式，并吸引那些可能已经住在偏远地区、不愿离开的人才。这是Facebook理念的重大转变，该公司曾为住在公司10英里以内的员工提供1万美元奖金。虽然还没有公开，但其他许多公司（包括科技行业内外）也宣布了类似的项目，增加远程员工的比例。

对于这个战略有一个重要警告。Facebook同意这一方法，但表示工资将根据员工居住地点的生活成本进行调整。有无数的方法来实现工资的本地化，这一部分将提供不同的策略来为那些随时随地工作的人设定工资。

了解生活成本和劳动力成本

首先，要提醒一下，生活成本和劳动力成本是有区别的。

生活成本是生活在一个特定地点的成本，是基于商品和服务的价格、住房和税率。劳动力成本通常是在给定的标准，如行业、多年的经验，以及/或资历/责任的特定地点的特定角色的主要薪酬。这是一种基于供应/需求的方法，多年来一直用于设定薪酬。

但随着随时随地工作的兴起，供需平衡正在发生逆转。从劳动力成本的角度来看，劳动力的供给和需求历史上一直被限制在一个特定的市场中。但现在我们能够在世界各地获得和雇用人才，我们的劳动力市场现在是全球化的，这使得供需平衡截然不同。

在一个完美的世界中，我们将创建一个新的机制来确定劳动力成本（如基于全球供求的国际工资标准或基于技能的工资标准），但这些能力（目前）还不存在。

在创建中期，一些公司将生活成本纳入他们目前的薪酬方式中，并将其融入随时随地工作的世界中。

设定薪酬水平

整体回报哲学将决定支付远程工作者的最佳方式。如前所述，在过去，工资通常是基于办公地点的。随着越来越多的员工选择远程办公，没法以办公地点来确定工资。

在这个新环境中，工作跟着员工，而不是员工跟着工作。因此，一个战略一致的奖酬哲学是重要的，清晰地适用于在办公室和远程移动办公员工。必须建立一个确定薪酬的程序，因为它将有助于确保薪酬相对于其他方面的公平。

以下四种主要方法用来确定远程移动工作的员工的薪酬水平。同样，适当的方法应该由整体回报理念和随时随地工作的组织方法决定。

方法1　与公司总部协调所有薪酬事宜

在这种方法中，无论是否在办公室，工资都是基于总部的位置和每个员工的角色。

由于总部所在地的劳动力成本和员工所在地的生活成本存在差异，生活成本低的远程员工可能会获得"意外之财"，或购买力增加。相反，居住在高生活成本地区的远程员工可能会体验到较低的购买力。

基本的理念是，给定的角色对组织有一定的价值，角色的位置并不重要。

采用这种方法的公司可能会为一个职位支付全国性的薪酬水平，而不是根据特定地点的市场水平。如果有多个办公室或没有主要办公室，这对你可能很有帮助。

方法2　根据目前的市场水平为他们的地点付薪

这一方法评估了远程工作者所在地点的职位的市场薪酬率。这意味着组织将根据其他组织在远程工作者的位置支付类似的职位薪酬（如为该职位提供具有市场竞争力的薪酬）。

这需要花费大量时间和调查供应商费用，以了解市场在特定地点的支付率。公司需要订阅一个薪酬调查数据库，以便可以得到最好的市场信息。遗憾的是，可能有一些地方的市场薪酬数据不存在或不充分。

关于工资的讨论（包括减少随时随地工作员工的工资，因为一个角色可能在一个地方比另一个地方有更低的劳动力成本）可能具有挑战性。这种方法并不总是透明的，在评估市场薪酬时所使用的标准可能存在问题。

这里的理念是，为每个远程工作者保持一个有竞争力的薪酬。如果你的哲学是按每个地理位置的现行薪酬水平支付，那么对每个劳动力市场的关注是有意义的。

如前所述，应当指出，市场薪酬与远程移动工作的标准不符。市场支付的概念是一种特定于某个地点的供应/需求论证（因为在过去，供应只能来自该地点）。由于随时随地工作供应/需求是全国/全球的，它并不真正"适合"以特定市场为基础支付工资，因为这与偏远地区的真正"供应"不匹配。出于这个原因，公司应该仔细考虑将这种方法应用到随时随地工作的薪酬战略中。

方法3　发展地域差异结构

前两种方法提供了两个极端：第一种是一刀切的方法，而第二种是对每个远程工作者实行差异化、个性化工资的方法。第三种是一种中间方法，提供一些薪酬差异，但不是每个人/地区都有差异。对于工作地点不同的大公司来说，这已经是一种流行的方法。

在这种方法中，组织为总部或指定的位置定义一个薪酬结构。基于估计的有竞争力的薪酬，你建立了地域差异的薪酬结构。你想要多少都可以。在上面的例子中，地域差异和远程工作者一样多，但通常一个公司会有3~10个不同的结构，这取决于有多少个工作地点。

例如，你可能有五种不同的结构（从A到E）。结构A用于高工资地区，而结构E用于低工资地区。结构C可以是基础级别的结构（100%）。结构A和B将被设置得更高（分别为110%和105%）。结构D和E分别是95%和90%。这些数字仅供说明之用。

每个远程工作地点都将被划分到这五种工资结构样本中的一种。这种方法的哲学是以市场为基础的，但简化为一些薪酬结构，而每个远程员工都有自己的工资结构。第三种方法比第二种方法更容易，因为随着时间的推移，它更易于管理，并且与第一种方法相比，它能认识到不同地点之间的薪酬差异。

这种方法的一个必然结果是使用生活成本信息来确定地域差异，而不是根据每个市场来评估具有竞争力的薪酬。地域差异的工资结构将以类似的方式设置，但使用生活成本数据创建不同的工资结构（在示例中是A到E）。

生活成本数据通常很容易找到。获得这些信息可以显著降低薪酬方法的复杂性。我们不需要考虑角色、经验或其他市场薪酬标准。对员工的透明度也得到了提高，因为远程员工在购买商品和服务、住房等方面"感觉到了"差异。当薪酬以市场薪酬为基础时，透明度会降低，因为有很多因素被考虑，而这些因素通常没有与员工沟通，如同龄人群体、选定的角色或样本大小。

许多公司使用这种基于成本的方法，因为它是站得住脚的，易于沟通，且易于被员工理解。

方法4　根据生活费用支付的工资

这种方法是一个较新的概念，可能与日益分散的员工最一致。在这种方法中，公司根据总部所在地设置有竞争力的薪酬，然后使用生活成本方法根据员工的生活/工作地点调整薪酬。

这种方法类似于方法3中的生活成本选项，但更具体地针对个人情况（如我们在方法2中看到的那样）。然而，与方法2不同的是，生活成本数据比每个地点的竞争薪酬数据更容易获得，而且员工理解起来更简单、更直接。因此，这更容易维持，并且可以根据每个人选择居住的位置优化他们的补偿。通过在总部评估有竞争力的薪酬，并根据生活成本转化远程员工，公司确保整个组织的每个人——无论在哪里工作——享有相同的购买力。这是维护组织内部公平的一种极好的方法。

这种方法还有一种变体，它可能对员工和公司都有好处，因为一些组织正在探索一种收益分享方式。在这种情况下，公司将总部工资的差额和远程员工所在地的生活成本之间的任何收益分开。例如，如果总部工资设定为10万美元，而远程员工的生活成本调整后工资为9万美元，则收益分享工资将为9.5万美元（将10万美元和9万美元的差额分开）。由于减少了5000美元的工资，公司可以持续节省薪资成本，而且远程员工的购买力比采用不同方法时的购买力更强，从而受益，实现双赢。

个性化奖励

最后，随时随地工作/远程工作是一个持续的趋势。分配工作和地点作为整体回报的组成部分延续了人力资源个性化薪酬的既定趋势。个性化通过自助餐厅式的福利项目和多种职业道路去发展。随时随地工作只是将个人偏好和感知价值结合起来，以培养更快乐、更高效的员工的又一进步。

工作地点一直是薪酬支柱的一个关键因素。现在，随时随地工作将允许员工选择自己的工作地点，这将进一步推动感知价值，并允许在整体回报矩阵的其他领域进行权衡。

公司应该认识到这一趋势，并制定一个明确的薪酬理念和方法，为远程员工设定与他们的人才战略和目标相一致的薪酬。

2 关于薪酬你想知道的一切（但又不敢问）

薪酬体系已经从主要由人力资源管理的幕后系统转变为复杂的管理系统，作为组织协调和员工激励的基础，并为工作族群和职业路径提供重要支持。

薪酬体系是管理者、人力资源业务伙伴和高层管理者的重要工具。在具有共享服务模型或集中薪酬功能的大型组织中，人力资源业务伙伴通常代表其业务单位或部门代理薪酬服务。现在，一些组织允许直线经理直接了解薪酬结构、市场定价和激励薪酬预测指标，以建议最初的雇佣薪酬、绩效提高或激励薪酬。高层管理者通常积极参与制定薪酬及奖励系统的目标并监督及评估其结果。

在规模较小的组织中，人力资源业务伙伴或一个人组成的人力资源部门全面负责从制定薪酬策略到监督当地员工队伍的薪酬管理等各项工作。

下面重点讨论大型组织内薪酬制度的基本原理。不过，这些概念适用于所有类型和规模的组织。新的方法和想法正在不断被测试，而关键是一如既往地确保最终的系统满足组织的需求。

基础：薪酬理念

成功的薪酬项目是定义明确、管理严密的系统的结果。薪酬理念提供了一个基础，以确保每个不同的项目和系统都能与其他项目和系统协同工作。薪酬理念应该明确：

- 谁是组织定义的劳工竞争者。
- 组织更倾向于为其各种职位设定与市场相比相当的、领先的、低于市场水平的各种薪酬水平以及整体回报水平等。
- 内部和外部公平之间的平衡是什么。
- 管理者、薪酬和人力资源在薪酬管理中的角色。
- 将使用哪些技术或系统来管理薪酬。
- 关键事件的频率和时间安排，如加薪（年度或半年一次等）。
- 正在使用的激励措施的类型，以及资格问题。
- 公司期望的组织文化和/或业务结果的类型，以及薪酬体系将如何支持每种类型。
- 不同类型项目的投资回报率要求。
- 任何关键项目的竣工日期（如果适用的话）。
- 所用方案的范围和类型（如可变工资的范围）。
- 准薪酬体系的作用，如奖励和认可。

这些方面为高层管理者和薪酬职能部门以及整个人力资源组织提供了洞察力和方向。在某些情况下，薪酬理念可以是一份书面文件，通常在员工手册中加以总结。其余情况下，薪酬理念很少被记录下来，而是一套公认的做法。

薪酬理念为所有薪酬方案的发展提供了重要的基础。在这个过程中，最重要的部分是每个元素背后的讨论。你的组织计划是否强调激励措施？如果是的话，你是希望提供与竞争对手相当的激励措施，还是希望超越竞争对手的项目设计，以捕获最优秀的人才？这些重要的对话通常是由薪酬专家、直线经理和人力资源业务伙伴组成的跨职能小组发起的。图2.1概述了经过编辑的薪酬理念声明。图2.2是用于指导薪酬理念规划会议的示例问题样本。

> ABC 坚信要为我们的员工创造一种高效能的文化。我们相信，一支积极进取的员工队伍将为我们的员工提供满意的工作，带给股东高于平均水平的回报，并维持我们的高效能文化。我们提供各种各样基于地点和业务单位的计划来激励员工。请向你的经理或 ABCHR（我们的在线参考工具）查询你所在地区的计划。
>
> 作为一个全球性的组织，我们为所有地区提供灵活的薪酬方案，以供公司薪酬部批准。
>
> 公司薪酬小组根据制定于 2022 年的公司整体回报战略制订总体计划。业务部门的薪酬小组则在公司薪酬小组批准的基础上制定当地战略。直线经理负责制定个人的薪酬水平。
>
> 总体来说，我们在世界范围内的项目有以下组成部分：
>
> - 基本工资根据当地市场情况而定，目标是与我们的对手公司竞争。直线经理在与人力资源业务伙伴和公司薪酬福利部门协商后，有权建议高于竞争对手的薪酬水平。
> - 我们向大约 25% 的员工提供激励措施，这些激励措施主要针对关键岗位、董事及以上职位，或竞争对手已经实施了激励项目的职位。
> - 我们相信透明度举措。因此，所有的员工都可以查看自己的工资范围和他们周围的两个任何职位候选人的范围。所有经理都可以查看所有下级职位的薪资范围，以及当前职位以外的至多两个级别的薪资范围。这些信息可以在 ABCHR 中找到。
> - 激励措施由多个指标提供资金，这些指标每年由高层领导制定。它们包括盈利能力、市场渗透率和客户满意度。此外，我们使用平衡计分卡方法来衡量员工保留率和运营的卓越程度。
> - 我们将薪资范围作为管理员工薪资的工具。所有低于其薪资范围上限的员工都有资格获得年度绩效加薪，这是为了与我们这种规模的其他雇主竞争。绩效预算是根据外部、国家和地区的具体数据制定的。绩效预算被传达给所有的直线经理，他们负责把预算传达给所有的员工。超过其范围上限的员工有资格获得一次性支付的奖金，但不计入基本工资。
> - 我们提供有竞争力的福利待遇，其目的是与我们的市场竞争者的劳动力大致相当。

图2.1　薪酬理念范例

> 1. 公司的薪酬理念是什么？我们相信什么是重要的？为什么？我们应该比竞争对手多付钱还是少付钱？为什么或为什么不？作为一个组织，我们如何定义绩效工资？
> 2. 我们如何确定奖励资格？哪些职位有资格获得激励？为什么？我们会给那些没有得到我们竞争对手的奖励的职位奖励吗？
> 3. 我们会有多透明？我们是与所有员工共享市场数据、薪资范围、绩效预算等信息，还是只与经理共享？
> 4. 公司是根据特定的就业市场数据，还是根据工资等级提供激励？
> 5. 公司内部公平有多重要？我们希望在多大程度上鼓励转移？
> 6. 公司薪酬福利部门如何与其他部门合作？哪些信息将被共享？在哪些层次上共享？
> 7. 目前哪些薪酬方案有效？哪些可能需要修改？为什么？
> 8. 从理念上讲，一个完全合格、业绩达标的员工，需要多长时间才能达到中间点或目标薪酬？
> 9. 我们将为各种薪酬项目使用什么样的周期？是自然年，还是财政年？
> 10. 在整个组织中应该使用什么样的公司绩效衡量标准来资助和指导薪酬项目？平衡计分卡吗？是公司措施，还是部门措施，抑或是两者兼而有之？
> 11. 我们的薪酬理念将在多大程度上超越国家或地方法律？
> 12. 我们多久审查一次我们的理念？谁负责开始审查？

图2.2　引导薪酬理念发展会议

将薪酬与企业商业战略挂钩

为了吸引、激励和留住支持企业商业战略的合格员工,需要制定与商业战略相联系的理想薪酬方案,其基本特征如下。(注:这些特征主要适用于单一的在职高级管理职位之外的所有职位。)

- 满足组织的独特需求。在某种程度上,每个公司在其各自的行业或地理区域内都是独特的。在设计薪酬方案,特别是薪酬结构时,需要识别和解决独特的问题。薪酬体系必须是基于商业战略目标和目的的奖励。
- 内部公平。衡量一个组织如何评价其各项工作间的相互关系。尽管近年来正式的工作评估系统已经不那么普遍了,但强调有竞争力薪酬的区域计划,加上不断需要保持内部公平作为一种激励工具,说明了正式了解如何评估内部公平的重要性。
- 外部竞争力。衡量一个组织与其竞争对手薪酬结构的指标。这一关键因素通常取决于职务类别和工资结构。
- 可负担性。衡量一项薪酬计划对公司的成本有多高。如果无参照地制定薪酬结构,一个组织可能会产生超出其支付能力的劳动成本。例如,基本工资是一次性支付的。因此,绩效加薪和基本工资都是固定成本。
- 法律上的可维护性。薪酬计划必须遵守特定的国家和地方法律,旨在为员工提供公平的薪酬。这些法律将在本章末尾讨论。
- 可理解的/畅销的。为了被接受和理解,薪酬计划必须在组织的各个层面进行良好的沟通。在大多数组织中,部门经理和人力资源业务伙伴负责解释薪酬制度对个别员工和团体的影响。
- 高效的管理。随着提高生产力和降低成本的压力越来越大,一个组织的薪酬计划必须尽可简单明了地维护和管理。需要在看似"最好"的方案与高效、有效和最容易管理的方案之间取得平衡。例如,复杂的激励制度的衡量标准,会减少员工的注意力,以及员工为满足项目需求的工作动力。
- 支持可持续发展和组织伦理。薪酬制度应该公平地奖励绩效,而不鼓励不当行为。奖励应该同时反映员工个人和公司的表现。
- 灵活的设计和管理。灵活的薪酬计划是在市场上竞争劳动力的必要手段。因此,它们必须是灵活的,能够根据需要进行更改,而不需要在每次出现新的需求时都重新设计。

大多数薪酬计划会平衡这些目标,因为它们有时可能有冲突。例如,当一个公司试图在外部具有竞争力的时候,不可能总是保持内部公平。因此,重要的是,要认识到这种冲突的可能性,并审查业务战略和/或职位的关键任务,以确定薪酬计划的所有特征的适当平衡。薪酬透明度的压力会使平衡这些目标变得复杂(见补充内容2.1)。

> **补充内容2.1 薪酬透明度**
>
> 由于各种因素的影响,薪酬透明度已经成为一个重要问题。雇主点评网站Glassdoor和Indeed等网站发布的薪酬信息是直接从个人那里收集的。那些觉得自己的薪酬过低的员工会创建电子表格,直接从同事那里收集薪酬数据。许多国家和地方都制定了薪酬平等或薪酬透明的法律,限制公司向个人索要薪酬数据,这使得迅速获取竞争市场数据的过程变得更加困难。此外,这些做法给企业带来了压力,要求它们提高薪酬数据的透明度。
>
> 尽管有这些压力,个人的薪酬信息在组织中仍然很大程度上是保密的,除非个人决定分享实际的薪酬信息。对隐私的担忧,对干扰激励水平的担忧,以及对内部公平的担忧,继续推动对个人薪酬相关信息的严格控制。小型初创企业时不时会尝试完全透明的做法,但这种做法极为罕见。

尽管薪酬是整个薪酬系统的最大组成部分,也是组织的主要成本因素,但许多雇主还没有正式讨论过,以确保薪酬的合理使用。此外,通过薪酬来引导员工行为达到预期效果这一更广泛的概念并不总是被纳入组织的整体战略规划过程,尽管它通常出现在战略规划的实施过程中,如图2.3所示。

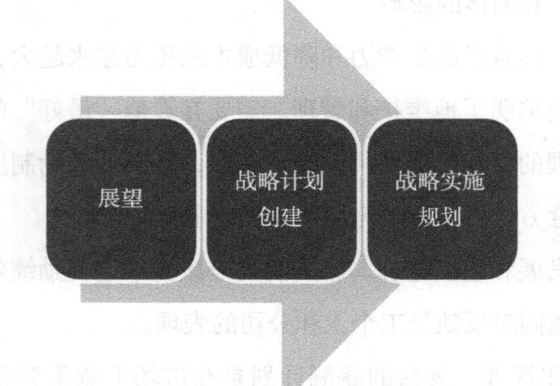

展望 → 战略计划创建 → 战略实施规划

图2.3　战略规划的实施过程

薪酬计划——薪酬要素

薪酬通常分为基本工资和可变工资，如图2.4所示。

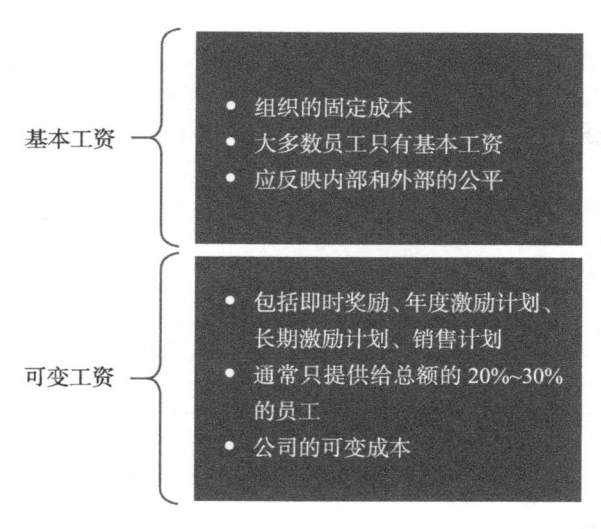

基本工资
- 组织的固定成本
- 大多数员工只有基本工资
- 应反映内部和外部的公平

可变工资
- 包括即时奖励、年度激励计划、长期激励计划、销售计划
- 通常只提供给总额的20%~30%的员工
- 公司的可变成本

图2.4 基本工资和可变工资

薪酬方面的许多创新都发生在可变工资方面。与过去相比，各公司正在更多地利用浮动薪酬计划，并将其应用到更大范围的劳动力中。然而，市场压力和稳定业绩增长预算正在为管理基本工资创造新的解决方案。图2.5和图2.6总结了这些领域内的各种项目的详细情况。

- 工资、时薪或计件工资。
- 以知识或技能为基础的薪酬。
- 胜任力薪酬。
- 差价。
- 轮班工资。
- 周末/假期工资。
- 外派薪酬。
- 市场调整。
- 绩效增长。
- 一次性增加。
- 渐进式增加。
- 一般性增加。
- 生活成本增加。
- 升职增加。
- 红圈薪酬（高于最高工资水平）或绿圈薪酬（低于最低工资水平）

图2.5 基本工资方案

- 根据组织、小组/团队或个人的表现。
- 利润分成计划。
- 业绩分享计划。
- 小组/团队激励。
- 个人激励。
- 短期激励计划。
- 销售激励计划/佣金。
- 高管激励计划。
- 酌情决定的奖金（年度或即时）。
- 基于股权的薪酬。
- 股票期权。
- 股票基金。
- 限制性股票。
- 绩效单位计划

图2.6　可变工资方案

理解基本工资

每个组织都要决定付给每个员工多少钱，然而，人力资源业务伙伴、薪酬专家和直线经理常常对于如何管理这个过程有不同的观点。人力资源业务伙伴和直线经理倾向于首先考虑人的要求，而专家倾向于首先考虑工作的要求。

南加州大学工商管理研究生院有效组织中心主任爱德华·劳勒三世博士在他的《战略薪酬》一书中写道："组织雇用个人，但一旦个人加入大多数组织，他们的薪酬主要是由他们所做的工作类型决定的。"因此，人力资源业务伙伴和直线经理了解工作级别的薪酬确定以及个人级别的薪酬确定所需的步骤非常重要。工作级别的薪酬确定包括工作分析、工作评估或工作价值确定、薪酬结构安排、奖励性薪酬确定和绩效管理。了解这些步骤将使人力资源业务伙伴和直线经理能够更有效地与他们的薪酬专家合作。

工作分析

在任何薪酬制度下，工作分析都被认为确定基本薪酬的第一步，因为工作分析可以让我们了解一个人或一群人所从事的具体步骤。这个过程被正式称为工作分析，有时还伴随着职位描述或职位总结。

工作分析的深度取决于时间、经济状况，以及该分析是否会用于薪酬以外的其他目的。曾几何时，所有的职位都要进行工作分析；一些组织定期对职位进行分析，如每两到三年一次。入门级的薪酬专家和/或人力资源业务伙伴通过与任职者或管理者面谈或审查完成的结构化问卷来完成这项工作。近年来，随着各组织都在寻找简化流程和减少人员的方法，这种做法已经被淘汰。此外，许多组织现在依靠直线经理来创建工作描述或描述工作内容。一些组织利用Indeed或LinkedIn等来源，从竞争对手那里找到工作描述，作为定义工作的基础。

目前，大多数薪酬福利部门已经简化了工作分析的方法，包括与职位调查相匹配，使用预先写好的工作描述，要求对工作职责和责任的缩略描述，或者只在为了薪酬目的而对职位进行评估或审查时才分析工作内容。随着工作分析变得更加简略，职位描述的准备工作也在减少。许多组织已经取消了职位描述，或者只在需要或被要求时才准备。还有一些高级别的工作描述，概述了主要但不具体的职责。在本章后面描述的具有内部价值工作评估系统的公司，通常会使用一种被禁止的职位描述格式。然而，如本章后面所述，拥有内部价值的工作评估系统的公司通常会使用规定的工作描述格式，以确保所有有意义的数据被汇编。

尽管工作分析已经式微，但它仍有其作用，它为人员配置、招聘、绩效管理以及薪酬决策提供了有意义的信息。工作分析可以通过访谈和结构化问卷来收集。

无论哪种形式，工作分析通常都是在一个职位刚创建时，或者职位内容发生重大变化时进行的。当一个组织进行重组、裁员或改变其整体范围和方向时，简化的工作分析是最常见的。有些工作非常稳定，以至于分析随着时间的推移而保持稳定，或者只需进行最小的修订。

随着企业人力资源部门的缩减，许多组织已经开始将工作分析的责任从薪酬福利部门转移到人力资源部门，再到直线管理层。当薪酬福利部门要求提供确定工作价值所需的具体信息，而直线管理部门或直线人力资源部门没有收集到这些信息时，这就会带来挑战。因此，了解组织在不同情况下所需的工作分析的深度是很重要的。

工作评估——内部公平

在许多组织中，工作分析阶段要么很短，要么在某些情况下根本不存在。因此，对于许多人力资源业务伙伴或直线经理来说，第一个步骤明显就是工作评估。评估有两大流派：市场驱动系统和工作价值系统。市场驱动系统是最普遍的。

市场驱动系统

在市场驱动系统中，职位的"现行市场水平"是薪酬的主要决定因素（见第8章关于这一主题的详细讨论）。于是，薪酬专家试图解决由以下几种方法之一造成的潜在不平等：

- 为了获得内部权益，向一个职位支付高于市场的薪酬。
- 为每个职位支付与市场薪酬稍有不同的薪酬，以便获得内部公平。
- 针对市场上的每个职位，利用激励制度作为解决不公平问题的一种方式。
- 为市场上的每个职位设置目标薪酬。

每种方法都有其优缺点。目前的趋势是为市场上的每个职位设定目标薪酬。这就产生了持续沟通的需求，也促使直线经理希望在查看市场数据方面拥有更大的透明度。

市场驱动系统应被密切监测以追踪薪酬的变化。从一组外部比较改为另一组比较可能导致建议的薪酬水平发生重大变化。例如，非营利性组织对主管级别职位的薪酬通常低于一般行业。将市场参考点从服务业改为制造业，可能意味着整个薪酬体系出了问题，而实际上并非如此。只要有足够的时间和关注，由市场驱动系统所产生的不平等是可以纠正的。然而，直线经理经常因为市场上的不平等而感到沮丧，特别是当招聘到一个难以填补的职位的热门候选人时，或者当有许多长期服务的员工处于低市场价值的职位时。

工作价值系统

在工作价值系统中，薪酬的主要决定因素是工作对组织的价值。在某些情况下，工作价值系统可能导致与外部市场的薪酬差异。同样，管理者可能在执行方面遇到困难，因为他们试图找到一种方法，既反映市场情况，又不违背内部工作价值系统的精神。曾几何时，公司试图利用复杂的多元回归模型，在内部和外部驱动系统之间找到中立的基础。随着时间的推移，由于管理的复杂性，这样的系统已经不受欢迎。此外，这类系统减轻了与纯粹的市场驱动或纯粹的内部驱动系统相关的问题，它们并没有消除这些问题。

工作价值系统通常会对各种因素的存在给予评分，如执行工作所需的技能、取得成果所需的努力、所监督的员工数量以及所管理的资产规模。图2.7显示了合益（Hay）因素计点系统，它是目前使用的最大和最古老的因素计分系统之一。曾经有一段时间，许多美国组织使用相同或基本相同的因素来确定工作价值。在加拿大，薪酬平等法要求使用四个通用因素：技能、努力、责任和工作条件。在最正式的系统中，每个因素都有一个最大的点数，因此被称为点因素评价法。随着组织的需求变得越来越复杂，大多数组织已经从工作价值系统转向市场驱动系统。一些组织，如制造业和政府部门，继续使用计分制。

合益因素计点系统	工作价值因素
	——技能
	——努力
	——责任
	——工作条件

图2.7　合益因素计点系统

各地区的薪酬公平和可比价值法作为解释和支持薪酬决策方法的重新出现，引起了人们对工作价值法的兴趣。

市场驱动系统与工作价值系统的对比

市场驱动系统和工作价值系统产生了不同的结果。在这种差异的情况下，内部驱动的工作价值系统在维护内部公平方面会犯错，而外部的市场驱动系统在反映外部世界如何支付职位薪酬方面会犯错。

关于这两种系统是否合适的争论已经持续了一段时间。内部公平的支持者谈到了适当的市场数据参考点的稀缺，以及解决员工在内部进行价值比较的持续努力的必要性。市场支持者指出在工作价值系统和市场驱动系统之间产生5%~20%的差异并不罕见。最终，以市场为基础的方法被证明是最受欢迎的。世界薪酬协会的2015年报告称，88%的组织已经建立了评估工作的方法，其中大多数使用市场驱动系统（见表2.1）。

表2.1　市场驱动系统

	排名	分类	点因素	工作组成	市场价格
高层管理者（n=616）	3%	6%	16%	2%	74%
中层管理者（n=625）	3%	7%	19%	2%	70%
专业人士（n=625）	2%	7%	20%	2%	69%
销售人员（n=552）	2%	7%	17%	2%	72%
行政人员（n=623）	2%	8%	20%	2%	68%
生产人员（n=543）	3%	10%	17%	2%	69%

哪种方法是最好的

由于市场驱动系统和工作价值系统的结果不同，因此大多数组织已经转向了市场驱动的薪酬体系。这就极大地强调了对准确和及时的外部市场比较数据的需求。此外，许多组织已经开始将确定工作价值的责任转移到生产线上。一些主要的组织，包括那些有限公司或共享薪酬工作人员的组织，需要当地的人力资源部门通过直接配合调查数据库或内部参考点来确定职位的价值。而那些拥有管理自助服务模式的组织则在广泛的技术支持下要求经理人通过选择薪资等级来确定职位价值，而人力资源部门的监督力度则很小。

无论使用哪种系统，工作评估的结果都会表明职位所处的薪资等级。

市场分析

无论一个组织使用内部或外部驱动的薪酬体系，将薪酬实践与外部市场进行比较都是很重要的。大多数组织都会参与定期调查，收集特定竞争对手数据，并每年发布总体平均数。然而，通常情况下，并不包括每个职位。那些被包括的职位（通常称为基准）通常存在于大多数组织中，其职责相当相似。

有关全国性和地域性数据的薪资调查可以从许多机构购买，包括所有主要的大型咨询公司，如美世、怡安或韦莱韬悦。大多数主要的调查供应商都建立了网络访问，允许即时访问数据。薪资调查数据提供了各种工作和工作类别的实时信息，如下所示。

可变工资

- 根据组织、小组/团队或个人的表现。
- 利润分成计划。
- 业绩分享计划。
- 小组/团队激励。
- 个人激励。
- 短期激励计划。
- 销售激励计划/佣金。
- 高管激励计划。
- 酌情决定的奖金（年度或及时）。

- 基于股权的薪酬。
- 股票期权。
- 股票基金。
- 限制性股票。
- 绩效单位计划。

一些公司发现不可能匹配他们所有的职位，因此需要进行定制调查来收集特定的信息（见补充内容2.2）。

补充内容2.2　进行调查

有时，收集关于本地竞争对手正在做什么的调查数据是很重要的。在开始定制调查之前，检查一下该地区是否已经进行过调查。世界薪酬协会或当地的薪酬福利组织可以帮助确定现有的调查，以节省组织自己进行调查的时间、精力和费用。如果需要自行调查，那么下面是一些有用的步骤：

- 决定需要收集的信息的深度，以及应该包括哪些工作。在需要整体回报数据时询问基本工资，只能提供部分答案。为每个被调查的职位准备职位描述或摘要。
- 联系公司希望与之合作的竞争对手。在市场驱动系统中选择错误的竞争对手可能是一个重大错误，会产生无法使用的结果。自愿以调查参与者希望看到的格式全面分析数据，并承诺在提供结果时做出快速响应。通常，可以保证机密性的外部顾问能够有效地执行数据分析。在某些行业，使用第三方来收集和分析数据是必要的，因为薪酬数据的交换可能造成串通并引发反垄断问题。
- 要求提供更广泛的数据，如最低工资、中位工资、最高工资，以及当前的平均工资水平和典型的起薪。收集的数据越多，进行真实比较的机会就越大。如果一个组织的平均薪酬水平由于某项特定工作的高任期而超过中间水平，则有关该工作的典型起薪数据可以帮助防止误导性的比较。询问激励目标、典型的薪酬和激励计划奖励的描述也很有用。如果一个组织为技能或知识付费，它应该询问其他组织所使用的步骤以及每个步骤的要求。如果一个组织使用薪资等级，它应该询问其他组织使用的每个薪资等级的范围。
- 快速分享调查结果，包括进行研究的组织的数据。每个人都希望得到一个及时反馈，而响应性可以确保这些组织参与到未来的调查中。

大型组织的薪酬福利部门通常每年都会参加一些调查，并全年都被要求参加专门的定制调查。通常情况下，企业参加的年度市场研究往往与财政年度或日历年度的结束相联系。公布的调查有自己的时间表，由汇编和分析数据的公司设定。人力资源业务伙伴和直线经理可以帮助薪酬福利部门确定基准职位和参与哪些调查。

薪资范围和市场价值范围

薪资范围和市场价值范围是日常薪酬最重要的决定因素之一。了解范围的基本原理是至关重要的。

每一份薪资范围和市场价值范围都有一个最低值、中间值和最高值。这些因素定义了一个人应该得到的最低工资水平、目标工资水平或基于市场的工资水平和最高工资水平。一些公司将其范围划分为三部分，其他公司则使用四分法。大多数组织在管理范围内的薪酬方面使用相同的术语，如补充内容2.3所示。

补充内容2.3　薪酬管理中的术语

幅宽：最小值和最大值之间的差额。

起薪点：整个薪酬结构中最低或更低的部分，被视为公司可以提供的最低薪酬水平。

中位值：被定义为完全合格员工所获薪酬的区间。大多数薪酬系统都是通过提高员工绩效来将员工薪资调节到最接近或不超过市场薪酬中点或其10%以内的。最高工资是该级别职位的最高薪酬。

红圈/绿圈：超过范围最高值的员工可能会冻结工资，直到调整使其回到范围之内，这称为"红圈"。起薪低于最低标准的员工被称为"绿圈"，他们的薪酬水平通常会在下一个审查周期提高到最低范围值以上。

年度调整：通常情况下，组织每年会对薪酬范围进行审查和更新。多数情况下，整个范围是以选定的百分比上移，但在某些情况下，组织可能选择增加不同的工资级别，以调整其与市场的关系或解决存在的问题。

强制分配：强制分配绩优加薪以保持在特定预算内是很普遍的。这类制度要求管理者只花一定数额的钱，迫使他们以不超过预算的方式分配绩优加薪。

中位值通常是尽可能地面向市场的。对中位值的关注往往会给直线经理和员工带来问题，员工理所当然地将整个薪资范围视为他们的薪酬潜力。许多员工会质疑为什么他们的薪资不能在范围内上调，或者总是得到大致相同的薪资。重要的是要记住，在一个以市场为导向的体系中，如果一个员工的薪酬波动幅度在50%以内，那么他的薪酬就会比该职位的现行薪酬高出25%，因为工作是根据市场来划分等级的。该工作被安排在最接近该工作市场价值的中间值的等级。而在一个工作价值系统中，工作是根据分值来划分等级的。

等级和范围

薪资等级和薪资范围有许多共同特点。薪资等级通常比薪资范围宽，并可能在每个等级内包括较小的基于市场的范围。这种方法允许更多关注单个市场的薪酬水平。这样的制度达到了灵活和迅速响应的目标。在一些组织中，所有的薪资等级都被压缩到只有五个薪资段。在许多系统中，每个职位都有反映其竞争市场的"带中带"，通常称为竞争区。

员工和直线经理必须接受教育，了解许多职位的薪资范围，而且对于员工来说，最相关的比较就是与市场的比较，或者与他们的竞争区的比较。在一些组织中，竞争区的定义是市场的正负10%；其他公司则选择正负20%来作为竞争薪酬。对于许多部门经理和员工来说，市场参考点的起终点间相对较大的差异意味着，与更传统的工资范围相比，薪酬机会已经减少。关键是谨慎的沟通，并确保最终的设计符合组织的战略。

范围的样式

对薪资等级的吸引力时有起伏。使用职业区间的组织也会利用混合方法，如职业区间（将一个区间内的系列工作捆绑在一起）、宽区间（在每个段位内创建与市场数据相联系的范围）或宽范围（试图减少等级的数量）。总体来说，许多组织会设计薪资范围，并在相当长的时间内使用决定的格式。在区间和范围之间，或者在范围内的市场区间和常规区间之间的改变并不频繁。因此必须谨慎选择范围的样式，并经过多方协商。

各组织继续使用不同的范围来反映不同的市场和/或划分特定的工作系列，如制造业、呼叫中心或其他特定角色。

范围及其相关的加薪

范围也被用来确定加薪的规模和频率。最典型的工具是比较比率，即个人的工资除以工资范围的中间值。许多公司努力让表现一贯出色的员工获得薪酬中间值的90%~110%，或95%~105%。为了做到这一点，低比较比率的高绩效员工比高比较比率的高绩效员工加薪更多。这将使高绩效员工的薪酬相对较快地达到范围的中间区域。然而，在那些薪资范围很宽、绩效预算只有2.5%的组织中，即使表现出色的员工也要花五年或更长时间才能达到工资范围的中间值，这并不罕见。表2.2显示了一个基于平均3%比较比率的绩效结构样本。在这种方法中，一个表现出色的人如果碰巧处于薪资范围底部，那么最近的一次晋升便可以得到预计高达8%的加薪，而处于薪资范围顶部的人可能只会得到1%的加薪。

表 2.2 使用比较比率方法的薪资增长表

绩效	比较比率			
	0.80~0.89	0.90~0.99	1.00~1.09	1.10~1.20
杰出	7.0%~8.0%	6.0%~7.0%	5.0%~6.0%	4.0%~5.0%
高于平均	5.0%~6.0%	4.0%~5.0%	3.5%~4.5%	3.0%~4.0%
平均	3.0%~4.0%	2.5%~3.5%	2.0%~3.0%	1.5%~2.5%
低于平均	1.0%~2.0%	0.8%~1.8%	0.6%~1.6%	0.4%~1.4%
不满意	0	0	0	0

在这种方法中，绩效奖金针对的是绩效高的员工，以及所有薪酬处于范围底部的员工。然而，在2%~3%的绩效预算情况下，要有效地实现这些共同目标变得越来越困难。自动化工具减轻了行政管理的负担，但仍未触及最繁重的任务——如何分配有限的预算。人力资源业务伙伴在帮助直线经理做出合理的择优决策方面发挥着关键作用，而不是屈服于压力，向每个人提供相同的薪酬。通过强行分配绩效增长将预算保持在一个特定范围内是普遍的，这考验着许多组织所使用的绩效工资理念。世界薪酬协会每年都会提供一些关于绩效提升实践方面重要而具体的细节。

一些较大的公司正在实施与薪资范围管理相关的各种新的管理方法，以控制与基本工资相关的成本。对达到目标工资或工资范围的中间部分的个人进行一次性加薪是比较常见的。其他混合方法包括为接近中点或范围上限的个人增加部分一次性工资和部分基本工资。这种制度在控制固定成本方面效果很好，但由于员工希望提高基本工资，而往往导致员工流失。

能力／技能为本

在21世纪初，各大机构开始研究基于能力和技能的薪酬。能力的创建可以反映出整个组织的需求，或者一个职位或系列工作所需的特定技术技能。由于这种系统固有的复杂性，大多数组织已经放弃了以能力为基础的薪酬（补充内容2.4），而专注于将能力作为选拔制度、绩效管理制度和员工发展制度的一个关键因素。

> **补充内容2.4　评估适当整体回报的因素**
>
> 帮助人们在他们的职业生涯中前进是人力资源业务伙伴扮演的最重要也是最有价值的角色之一。该角色的一个组成部分是确保员工在更换职位时，其整体回报保持适当。为了进行适当的分析，可以考虑以下问题：
>
> - 这两个职位是否符合激励计划的条件？如果是的话，可能支付的金额是多少？资格或支付时间是否改变？
> - 与职位相关的任何福利是否会发生变化，如使用公司的汽车？这些额外福利为整体回报增加多少？
> - 新职位需要搬家吗？组织的搬迁政策有哪些规定？在新地点是否有不同的税收影响？被调到不同部门的员工有时会发现，如果这些部门是不同的法人实体，他们的社保扣缴又会重新开始。有些地方需要缴纳州或地方所得税，有些则不需要。
> - 是否有任何与这两个职位相关的特殊薪酬规定可能发生改变？
> - 该员工的新职位是什么？这是否会让员工更早地获得绩效加薪？
> - 这个变化是否会影响领取福利的资格？是否会影响参加养老金计划或401（k）计划的资格？

可变薪酬

可变薪酬计划代表了绩效支付薪酬的最佳且最一致的方法，它使组织能够实现目标成果，同时对负责这些结果的员工进行奖励。

制定年度或长期激励措施

可变薪酬计划的设计是复杂的，需要许多步骤。许多大型组织在任何时候都有多种可变薪酬计划，而且每个计划必须与其他计划一起配合。可变薪酬种类如表2.3所示。

表 2.3 可变薪酬种类

1. 即时奖励	根据优异的表现或贡献尽快给予即时奖励。这样的计划可以从25美元的礼品卡到正式的奖励基本工资的10%。即时奖励计划通常由人力资源部门设计，由部门资助
2. 年度奖励	年度奖励包括使用正式的标准来获得奖金。通常，目标在组织中逐层递减
3. 长期激励	长期激励只给予最高水平的管理。目标的制定为三到五年，而支付则发生在三到五年末

- 目标支出。每个计划都设定一个目标支出水平，通常以薪酬的百分比或中点表示，但也可以用美元表示。有时会有一个最低或最高的支付金额。偶尔计划也会明确规定最低支付金额，即使没有达到计划的绩效要求。这样的设计是极其罕见的，但有时也会在那些以奖励工资代替绩效增加或其他基本工资增加的组织中被考虑。在这种情况下，员工很快就把最低保证工资视为延期支付的基本工资。一种更有效的方法是根据实际绩效为计划提供资金，并将资金设定在一个需要延伸但并非不可能的绩效水平上。最高支出通常是为了控制成本和防止意外之财。

- 绩效标准。最好的激励计划是衡量和奖励那些具体的、可衡量的、在参与者控制范围内的行为。在制订和管理激励计划的过程中，设计在参与者控制范围内的计划往往是最麻烦的部分。在很多情况下，管理者想要鼓励的行为是不在员工的控制范围之内的。激励计划的设计应该在员工的日常行为和激励计划的特点之间建立关联。换句话说，不能影响股票价格的系列工作不应该被放在一个基于股票价格上涨的激励计划中。

财务和运营方面的激励指标很常见。如图2.8所示，平衡计分卡计划对多个领域进行奖励，并允许与企业战略有更紧密的联系。

- 持续时间。每个计划都规定了衡量业绩和支付奖金的时间。通常情况下，激励计划在衡量结果后不久就给予奖励是最有效的，尽管较高层次的工作往往采用更长的时间框架。管理者的激励计划一般是每年一次，并与组织的财政年度结果挂钩。低级别的员工，如小时工，可能有季度性的奖励。许多公司以单独的支票支付奖励，以突出奖励。

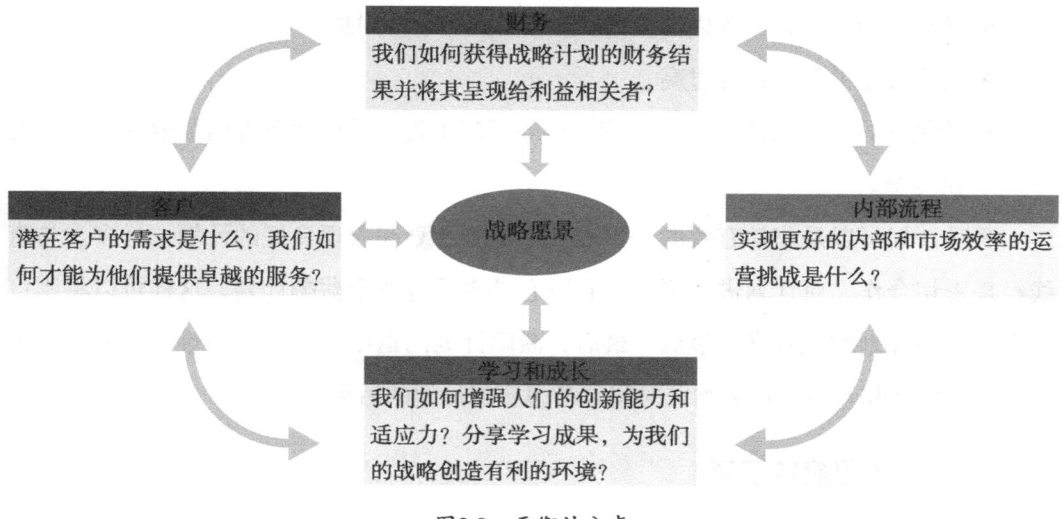

```
         ┌─────────────────────────┐
         │         财务            │
         │ 我们如何获得战略计划的财务│
         │ 结果并将其呈现给利益相关者？│
         └─────────────────────────┘
                     ↕
┌──────────────┐   ┌──────┐   ┌──────────────────┐
│    客户      │   │战略愿景│   │    内部流程      │
│潜在客户的需求│ ↔ │      │ ↔ │实现更好的内部和市场│
│是什么？我们如│   │      │   │效率的运营挑战是什么│
│何才能为他们提│   └──────┘   │？                │
│供卓越的服务？│               └──────────────────┘
└──────────────┘
                     ↕
         ┌─────────────────────────┐
         │       学习和成长        │
         │我们如何增强人们的创新能力和│
         │适应力？分享学习成果，为我们│
         │的战略创造有利的环境？    │
         └─────────────────────────┘
```

图 2.8　平衡计分卡

失败的原因

当员工缺乏动力或不能影响结果时，激励计划通常会失败。缺乏动力可能是由许多原因造成的。

- 奖励大小。奖励规模太小，会起到刺激作用，而不是激励作用。一般来说，工资的 10% 被认为是能导致行为改变的最小数额。随着绩效预算下降到 2%~3% 的范围内，这种信念正在受到挑战，5% 的薪酬水平正在变得更容易被接受。
- 计划的复杂性。任何计划都应该是简单和容易理解的。衡量三件、四件或更多事情的计划往往会失败，要么是因为员工无法理解公司对他们的期望，要么是因为员工认为他们在任何一个特定领域的努力都不会带来显著的回报。
- 对结果的控制。基于错误事情的激励会导致一种权力至上（奖励是"自动的"）或意外之财（奖励是"不可预测的"）的氛围，而不是激励。
- 高层支持。高层管理者可能会改变他们想要激励的行为的想法，或者他们最终会认为他们为激励绩效所支付的金额太多。在某些情况下，管理者不愿意监督一项创造出高于他们自己薪酬的计划。这些因素中的每个都可能导致一个计划得不到高层管理者的支持，因此，也不会取得成功。

激励计划的其他考虑因素

同样，员工可能觉得自己无法影响结果的原因有很多，包括：

- 该计划使用复杂且难以衡量的资金措施（如经济附加值）。
- 公司设定的绩效目标过高。
- 业绩优异的小组或部门向业绩不佳的部门报告，并由业务部门绩效激励计划提供资金。

激励计划可以是非常有效的，但表现不佳的计划和表现良好的计划一样多。与直线经理密切合作，对计划进行测试，看看它是否适合整个薪酬计划，这样可以将制订一个不合格计划的风险降到最低。最后，激励计划的退出比投入更困难，因此，人力资源业务伙伴和直线经理必须花时间来考虑实施计划的后果。

绩效预算和绩效工资

绩效预算在组织中扮演着重要的角色，因为大多数员工只会通过绩效或升职看到他们的薪酬变化。薪酬福利部门负责创建绩效预算，决定年度变动或更新范围，并为人员晋升和市场调整补充预算。

绩效矩阵设计通常基于以下几个因素：
- 关键基准职位与上一年的市场变化程度。
- 与市场相关的公司理念。
- 公司的支付能力。

市场波动的有限变化通常会导致工资范围没有增加。Excel模板为矩阵开发提供了便利，这些模板开发了框架，并允许根据提议中的预算分析预计成本。

组织每年都会对薪酬范围进行审核，并根据市场数据、与其他组织的比较以及薪酬范围内的当前职位进行更新。如果市场没有实质性的变化，薪酬范围可能不会改变。

组织经常使用各种方法，包括绩效预算、推广预算和市场调整预算。这些预算通常是分开管理的。一些组织将绩效和市场调整相结合，而另一些组织根据使用范围的类型和整个公司的理念将两者分开。

在所有情况下，人力资源部门和财务部门紧密合作，制定绩效、市场和晋升预算，并分析潜在成本。高层管理者会在实施前进行批准。

监督薪酬管理

除了要确保按时加薪、绩效评估准确及时，重要的是，要确保总体薪酬水平是合适的。因此，每年要对组织、部门或小组的公平性进行一次审查，以确定是否存在需要解决的薪酬问题。许多公司在编制绩效矩阵的同时完成这一步骤。可以采取以下步骤：

1.分析所有员工的薪酬，按薪酬水平和职位排序。要求提供平均工资、平均比较比率和工资范围的每个部分的人数。报告还应详细说明每个人的工资、服务时间、最近的绩效等级、在当前职位上的日期、在范围内的位置、最近一次加薪金额和下次加薪日期。

2.分析数据。检查数据，使用VLOOKUP和透视表来识别潜在的问题。如果一个员工在这个工作岗位上有长期的工作经验，并且有良好的表现，但是他的薪酬是最低的，或者是在他的竞争范围内最低的，他就应该被考虑获得特殊的加薪。此外，要看看从事相同工作的员工薪酬是否平等。一份有助于识别问题的报告列出了范围内的职位，按性别和平等就业机会（EEO）代码排序。最后，看看是否存在任何"压缩"问题。例如，个人工资和他的上司工资差别太小。尽管仅仅因为监管职责而维持较高工资的时代已经过去，但压缩问题必须得到审查和解释。

准备一份初步的分析报告，分析有哪些特别的薪酬调整是必要的，以解决任何不平等问题，包括加薪金额和时间。根据需要进行修改，决定是一次性特别加薪，还是在服务周年日或薪资评估时分阶段进行加薪。

这种分析通常与多样性项目分析相结合，后者回顾了不同群体和个人之间实际的或感知到的不平等。

证明投资回报率

薪酬体系仍然是各组织高度优先关注的领域。努力将薪酬与绩效挂钩，将薪酬目标对准高绩效员工和关键任务岗位，并证明投资回报率，这些都是未来的关键领域。外部审查变得更加普遍，要求提高薪酬透明度也变得更加普遍。此外，成本和激励之间的持续压力是永无止境的。激励管理方面的培训是成功的关键因素，通过会议保持对市场趋势的最新了解也是非常关键的。

监管环境：《公平劳动标准法》和其他影响薪酬实践的法律

薪酬制度最重要的一个方面是它符合现行法律法规，在这个诉讼时代具有合法的辩护性。薪酬专业人员和人力资源专业人员密切合作，确保组织的薪酬体系是合理的，每个负责薪酬的人都了解相关规定，这一点至关重要。表2.4总结了一些影响薪酬实践的现行法律，其中最突出的（出于薪酬方案设计的目的）是1938年的《公平劳动标准法》。

本章其余部分将讨论有关薪酬实践的法律监管。

表2.4 薪酬法规

规 则	细 节	管理机构
《铁路劳工法》	授予私营部门的非管理者和航空公司员工就工资、工时和工作条件问题与雇主进行合作谈判的权利	国家调解委员会
《戴维斯-培根法》	规定了超过2000美元的联邦公共建筑项目的工人和技工的工资和附加福利标准	美国劳工部
《沃尔什-希利公共合同法》	规定了超过10000美元的联邦合同的制造商或货物供应商员工的工资、工时、加班费、童工和安全标准的员工	美国劳工部
《公平劳动标准法》	涉及最低工资、加班费、男女同工同酬、童工，以及记录从事州际商业或为州际商业生产货物的员工，或受雇于从事州际商业或为州际商业生产货物的企业	美国劳工部
《同工同酬法》	禁止对从事商业或商业产品生产的员工，或从事商业的企业所雇用的员工进行基于性别的工资差别	平等就业机会委员会
《民权法案》第七章（平等就业机会法案）	禁止基于种族、肤色、宗教、性别、怀孕或民族血统的歧视，适用于拥有15人或以上员工的雇主、就业机构、从事影响商业的行业的劳工组织、联邦政府和哥伦比亚特区政府	平等就业机会委员会
《服务合同法》	规定了超过2500美元的联邦政府服务供应商的员工的工资和福利标准	美国劳工部
《国家基金会艺术和人文学科法案》	为直接从事接受基金会资助项目工作的专业人员、雇员和技工制定工资和工作条件标准	美国劳工部
《就业年龄歧视法》	禁止20人以上的雇主、职业介绍所和劳工组织在雇用、解雇或就业条件方面对40岁或以上的人进行就业歧视	平等就业机会委员会
《美国残疾人法案》	禁止有15名或以上员工的雇主在就业、公共服务、公共场所和电信方面歧视残疾人	美国劳工部 平等就业机会委员会 美国联邦通信委员会
1991年的《民权法案》	确立了第七章规定的两种歧视标准：差别待遇和差别影响	平等就业机会委员会

续表

规　则	细　节	管理机构
《国内税收法》	界定了所有员工和所有雇主的薪酬的可扣除性和税收待遇	美国国税局
《美国证券交易委员会条例》	对所有上市公司向参与者提供雇主股票的计划进行监管	美国证券交易委员会
州政府法律	影响不同雇主的最低工资、工时、加班费、歧视和税收等问题	因各州而异

1938年的《公平劳动标准法》

　　1938年的《公平劳动标准法》诞生于大萧条时期和富兰克林·罗斯福总统的"新政"时期。1937年，罗斯福向国会提交了该法案，并传达了一个信息，即美国应该能够"为我们所有身体健全的男女劳动者提供公平的劳动薪酬"。

　　经过漫长而艰苦的斗争，《公平劳动标准法》于1938年6月25日签署成为法律，并于1938年10月24日生效。它的主要目标是保障劳动者的权利，旨在消除有害的工作条件，确定最低工资标准，并保护年轻人的教育机会。

　　在10月该法案实施前的炉边谈话中，罗斯福评论说，除了《社会保障法》，《公平劳动标准法》是有史以来最深远、最有远见的员工福利计划。他接着说，毫无疑问，该法案使美国开始提高生活水平，提高农工产品的购买力。之后，罗斯福告诫一些商界领袖：美国人民不应该让任何每天收入1000美元的"嚎叫灾难的行政人员"告诉你们，每周10美元的工资将对所有美国工业产生灾难性的影响，而且他一直在把他的员工交到政府的救济名单上。罗斯福在结束他对《公平劳动标准法》的评论时宣称，这种类型的高管是罕见的，大多数企业高管都由衷地反对这种类型的高管。

　　因此，《公平劳动标准法》成为直接影响薪酬方案设计的主要联邦法规。起初，只有大约五分之一的工作人口受到该法案的影响。该法案规定最低工资为每小时25美分，每周工作时间最多为40小时，或每周11美元。经过多年的数次修订，该法案目前覆盖了美国超过1.43亿工作人口，目前的最低工资是每小时7.25美元，但每周最长工作时间仍为40小时。

　　自2020年1月1日起，该法案在超过15年的时间里首次进行了修订，修订内容如下：

- 将标准工资水平提高到每周684美元（每年35568美元）。

- 将"高薪员工"的年度整体回报门槛提高到每年 107432 美元。
- 允许使用非自由裁量的奖金和激励支付（包括佣金），至少每年支付，以满足不超过标准工资水平的 10%。
- 修改了美国领土和电影行业工作者的特殊工资水平。

什么是《公平劳动标准法》

美国国会于1938年通过了《公平劳动标准法》，为全国范围内的雇主设定了最低工资（见表2.5）、加班、记录留存和童工的标准。

表 2.5　联邦最低工资历史

年 份	最低工资
1938 年	每小时 0.25 美元
1978 年	每小时 2.65 美元
1979 年	每小时 2.90 美元
1980 年	每小时 3.10 美元
1981 年	每小时 3.35 美元
1990 年	每小时 3.80 美元
1991 年	每小时 4.25 美元
1996 年	每小时 4.75 美元
1997 年	每小时 5.15 美元
2007 年	每小时 5.85 美元
2008 年 7 月	每小时 6.55 美元
2009 年 7 月	每小时 7.25 美元

自其颁布以来，大量的案例法使人们对《公平劳动标准法》的概念有了更好的理解。最近的修正案和法院的解释使得理解《公平劳动标准法》的语言变得极为重要。此外，由于今天的劳动力和工作场所与1938年时大不相同，在满足商业需求的同时，如何遵守《公平劳动标准法》已成为一项挑战。

《公平劳动标准法》影响了谁

《公平劳动标准法》涵盖了参与州际或外国贸易的雇主、州和地方政府员工、国会图书馆、美国邮政、邮费委员会和田纳西流域管理局雇用的联邦员工。覆盖范围广泛，几乎包括所有规模的雇主。2020年的修正案扩大了覆盖范围，包括使另外130万工作人口有资格获得加班费。然而，某些员工被认为豁免于《公平劳动标准法》的一些规定，包括最低工资、加班费和某些记录规定。所有其他员工（指定为非豁免员工）都受该法案所有条款的约束。

《公平劳动标准法》的主要条文涵盖以下规则：
- 确定用于计算加班费的最低工资和正常工资率。
- 确定哪些活动应构成工作时间。
- 哪些职位可以被归类为豁免职位。
- 童工限制。
- 记录要求。

覆盖范围包括哪些

最低工资

受保护的非豁免员工的最低工资是每小时7.25美元（截止到2009年7月24日）。根据美国劳工部颁发的特别证书，某些全日制学生、学生学习者、学徒和残疾人的工资可以低于最低工资。

小费员工

小费员工必须获得每小时至少2.13美元的现金工资。这一规则适用于每月至少收到30美元小费的员工。然而，如果员工的小费加上雇主每小时2.13美元，不等于适用的最低时薪，那么雇主必须补足差额以达到最低工资。

工作时长

工作时长被定义为员工开始或被要求开始他的主要工作活动的时间，直到员工的工作日结束（当他停止执行主要工作活动）。工作日不一定等同于员工的"计划工作日"，可以更长或更短。

工作周期

工作周期的定义是七个连续的24小时的时间段，总计168小时。这是用来确定是否符合最低工资和加班规定的计量单位。根据《公平劳动标准法》的定义，以下规定适用于工作周期：
- 它可以在一周的任何一天、任何时间开始。
- 它不需要与工作周期或支付周期相一致，也不需要与一周中的某一天或某一小时相一致。
- 每个工作周是独立的,不能在两个或更多的工作周中进行平均分配。
- 一旦确定了工作期间的开始和结束时间,无论在工作期间内工作了多少小时,它都是固定的。
- 工作时间的开始和结束可以改变,前提是这种改变是永久性的,并不是为了规避法案的加班要求。

工资和加班费的计算

《公平劳动标准法》规定,如果一周工作时间超过40小时,则需要按工时计算加班费,加班费是正常工资的一半。计算员工的固定工资是很复杂的。一般来说,固定工资是员工在一个工作周的平均小时收入。

正常薪酬包括所有就业薪酬,其中包括:
- 基本工资。
- 轮班费。
- 计件工资。
- 不可任意支配的奖金。
- 其他常规工资津贴。

可能排除在"正常薪酬"之外的薪酬类型包括:
- 自行决定的奖金和礼物。
- 报销费用。
- 对未工作时间的支付。
- 福利计划缴款。
- 加班费。
- 保险、养老金等第三方支付。

《公平劳动标准法》还解释了如何在多种特定支付环境下(如计件工资和佣金)计算时薪率。虽然加班费的一般规则要求雇主支付的工资至少是每周工作时间超过40小时的正常工资的1.5倍,但该法案对不同的情况有不同的规定。

童工的限制

制定该法案的部分目的是为了保护美国18岁以下青少年的教育机会、健康和福利。对16岁以下未成年人的工作时间有限制，对所有18岁以下未成年人的职业危险性有限制。年满18岁的青年可从事任何工作，工作时间不限。关于非农业工作和农场工作按年龄确定了允许的工作和时间。

　　1. 非农业工作。从事非农业工作的青年（不满18岁的未成年人）应遵守以下规定：

- 16~17岁的未成年人可以无限制地从事任何无危险的工作。
- 14~15岁的未成年人可以：
  - 从事非制造业、非采矿业和非危险工作。
  - 上课日工作不超过3小时，上课周不超过18小时，非上课日不超过8小时，非上课周不超过40小时。
  - 不在早上7点前开始工作，也不在晚上7点后结束工作，但6月1日到劳动节期间除外，这段时间的晚间工作时间可以延长到晚上9点。
  - 如果参加了经批准的工作经验和职业发展计划，每周最多工作23小时，每天最多工作3小时（包括上课时间）。
  - 任何年龄的未成年人都可以投递报纸，在广播、电视、电影或戏剧作品中表演，为父母在他们的独资非农业业务或收集常青树和制作常青树花环。

　　2. 农场工作。从事农场工作的青年（18岁以下的未成年人）必须遵守以下规定：

- 16岁以上的未成年人可以在任何工作岗位上不受时间限制，无论危险与否。
- 14~15岁的未成年人可以在课余时间从事任何无危险的农场工作。
- 12~13岁的未成年人可以在课余时间在父母的书面同意下从事无危险的工作，或与父母在同一农场工作。
- 12岁以下的未成年人可以在父母拥有或经营的农场工作，或在父母书面同意的情况下，在课余时间在不受最低工资要求限制的农场从事非危险工作。
- 任何年龄的未成年人都可以受雇于其父母，在其父母拥有或经营的农场上从事任何工作。

《公平劳动标准法》明确了《童工法》对青少年的限制。一般来说，禁止18岁以下的青年从事被认定为危险的职业。有一些例外适用于农业工作。以下是禁止18岁以下未成年人从事的危险职业：

- 在生产或储存爆炸物或含有爆炸物的物品的工厂或场所或其附近的职业。
- 煤炭开采和非煤炭开采。

- 森林消防和预防，木材场，林业服务，伐木和锯木的职业。
- 伐木职业和任何锯木厂、板条厂、木瓦厂或合作制木厂操作中的职业。
- 暴露于放射性物质和电离辐射。
- 涉及动力驱动吊装设备的工作。
- 涉及动力驱动的金属成型、冲孔和剪切机的工作。
- 涉及电动肉类加工机器的操作，屠宰，肉类和家禽包装、加工或渲染。
- 涉及烘焙机械操作的职业。
- 从事砖、瓦和类似产品的制造。
- 屋顶作业的职业。
- 与打捆机、压实机和动力驱动纸制品机器相关的工作。
- 使用电动工具的工作，包括锯子、剪刀、木屑机和切割盘。
- 参与打捞、拆除和船舶拆解的工作。
- 驾驶机动车。
- 挖沟或挖掘。

哺乳期女性

《患者保护和平价医疗法案》第7节、《公平劳动标准法》规定了哺乳期女性的休息时间要求。

雇主必须提供合理的休息时间，以便在婴儿出生后一年内进行母乳喂养。雇主必须为员工提供一个私人场所（而不是浴室），让员工吸奶。州法律可以为员工提供更大的福利。

只有那些不符合《公平劳动标准法》加班费要求的员工才有资格获得休息时间来吸奶。各州的法律可能有所不同。

员工少于50人的雇主不受休息时间要求的约束，如果这会造成不必要的困难。

如果员工被完全解雇，雇主不需要补偿哺乳期女性为吸奶而休息的时间。如果雇主提供有补偿的休息时间，员工可以利用该休息时间来吸奶，并且必须获得与其他员工在该休息时间内相同的补偿。

记录要求

雇主必须记录所有员工的工资、工作时间和其他信息。这些记录必须保存至少三年。没有特定的表格要求，也没有要求计时钟。

非豁免员工的记录包括：

- 姓名、家庭住址、职业、性别，如果员工年龄小于 19 岁，出生日期也需要记录。
- 员工的工作周开始的时间和天数。
- 每周加班时的固定时薪。
- 每个工作日和每个工作周的工作时间。
- 每天或每周的直接时间收入总额。
- 工作周的加班费总额。
- 扣除或增加的工资。
- 每个工资期支付的工资总额。
- 支付日期和支付期限。

哪些不包括在内

《公平劳动标准法》要求对工作以外的时间进行支付，例如：

- 假期工资。
- 休假工资。
- 遣散费。
- 病假工资。
- 连续 30 分钟或以上的免税用餐时间。
- 超过连续 20 分钟的休息时间（休息），如果员工完全解除工作职责。

《公平劳动标准法》不强制执行以下规定：

- 记录工作时间的时钟。
- 周六、周日、假期或第六天或第七天工作的任何特殊工资或奖金。
- 员工如果每天工作超过 8 小时，将获得额外的薪酬，除非雇主选择并有资格享受 8/80 的待遇。
- 除了最低工资支付、加班费和记录，雇主还可以以任何方式区分豁免员工和非豁免员工。
- 一周工作的开始和结束是指在特定的日历日期或时间内开始和结束。
- 用餐时间和休息时间要求（注：《公平劳动标准法》规定在计算常规费率时可

以排除这些时间)。
- 员工获得薪酬的频率(注:虽然《公平劳动标准法》没有规定具体的支付周期,但大多数州都有关于工资的时间和支付的规定)。
- 对一天或一周的工作时数的限制(注:《公平劳动标准法》规定,在一周的工作时间内超过40小时将被视为加班,并按正常工资的1.5倍予以付薪)。
- 在正常工作/营业时间之外的旅行时间,如果是通宵旅行,则支付薪酬。
- 雇主以小时率薪酬支付员工(注:收入可以以计件、工资、佣金或其他方式确定,但《公平劳动标准法》要求加班费的计算必须以正常的小时工资为基础)。
- 工资存根。
- 解雇通知原因或立即支付最终工资给被解雇的员工。

你知道吗

- 如果员工每月收到至少30美元的小费,他们就可以获得2.13美元的每小时最低工资。
- 有些州的最低工资标准比《公平劳动标准法》要求的更高。如果一家公司在这些州雇用员工,它就必须遵守该州的规定。
- 工作日不一定等同于员工的"计划"工作日,可以更长,也可以更短。
- 《公平劳动标准法》不要求雇主按小时对非豁免员工进行补偿。
- 根据《公平劳动标准法》,"等待被雇用"和"雇用等待"有不同的含义。
- 员工必须获得所有工作时间的薪酬,即使主管没有批准工作时间。
- 员工因工伤就医的时间必须得到薪酬。
- 14~15岁的青年不能在早上7点前开始工作,必须在任何工作日的晚上7点前结束工作(从6月1日到劳动节可延长到晚上9点)。
- 《公平劳动标准法》要求雇主至少保留三年的工资记录。
- 《公平劳动标准法》不要求用餐和休息时间。
- 《公平劳动标准法》没有规定一天内工作超过8小时的加班费。州和地方法规或工会可能要求支付每日加班费。

1890年的《谢尔曼反托拉斯法》

经修订的1890年《谢尔曼反托拉斯法》禁止一切限制贸易的合同、合并或阴谋,并允许对违反该法的行为处以重罚。该法案以参议员约翰·谢尔曼的名字命名,旨在解决19世纪末大型公司、公司信托和商业组合在美国经济领域迅速增加的问题。《谢尔曼反托拉斯法》作为《美国法典》第15篇第1~7条的规定，是基于国会规范州际商业的宪法权力而制定的，当时唯一类似的法律是管理州内商业的州法规。

尽管《谢尔曼反托拉斯法》有可能立即帮助联邦政府解决人们对企业权力不断增强的担忧，但这一潜力多年来都没有实现。最初，最高法院的裁决有效地阻止了联邦政府使用该法。此后，国会逐步制定了成功挑战反竞争活动所需的支持性立法和机构。这一建设过程始于1904年，当时西奥多·罗斯福总统发起了"反托拉斯"运动，最高法院做出了有利于联邦政府的判决，解散了北方证券公司。

在塔夫脱和威尔逊执政期间，随着《克莱顿反托拉斯法》的颁布和1914年联邦贸易委员会的成立，《谢尔曼反托拉斯法》的影响范围进一步扩大。此外，补充立法，如富兰克林·罗斯福总统执政期间的《鲁宾逊-帕特曼法》，继续提高了联邦政府以反托拉斯为由挑战企业行为的能力。最后，随着联邦反垄断机构在20世纪80年代和90年代开始扩大对反垄断法规的解释，反垄断执法达到了一个新的高度，从1982年打破AT&T垄断开始，到2002年结束的广受关注的微软案，反垄断执法达到了高潮。

几乎从一开始，反垄断就一直备受争议。支持者认为它是竞争的保护者和消费者的保护者，而批评者认为它是建立在有缺陷的经济假设之上的，是自由市场和财产权的破坏者。

虽然法律禁止导致贸易限制的合同或阴谋，但法律并没有明确规定哪些具体行为是非法的。相反，它们由法院根据每个案件的事实和情况来决定。例如，最高法院很久以前就决定，禁止"不合理"地限制贸易的合同或协议，并对"不合理"进行了定义。

执行反垄断

反托拉斯执法主要是由两个政府机构负责的：美国司法部的反垄断司和联邦贸易委员会。司法部主要关注的是"阴谋""垄断"等，而联邦贸易委员会将注意力集中在定价、销售等方面的"不公平交易行为"。对于与劳动力有关的问题，劳工部是执法者。

这两个反垄断组织的运作方式有些不同。司法部本身不能发布命令，实施处罚。它必须通过法院提起诉讼。被告可以要求陪审团审判。联邦贸易委员会是一个自治的行政机构：它集原告、法官、陪审团和检察官于一身，并且可以发布自己的制止令。

在联邦贸易委员会的程序中不存在陪审团审判。

在任何一种反托拉斯诉讼中，被告都可以向上级法院上诉。然而，在可能涉及以凭证、收据、采购订单等形式提供的数千份证据的案件中，法院越来越倾向于依靠政府的"专家"证词来判断什么是"不公平"或"垄断"。尤其是最高法院，通常会支持政府的案件。

1931年的《戴维斯-培根法》

根据1931年通过的这一法案的规定，联邦承包商及其分包商在工作现场直接雇用的员工的工资不低于当地类似项目的现行工资和附加福利。劳工部有一个非常有用的网站，提供与该法案有关的更详细的信息。

《国家劳动关系法》

1935年通过的《国家劳动关系法》旨在为集体谈判创造更好的环境。制定《国家劳动关系法》的目的是为劳资纠纷的解决提供一个更加公平的环境，并涵盖所有涉及州际贸易的雇主（航空、铁路、农业和政府除外）。《国家劳动关系法》保障员工选择或拒绝第三方代表的权利，以及关于诚信谈判和控制不公平劳动行为的规则。《国家劳动关系法》的执行机构是国家劳动关系委员会。值得注意的是，联邦法院和美国劳工部对国家劳动关系委员会的事务都没有管辖权。

《沃尔什-希利公共合同法》

经修订的《沃尔什-希利公共合同法》规定了一般就业条例，并为与联邦政府签订超过15000美元的制造或供应合同的雇主规定了最低工资和最长工作时间。尽管法律要求员工获得由劳工部部长制定的最低制造业普遍工资，但由于诉讼的结果，自20世纪60年代以来，劳工部部长一直将最低工资作为"现行"工资发布。该法还制定了某些童工和安全标准。美国劳工部是《沃尔什-希利公共合同法》的执行机构。

《服务合同法》

1965年通过的《服务合同法》适用于超过2500美元的联邦服务合同，并要求服务承包商支付劳工部部长规定的最低工资和附加福利。与《戴维斯-培根法》一样，工资等级基于"普遍"工资，通常被政府解释为与当地劳动力市场的工会工资和福利相当。该法案还包括某些安全标准。美国劳工部是《服务合同法》的执行机构。

《戴维斯-培根法》《沃尔什-希利公共合同法》《服务合同法》建立了记录保存和张贴要求、政府调查和听证会、法院诉讼以及将违规者列入黑名单的执行机制。

2017年的《减税与就业法案》

《减税与就业法案》包括了在《国内税收法》下如何对待高管薪酬的几个变化。

该法案将企业税率从35%降低至20%，同时修改或取消了许多现行规定，包括现行税法中对高管薪酬的要求。值得注意的变化包括：

- 取消不符合条件的递延薪酬安排。
- 取消作为长期激励工具的非合格股票期权。
- 取消基于绩效的例外162(m)或100万美元的薪酬扣除费用上限。

免税机构对支付给现任或前任五名最高薪酬员工的超过100万美元的薪酬，须缴纳20%的新消费税，该税种在2017年12月31日之后的纳税年度生效。

反歧视法

20世纪60年代，联邦政府颁布了几项法令，旨在确保特定人群在其作为个人和员工的权利方面得到公平对待。其中最重要的是1963年的《同工同酬法》和1964年的《民权法案》第七章。

1963年的《同工同酬法》

早在第二次世界大战期间，美国国家战争劳工委员会就作为劳资双方薪资纠纷的仲裁机构成立了。1942年，它发布了调整工资的命令，"在相同或类似的工作中，按照质量和数量，支付给女性的工资或工资率与支付给男性的工资或工资率相等"。1945年，一项要求男女"同工同酬"的法案在国会被提出，但遭到了拒绝。在随后的18年里，还有几项类似法案都遭到了拒绝。

禁止性别薪酬歧视的《同工同酬法》于1963年成功通过。具体来说，该法案禁止雇主"通过向员工支付不同工资的方式对员工进行性别歧视……低于支付给异性员工工资的比例……在相同的工作条件下，要求有同等的技能、努力和责任以。然而，有四种例外情况（积极的抗辩），不平等工资可以基于工龄制度、绩效制度、衡量生产数量或质量的制度，或者除性别以外的其他任何因素。

该法案是《公平劳动标准法》的修正案，最初由劳工部的工资和工时司强制执行，受《公平劳动标准法》约束的雇主也受《同工同酬法》规定的约束。1979年，平等就业机会委员会成为执法机构。

根据《同工同酬法》提起诉讼的原告必须证明，在同等技能、努力和责任要求基本相同且工作条件相似的情况下，他们所做的工作（同一工作系列）的薪酬低于异性。一旦初步证据成立，责任就转移到雇主身上，以证明工资差异是基于工龄制度、绩效制度、衡量生产数量或质量的制度，或者除性别以外的任何其他因素来衡量收入的。

《同工同酬法》对薪酬计划设计和管理的底线是，如果平均而言，男性和女性在从事实质上相同的工作时获得不同的薪酬，这些差异必须被证明是由"允许的差异"之一所造成的。

《同工同酬法》的影响是深远的，包括修订员工福利计划以消除基于性别的差异，更加强调书面工作描述，更加强调以工作内容为导向的薪资等级设定程序。

1964年的《民权法案》第七章

这项立法是最全面的民事权利法规，旨在禁止雇主在雇用、解雇、培训、付薪或晋升员工时基于种族、肤色、宗教、性别或国籍的歧视。在辩论的最后一天，性别被列为被禁止的歧视依据，这与《同工同酬法》产生了重叠。

对于在薪酬方面存在性别歧视的案件，参议院增加了《贝内特修正案》，该修正案（含糊不清地）规定："根据第七章，任何雇主在确定支付给该雇主的员工的工资或补偿金额时，如果这种区别对待得到《同工同酬法》条款的授权，则不属于非法就业行为。"无论如何解释该修正案，如果工资差异是由于工作不平等，或基于资历、绩效或工作的数量和质量，则可以进行辩护。

《民权法案》由该法案设立的平等就业机会委员会负责执行。几乎所有拥有15名或以上员工的雇主都被涵盖在内。

根据该法案提起诉讼的员工必须证明"差别待遇"或"差别影响"。根据"差别待遇"，原告必须证明雇主故意歧视，基于员工的种族、肤色、宗教、民族血统或性别。如果做到了这一点，雇主必须有合法的非歧视性依据来证明这种做法是合理的；然后，为了胜诉，员工必须证明任何这样的"理由"只是歧视的借口。

根据"差别影响"，员工必须建立一个表面证据确凿的案件，表明对受保护阶层的不利影响。然后，雇主必须通过该做法的商业必要性，证明没有其他方法可以产生较少的不利影响，来验证受到质疑的做法。

第七章关于薪资方案设计和管理的底线是，薪资方案应产生对所有类别的员工有类似待遇的薪资率，任何差异都应归因于与工作相关的、可辩护的原因（资历、绩效等）。根据第七章诉讼产生的判例法创造了"善意的职业资格"的概念。这一概念规定，雇主规定的工作资格必须是可辩护的，并且是员工从事工作所必需的。

1978年的《怀孕歧视法案》

该法案修正了1964年的《民权法案》第七章，禁止基于怀孕的性别歧视。在所有与就业有关的目的，包括领取福利方面，受怀孕、分娩影响的女性或与怀孕或分娩有关的医疗状况的女性应与不受怀孕影响的其他人享有同样的待遇。

1991年的《民权法案》第七章

对1964年《民权法案》的这一修正案解决了最高法院不遵循既定先例的若干决定。形成该法案的一些关键案件是"普华永道诉霍普金斯大学"（1989年）和"Wards Cove Packing Co.诉Antonio"（1989年）。在这些案件中做出的决定使原告在争端中更难获胜。

1991年的法案明确了各方在不同影响案件中的义务（Wards Cove Packing），将举证责任转移到雇主身上。雇主必须证明被质疑的做法是与工作有关的，并且符合商业需要。

更新内容涉及混合动机案件。在混合动机的案件中（普华永道），如果有一个非法因素促使了就业决定，雇主将被认定为歧视罪。

该法案还规定了陪审团审判，以及在第七章和《美国残疾人法案》中对故意歧视的索赔进行补偿性和惩罚性赔偿。根据雇主的规模，对赔偿金的最高数额设置了上限。

该法案扩大了挑战歧视性资历制度的权利。如果在资历制度中出现非法就业行为，可以在几个时间点对资历制度提出质疑：当资历制度被采用时；当个人受到该制度的影响时；当个人受到该制度的不利影响时。

1967年的《就业年龄歧视法》

《就业年龄歧视法》于1967年通过并多次修订，保护40岁及以上的员工免受就业歧视。《就业年龄歧视法》适用于拥有至少20名员工的私营雇主、州和地方政府、就业机构、劳工组织以及联邦政府。虽然它禁止在所有就业条款和条件方面的歧视，但它主要适用于涉及退休、晋升和解雇政策的案件。

该法案的目的是"促进以能力而非年龄为基础的老年人就业，禁止就业中的年龄歧视，帮助雇主和员工找到解决年龄对就业的影响而产生的问题的方法"。

该法案禁止强制性退休（有些例外，通常涉及公共安全），禁止以任何方式对员工进行与年龄有关的限制或分类（如成熟度曲线），禁止为遵守该法案而降低任何员工的工资，禁止在就业广告中表明任何基于年龄的偏好。个别州的法律有时比联邦法律的限制性更强。

《就业年龄歧视法》有几个法定的例外情况：

- 真正的高管每年有权从雇主的供款中获得4.4万美元或更多的退休福利。允许在65岁时强制退休。
- 政府的选举（或高级任命）官员不包括在内。
- 善意的职业资格，定义为对雇主业务的正常运作是合理必要的职业资格。如果对企业的正常运作是合理必要的，雇主可以对年龄进行歧视。
- 善意的资历制度。
- 消防员和执法官员。
- 善意的福利计划。
- 年龄以外的合理因素。

平等就业机会委员会自1979年7月以来一直负责执行该法案。原告必须证明他是受保护群体的成员，并且他已经受到人事政策或行动的不利影响（初步证据案件）。一旦确定了这一点，责任就转移到雇主身上，他们可以辩称，不利待遇的发生是基于年龄以外的考虑，或者是基于年龄的决定或政策是正确的（例如，如果年龄属于工作的实际职业资格）。

《第11246号行政命令》

这项由约翰逊总统于1965年签署并在此后不断修订的总统令，要求持有超过15000美元的联邦合同或分包合同的公司在其就业实践中（包括薪酬实践）不得有基于种族、肤色、宗教、性别、性取向、性别认同或国籍的歧视。此外，该命令还要求采取平权措施，确保以非歧视的方式做出就业决定。该命令还禁止雇主在申请人和员工讨论工资信息时采取不利的雇佣行动。

对于超过50000美元的服务和供应合同，承包商还必须制订并实施书面的平权行动计划，其中包括增加少数族裔和女性参与其工作的目标和目的。

该命令由美国劳工部联邦合同合规项目办公室执行。联邦合同合规项目办公室还对歧视投诉进行调查，并进行现场合规审查，以确定联邦承包商遵守规定的情况。

1973年的《康复法》

该法案适用于受雇于或寻求受雇于联邦部门、机构或从事超过2500美元的联邦合同工作的企业的人员。联邦援助的受助人也受到保护，不会因为基于任何严重限制一项或多项主要生活活动的精神或身体残疾而受到歧视。该法第503条适用于私营企业，第504条适用于接受联邦援助的机构。在所有雇佣条款和条件中都禁止就业歧视，当然也包括薪酬。根据《康复法》确定就业歧视的标准与《美国残疾人法》第一章所使用的标准相同。

该法案由联邦合同合规项目办公室执行，它要求涵盖范围内的雇主利用平权行动雇用和提拔有资格的残疾人。该法案还要求雇主"对其他方面合格的、残疾的申请人、员工或参与者已知的身体或精神限制提供合理的便利"。此外，该法案要求消除物理障碍，以确保"有资格的残疾人可以方便地使用这些设施"。

根据该法案提出的指控与第七章的起诉方式相同。例如，如果人力资源政策或行动对残疾人有不利影响，雇主必须证明这种不利待遇是基于残疾以外的考虑（如资历或业绩），或者残疾是这种政策或行动的合法依据。最后一项辩护在赔偿案件中是很罕见的。

《越战时期退伍军人重新调整法案》

经修订的《越战时期退伍军人重新调整法案》要求与联邦政府有业务往来的公司采取平权措施，招募、雇用和提拔退伍军人，包括残疾退伍军人，以及最近离职的退伍军人。雇主不得在受保护的退伍军人的就业和晋升方面有任何歧视。

该法案由联邦合同合规项目办公室执行，该机构负责调查投诉，并在现场调查期间检查是否符合该法案。

1990年的《美国残疾人法》

1990年通过的《美国残疾人法》将所有从事州际贸易、员工人数在15人或15人以上的公司包括在内。歧视指控必须在所谓的歧视性法案出台180天内提出。该法案由平等就业机会委员会执行。

残疾的定义是严重限制或限制主要的生活活动，如听力、视力、说话、呼吸、体力活动、走路、照顾自己、学习或工作。任何符合以下条件的员工或求职者都可以受到《美国残疾人法》的保护：

- 有身体或精神障碍，严重限制了一项或多项主要生活活动。
- 有任何此类损伤的记录。
- 被视为有此类损伤。
- 与有此类障碍的人有关。

这项规定的目的是保护任何合格的个人，不论他们是否残疾，不受与残疾有关的歧视。个人必须有资格胜任这项工作，必须履行这项工作的基本职能。基本职能的定义应包括以下标准：

- 职位存在的原因是为了履行职责。
- 可执行该职能的其他员工数量有限。
- 履行职责所需的专业知识或技能程度。

根据《美国残疾人法》，如果雇主能够合理地满足残疾员工（或申请人）的要求，该人必须接受该要求。合理便利是对工作或工作环境的任何改变或调整，允许合格的残疾申请人或员工参与工作申请过程，执行工作的基本职能，或享有与非残疾员工同等的就业福利和特权。不向合格的残疾人提供合理的便利是违反《美国残疾人法》的，除非这样做会给企业的经营带来不适当的困难。该法案确定了三个标准来衡量设施的合理性：

1. 企业的规模。
2. 设施的数目（或种类）。

- 预算限制。
- 操作类型。
- 组成。
- 工作场所构成。

3. 住宿性质和费用。

2008年的《美国残疾人法修正案》

《美国残疾人法修正案》的颁布是为了恢复1990年《美国残疾人法》的意图和保护措施。美国最高法院根据《美国残疾人法》做出的判决（"萨顿诉联合航空公司案"和"肯塔基州丰田汽车制造公司诉威廉姆斯案"）缩小了《美国残疾人法》的保护范围。

《美国残疾人法修正案》对"残疾"的定义做了几项重大修改，以确保该定义能够得到广泛解释和适用，而不需要雇主进行广泛的分析。修正案扩展了"主要生活活动"的定义，提供了一份非详尽的主要生活活动清单，具体包括主要身体功能的运作。该法案使员工更容易证明他们的残疾影响了他们的"主要生活活动"之一。

1994年的《制服服务就业和再就业权利法》

《制服服务就业和再就业权利法》禁止基于过去的兵役、当前的军事义务或意图的人的就业歧视。该法案适用于那些自愿或非自愿在"制服服务"和预备役中履行义务的人。雇主不能根据过去、现在或将来的服务义务拒绝雇用、再雇用、留用、晋升或任何雇用利益，不论组织的规模如何。

该法案规定了在单一雇主下服役的五年累计总数，但有一些例外情况。该法案的目的是尽量减少对穿制服服务的人以及雇主的干扰，规定在服务结束后立即重新就业。该法案还旨在尽量减少军警服务对平民职业造成的不利影响。

该法案下的员工权利包括：

- 继续保持职位、资历、地位和工资，就像没有中断过工作一样，且资历、地位和工资不变。
- 必须做出合理的努力（培训或再培训），使退伍军人有资格重新就业。
- 当个人服兵役时，他有权享有与其他非军事休假的个人相同的权利和福利。
- 如果服兵役时间超过30天，个人可以选择继续享受雇主赞助的医疗保健，时间最长为24个月，并可能承担高达102%的全部保费。
- 如果服兵役时间少于31天，则雇主需要为其提供医疗保险，就像其仍有工作一样。
- 养老金计划受到保护，个人被视为一直为雇主服务。

《制服服务就业和再就业权利法》涵盖了几乎所有的员工，包括兼职和试用员工。该法案几乎适用于所有美国雇主，无论其规模大小。美国劳工部的退伍军人就业和培训服务负责执行该法案。

2008年的《遗传信息不歧视法》

该法案保护员工或申请人在雇用、解雇、支付、工作分配、晋升、裁员、培训、附加福利或任何其他雇佣条款或条件的任何方面免受基于遗传信息的歧视。遗传信息不应用于就业决定，因为它与个人目前的工作能力无关。

该法案禁止基于个人的基因测试、家庭成员的测试以及与个人家庭病史有关的信息对员工或申请人进行歧视。

申请人、员工或家庭成员的遗传信息必须保密，并与人事档案分开保存在一个单独的医疗档案中。

平等就业机会委员会执行该法案的第二章，该法案关注的是就业中的遗传歧视。

2009年的《莉莉莱德贝特公平薪酬法案》

该法案延长了根据第七章、《就业年龄歧视法》、《美国残疾人法案》和《康复法》提出的薪酬歧视索赔的时限。该法案为提出工资歧视索赔创造了一个滚动的时间框架，认为包含歧视性赔偿的每份工资单都是单独的违规行为，无论歧视是何时开始的。

该法案推翻了美国最高法院在"莱德贝特诉固特异轮胎橡胶公司案"中的裁决，该裁决限制了就薪酬方面的就业歧视提起申诉的时间期限。

该法案涵盖了雇主关于基本工资、职业分类、职业晋升或其他非竞争性晋升的拒绝，以及对加薪要求不予回应的决定。

平等就业机会委员会负责执行该法案。

3
市场定价和人才之争

了解外部市场上的现行工资率对一个组织的成功至关重要。为了保持竞争力，雇主需要密切关注工资的波动和市场定价。市场定价被定义为根据工作的"范围"（公司规模、行业类型、地理位置等），分析外部薪酬调查数据以建立由数据所代表的工作价值的过程。市场定价继续超越所有其他方法，成为工作评估的主要形式，特别是对行政职位。根据世界薪酬协会和Gradar公司在2020年进行的一项研究，超过三分之一的组织对其至少80%的工作进行市场定价。当工作以市场定价时，外部市场是工作价值的关键决定因素，影响着薪酬理念。

在这种方法中，职位价格是根据组织对该职位在外部市场上典型工资率的最佳估计来确定的。职位描述用于匹配合适的职位。对市场数据进行分析，并将基准职位安排在一个职位价值等级中。没有市场数据的工作则使用相对价值进行划分。

现在有这么多的薪酬调查，我们该从哪里开始整理迷宫般的数据，以得出具有竞争力的市场薪酬？雇主在哪里可以找到可靠的、公正的数据，以符合他们需要的就业岗位的市场价格？一个组织应该如何与员工沟通其薪酬计划？这些看似永无止境的问题会让薪酬分析师头晕目眩。

薪酬计划的成功执行需要在经常竞争的目标之间取得微妙的平衡。例如，吸引和留住最合格的员工的愿望与对劳动力成本的限制之间的竞争。企业需要权衡薪酬计划的成本和其他因素，例如，降低劳动力市场的竞争力以提高运营利润率。

从哪里开始

为了保持竞争优势，组织应该根据就业市场的波动来调整薪酬。那么，薪酬专家应该从哪里开始？首先，应该对组织的薪酬结构进行检查。薪酬结构是大多数员工薪酬计划的基础。它们代表了一个组织内的工作等级和薪酬范围。薪酬结构可以用工作等级、工作点数、薪酬线或这些的任何组合来表示。这些结构反映了内部的工作价值层次和外部的工作价值相关性。

据了解，由工作内容和劳动力市场分析决定的工作的相对价值越大，其薪酬等级和范围就越高。薪酬等级和范围是由同类工作的市场价格（外部竞争力），以及管理层对工作内容的相对价值（内部公平）的判断共同决定的。

制定薪酬结构的过程大致如下：
- 工作分析。
- 工作文档和职位描述。
- 工作评估。
- 收集市场数据。
- 确定薪酬标准或范围。

工作分析

工作分析是一个系统的过程，用于获取构成工作内容的职责和责任方面的重要和相关信息。工作分析出于薪酬的目的包括厘清工作的性质、任务和责任，以及正在执行的工作水平，也可能包括以合格水平完成工作的所有方面所需的具体技能或知识水平。第一步是确定需要收集哪些信息。信息应包括工作所需的知识、技能、脑力和体力以及责任的程度和类型。

工作文档和职位描述

职位描述是对工作人员所从事工作的性质和水平的叙述，以及执行该工作所需的具体职责、责任和规范。越来越多的立法和员工诉讼使工作文档成为一种必需。大多数正式的薪酬计划都使用书面的职位描述来记录工作内容。职位描述应该描述并关注于工作本身，而不是针对某个特定的人。

从市场定价的角度来看，需要工作文档来评估一份工作的内容与市场上其他工作的关系。工作文档还要用于以下人力资源管理的目的：

- 确保员工被分配到合适的工作岗位。
- 促进工作内容的评估。
- 促进薪资调查的交流（如果工作匹配）。
- 向员工和其他人解释并在必要时为某些薪酬计划决定进行辩护。
- 协助吸引和选拔工作。
- 建立绩效标准。
- 促进组织设计。
- 协助建立职业发展道路。

工作评估

工作评估是确定公司工作相对价值的正式的、系统的过程。它被用来确保公司的薪酬制度的公平性。评估和评价的对象是工作，而不是员工。

建立工作价值层次模型有两种基本方法：一种是以市场数据为起点，强调市场数据；另一种是以工作内容为起点，强调工作内容。在这两种情况下，工作内容都很重要——不同之处在于起点。每个雇主必须确定哪种方法适合本组织的需要。这将在很大程度上取决于组织中不同岗位的数量，以及薪酬计划的设计、实施和维护所需的资源。劳动力市场的性质也是至关重要的。

基准工作

市场定价始于作为市场定位点的基准工作的选择。虽然大多数薪酬方案都承认市场在工作排名中的作用，但一些现有的正式系统使用市场定价作为确定工作价值的主要依据。选中基准工作，根据调查数据定价，并根据市场水平分配相对价值。所有其他工作都是在这些基准的基础上来进行定位的。

基准工作与其他组织和/或行业中的其他工作密切相关。基准工作应该：

- 在市场上具有代表性的职位。
- 在组织的内部层级制度中扮演重要的角色。
- 在组织使用的薪酬结构中代表许多组织级别或等级。

- 与调查工作中 70% 或以上的职责相匹配。
- 在一个组织中除了管理和行政级别的职位，通常还有多个在职者。

基准工作也可以作为非基准工作的内部锚点。例如，一个会计员和一个行政助理被分配到相同的工资等级和工资范围，现在成为其他没有市场数据匹配的职位的锚点。非基准工作的分配被称为排位，因为它涉及比较或评估工作的价值，不是基于市场因素或分数，而是基于该工作与其他被评估工作的相对价值。

收集市场数据

既然已经确定、分析、记录和评估了需要在组织中进行市场定价的工作，现在就可以为你选择的基准工作收集市场数据了。收集这些数据的过程是市场定价的一部分。许多雇主主要根据外部市场数据来建立他们的工作价值等级，如其他雇主对与他们类似的工作支付的工资水平。为了正确使用市场数据来建立工作价值等级，雇主必须确定相关的市场，并能够收集至少50%的组织工作的外部薪酬数据。然后，所有剩余的工作将被适当地纳入薪酬结构。

收集市场数据的总体目的是对公司的薪酬计划做出明智的决定。这些决定包括给工作定价、分析薪酬趋势、确定薪酬制度以及建立工作价值等级。有多种数据收集方法和因素可以帮助确定应该使用的方法。

注意：在收集和分析薪酬调查数据时，应确定调查中所描述的工作是否与组织中的工作具有可比性。如果是，那么使用调查数据是有效的。如果工作文档不准确、不完整或过时，则可能导致无效的比较和决策。

收集市场数据的决定因素

组织在决定使用哪种数据收集来源时，应考虑以下因素：

- 成本。对于能够进行市场定价的职位数量和数据中所代表的员工数量来说，调查的成本是否合理？是否有调查的预算？
- 时间。如果正在考虑自己进行调查或完成一个定制的调查，你需要多少准备时间？调查报告中数据的新旧程度如何？
- 可靠性/准确性。数据来源可靠吗？数据准确性是否已核实？样本量是否足够大？能够准确地代表市场吗？

- 可用性。这些数据是否容易获取？调查的公开程度如何？即使没有参与调查，你也可以购买调查报告吗？
- 机密性。调查中收集的信息是否保密？

埃克森美孚、犹他州和康涅狄格州的健保集团，以及波士顿联邦储备银行，都被指控它们通过调查问卷的设计来操纵工资价格。美国司法部和联邦贸易委员会都制定了一些基本步骤，以确保人们不会通过调查设计妨碍劳动力自由市场。以下这些步骤被称为反垄断安全区：

- 应该由一个独立的第三方（顾问、学术机构、政府机构或行业协会）来管理调查。美国司法部和联邦贸易委员会允许在没有第三方的情况下进行一些信息交换，具体取决于信息的用途和反竞争效果。在进行自己的调查时，应寻求法律顾问。
- 调查参与者提供的数据必须是至少三个月以前的。
- 至少使用五个调查参与者，任何一个参与者的数据都不能占某一统计数字的25%以上的加权基础。
- 结果必须上报，以便接收者无法确定具体的参与者数据。

了解市场：就成功了一半

了解组织的相关劳动力市场是选择和参与正确调查的关键。相关的劳动力市场可以用"员工的来源和目的地"来定义，可以描述为组织吸引员工的市场和流失员工的市场。这些市场可以根据行业、组织规模和/或地理位置来定义。图3.1列出了一家年销售额为20亿美元的制药公司的三种工作类别的劳动力市场。

有许多有效和可靠的市场薪酬数据收集和分析方法。在收集薪酬数据之前，组织应该明确其相关的劳动力市场，其中可能包括：

- 当地劳动力市场的类似组织（类似规模或类似行业）。
- 所有本地市场的雇主。

雇主会希望使用包括劳动力市场中竞争组织的数据调查。因此，这种调查样本可能在不同的工作群体之间有很大的差异。通常情况下，考虑因素包括地理区域、组织规模（员工人数）、收入、行业以及其他被认为与被调查群体相关的因素。

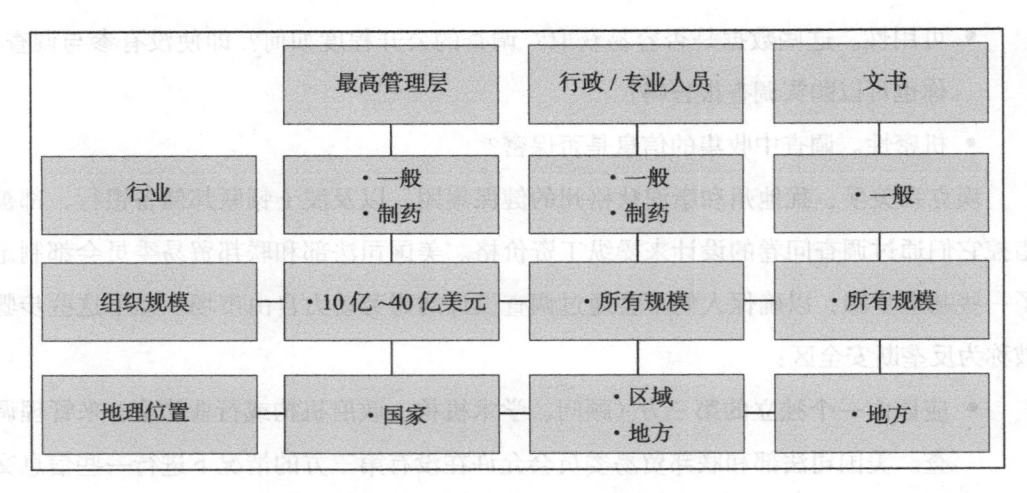

	最高管理层	行政/专业人员	文书
行业	・一般 ・制药	・一般 ・制药	・一般
组织规模	・10亿~40亿美元	・所有规模	・所有规模
地理位置	・国家	・区域 ・地方	・地方

图3.1 劳动力市场抽样——大型制药公司

收集有效数据

任何工作都没有确切的市场定价。薪酬专业人员必须依靠市场数据来确定工作的市场定价，但大量可用的调查可能让人摸不着头脑。这也是一把双刃剑。好的一方面是有大量的信息可供选择。反过来说，大规模的可用性可能导致粗心的调查选择和不恰当的数据。

样本规模、参与者基础、统计分析、调查方法和职位匹配程序等因素会影响基准工作最终市场汇率组合的准确性。根据经验，薪酬信息反映市场的幅度应该在正负10%以内。因此，95%~105%的市场指数可以被视为完全具有市场竞争力的薪酬水平。

此外，互联网上的薪酬数据越来越多。那些善于观察的员工很容易被网站上根据职位和地点列出的大量薪资信息所左右。

然而，并非所有发布的数据都是可靠的或经过验证的。在使用这些数据之前，企业需要问：

- 网站的目标受众是什么？
- 数据来源是哪里？
- 数据来自雇主调查，还是来自进入网站的个人？
- 如何维护网站？

为确保相关数据的收集，组织首先应确定：

- 需要收集哪些薪酬数据？

- 哪些工作需要薪酬数据？
- 需要从哪些劳动力市场调查数据？
- 数据只关注基本薪酬，还是包括目标激励薪酬？

组织应进行需求评估，以揭示其就业市场定价工作所需的调查类型。这种评价显示了调查中需要哪些数据，哪些工作需要报告，以及需要哪些行业和地区的细分情况。如果有多种调查，将有助于筛选出所有相关的数据，并确保更准确地了解相关劳动力市场。

数据来源

购买已发布的调查

有数以千计发表的调查可供购买。购买价格因调查来源、调查范围、分析类型和最终产品的整体成熟度而异。此外，大多数调查提供者会给调查参与者提供大量的折扣。雇主希望使用包括劳动力市场中竞争组织数据的调查。因此，这个调查样本可能在不同的工作群体之间有很大的差异。通常情况下，考虑因素包括地理区域、组织规模、收入、行业类型，以及与被调查的工作群体相关的其他因素。

注意：当每年使用同一调查来源时，确保调查参与者群体的变化不会过度影响市场汇率的变化。

请注意，在职人员的数量可能对调查的平均数产生巨大的影响。正在招聘很多人的大雇主报告中每份工作的平均薪酬数比上一年要低，因为新员工的比例低于资深员工。相反，一个正在裁员的公司如果裁员倾向于裁掉资历较浅、薪酬较低的员工，那么裁员后的公司可能显示出同比更高的薪酬水平。

通过仔细地确定组织的需求并研究各种可用的调查，可以准确地选择那些将为你的公司提供最相关数据的调查。以下信息将对你的调查搜索有所帮助。

> **调查内容清单**
>
> 在购买调查之前，问以下问题：
> - 调查收集了哪些信息？符合你的需要吗？
> - 调查了哪些公司？符合你的需要吗？
> - 每个工作或角色有多少可用的数据？
> - 是否报告了适当的统计数据（如平均水平、加权平均数、中位数、百分位数、奖金/激励、整体回报/总现金）？
> - 调查中数据的有效日期是什么？它是最新的吗？足够满足你的需求吗？数据容易过时吗？
> - 这个调查的成本有多高？调查有价格优势吗？参与者有价格优势吗？非参与者可以购买调查吗？
> - 该调查是否由信誉良好的第三方调查机构进行提供？调查是否提供了可信的历史信息？
> - 调查机构能否提供额外的数据分析？你能做额外的分析吗？

通过第三方进行自己的调查

在对数据收集的备选方案进行彻底调查后，一个组织可能决定进行自己的调查，从正式和全面的调查到对有限数据进行快速、非正式的电话或传真调查。进行自己的调查可以让你收集到符合自己特定需求的数据。如果公司自己进行调查，这虽然可能是一个耗时的选择，但它将使得公司对数据收集和分析有更多的控制权。

薪酬调查的范围可以从涵盖现成信息的快速电话调查，到涉及敏感信息和需要复杂数学分析的高度复杂研究。调查可以通过以下方式进行：

- 电话采访。
- 在线问卷调查。
- 电子邮件采访。
- 上述方式的任何组合。

不管使用什么方式来收集数据，所收集的信息都必须具体且一致。你需要确保从所有参与者那里获得了相同类型的信息，如薪资范围、起薪、在职人数等。

收集数据的成本很重要，必须加以考虑。考虑因素包括时间限制、数据的可靠性、对所收集数据质量的控制以及对数据保密的必要性。数据访问是另一个需要考虑的问题。许多公司出于一些合理的商业原因，选择只通过第三方（而不是另一个雇主）提供调查数据。

第三方可以是一个专业协会，来自当地大学的研究生，或者顾问（任何对调查方法和研究有所了解的人）。在许多情况下，由个别公司赞助的调查的参与者不支付任何费用就能得到一份调查结果。使用第三方的好处是，该公司可以针对其竞争对手进行调查，并且可能因为第三方保密而获得更高的参与率。

使用免费资源

许多咨询机构的网站上都有抽样调查数据。在使用这些数据之前，你应该确保这些信息是最新的，并包含对有关基准工作的充分描述。美国劳工统计局提供可免费下载的薪酬和工资信息。

收集公开信息（如代理声明）是另一个可靠的免费信息来源。

捕捉高需求工作的竞争性市场数据

鉴于传统调查的缺点，你如何衡量高需求、热门技能工作的市场？请记住，热门技能是市场上需要的，但供不应求，如护士、工程师、IT、电话销售员等。一些技术包括：

- 将重点从更广泛定义的工作角色转移到具有需要完成工作所需特定技能的员工个人（如 SAP 应用程序开发人员）。
- 创建高技术技能和技能水平定义。
- 定义基本技能，并获取相关的薪酬数据，作为确定高技术技能溢价的参考点。
- 通过混合数据来获取更丰富的调查数据，以获得对工作的"感觉"。
- 每年进行一次以上的调查。有些技能的市场需求量很大，市场会迅速调整。

在IT薪酬方面，公司发现市场数据对于确定员工适当的薪酬范围，以及评估员工的知识和技能获得方面是很有用的。与基本工资一样，以技能为基础的工资的市场价值是由供需经济学驱动的。然而，与基本工资不同的是，基于技能的薪酬往往会随着市场的变化，在不同的季度之间出现更大幅度的波动。

处理数据

现在调查数据已经选定,是时候进行数据分析了。由于调查管理者可以选择不同的方法来收集和显示调查结果,因此解释已公布的调查数据就变得很复杂。挑战在于对需要从特定来源提取的数据做出合理的决策,并在对多个来源的数据进行分析时适当地解释这些数据。尽管数字和公式看起来令人生畏,但"简单就能做到"是这个简化过程的经验法则。

调查数据分析不是一门科学,更像一门艺术。成功解释数据的关键是理解在任何特定的调查中统计数据是如何计算的,并将这些信息融入所在组织的薪酬理念中。如果这些信息没有记录在调查报告中,请联系调查发布者以核实计算结果。

分析调查数据时应考虑以下几个问题:
- 衡量中心趋势的选项。
- 百分位数。
- 老化数据。
- 对调查来源的市场数据进行加权。

衡量集中趋势的选项

衡量一份工作的市场定价的最佳方法是什么?大多数调查提供了多个集中趋势的测量方法,或者说是衡量所收集数据的集中趋势。常见的集中趋势衡量标准有中位数(数据中确切的中间点)、平均值(平均数)和众数(数据集中最常出现的单个数据点)。在大多数调查中,常用的集中趋势测量方法是未加权平均数、加权平均数和中位数。使用哪种方法取决于所寻求的信息。未加权平均数给予数据中所代表的每个组织同等的权重。它回答了这样一个问题:"平均而言,公司给这个职位的薪酬是多少?"(见表3.1)

表 3.1 按调查次数计算的未加权平均数

调 查	代表公司的数量	代表员工的数量	报道的基本工资
1	56	60	47 500 美元
2	47	55	53 100 美元
3	33	35	55 400 美元
总计	136	150	156 000 美元
平均			52 000 美元

- 加权平均数给予数据中每一份薪酬同等的权重。它回答了这样一个问题:"这项工作的在职人员平均薪酬是多少?"你可以用公司的数量(136)或员工的数量(150)进行衡量。
- 中位数指的是数据集中的中间数。它回答了这样一个问题:"在一组工资排名中,确切的中间工资是多少?"例如,如果数据集包含 51 名会计师的薪酬排名,那么中位数就是排名第 26 名的薪酬,因为正好有 25 份工资排在它后面,25 份工资排在它前面。平均数和中位数之间的巨大差异,可能是由一些不寻常的情况导致样本偏高或偏低的结果。平均数会受到这种偏差的极大影响,而中位数不太容易受到极端数据的影响。使用哪种统计数据仍然是一个选择问题。然而,除非对抽样代表和数据分析有高度的信心,否则中位数很可能是对该工作"典型"薪酬的最佳估计。在表 3.2 按调查次数计算的未加权平均数中,工资中位数为 53100 美元。

表 3.2 员工人数加权

调查	代表公司的数量	代表员工的数量	报道的基本工资	报道基本工资的加权平均
1	56	60	47 500 美元	2 850 000 美元
2	47	55	53 100 美元	2 920 500 美元
3	33	35	55 400 美元	1 939 000 美元
总计		150	156 000 美元	7 709 500 美元
加权平均				51 397 美元 (7 709 500/150)

百分位数

调查还可以提供百分位数形式的信息,百分位数定义了一定比例的数据落在哪个数值以下。例如,如果薪资调查显示 6 万美元或数据的第 90 百分位数,那么 90% 的调查受访者的工资低于 6 万美元,10% 的调查受访者高于 6 万美元。第 10、25、75 和 90 百分位数是最常报告的。位于第 50 百分位数的数据点也是数据集的中位数。对于理念高于市场薪酬或追踪市场领导者的组织来说,百分位数可能很重要。

将数据转化到同一时间点

将公布的调查数据定在一个共同的时间点是很重要的,这样才能对市场和内部平均薪酬进行准确和一致的市场比较。可以结合多个调查的数据,通过确定年老化因子来反映一个共同的时间点。

在选择年老化因子和你想要的数据老化日期时，重要的考虑因素包括：

- 薪酬水平增长速度根据市场的不同而不同。例如，行政人员薪酬的增长率一般超过非豁免薪酬的年平均增长率。因此，你应该根据以下考虑来研究市场动向：
    - 行业类型：医疗、金融、制造、服务等。
    - 工作级别：非豁免、豁免或行政人员。
    - 地理位置：南部、东部、西部、中部。
    - 薪酬类型：基本工资或整体回报。
- 要选择合适的年度老化系数（例如，非豁免数据增加4%，行政人员数据增加5%）。你可以查看提供年度增长预算数据的调查，如世界薪酬协会年度薪酬预算调查。这种方法假设劳动力市场上的实际工资按预算增加的数额增加。
- 单个调查来源的市场平均/中位数的年增长率通常在调查的引言或执行摘要中报告。市场平均/中位数的变化可能是衡量市场走势的更准确指标之一。然而，这些增长是历史性的，而不是预计的。
- 要在两个日历年之间计算老化数据。你应该为每一年制定一个单独的老化数据，然后合并这两个百分比。
- 领先、滞后，或领先-滞后结构政策将决定你应该在哪个时间点对调查数据进行趋势分析，以确定竞争性薪酬结构中间点。例如，如果财政年度是1月到12月，并且政策是领先-滞后的，那么你要把所有数据的趋势调整到7月1日。

根据调查来源对市场数据进行加权

关于调查数据加权的决定将取决于若干标准，包括：

- 薪酬战略。如果已经制定了一个将竞争性劳动力市场定义为特定行业的战略，那么你将更加重视对你所在行业的调查。
- 调查质量。统计分析所提供的参与者基数和每个工作的案例数，以及其他因素有助于提高调查的感知质量。基于对这种质量的判断，一些调查会获得比其他调查更多的权重。例如，如果你的来源之一是内部调查，那么你可以选择使这个来源的权重高于外部来源。
- 工作匹配的质量。根据工作内容，某些工作匹配比其他匹配更合适，并且可以对市场数据进行相应加权。这个特定于工作的加权因子可以补充或覆盖先前建立的调查源权重。为了在工作层面上产生一个客观的加权因子，案例的数量

（员工或公司）可以用来加权原始数据。你最看重的是那些最能准确地反映你的劳动力市场和工作内容，并提供准确且恰当统计分析的调查。

发展市场竞争力指数

市场指数将反映在选择适当的调查和调查统计数据，以及将你的工作与调查工作相匹配时已经做出的市场定价决策中。你如何对公司的整体回报竞争力进行分析？

用以下公式计算市场指数：

市场指数=公司平均薪酬/市场平均薪酬

例如，根据表3.3，工作D的薪酬相对于市场而言是最具竞争力的。关于公司和市场薪酬，你还注意到了什么？整体市场指数是多少？如何知道职位和在职者的薪酬是否具有竞争力？

表 3.3　公司薪酬与市场薪酬的对比

工 作	市场平均薪酬	公司平均薪酬	市场指数
A	1 300	1 400	1.08
B	1 430	1 450	1.01
C	1 570	1 500	0.96
D	1 730	1 600	0.93
	6 030	5 950	0.99

要正确回答这些问题，需要对与这些问题有关的数据进行仔细的审查和解释：

- 工作性质。有些工作是初级职位，员工很快就能通过。因此，工作期限短，人员流动高。如果员工通常是在最低级别或在范围内的较低级别被雇用，那么该工作的市场指数就会较低。这种情况是可以预期和接受的，前提是你能吸引足够数量的合格候选人。
- 工作评估计划的类型。如果公司使用"市场定价和排位"评估计划，那么市场指数高或低的工作可以根据市场定价结果重新排位到不同的等级。然而，如果公司使用定量评估系统，如工作内容或积分因素法，市场指数非常低或非常高的工作可能被"绿圈"或"红圈"，以确保所有工作的持续内部公平（参见补充内容3.1）。
- 在职人员的人数。人口稠密的工作通常具有正态分布的薪酬，因此，其薪酬更接近市场综合水平。因此，在银行里，市场指数为83%的出纳员工作，比相同指数的单一在职会计经理工作更值得关注。

- 在职人员的个人特征。在解释市场薪酬组合与内部薪酬水平的比较时，必须考虑员工因素，如教育、技能、能力、资历和个人表现。根据个人特征，在职者的薪酬高于或低于市场水平是可以接受的，也是可取的。

补充内容3.1

绿圈工资

绿圈工资低于范围内的最低工资，通常发生在工资结构向上变化且员工处于工资范围的底部时。为了纠正这种情况，雇主可以立即或分几个步骤提高工资。所有的绿圈工资都应审查是否存在歧视。

红圈工资

一个人的工资超过了他的工作范围的最大值，就会得到一个红圈工资。红圈工资高于规定的该工作等级既定范围的最高限额。这种情况比绿圈工资更难处理。解决办法多种多样，从什么都不做，到把工资降低到工资范围的上限。根据公司政策，在范围内的最高薪酬超过个人薪酬水平之前，员工可能没有资格进一步增加基本薪酬。

市场调整

如果对已经存在的职位做过市场调查，那么你可以建议将该职位调整到不同的工资级别，或者建议对现有员工进行薪酬调整。这种行为被称为市场调整。

如果不建议改变工资等级，你可以建议给那些工资没有接近或超过该工作的中间点或市场价格的员工加薪。在这种情况下，加薪的决定在很大程度上取决于填补这个职位的难度有多大，该职位对你的业务有多重要，以及公司的薪酬理念。

低于新的范围

当员工的工资低于新的范围时，组织可以选择多种方法将工资提高到新的范围内。然而，增加的金额将受到该员工低于最低标准的金额以及为达到最低标准所需增加的数量和规模的影响。

例如，如果组织有一个政策来限制任何一次加薪的金额或每年的总加薪，那么有必要确定一次加薪是否能弥补较大的百分比差距，或者是否需要两次或更多次加薪。

注意：虽然联邦法律没有关于支付低于工资范围的员工的规定，但我们必须认识到低于工资范围的员工的情况。一些组织可能有一项政策规定可以接受员工低于这个薪资范围；然而，组织有责任确保政策的执行是一致的，并且不会对任何一个员工或群体产生不利影响。

市场波动——警告提醒

通常情况下,"波动"或不寻常的市场波动与"热门"工作或特定地区的劳动力市场紧张有关。它们通常发生在对某一特定工作的需求因外部事件而增加的时候,或者在较小的范围内,当一个组织是该地区的新成员时,它支付高于市场的价格来吸引关键人才。

例如,为技术专业人员提供合适的薪酬是一个特别棘手的问题。几十年来,薪酬和福利团队经历了技术工作的持续市场价格波动,这是由热门技能和技术劳动力供需的摆动所驱动的。难以填补的技术职位的多面性也是一个挑战,其技能、知识和工作经验的无数组合是任何薪酬调查都无法捕捉到的。

而且,不仅是技术技能让这个过程变得困难:当这些工作如何适应科技企业的连续统一体时,你可以尝试计算薪酬和平衡内部公平。在整个企业中,技术工作通常需要特定的公司产品或服务、业务流程和解决方案,甚至行业和客户利基方面的知识和经验。

在这种情况下,一个组织为了适应一些专门的职位(如程序员)的"热门技能"而上调了所有的工资等级,便不得不将一些员工重新分配到较低的等级。在某些情况下,该组织将薪酬超过新的最高范围的员工画上红圈。

在已定价的工作岗位在市场上波动之前:

- 考虑推迟对该职位薪资级别的调整,并与招聘经理沟通在这个薪酬范围的中点或以上所进行的招聘所需要的能力。
- 考虑取消这些"热门技能"职位的最大范围,因为这些职位很难招到人,其薪酬会暂时上涨。
- 如果开始看到一个不属于"热门技能"职位的市场数据的变化趋势,请审查三年内的数据,看是否适合调换等级。

发挥创意!如果在密切关注整体回报预算,那么你可以在不增加基本工资的情况下增加"热门技能"员工的薪酬,如一次性加薪、招聘奖金、留任奖金,以及大量丰富的福利和福祉等。

项目成本的方法

薪酬专业人员需要了解薪酬计划设计和管理方法如何影响计划成本或预算。成功的薪酬和福利计划的设计需要在经常相互竞争的目标之间进行微妙的平衡：雇主想要吸引、激励和留住最合格的员工，同时又要面对劳动力成本的竞争约束。为了成功地实现这些目标，雇主需要将薪酬计划的成本与其他因素进行权衡，如降低劳动力市场竞争力以提高营业利润率。

无论是基于工作评估过程对个别工作进行市场定价，还是对基准工作进行市场分析以确定薪酬结构和薪酬竞争力，确定薪酬计划的成本都是计划过程中的重要组成部分。

薪酬计划的成本计算可以是简单的，也可以是复杂的，这取决于你的选择。然而重要的是，要确定第一年的成本和任何与该计划相关的持续成本。在许多行业中，劳动力成本占所有运营成本的50%。在典型的绩优和工资项目中，由于员工的基本工资不是固定的，而是随着每一次新的绩优加薪而不断增长的，因此成本也随之增加。为了确定薪酬计划的成本，你需要以下三个关键因素的具体信息：

- 看结构调整的平均增长幅度和看市场调整的实际增长量。
- 接受加薪的员工数量（参与），包括加薪间隔的时间长度（频率）。
- 增加生效的时间（生效期）。

有三种主要方法。

一次性的方法

最简单的方法是给那些低于市场工资的符合条件的员工增加工资，使他们达到市场工资水平。这样做，增加的初始成本将高于其他选项，但每个员工将立即得到市场工资。然而重要的是，要与财务部门合作，以确保这样做不会对公司的利润产生重大影响。

分阶段的方法

虽然一次性给所有员工加薪很简单，也很容易管理，但并不是所有组织都有足够的资金在第一年支持这种加薪。管理相同增长，但降低第一年成本的一种方法是在第一年分阶段加薪。这是通过在几个月（或更长）的时间内交错增加来实现的，以降低第一年的成本。

等待和观望的方法

观望的方法是解决一组员工薪酬低于市场水平的另一种方法。偶尔，对一个或一系列工作的需求可能会增加。这种增加可能导致该组员工的市场工资暂时提高。

采用等待和观望的方法，薪酬专业人员会在加薪之前"观望"市场的走势。通过等待一段时间，市场工资可能保持在新的较高水平或降低到以前的水平。如果市场工资降低到以前的水平，那么所见证的工资增长是基于外部或不寻常的市场条件的临时增长。如果工资继续增长，那么薪酬专业人员将遵循前面两种方法中的一种（一次性或分阶段）来实现工资增长。如果你注意到某一特定职位的市场工资在很长一段时间内保持相对平稳，然后又出现飙升，你可能想采取观望的方法。然而，要注意的是，如果市场为技能支付了溢价，而你却没有，那么等待和观望的方法可能让你付出比工资更多的代价。你的一些员工可能被出价最高的公司吸引，这可能导致那些难以填补的职位出现更高的流失率。

如何保持员工的知情权

薪酬传递了一个强烈的信息。研究表明，财务上最成功的公司更有可能与员工沟通薪酬信息，并为一线主管提供薪酬沟通方面的培训。

员工渴望知道在他们的组织中使用什么方法来定义和确定工作的价值。在本章中，如前所述，薪酬是根据组织的薪酬理念通过市场定价来计算的。公开沟通薪酬政策，除可以传达整体回报战略外，有助于建立雇主与雇员的信任，并消除可能出现的对整体回报的误解。

谁应该传达这个信息

向员工传达薪酬信息的人不应该是同一部门的同事。组织应根据具体的薪酬行动和受众来选择沟通者，可以是以下任何一个人：

- 主管。
- 部门经理。
- 人力资源经理。

为了持久地向员工传递薪酬信息，主管是最有效的渠道，应该处于沟通工作的中心。员工对公司薪酬体系的看法是通过与管理者的对话以及通过正式和非正式的沟通项目形成的。

由于与员工的持续沟通能提高薪酬制度的有效性和接受度，并有助于减少误解，因此沟通者必须掌握正确的信息。"培训培训师"课程将帮助主管向员工传达最准确和最新的薪酬信息。

管理者不能猜测市场上有竞争力的薪酬。一个粗略的答案是不够的。他们需要传达准确的答案，以消除员工的任何担忧。如果薪酬计划能够有效地促进员工关系，组织中的员工必须认识到他们的整体回报水平是公平和有竞争力的。尽管员工可能根据与薪酬最高的雇主的比较来主张薪酬调整，但他们通常会意识到雇主会对劳动力市场的平均水平做出反应。除非他们认为自己的整体回报水平低于相关劳动力市场上从事类似工作的大多数员工，否则他们不会严重不满。

应该传达哪些信息

主管或经理应从员工的角度简单扼要地沟通薪酬调整，同时关注薪酬行动的主要要素，包括：

- 采取薪酬行动的原因是什么？
- 如何处理该薪酬行动？
- 薪酬行动何时生效？
- 薪酬行动是一次性调整吗？
- 薪酬行动是一次性的还是多次的？

开启薪酬对话

主管或经理工作的一个主要部分是回答有关薪酬计划的问题。在当今竞争激烈的商业环境中，许多公司已经放弃了对薪酬保密的做法，而倾向于向员工公开信息。越来越多的公司开始公开有关薪酬范围和绩效预算的信息。

例如，对会计文员的职位进行市场价格分析后，决定对其进行薪酬调整。当把这个信息传达给将要获得加薪的员工时，主管或经理应准备好回答员工提出的各种问题和意见，包括：

- "为什么我现在不能拿到全部加薪？"
- "为什么我的同事在公司工作时间没有我长，却得到了调整，而我没有加薪？"
- "我要怎么做才能加薪？"

意识到潜在的问题和适当的答案是有效沟通的关键。与同事们一起集思广益，提出可能的问题和答案是一个好主意。这样做，你就能够预测到问题的领域，并准备好解决员工的问题和关切。公开的对话交流将加强沟通和理解，并加强员工对组织的信任。

4 通过绩效工资将薪酬与绩效挂钩

绩效工资的目的是奖励员工的个人贡献,并鼓励他们尽可能取得最佳绩效。它通常包含在更广泛的"绩效工资"概念中。在过去的20年里,组织绩效管理实践和对各种激励薪酬形式的处理发生了很大变化。尽管一些人呼吁废除绩效工资计划,但根据美世公司2019年的一项调查,绩效工资计划仍然是美国企业决定员工加薪的更广泛使用的手段之一。用马克·吐温的话来说,绩效工资计划的"消亡"被过分地夸大了。本章的目的是探讨如何通过绩效工资来奖励员工的贡献并鼓励个人表现。理论上,如果所有员工都能够以相对于他们的能力而言的最高效率工作,组织就可以蓬勃发展。

绩效工资背后的逻辑很简单:如果薪酬更多地由绩效决定,那么员工实现高绩效的积极性便会提高(见图4.1)。这里有三种与此相关的动机理论:

1. 强化理论认为,绩效工资应该激励绩效的提高,因为关于良好绩效的金钱后果是众所周知的——一个人的绩效越好,加薪就越多。

2. 期望理论认为,绩效工资应该激励绩效的提高,因为绩效是实现加薪的工具——提高绩效的努力会导致加薪的结果。

3. 公平理论认为,绩效工资应该导致绩效的提高,因为加薪被视为对一个人的绩效投入的公平结果——一个人对组织的贡献越多,加薪幅度就越大。

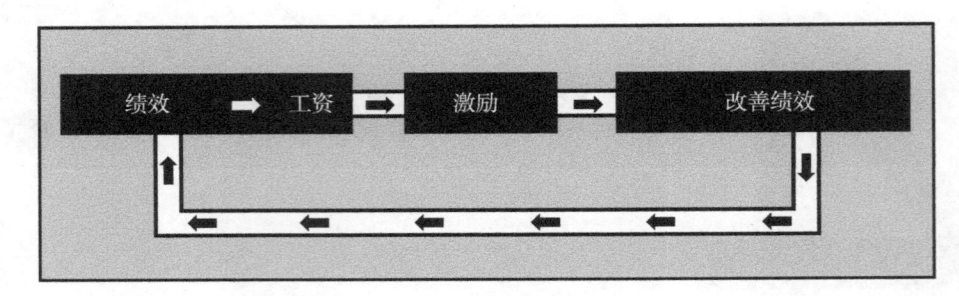

图4.1 薪酬与绩效挂钩

一个成功的绩效工资计划将做到以下几点：

- 奖励那些取得绩效的员工和表现出与组织目标相一致的行为的员工，这些都与组织的战略商业计划和使命直接相关。
- 提供与贡献相称的奖励，即对表现更出色的员工给予更多的加薪。
- 易于与员工沟通。
- 让员工容易理解。
- 认可公司加薪的"底线"考虑和能力。
- 保持理性、结构化和合理的管理方式。
- 符合法律要求。
- 使用有根有据、可信的方法来评估绩效。
- 符合并支持管理理念。

所有的组织激励措施（包括绩效工资计划）都应该仔细规划以实现这些目标。如果一个组织花时间仔细设计其绩效工资计划，就可以建立薪酬和绩效之间的联系。

确定奖励内容

在设计绩效工资计划之前，首先要确定：

- 组织看重什么。
- 员工个人的哪些贡献应该得到奖励。
- 组织的支付能力。
- 组织沟通计划的能力和意愿。
- 组织管理该计划的能力。

一些组织通过高层管理者的规划工作来做出这些决定，他们参考了整体的商业战略和任务。而其他组织则使用结构化的人力资源规划工作来做这些决定，这依赖于正式的绩效规划和目标设定活动。还有一些组织做了非正式的决定。图4.2列出了启动绩效工资计划的步骤。

确认关键的先决条件已经到位：
- 高层管理者的支持。
- 已建立的绩效管理制度是可靠、有效、公平、灵活、可信的。

进行研究以验证绩效工资对组织来说是合适的和可行的：
- 回顾以往的绩效工资理论和研究。
- 收集其他雇主在绩效工资方面的经验，重点关注那些被认为非常成功和非常不成功的雇主，以及那些在管理风格和组织方面相似的雇主。
- 了解员工对薪酬的态度和看法，通过建立基线来评估绩效工资计划的有效性。

成立员工工作小组，监督计划的发展，确保员工参与计划，并由以下职能部门代表参加：
- 直线管理者。
- 人力资源专业人员。
- 代表组织中不同"级别"的员工。
- 如果组织文化适合的话，也可以包括非豁免员工

图4.2 开始绩效计划

如果对组织的价值观和期望没有清晰的理解，就可能奖励那些与组织目标相悖的员工。一个成功的计划需要个人与组织在以下方面保持一致：
- 身份，这关系到组织为谁服务以及提供什么产品和服务。
- 战略计划，涉及如何完成组织的使命。
- 目标，与组织既定目标相关。

一旦确定了个人目标和组织目标之间的联系，绩效工资就可以用来将个人目标和组织目标结合起来。如果使用得当，绩效工资将加强与组织的身份、战略计划和目标相一致的个人贡献的完成情况。

绩效工资还必须与本组织的商业环境相一致。支持或削弱绩效工资作用的商业环境特征如图4.3所示。

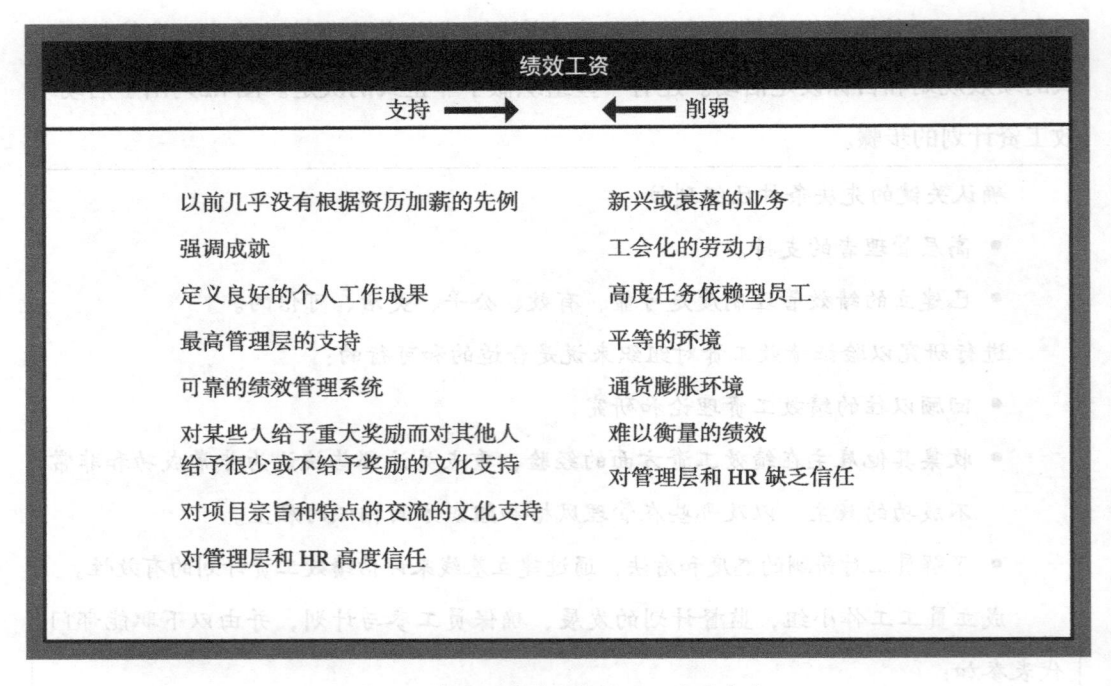

绩效工资	
支持 →	← 削弱
以前几乎没有根据资历加薪的先例	新兴或衰落的业务
强调成就	工会化的劳动力
定义良好的个人工作成果	高度任务依赖型员工
最高管理层的支持	平等的环境
可靠的绩效管理系统	通货膨胀环境
对某些人给予重大奖励而对其他人给予很少或不给予奖励的文化支持	难以衡量的绩效
	对管理层和 HR 缺乏信任
对项目宗旨和特点的交流的文化支持	
对管理层和 HR 高度信任	

图4.3 商业环境特征与绩效工资的关系

记录绩效标准

制订绩效工资计划的第二步是设计一个系统，根据个人目标建立和评估绩效。绩效标准，也称绩效目标或目的，是帮助组织确定员工对组织使命贡献程度的书面陈述。这些标准建立了评估员工贡献的基础，并确定了预期的绩效水平。各种各样的评价系统被用来描述员工在实现目标方面的成功程度。图4.4列出了一些常用的绩效标准的例子。在过去的20年里，组织对强制排名的使用有所增加，然后出现了相当突然的下降。虽然这是另一种情况，但需要制定明确的绩效标准是没有改变的，以便由管理者和其他人利用这些标准来区分员工个人绩效的不同水平。

在制定绩效标准时，确定哪些标准最能满足组织的需要是至关重要的。客观标准，如工作的质量和数量，应该被评估，同时也应该评估工作中无形的、主观的方面，如团队精神、合作精神和客户服务。

工作标准的记录是绩效评估过程的重要组成部分。这通常是作为一种年度活动进行的，在这个活动中，主管和下属在评估前一年绩效的同时，讨论下一年的目标和目的。

质量 通过生产产品或服务来证明工作质量，这些产品或服务达到或超过预先设定的、可测量的标准（如每一千个项目中少于一个缺陷）。	**人际关系和团队合作** 能够很好地与他人合作完成目标，赢得尊重和信任，为团队的成就做出贡献，能体谅他人的感受和需要。
数量 在规定的时间内达到或超过规定的生产定额。	**计划和组织** 确定目标并确定优先次序，制订一个全面、适当的行动计划，建立程序来监控任务的完成进度，能够管理多个项目、优先事项或最后期限，以完成长期和短期目标。
沟通 有效地以口头和非口头方式表达思想。认真倾听并有效利用所获信息。在吸收他人的好建议的同时，同意和接受正在讨论的计划、想法或活动。	
创造性和创新 构思、鼓励、发展和应用富有想象力的概念，以改善操作程序和效率，或更好地利用公司资源。	**问题分析** 识别问题，获取相关信息并将不同来源的数据联系起来，以确定问题的可能原因

图4.4 常用绩效标准的例子

在一些组织中，确定和记录工作标准是管理者和员工之间的合作。其他选择包括：

- 让管理者确定目标，然后将其传达给员工。
- 让员工将目标提交给管理者讨论。

不管工作标准是如何建立的，获得员工的认同是至关重要的。如果员工不能理解这些标准或接受其合理性，就不可能以与组织使命相一致的方式执行。为了确保员工接受绩效标准并按其行事，组织应采取以下三种措施：

1. 强调结果和行为，而不是强调个性。绩效标准应该反映一个人做出了什么（结果）或者做了什么（行为），而不是反映一个人的性格特征（特质）。例如，用"客户投诉数量"这样的结果或"总是对客户彬彬有礼"这样的行为来衡量绩效质量，要比用"对人友善"这样的特质来衡量要好。

2. 员工应参与制定标准。要让员工按照绩效标准行事，首先他们必须忠于这些标准，这意味着他们要在这个过程中有一种主人翁意识。当员工有机会帮助建立绩效目标时，他们更有可能觉得自己"拥有"这个过程，并通过达到标准来保护自己的所有权利益。

3. 标准应该是灵活的。工作和组织的本质是处于不断变化的状态。因此，现在可行的绩效目标和标准可能由于员工无法控制的影响变得过时。组织应该愿意根据变化的需求来修改标准。

制定绩效预算

任何绩效工资计划的一个基本特点是得到管理层认可的既定预算。每年实施绩效工资计划时，预算过程应包括两项关键活动：
- 确定预算规模。
- 确定预算分配。

确定预算规模

每年的加薪预算通常是基于许多因素制定的，包括：
- 实际或预期的组织财务结果。
- 生活成本和/或通货膨胀。
- 行业趋势。
- 竞争因素，如人才留用率和招聘成功率。
- 劳动力成本和组织薪酬在市场上的竞争地位。
- 集团（如部门或分部）的绩效和需求。

在大多数组织中，每年获取或制定工资预算调查是很常见的，这些调查显示类似雇主的预期增长率。世界薪酬协会和许多主要的薪酬咨询集团都会进行年度薪酬预算调查，并将调查结果广泛公布。

在调查资料的基础上，考虑到本组织的财务状况，高层管理者通常会批准一项不超过"底线"的预算增长，该预算按当期薪酬的百分比计算。最近，绩效加薪的预算平均每年约为3%。

确定预算分配

预算过程的下一步是确定如何将资金分配给组织内的业务单位。分配绩效工资的一种常见方法是使用统一的预算。在这个过程中，绩效工资预算按"合格工资"的百分比分配给各司或各部门。"合格工资"的定义是所有有资格参加绩效工资计划的员工的基本工资总额。

加薪资格可能由入职的日历日期决定。有些组织只对那些超过最低服务时间要求的员工进行加薪，如在加薪日时已入职超过6个月。其他组织将包括所有在册员工，但会对那些服务时间不长的员工按比例增加工资。

使用统一预算的方法，组织中的每个业务单位都按比例分享可用于加薪的资金。表4.1是一个统一预算分配的例子。

表 4.1 统一预算分配的例子

部 门	总工资（美元）	绩效预算百分比	绩效预算（美元）
财务	2 450 500	4.0%	98 020
人力资源	1 750 900	4.0%	70 036
市场营销	4 375 055	4.0%	175 002
生产	7 980 250	4.0%	319 210
总计	16 556 705	4.0%	662 268

统一预算的使用没有考虑到一些业务部门比其他部门更成功或更不成功。此外，对于那些业务活动在地理上分散的组织而言，统一预算可能是不适当的，因为其中一些可能位于生活成本、通货膨胀或劳动力竞争压力不同的地区。

为了应对各业务单位不同的绩效水平，或需要在某些地区支付不同的工资，一些组织采用了灵活预算法。灵活预算法在预算过程中引入了统一绩效预算所不具备的复杂度。与统一预算不同，灵活预算需要对业务单位的绩效和地域工资差异进行合理衡量，以分配预算资金。许多组织没有准备好准确跟踪或计算这些差异。表4.2是一个灵活预算分配的例子（预算百分比已被四舍五入）。在这个例子中，市场营销部和生产部被认为在上一年对公司业绩的贡献比其他部门更大，因此被分配了更高的绩效预算百分比。此外，财务部和人力资源部位于总部，那里生活成本较低，因此分配的绩效预算较少。

表 4.2 灵活预算分配的例子

部 门	薪酬总额（美元）	绩效预算百分比	绩效预算（美元）
财务	2 450 500	3.1%	75 966
人力资源	1 750 900	3.6%	63 032
市场营销	4 375 055	4.3%	188 099
生产	7 980 250	4.2%	335 171
总计	16 556 705	4.0%	662 268

制定绩效工资政策

绩效工资计划的基本目标是以符合本组织使命的方式将工资与绩效联系起来。为了巩固这一联系，加薪必须根据员工的贡献和努力程度而有所不同。这里有两个必备条件：
- 员工绩效的变化必须是可衡量的，而且是可测量的。
- 必须向管理者提供必要的"工具"来确定适当的奖励。

这些工具可以在管理加薪的既定指导方针或政策中找到，也可以在实施这些指导方针的过程中找到。

政策决定

制定绩效工资政策的关键因素是绩效加薪的幅度、时间和交付。

幅度：绝对与相对

加薪幅度是绩效工资计划的关键组成部分。为了最有效地激励员工达到并超越其职位的绩效标准，有两个条件是必要的：

- 加薪的绝对规模必须足够大，足以对员工产生明显的影响（如果加薪幅度太小，会被认为无足轻重）。在许多绩效工资计划实施过程中，人们普遍抱怨没有提供明显的薪酬差别。
- 加薪的相对幅度必须足够大，才能通过有意义的奖励差异来确认绩效的真正差异。

一个成功的绩效工资计划将确保"最佳"贡献者的加薪幅度大大高于平均或低于平均水平的员工。如果不同的加薪被接受者认为微不足道，绩效工资计划将会被破坏，因为员工不会有动力去提高他们的绩效。例如，绩效工资计划为"杰出"员工提供1%的加薪，员工可能认为这并没有提供显著不同的奖励。然而，绩效工资计划为出色表现提供额外的4%~5%的增长，更有可能改变员工的行为，并起到激励作用。

时间：周年日与共同评审日

另一个必须解决的问题是做出加薪决定的日期。调查数据显示，近三分之二的组织使用共同评审日期，而三分之一的组织则错开了加薪日期，主要是在周年日提供加薪。

使用周年日方法可以将管理者和人力资源部门的行政负担分散到全年的工作中（如完成绩效评估、做出加薪决定和处理加薪）。工资增长也是交错进行的，减少了单次工资增长带来的财务影响。此外，周年日方法关注的是绩效评估和员工个人的增长，理想的做法是让员工相信这个过程是专门针对他的。

周年日方法的一个缺点是，相对绩效（如比较评价）可能难以判断，特别是在不同时间对所有员工的业绩进行评价。当保守的预算管理突出了许多管理者在年底前"节省"资金的自然倾向时，另一个缺点就变得很明显。当这种情况发生时，员工在年初的增长可能小于年底的增长，其结果可能是导致不公平地惩罚一些员工。

一个共同的（年度）评审日可以整合管理层和人力资源部门的行政负担，而且加薪可以成为年度预算编制过程的一部分。此外，因为所有员工的加薪是在同一时间确定的，所以可以收集所有员工的评估等级，也可以更容易地将相对绩效考虑到决策中。如果绩效预算是基于业务单位业绩的，那么通过一个共同的日期，业务单位业绩、个人业绩和业绩增长之间的联系就可以更加清晰。

共同评估日的缺点是，如果加薪计划的时间与其他主要工作（如年终财务结算、福利的公开登记和部门预算编制）相吻合，则工作量可能很繁重；如果所有的加薪都同时发生，则对组织的现金流影响可能很大。

关于是否使用周年日与共同审查日的方法来管理加薪，应根据员工和组织的绩效数据的可用性，以及管理和人力资源的可用性来决定。在一些组织中，加薪的预算是根据组织在某一固定时期的绩效来分配的，员工和部门的绩效也可能在同一时期被评估。在这种情况下，一个共同评审日可能是合理的。在那些错开绩效评估的组织中，或者在那些不允许部门之间有任何增资预算变化的组织中，以及在那些希望强调个人绩效与绝对标准而不是强调相对绩效的组织中，按周年日加薪可能更合适。

另一个问题是，是否允许加薪间隔的时间变化。在一些组织中，所有员工的加薪间隔时间并不统一；相反，绩效差异不仅体现在加薪的大小上，也体现在加薪的频率上。优秀的表现可能得到更大和更频繁的奖励。例如，贡献最大的员工可能每6~9个月就会得到相对较大的加薪，而表现一般的员工可能要等12~15个月才能得到较小的加薪。

交付：基本工资与一次性加薪

在传统的绩效工资计划中，只要员工还在公司工作，绩效增长就会被纳入员工的工资中。因此，这些增加是永久性的，并且随着时间的推移，加薪的价值会不断增加。

另一种方法是使用一次性加薪。一次性加薪是代替传统的基本工资增长的一次性付款，通常通过绩效工资计划每年发放一次。与"奖金"类似，一次性付款必须每年根据业绩重新获得，它不包含在基本工资中。通常，一次性付款是提供给那些接近、达到或超过其工资范围上限的员工（通常称为"红圈"员工）。

一次性加薪对企业的好处是显而易见的：在保留按业绩计酬的同时，由于没有复合效应，长期的工资成本会降低。同时，由于红圈员工的数量可以得到控制，因此薪酬范围的"稳定性"也得到了保护。在员工达到或超过其级别的最高值，但不允许获得加薪的组织中，一次性加薪提供了一个机制，以继续奖励和激励能力强但薪酬高的贡献者。

尽管一次性获得年度加薪，而不像基本工资增长那样分12个月支付，可能对一些人有吸引力，但对员工来说，一次性加薪的好处较少。对于长期和高薪的员工来说，他们可能已经接近他们的工资范围的顶端，没有增长的空间，一次性加薪提供了一个继续获得奖励的手段。

通常情况下，用一次性加薪来代替绩效加薪是员工所担心的问题，因为随着时间的推移，他们的基本工资会越来越少。临近退休的长期员工通常最担心退休问题。许多雇主通过将整笔奖金计入最终平均收入的养老金计算中来消除这种担忧。同样，这种付款往往与福利挂钩。例如，与工资挂钩的人寿保险等福利将反映在基本工资之外的一次性加薪上。这种解决方案解决了一些问题：

- 可以保持绩效和奖励之间的激励联系。
- 组织获得了一次性加薪在控制整体回报成本方面的好处。
- 员工的福利待遇没有严重减少。

然而，这种方法应该谨慎使用，因为当员工的基本工资在一段时间内没有变化或增长相对缓慢时，员工可能做出消极的反应。

政策的实施

绩效工资政策回答了以下关于加薪的问题：加薪多少？什么时候加？如何加？多长时间加一次？这些决定可以归结为一个简单的薪酬工具，称为绩效工资表。一份绩效工资表详细列明薪酬级别内不同位置不同表现水平的加薪数额和时间。绩效工资表可以被解释为一个组织的绩效工资理论或政策的操作说明。它用具体的条款详细阐述了薪酬与绩效之间的关系。

绩效工资表的范围从简单到复杂，取决于薪酬所依赖的变量数量。一般来说，有三种方法可以提高绩效：

- 绩效。
- 绩效和薪资范围内的位置。
- 使用可变时序的绩效和薪资范围内的位置。

绩效

这种方法使用最简单形式的绩效表（见表4.3），在没有明确薪资等级结构的组织中最常见。工资的增长完全基于绩效，因此绩效好的员工比绩效差的员工能获得更大的增长。通常情况下，工资增长是以基本工资的百分比来计算的。

表 4.3　将绩效增长与基本工资挂钩

绩效评级	固定的增加量	可自由支配的增加量
杰出的	8%	6%~10%
持续超过标准的	5%	4%~6%
符合标准的	3%	2%~4%
不完全满足标准的	0	0~2%

注意：表4.3、表4.5和表4.6中使用的是增加范围，而不是单个百分比。这使得管理层在加薪时拥有更大的自由裁量权，并使薪酬与绩效更紧密地联系在一起。然而，在一些公司，矩阵的每个单元格只被一个数字占据。

仅以绩效为基础的加薪忽略了内部薪酬比较。在一个绩效等级中，即使奖励百分比相同，但薪酬较高的员工得到的绝对增幅更大。这样做的结果是使可能存在的薪酬不平等现象永久化，而且可能对长期工作和/或高薪员工进行不相称的奖励。

另一种方法是以员工工资等级中位值而不是其基本工资来计算绩效增长。这种方法为绩效等级中工资水平较低的员工提供了相对工资水平较高的员工更大的金额增长（见表4.4）。随着时间的推移，同一工资等级的员工的工资不平等现象将减少，因为低工资的员工会被加速推向中位值，而高工资的员工增长被"放慢"。这种方法减少了对长期/高薪员工的一些偏见，而这种偏见可能是只注重业绩的绩效矩阵所固有的。

两种方法的优点都是：

- 预算简单。
- 易于管理。
- 沟通直接。

表 4.4　将加薪与工资等级中位值联系起来

按基本工资的百分比增加			
员　工	当前工资（美元）	增加百分比	增加（美元）
A	25 000	4.0%	1 000
B	35 000	4.0%	1 400
C	45 000	4.0%	1 800

按中位值为 35 000 美元增加				
员　工	当前工资（美元）	增加百分比	增加（美元）	有效增加的百分比
A	25 000	4.0%	1 400	5.6%
B	35 000	4.0%	1 400	4%
C	45 000	4.0%	1 400	3.1%

绩效和薪资范围内的位置

规模较大的组织可能有更复杂的分级结构，即以绩效和薪资范围内的位置为基础进行加薪，通常用四分位数来定义，或者如果需要更高的精度，则用比较比率来定义。这种做法基于这样的概念：中位值代表了市场上针对某一套特定技能所发出"有竞争力"或"公平的"工资，并且随着时间的推移，具有类似持续绩效水平的员工应获得同等数额的工资。因此，类似于表 4.5 的绩效增长指导图，通过对其范围内较低的员工给予较大的加薪，对范围内较高的员工给予较小的加薪，将使具有相同绩效的员工的工资随着时间的推移逐渐趋同于一个目标点（通常是中位值）。

表 4.5　将加薪与绩效和薪资范围内的位置联系起来

绩效评级	增加前在范围内的位置			
	第 1 四分位数或更低	第 2 四分位数	第 3 四分位数	第 4 四分位数
杰出的	8%~9%	6%~7%	4%~5%	3%~4%
持续超过标准的	6%~7%	4%~5%	3%~4%	2%~3%
符合标准的	4%~5%	3%~4%	2%~3%	X
不完全满足标准的	0~2%	X	X	X

绩效矩阵方法有以下几个优点：

- 减少了以终身职位为基础的薪酬不平等现象，并继续"超额支付"（相对于市场）高薪员工。

- 更有可能被员工认为"公平的"，因为随着时间的推移，在相同工资级别上表现相似的员工，往往会获得类似的薪酬。

基于绩效和薪资范围内位置来加薪，这一过程带来了某种程度的复杂性，这是在简单的只考虑绩效的模型中所没有的。当然，它也更难管理和沟通。

使用可变时序的绩效和薪资范围内的位置

一个更复杂的提高管理绩效的模型涉及可变时序的概念。表4.6所示的指导图展示了增加幅度和频率如何根据绩效和薪资范围内的位置而变化。在这个模型中，最优秀的员工获得更大、更频繁的加薪，而平均和低于平均水平的员工则需要等待更长时间才能获得较小的加薪。

这种方法有几个优点：

- 最优秀的员工将获得更大和更频繁的奖励，由于复利效应，其增长会很显著。
- 在预算紧张的时期，与其定期发放"低于市场价"的加薪，不如适当延迟发放"正常"加薪。例如，一个组织可能宁愿在16个月时给予4.7%的增长，而不是在12个月时给予3.5%的增长。

表 4.6 使用可变时序将绩效和薪资范围内的位置联系起来

绩效评级	第1四分位数或更低	第2四分位数	第3四分位数	第4四分位数
杰出的	8%~9% 6~9个月	6%~7% 9~12个月	4%~5% 10~12个月	3%~4% 12~15个月
持续超过标准的	6%~7% 8~10个月	4%~5% 10~12个月	3%~4% 12~15个月	2%~3% 15~18个月
符合标准的	4%~5% 9~12个月	3%~4% 12~15个月	2%~3% 5~18个月	X
不完全满足标准的	0~2% 12~15个月	X	X	X

可变时序的缺点是：

- 管理起来要复杂得多。
- 很难追踪和维持预算。
- 很难监控全年应用的一致性。
- 沟通更加复杂。

一个成功的绩效工资计划需要的不仅是完善的政策声明和概念上合理的设计，它还要求管理流程和过程具有逻辑性并易于理解。为确保政策按预期实施，应考虑的一些行政问题是沟通、培训和感知的公平性。

管理绩效工资计划

绩效工资的"方程式"很简单：显著的绩效努力会产生显著的回报，而反过来又会激励显著的绩效努力。然而，这个等式依赖于员工和组织之间的信任契约。员工必须相信公司会履行其承诺，即今天的努力明天会得到公平的回报，而组织也必须相信员工会受到绩效奖励的激励。

就像在任何关系中一样，信任可以通过公开和坦诚来促进，也可以通过保密和混淆来阻挠。管理层、人力资源部门和员工之间诚实、公开的交流是传递和充实绩效工资信息的有效途径。

许多公司传统上都不愿意分享它们大部分的薪酬数据。通常，这些组织错误地认为，员工既不想要也不需要知道这些事情，而且向员工提供"太多"的信息在某种程度上降低了管理层的灵活性和自由裁量权。

如今，越来越多的组织领导明白，无论薪酬计划设计得多么周密，成功都需要充分的沟通。充分的沟通可以让员工测试组织承诺的有效性，同时向他们传达组织没有什么可隐瞒的。它还为就至关重要的问题进行对话提供了机会，通过获得员工的支持来提高可信度，并促进整体信任。

一个成功的沟通计划需要在信息不足和信息过多之间取得谨慎的平衡。管理层应该发布足够多的有关计划的信息，以表明其对该过程的信心，但不能发布太多信息，否则会妨碍其行使管理自由裁量权。在不会侵犯员工隐私权的情况下，组织应该向员工提供关于绩效工资计划的足够信息，以作为绩效激励因素。

与员工沟通的程度会受到许多因素的影响，包括组织文化、管理层分享传统上可能是保密信息的意愿，以及人力资源部门支持沟通工作的准备程度和能力。在一个全面的沟通计划中，经常引入的一些关键因素是：

- 绩效评估计划和程序的一般信息。
- 关于组织薪酬计划的一般信息（例如，如何确定薪酬，如何评估工作，薪资范围是什么）。
- 关于绩效工资计划更具体的信息（如加薪预算、绩效评级分配和绩效表）。

- 个人加薪幅度、最低加薪幅度、最高加薪幅度，以及平均加薪幅度。

培训

成功实施绩效工资计划需要管理者做出两个关键决定：
- 绩效评估。
- 增加奖金的分配。

一个准确、可靠、可信的绩效考核方案是一个成功的绩效工资计划的基础，管理者和主管必须客观、严谨地评估员工的行为和结果。

评价业绩、评估员工贡献和分配奖励所需要的技能并不直观。为了确保对计划要求的充分解释和理解，以及对计划原则的一致应用，应该为所有承担实施绩效工资计划任务的管理者提供培训。培训应包括以下内容：

- 如何规划绩效，将个人努力和成就与商业计划和战略联系起来。
- 如何公平、一致地衡量和评估绩效。
- 如何通过内在（如辅导和表扬）和外在（如加薪和奖励）奖励来提供反馈。
- 如何使用绩效表来分配奖励。
- 如何与员工沟通绩效评估和奖励分配。

对公平的看法

计划的可信度是获得员工对绩效工资良好反应的关键。员工需要感觉到加薪和获得加薪的过程是准确和公平的。为了确保公平，绩效工资计划应包含以下原则：

- 必须遵守相关法律法规（如《民权法案》第七章、《公平劳动标准法》和各种税法）。
- 员工应该参与制定绩效目标和标准，应该知道组织对他们的期望是什么，应该能控制他们的薪酬所依据的业绩的具体方面。
- 员工应该知道并理解薪酬计划是如何运作的，应该被鼓励提出担忧，提出问题，并寻求对他们加薪的澄清。
- 应该建立申诉程序，让员工有机会与直接主管以外的权威人士讨论他们的绩效评估和加薪问题。

技术如何协助计划管理

从概念上和理论上讲，最合理的绩效工资计划既烦琐又低效。因此，任何有助于简化计划和管理的事情都将有助于确保项目的成功。

计算机技术可在以下几个方面协助管理绩效工资计划：

- 通过生成不同的增长矩阵模型，测试各种选项，并得出备选方案的经济影响预测，可以促进预算规划。
- 可以通过调查数据来评估绩效工资计划的有效性、影响和公平性，可以按部门、职位、组织或个人来分析加薪、绩效分配和其他因素。
- 员工记录可以随时间存储、监控和分析。
- 可以根据薪酬结构变化、通货膨胀的影响和其他财务因素对数据进行管理，以预测成本。
- 总结报告可以为内部和外部目的而简化，烦琐的管理任务和报告工作可以自动化，生产率的提高可以通过减少管理薪酬计划所需要的时间、劳动力和费用来实现。

评估绩效工资计划

为确保绩效工资计划按预期运作，并有效满足组织的薪酬需求，应对该计划进行系统的、实施后的评估。这个经常被忽视的步骤对于项目的最终成功和被接受是至关重要的。可以通过分析许多因素来评估计划的有效性：

- 员工对薪酬计划的满意度。
- 员工工作的满意度。
- 员工认为工资是基于绩效的。
- 员工在绩效评估过程中的接受度和信任度。
- 员工对管理层的信任。
- 员工和组织的绩效（如生产率的提高）。
- 通过减少离职率和旷工率来证明员工对组织的承诺。
- 实际绩效评级和实际绩效增长之间的相关性。

在绩效工资计划实施前后对这些成功因素的测量可能产生最有意义的信息。它可以通过多种手段来完成，如实证研究、员工态度调查、焦点小组讨论、管理和员工逸事反馈。在理想情况下，员工的态度和看法应该通过收集调查数据来评估，在引入绩效工资计划之前和之后，以及员工获得他们的第一次绩效增长后，再次进行评估。

有些组织试图通过衡量生产率和/或业绩在一段时间内的改善情况，然后将这些情况与考评等级和工资增长联系起来，来衡量新引进的绩效工资计划是否成功。此外，可以对离职率和缺勤率进行跟踪，并将它们与业绩和工资增长相关联。这些数据可以用来修改计划，但应记住，许多其他因素，包括工业和经济趋势，也可以影响它们。例如，不管员工对公司薪酬计划的满意度如何，高失业率往往会降低员工的离职率。

因为员工对公平的感知是决定绩效工资计划成功与否的重要因素，所以应该进行的一项分析是测试该计划在整个组织中执行的准确性、公平性和一致性。为了证明绩效工资计划的公平性，需要解决一些常见的员工问题：

- 你为谁工作、在哪里工作比你表现如何更重要吗？是否有些部门对员工表现的评价过高？是否有些主管对员工的评价不公平？
- 是否所有员工都有相对平等的机会获得高绩效评级和相应的加薪？这个计划没有种族、性别和年龄偏见吗？

绩效工资的优点和缺点

虽然绩效工资仍然是决定加薪的一种常见手段，但在实施之前，应明确这种方法的潜在缺点。一旦认识到这些缺点，企业就能体会到绩效工资的优点以及它将如何改善员工对工作和奖励的看法（见图4.5）。

就像任何奖励制度一样，绩效工资必须与组织的文化和理念相一致，这样才能有效。例如，对于一个重视任期而不是业绩的组织来说，绩效工资是行不通的。此外，绩效工资可能不适合那些试图强调群体而不是个人表现的组织。通过奖励个人，绩效工资会破坏团队环境中所需的合作和相互依赖。但是，通过将基于团体的激励措施与某种形式的绩效工资制度相结合，有可能保留团队环境的最佳要素，同时奖励表现最好的个人。

绩效工资不会起作用，除非一个组织有一个健全的系统来衡量员工的个人表现，并被工作人员接受。即使存在一个良好的绩效评估体系，绩效工资也可能让"一般"或"低于平均"的员工感到沮丧，他们通常没有资格获得高额加薪。通过把工资和绩效紧密联系起来，绩效工资也可以弱化仅仅从工作中获得的内在奖励和满足感。

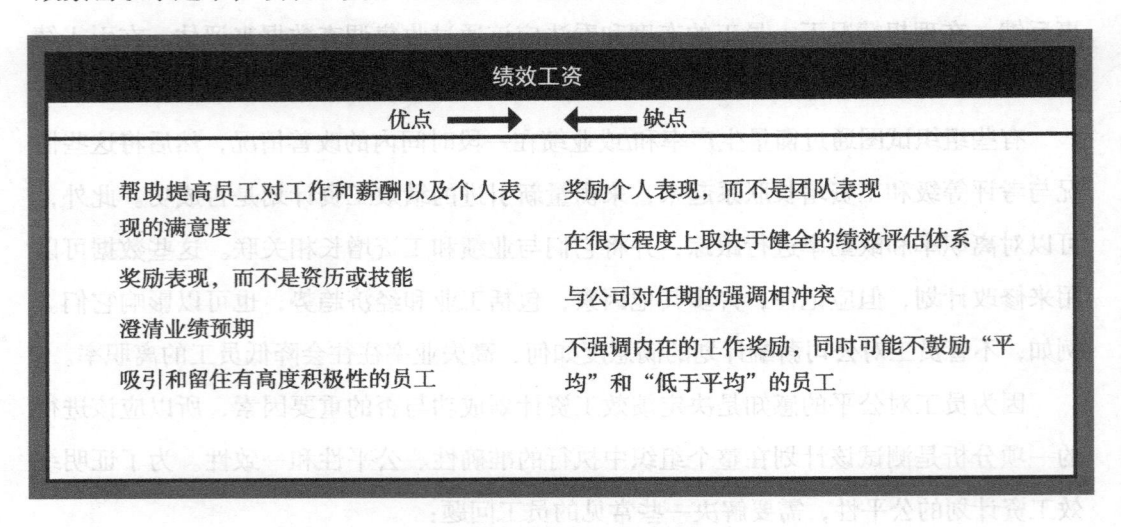

绩效工资	
优点 →	← 缺点
帮助提高员工对工作和薪酬以及个人表现的满意度	奖励个人表现，而不是团队表现
奖励表现，而不是资历或技能	在很大程度上取决于健全的绩效评估体系
澄清业绩预期	与公司对任期的强调相冲突
吸引和留住有高度积极性的员工	不强调内在的工作奖励，同时可能不鼓励"平均"和"低于平均"的员工

图4.5 绩效工资的优点和缺点

通过将绩效工资计划与良好的沟通策略相结合，组织可以明确其绩效预期，并在员工和管理层之间创造一种信任的氛围。这种氛围往往会提高员工对工作和薪酬的整体满意度，并有可能导致个人绩效的提高。

一个组织选择奖励制度的主要原因是为了提高其竞争力、生产力和财务结果。当一个组织把重点放在员工的表现而不是任期上时，就更有可能产生积极的财务结果，而当积极的员工努力得到定期奖励时，他们更有可能被吸引和留任。绩效工资制度有助于确保一个组织的奖励政策符合其生存和繁荣所需要的基于绩效的理念。

将结果和能力与业务战略联系起来

作为一种管理工具，绩效管理系统有助于确保员工专注于组织的优先事项和对组织的成功至关重要的运营因素。

组织应该根据包括关键的、可衡量的成功因素在内的商业战略来运作。这些因素包括：

- 财务成功（如投资回报、销售回报）。
- 生产率（如每工时成本、每天生产的单位数）。
- 质量标准和客户服务（如客户满意度评分、浪费和拒绝指标）。
- 工作环境（如态度调查得分、员工申诉）。

组织的关键成功因素构成了衡量组织、部门、团队和个人绩效的关键结果领域的基础。关键结果领域定义了要完成的工作（如工作的最终结果，它反过来反映了工作的主要目的），通常定义为关键职责、一次性或定期项目，或者年度目标。关键结果领域的例子包括：

- 打印和校对部门信函和报告。
- 研究房地产收购领域的领先实践。
- 开发并实施新的采购管理系统。

除了关键结果领域，组织可能还包括识别关注如何获得结果的能力。

能力通常被定义为个人在完成关键结果领域时所表现出的知识、技能和能力。通常可以为组织、岗位系列或个人工作而培养能力。能力的选择通常是为了反映组织的价值观，可能包括图4.6所列的部分或全部领域。这些因素应包括在绩效管理过程中，并在考核期结束时作为评价绩效的输入。

- 团队合作。
- 成就取向。
- 客户服务导向。
- 建立关系。
- 分析思考。
- 培养他人

图4.6 能力示例

在使用能力时，重要的是要确定与之相关的具体行为。例如，团队合作的相关行为可能是公开地与他人沟通，并在与同伴合作时实现双赢的解决方案。一般来说，组织会确定5~10项能力，以使员工专注于组织的关键优先事项。

如果一个组织已经开发了全面的绩效衡量标准，并定期评估和使用来管理整体的组织绩效，那么这些标准应该包括在系统中，这样所有的员工就可以集中他们的优先级和精力在这些战略上。例如：

- 如果一个组织已经建立了一个全公司范围的质量或客户服务绩效衡量标准，它就应该被纳入各个级别的个人绩效计划。
- 如果团队合作是一个关键的组织价值，绩效管理系统就应该让每个员工对与团队合作一致的行为负责。
- 如果维持一个积极的环境和高涨的员工士气是组织的优先事项，管理者就应该对其工作单位的环境和士气负责。

确定绩效管理周期

任何绩效管理系统都是一个不断循环的过程。对于大多数组织来说，典型的绩效周期是一年，不过这个周期可能根据业务周期和新员工的试用期、晋升和调职而有所不同。周期也可以根据与组织成功衡量标准的联系来决定。例如，如果系统中包含财务度量，则绩效周期可能与财务周期挂钩。如果员工参与的项目团队有不同阶段的具体目标日期，那么绩效管理周期就可以反映出项目的进度时间表。

设计团队应该考虑组织内典型的绩效管理周期。这个周期可能包括三个阶段：规划下一阶段的绩效，在整个过程中指导绩效并给予反馈，对刚刚完成的阶段进行绩效评估。

第一阶段：规划下一阶段的绩效

规划下一阶段的绩效包括定义每个职位的关键结果，以及建立衡量关键结果领域的绩效标准。设计团队应考虑采用最合适的方法进行绩效规划工作，重点关注人力资源部门、直接主管和员工将扮演的角色。

在许多组织中，人力资源部门将负责与直线管理部门合作，为关键结果领域和绩效标准制定一个框架。人力资源部门通常还负责开发培训材料，以便与直线管理部门和员工进行沟通，并对直线管理部门和员工进行绩效规划过程的培训。在培训结束后，人力资源部门通常会与直线管理层合作，以确保绩效计划的制订是恰当的。这一职能也可以由指定的绩效计划小组来完成，这些小组包括来自组织各个级别的员工，他们都接受过培训，可以帮助组织促进绩效计划的实施。

因为绩效规划过程需要对工作职责和绩效预期有详细的了解，所以直线管理层应该在这个过程中发挥重要作用，并最终对员工的绩效计划负责。

让管理者和/或员工在每个时期定义关键结果和建立绩效标准的好处包括：

- 管理者和/或员工可以根据个人和部门的最佳优势来安排每项工作，增加工作的灵活性。
- 管理者和/或员工更了解他们部门的日常需求。
- 可以修改工作职责和标准，以反映该时期项目或任务的特殊性。

与此同时，人力资源部门可以通过提供指导和培训，并通过确保整个组织的关键结果和标准的一致性来发挥关键作用。

通常，组织对每个职位应该列出5~10项支持组织商业战略的关键结果。如果列出了更多的结果，结果就可能不再只包括该工作的"关键"结果。如果列出的结果较少，则可能没有仔细界定职责的全部范围。

在大多数情况下，所有关键结果对工作的影响是不一样的。通常的做法是根据对整个职责列表以及部门和组织的影响、频率和相对重要性，为每个关键结果分配一个重要性权重。可以用非正式的方法确定权重，并在计划这一时期的绩效时进行讨论；也可以用以下方法为每个关键结果分配权重：

- 百分比加权（加到100%）。
- 数值加权（1=高度显著，2=显著，3=中度显著，4=不显著，5=高度不显著）。
- 文字描述（关键、重要等）。

设计团队应该决定如何进行权重处理，同时牢记组织的文化和系统的预期目标。一般来说，最符合组织整体目标的结果应该被赋予最大的权重。

第二阶段：在整个过程中指导绩效并给予反馈

对于设计团队来说，一个重要的步骤就是在整个过程中，保证主管和员工之间进行公开、诚实、积极、双向的沟通。绩效管理系统的目标应该是提高员工的绩效，而不是为了找到一种更容易的方法来解雇表现不佳的员工。因此，一个系统应该强调主管的指导和反馈，以及员工在整个绩效期间的反馈和输入。

设计团队应该计划整个阶段的结构化反馈，包括中期、季度或月度进度审查。对于那些需要经常监督和指导的表现不佳的员工来说，一个更结构化的反馈方法尤其有效。反馈应该包括建设性的批评，应该在一个私人的、正式的场合中提供。此外，该制度应鼓励主管在整个期间提供非正式的反馈。对于积极的反馈尤其如此，这可以是口头表扬，甚至是一个简短的建议"下次试着这样做"，应该鼓励员工经常向其主管征求反馈意见。

第三阶段：对刚刚完成的阶段进行绩效评估

在开发个人绩效管理系统中，最具挑战性的方面之一是开发评估员工绩效的方法。在确定一种方法时，重要的是要关注组织的特点和绩效管理制度的目标。例如，一个传统等级制度的组织倾向于把重点放在评价员工过去的表现上。而一个以全面质量管理为导向的组织可能较少地关注过去的绩效，而更多地关注提高未来绩效的策略。

绩效评估方法

决定评分表中类别的数量并非没有争议。一方面，确定的绩效等级越多，对绩效的评估就越准确。例如，在一个有五个绩效等级的量表（如持续超过预期、超过大部分预期、符合预期、不符合大部分预期、不符合任何预期）上对员工进行评级似乎比一个三点式量表（如超过预期、符合预期、不符合预期）更能准确地区分绩效。另一方面，如何客观地区分这五个等级的表现？如果衡量的是一个人在一个工厂的生产单位或每小时打字的数量，那么客观地确定五个等级的表现是可能的。然而，在基于服务的工作环境中，在五个等级上实现绩效标准通常是不可行的。绩效评估就变成了主管的主观判断，而且很难通过沟通让员工理解不同等级的绩效预期。

例如，在一个有五个绩效等级的生产作业中，每小时生产五个单位可能被认为五级绩效，每小时生产四个单位可能被认为四级绩效，以此类推。在这种环境中评估绩效时，对于应该给出的绩效评级可以很少或没有解释。

但是，在一个难以将业绩与既定标准进行比较的环境中，如服务或办公环境，主管人员对不同的业绩水平做出主观判断是否可以被接受就是一个问题。此外，尽管大多数主管认为他们可以做出这种区分，但他们发现几乎不可能以一种员工能够理解和接受的方式向员工传达这些区分。例如，如果一名行政助理的职责之一是通过旅行社安排旅行，那么主管将如何识别和沟通这五个等级的表现，从而让员工接受它们呢？

此外，员工普遍认为，被评为比最高等级低一个等级以上是不能接受的。事实上，主管经常给员工的评级比最高等级低，以减少冲突，并避免花费大量的时间来试图证明绩效评级的合理性。例如，在五分制评分表中，"符合预期"的评分具有"平均"的含义，即使它是可以接受的，通常也会被认为不能接受。由于这些看法和对改善未来绩效的日益关注，在使用评级表时，趋势是使用较少的评级类别——在许多情况下，只有三个评级类别。在三点式量表中，只有一个等级的绩效高于"符合预期"或"可接受的表现"。

在确定评级类别时，重要的是要关注将绩效与绩效预期相比较的定义，如"一贯符合预期"或"经常超过预期"。尽量避免对员工进行比较也同样重要，如"一般"和"高于平均水平"。

如今，许多企业不仅青睐较少的绩效评级类别，而且赞成非量化的评级系统。虽然人们可能倾向于认为绩效管理应该是一个客观而精确的过程，绩效可以加以权衡和评分，但在大多数情况下，它是一个主观的过程，基于上级的判断且很难沟通。因此，许多组织的结论是，绩效管理制度应包括数量较少、定性的评级类别。

使用总结评级

总结评级的设计应着眼于系统的目标。考虑到这一点，设计团队可以考虑三种选择：

1. 总结评分。在一个加权打分的系统中，每个关键结果的评分都被赋予一个数字（持续超出预期=5，超出大部分预期=4，符合预期=3，等等），总结评分就是一个分数。那么，问题就在于如何将总分转换为一个评级类别。

2. 总结标签。如果系统的目的主要是判断过去的表现，而且评价表现的方法是相当客观的，那么使用评级类别或"标签"可能是合适的。这些标签可以与用来评价每个关键结果的标签相同："持续超出预期""超出大部分预期""符合预期"等。

3. 总结陈述。为了减少绩效管理系统的主观性，提高对持续改进的关注度，组织倾向于从评级类别或标签转向以行为为导向的、更关注未来改进的总结陈述。例如，假设乔的表现偶尔达不到工作的预期。他达到了大多数标准，甚至超过了其中一项，但是他每个月的销售额都需要增加。因为乔是新员工，所以当年的整体表现水平是可以接受的；然而，明年他将被期望能够增加他的业绩。假设大多数员工都达到了绩效预期，那么当没有总结标签时，主管就更容易专注于提高未来绩效的策略。采用这种方法，主管面临的挑战是将绩效评估清楚地传达给员工，这样当员工被考虑或不考虑晋升或调动，或者他们因表现不佳而被解雇时，就不会产生误解。

员工的责任

员工的责任是评估过程中的一个重要方面。随着组织扁平化和监督范围的扩大，主管越来越难以用与员工互动的方式来判断其工作表现。基于这种情况以及授予员工权力的组织计划，设计团队应该考虑员工可能参与评估过程的程度。这种参与可能包括以下步骤：

- 评估他们自己的表现。
- 完成一个自我评估，包括确定发展计划和职业目标。
- 收集绩效相关信息。
- 安排评估会议。

员工参与绩效评估可以促进评估过程。如果将其作为多员工评估过程的一部分，员工的参与可以让主管更多地发挥教练的作用，而不是作为绩效的评判者。

多方位评估

设计团队需要考虑的一个问题是由谁来对绩效进行评分。在一个更注重发展未来绩效的组织中，这种发展包括管理者以外的其他人的高度参与，如员工自己。在这种情况下，组织可能会使用一种被称为"多方位评估"或"360度反馈"的技术。在多方位评估中，员工绩效评估是由几个定期与员工有直接接触的人完成的，通常是5~9人，他们包括同事、内部和外部客户、主管和下属。最重要的是，员工能够评估他们自己的表现。

该技术的优点是，评估输入的来源越多，就越有可能提供一幅更完整、更全面的员工绩效图景，而员工往往认为这幅图景比只由主管进行的单一来源评估更可信（见图4.7）。

一些用户认为多方位评估具有以下特点：
- 公平：减少评级通胀，减少对多样性的不利影响，有更多的流程和技术保障。
- 准确：少偏见，多平衡。
- 可信：尊重多名同事的意见，更加可信。
- 有价值：有更具体的反馈和更大的绩效标准区别。
- 动机性：由于同辈压力和渴望得到团队认可，能更多地鼓励建设性的行为改变

图4.7 使用多方位评估的优点

该技术的缺点是，这一过程需要更多的行政管理人员来收集、汇编和分发反馈信息，同时确保评估人员的匿名性和结果的机密性。由于一个评分者偏离其他评分者可能会显著影响员工的评估，因此许多组织选择在汇编结果之前放弃最高和最低的评分。此外，向那些与其他评分者有明显偏差的评分者提供反馈是很有帮助的，这样他们可以修改他们的技术，并在未来提供更一致的评价。在一个多层次的系统中，管理

者可以扮演更重要的角色——绩效教练，而不是简单的绩效评判者。

虽然研究表明，从多个来源获得更客观的绩效反馈是可能的，但多评级反馈系统的设计和实现往往取决于员工对反馈的信任程度，即反馈会被保密处理，并且会被适当地使用。许多组织一开始只向员工个人提供绩效反馈。在此期间，系统的重点是提高绩效，而不是评估绩效。一旦建立了适当水平的员工信任，多效系统就可以发展，以便主管和员工都能收到信息，双方都可以用它来评估绩效，并为个人发展提供反馈（见图4.8）。

评定等级1		评价	
	不满意	满意	非常满意
沟通技巧			
让其他人了解影响他们的具体问题	1	2	3
倾听他人	1	2	3
有效参与会议	1	2	3
发展下属			
定期为下属提供详细的绩效反馈	1	2	3
通过授权责任和权威赋予下属权力	1	2	3
为下属提供完成工作所需的资源	1	2	3
领导			
领导以身作则	1	2	3
把客户的满意作为最优先考虑的事情	1	2	3
挑战他人，以最大限度地扩展自己	1	2	3
解决问题和决策			
在解决问题时，乐于接受新的创造性的建议			
分析情况，找出问题的根本原因	1	2	3
循序渐进地解决问题	1	2	3
知识和技术能力			
了解他所在领域的最新发展	1	2	3
了解与他的专业相关的许多领域	1	2	3
擅长执行特定任务和技术技能的专家	1	2	3

图4.8 多方位评估问题示例

将绩效管理与薪酬交付联系起来

有效的绩效管理应该包括正式和非正式两个方面。正式的方面包括评估结果和与激励相关的方面，如绩效工资。非正式的方面包括培训、反馈和与员工发展相关的方面。在设计绩效管理系统时，设计团队应该考虑该系统是否以及如何与员工薪酬或加薪的决定相联系。传统上，根据绩效指导原则制定的薪酬增加标准是综合评级——无论是数字评级还是总结评级。虽然这种方法直接将业绩和薪酬联系起来，但它可能导致预算超支，除非该标准基于对过去绩效评级分配的分析。管理者可能会高估员工的表现，以证明更大的绩效提升是合理的。

当绩效评估和绩效工资增加之间存在直接联系时，特别是当两者同时进行时，绩效评估制度很可能被视为薪酬制度的一部分。这种评估往往集中在对过去表现的"判断"上，以及未来应该如何发展绩效，而不是对员工的长处和短处进行积极的讨论。此外，管理层在某些情况下可能会降低绩效等级，以确保绩效增长不超过预算，这样做显然会引起员工的负面反应。

一个可能的解决方案是将绩效评估评级和加薪分开，不再强调分数或全部评级标签的"判断"方面，而是转向总结全部绩效的叙述性声明。绩效评估和加薪可以通过改变这两项活动的时间或通过改变评估和加薪周期来进一步分离。例如，绩效评估可以在每个员工的周年日给出，加薪可以在一个共同的日期给出，可能是基于财政周期的。另一个可能的解决方案是为部门主管提供一个绩效预算，并要求他们根据相对绩效给员工分配加薪。然后，部门主管必须决定谁是绩效最佳的员工，以便在不超出预算的情况下分配绩效奖金。

组织需要仔细考虑是否将薪酬与绩效评级挂钩，如果是，这种挂钩将对整个绩效管理制度的运作产生什么样的影响。如果该制度的主要目标是确定增加工资的等级，则该制度的设计应与业绩水平区分开。对倾向于使用绩效管理作为培养员工的工具的组织，则可能想要将绩效管理和薪酬交付系统分开，以防止任何一个系统对另一个产生负面影响。

虽然绩效可能是决定加薪的一个重要因素，但也可能有其他因素，如市场上的工资增长速度、内部公平因素或员工在工资范围内的位置。当这两个系统直接相连时，员工可能认为绩效和薪酬之间是一对一的关系，而没有意识到其他因素的影响，这可能变得很难沟通。薪酬体系的设计可以将员工的薪酬定位在薪酬范围内的某个位置，与员工对组织的贡献相一致。例如，持续达到预期的员工可能把他们的薪酬目标定在工资范围的中间，而持续超出预期的员工可能把他们的薪酬目标定在顶层。一旦员工

4 通过绩效工资将薪酬与绩效挂钩

达到这个范围的中间值或市场价值,未来的加薪可能是有限的,或者可能以一次性可变工资的形式交付。

一般而言,绩效管理制度的设计应与薪酬发放制度的理念相一致,并应支持这一理念。同时,绩效管理如何与薪酬挂钩或不挂钩,将向员工传递一个关于组织优先事项和价值观的强烈信息。对绩效管理与薪酬的关系,组织不应轻易做出决定。

5

高管薪酬披露、趋势和挑战

　　高管薪酬披露与其他立法和监管努力做到齐头并进,以试图在所有与公司治理有关的事项中实现问责制和透明度。美国证券交易委员会在2006年和2009年通过的扩大披露规则,以及2010年的《多德-弗兰克法案》(包括美国证券交易委员会根据该立法通过的规则),已经极大地改变了披露状况。公司现在必须提供更详细的表格信息,在薪酬讨论和分析中提供更详尽的叙述,包括关于董事资格及其费用的信息,薪酬计划中固有的风险承担程度,以及公司领导层结构背后的原理。

　　在众多公开文件中披露如此多的信息,而每份文件都有不同的报告时间表和格式,这使得薪酬委员会的工作变得越来越困难和费时。当涉及披露股权薪酬时,情况尤其如此,因为股权薪酬通常由几个不同的工具和多年期的薪酬组成。随着时间的推移,授予和实现的股权薪酬的实际总价值可能与每年出现在委托书快照中的有很大不同。

　　此外,由于需要与股东就薪酬话语权进行有效沟通,再加上美国证券交易委员会和证券交易所扩大了披露要求,这无疑会导致委托书篇幅更长。因为《多德-弗兰克法案》要求的其他披露规则最终将被执行(截至本书英文版本印刷时),这一趋势很可能持续下去。因此,薪酬委员会需要以一种能够更全面地理解和沟通报告价值的方式收集和分析数据。

　　这一章将:

- 回顾薪酬讨论和分析的目的，它与新的薪酬委员会报告的联系，以及使薪酬讨论和分析成为一份更有意义的文件的问题和行动。
- 讨论2009年美国证券交易委员会扩大上市公司代理权披露的最终规则的关键问题，包括讨论薪酬计划可能鼓励有害冒险行为的程度的要求，向董事们提供的股权奖励，以及公司的领导结构。
- 提供一个衡量高管薪酬的三要素机制，以更好地理解薪酬计划如何随着时间的推移相互影响，并加强高管薪酬计划与股东的沟通。
- 讨论薪酬、降落伞、补偿政策以及《多德-弗兰克法案》中与高管薪酬相关的其他规定。
- 讨论公司应计划接受主要利益相关者、他们的顾问和监管机构持续审查的原因，以及公司及其薪酬委员会如何更好地准备每个委托书征集季[1]。

薪酬讨论和分析的挑战

2006年，美国证券交易委员会大幅地扩展了高管薪酬披露规则，这被美国证券交易委员会公司财务部主任称为一个警钟。薪酬讨论和分析部分作为年度委托书中必需的组成部分是特别重要的。企业被迫不仅要关注高管薪酬披露的"内容"，还要关注相关"原因"。

薪酬讨论和分析的目标

美国证券交易委员会在对薪酬讨论和分析的评论中将其设想为"提供叙述性披露的概述，将公司的薪酬披露与其他地方提供的薪酬披露联系起来"。明确的目标是解释这些高管薪酬的重要因素。在这一过程中，关键应解决以下七个问题：

1. 公司薪酬计划的目的是什么？
2. 薪酬计划是为了奖励什么？
3. 薪酬的每个要素是什么？
4. 为什么公司会选择支付每个要素？
5. 公司如何确定每个要素的数量（以及适用的公式）？

---

[1] 委托书征集季是许多公司举行年度股东大会的时期，这时出现委托书征集的高潮，它通常发生在4月，因为大多数公司在12月31日结束其财政年度，并在次年春天举行年度股东大会。公司在年度股东大会前向股东发出委托书。

6. 每个要素以及公司关于该要素的决策如何适应公司的整体回报目标，并影响关于其他要素的决策？

7. 在决定薪酬政策和决策时，公司是否考虑了最近一次对高管薪酬（薪酬话语权）的股东咨询投票结果？如果是，是如何考虑的？

在2006年制定规则时，许多公司的高管薪酬披露已经标准化，甚至在很大程度上是模板化的，而且往往很少对高管薪酬的实际决定提供有意义的指导。美国证券交易委员会的主要目标是鼓励薪酬委员会在决定高管薪酬时进行更多的深思熟虑的分析，并彻底披露这些薪酬考虑因素。薪酬讨论和分析中的许多陈述需要详细说明，仅仅说"薪酬是基于绩效的"或者"薪酬是以可比（或同行）组织的中位数为目标的"是不够的。相反地，需要描述这些标准是如何应用的，以及对相关政策、因素和监管的影响。

此外，股东参与的最新趋势要求公司尽早地开始为委托书征集季做准备，并对他们的薪酬计划和方案进行更仔细的考虑。委托书应该讲述一家公司的薪酬故事，但故事背后的决策需要平衡股东对薪酬计划的担忧，以及这些安排如何支持公司的商业战略和目标。我们认为，证明这种平衡的最佳方式是对股东问题的适当考虑以及有效的股东参与；委托书的薪酬讨论和分析部分应该清楚地解释薪酬委员会的最终决定以及做出这些决定的原因。

薪酬讨论和分析与薪酬委员会报告的关系

虽然薪酬讨论和分析讨论了薪酬政策和决定，但它并不涉及薪酬委员会的审议，因为它不是薪酬委员会的报告，相反，薪酬讨论和分析是公司的责任。然而，2006年的美国证券交易委员会还规定了一种新的薪酬委员会报告形式，要求委员会说明：

- 是否与管理层对薪酬讨论和分析进行了审核和讨论。
- 是否建议董事会将薪酬讨论和分析纳入公司年度报告和委托书（基于上述审查和讨论）。

薪酬讨论和分析下的潜在责任

虽然薪酬委员会的报告是"提交"给美国证券交易委员会的，但薪酬讨论和分析是一份归档文件。这种技术上的区别意味着，薪酬讨论和分析被认为委托书的一部分，而披露的内容属于2002年《萨班斯-奥克斯利法案》所要求的首席执行官和首席财务官员提供的证明。其潜在的责任是为了提高对所做证明的关注。

薪酬讨论和分析中需要解决的问题

薪酬讨论和分析是以原则，而不是规则为基础的，美国证券交易委员会希望薪酬讨论和分析对必要的表格和其他地方所包含的数字和其他高管薪酬信息提供看法。薪酬讨论和分析所带来的一个重大挑战是阐明每个指定高管薪酬方案的基本原理。美国证券交易委员会的规则提供了一些可能在薪酬讨论和分析中合理解决的潜在适当问题的非排他例子，每个问题都应根据组织的具体事实和情况加以考虑。薪酬讨论和分析的范围必须是全面的。一家公司应该描述其所适用的任何薪酬政策，即使在美国证券交易委员会的例子中没有涉及。讨论还应涉及与薪酬有关的离职后安排。

除了广度，薪酬讨论和分析还被要求比以往薪酬委员会的报告更加深入。虽然薪酬讨论和分析一般应避免重复表格和委托书其他部分中列出的详尽信息，但它应该确定适用于单个指定高管的薪酬政策和决策的重大差异。要确定应该讨论什么，然后准备适当的解释，这些解释应该用浅显易懂的语言来写，这个标准往往达不到，可能需要大量的思考和努力。

可能需要特别注意的领域

美国证券交易委员会提供的例子包括一些以前在大多数委托书中很少受到关注的事项。在扩大高管薪酬披露范围的过程中，美国证券交易委员会含蓄地提出了其对高管薪酬设计中应考虑的事项的看法。

- 美国证券交易委员会将人们熟悉的基准概念确定为一个特别重要的披露对象。对于高管薪酬的任何重要因素，都需要提供基准信息，包括用于基准的组成公司（同行）。这一要求使人们更加关注拥有一个适当的同行群体和选择合理的基准。在根据这些规则提交委托书的前几年里，美国证券交易委员会在发出的评论信中指出，基准定价是美国证券交易委员会调查的主要来源之一。

- 美国证券交易委员会的一个例子建议，在设定薪酬的其他要素时，应讨论如何考虑先前期权奖励的收益。通过确定这个问题，美国证券交易委员暗示，薪酬委员会应该研究这个问题。

- 几年前，有几十家公司对股票期权的时间（一个比回溯更广泛的概念）和定价进行了广泛的关注，这导致美国证券交易委员会特别规定要对期权授予的时间和定价进行广泛披露。美国证券交易委员会确定了需要披露的内容和问题，在确定公司高管薪酬计划中股票期权的适当使用和设计时，应该考虑这些内容。
- 另一个例子是公司的股权所有权准则，以及任何有关对冲高管这种所有权的经济风险的政策。许多组织后来都制定了对冲政策，而不是说它们没有任何此类政策。正如本章后面提到的，《多德-弗兰克法案》中提到了对冲政策，并将其扩展到所有员工和董事。
- 因为特殊形式薪酬的会计和税收处理的影响是美国证券交易委员会认为可能适宜讨论的一个问题，所以一个组织可能需要考虑各种监管规定所扮演的角色。例如，公司通常会根据《国内税收法》第 162（m）条规定某些高管 100 万美元的扣除上限。

建议采取的行动

以下行动对大多数公司都是有用的：
- 每年尽早地开始这个过程。根据预期的变化，未来的委托书征集季可能涉及比以往更多的利益相关者（如法律/公司秘书，人力资源/薪酬专业人员，与沟通、营销、投资相关的人，股东咨询公司及董事会成员）。负责薪酬讨论和分析的每一方都需要意识到为满足披露标准所需要的巨大努力———种考虑了大量问题的叙述方法。管理这个合规过程的一个关键因素是要有足够的时间来全面审查所有可能需要讨论的薪酬问题。
- 对薪酬讨论和分析的目标和要求有一个全面的了解，必要时与顾问合作。
- 内部人员和外部顾问（最好包括律师、会计师和薪酬顾问）应该一起准备"模拟"薪酬讨论和分析。一般来说，以公司最近的薪酬讨论和分析为起点，然后以新的眼光来看待所有内容，以评估其在相关年份的适用性。增加新的信息，删除不相关的材料，并根据公司和行业的具体情况以及相关的法律法规、经济等一系列因素重新考虑整个内容。重点在于清晰、组织和表述。当真正开始这一进程时，各方会意识到在薪酬讨论和分析中对适当的问题进行集中讨论所涉及的内容是如此之多。
- 许多公司现在会在年度委托书中专门拿出一部分来解决股东所表达的和潜在的担忧。当公司在前一年的薪酬表决中表现不佳时，这种披露方式很常见。因此，一些公司在报告中讨论了薪酬委员会或董事会如何与股东沟通，并对薪酬计划做出后续改变。
- 某些政策不可避免地会受到审查（如降落伞税总支出或对高管的一次性特殊奖励）。公司需要为任何可能引起争议的重要计划或条款提供强有力的理由。
- 薪酬委员会应该参与进来。虽然公司有责任准备、提交委托书及薪酬讨论和分析，但薪酬讨论和分析中所解释的是薪酬委员会的工作。美国证券交易委员会显然希望，薪酬委员会的决定将受到他们将被披露的信息的影响。
- 一旦一个组织了解了薪酬讨论和分析所涉及的任务范围，它就应该确定任何需要解决的问题和需要包括的信息。根据美国证券交易委员会的指示，每家公司都需要专注于其特定的事实和情况。薪酬委员会会议记录，内部员工和顾问的报告，以及各种计划文件和摘要作为这一过程的一部分可能有助于审查。
- 一份薪酬讨论和分析草案应该在工作组中传阅以征求意见。在反复审查过程中，所有各方都应牢记最终目标，即对公司的高管薪酬决定进行清晰而全面的概述。

加强高管薪酬披露

2009年，随着美国国会、奥巴马政府和各种监管机构都加入围绕高管薪酬合理做法的辩论中，对高管薪酬的监管开始加速。临近2009年年底，美国证券交易委员会通过了进一步扩大上市公司高管薪酬代理披露的最终规则。以下是美国证券交易委员会规则的概述和一些关键的合规问题。

公司的薪酬政策和做法与风险的关系

根据2009年的规定，上市公司必须对所有员工（不仅是指定高管）的薪酬政策和做法进行讨论，只要这些政策和做法产生的风险"有可能对公司产生重大不利影响"。公司需要确定并审查所有的薪酬安排，以确定是否存在可能引发披露的潜在风险。在评审过程中发现的任何问题都可以得到修正或适当缓解。

美国证券交易委员会提供了一些可能引发讨论和分析的例子：
- 公司的一个业务部门承担了公司风险的很大一部分。
- 一个业务部门的薪酬结构与其他部门有很大不同。
- 一个业务部门的利润明显高于公司内部的其他部门。
- 一个业务部门的薪酬支出占该部门收入的比例很大。

- 薪酬政策和做法与公司的总体风险和薪酬结构有很大差异。

在评估风险程度时，公司可以考虑任何旨在减轻风险或平衡激励的薪酬政策和做法（如补偿和收回政策、银行红利、股权要求）。披露的类型要根据具体情况而定，可能包括：

- 对行为受激励计划影响最大的员工的薪酬政策的一般设计理念。
- 公司在制定激励薪酬政策时的风险评估或考虑因素。
- 公司的薪酬政策实现方式与员工行为所导致的风险有关（如通过使用奖金、持有期限）。
- 公司为应对风险状况的变化而对其薪酬政策进行的调整。
- 由于风险概况的变化，注册人对其补偿政策或实践做出了重大调整。
- 注册人在多大程度上监测其薪酬政策以确定风险管理目标是否得到实现。

作为一个涉及所有员工而不仅是指定高管的话题，与风险相关的披露应该在委托书中有自己的章节，一般不包括在薪酬讨论和分析中。重要的是，美国证券交易委员会"没有要求一家公司做出肯定声明，表明它已经确定，其薪酬政策和实践所产生的风险不太可能对公司产生重大不利影响"。鉴于对所需披露的这一限制，各公司在是否应该采取下一步措施，自愿做出肯定性声明，以保证不存在这种不合理的风险薪酬计划方面存在分歧。

关于影响薪酬顾问独立性的费用披露

披露规则要求公司披露向薪酬顾问支付的费用，如果该顾问向公司提供了与高管或董事薪酬有关的咨询服务以及其他服务。但是，如果在本公司财政年度内支付给顾问的额外服务费用不超过12万美元，则不需要披露费用。当需要披露时，必须包括：

- 为高管和董事薪酬咨询服务支付的总费用。
- 为其他服务支付的总费用。
- 如果顾问是由薪酬委员会聘用的，那么聘用顾问进行其他服务的决定是否由管理层做出或建议，以及委员会或董事会是否批准其他服务。

董事及提名人选的资格披露

根据披露要求，公司必须根据披露时公司的业务和结构，讨论使个人有资格担任公司董事的特定经验、资格、属性或技能。然而，规则并不要求披露个人成为委员会成员的具体资格。所有董事都必须披露，即使他们在适用的年度没有竞选连任，也应包括：
- 过去 5 年的任何商业经验，包括主要职业和工作。
- 每位董事在过去 5 年内的任何时候在上市公司担任的任何董事职务（而不只是披露目前担任的董事职务）。
- 在过去 10 年（而非 5 年）涉及任何董事或高管的某些法律诉讼。
- 在确定董事候选人时，是否以及如何考虑多元化。

美国证券交易委员会没有对多元化做出定义，相反，每个公司都可以根据自己的特定情况来定义多元化（如经验、技能、教育、种族、性别）。如果存在多元化政策，公司必须披露该政策是如何实施的，以及如何评估其有效性。

关于公司领导结构的讨论

公司必须披露是否以及为何选择合并或分离首席执行官和董事会主席这两个职位，以及公司认为这种董事会领导结构在申报时是最合适的原因。如果公司首席执行官和董事会主席是同一人，则需要披露公司是否、为什么有首席独立董事，以及首席独立董事在董事会领导层中的作用。正如本章后面所讨论的，《多德-弗兰克法案》通过法定授权确认了这一要求。

此外，规则还要求公司描述董事会在监管风险（可能包括信贷风险、流动性风险和运营风险）方面的作用。例如，一家公司可以描述是否整个董事会都在审查风险，或者是否有一个单独的委员会。此外，公司可能发现讨论如何将风险信息传达给董事会或相关委员会成员是有帮助的。

适当披露的持续挑战

2009 年的规则：
- 回应了 2006 年对美国证券交易委员会有关高管薪酬的披露规则的全面修订的一些批评；
- 解决了在公司披露的经历之后变得重要的各种高管薪酬问题；
- 总体上扩大了要求披露的范围。

公司面临的挑战是如何准确地解释它们的计划和政策，使其足够详细，且对投资者和其他相关方来说又是可理解的和有意义的。

衡量高管薪酬：股权薪酬挑战

2009年委托书披露规则的变化，改变了未来几年高管薪酬报告的方法和结果。报道的数字往往是媒体、薪酬评论家和分析师关注的焦点，但它们并不总是能反映出高管薪酬的真实情况。

了解报告高管薪酬的价值

高管薪酬的复杂结构，由各种形式的股权和基于现金的长期激励主导，可能导致对薪酬的不同解释。这些差异是数据收集、分析和报告的不同方法相互作用的结果。确保收集所有相关数据纳入分析，应用有意义的分析工具构建薪酬模型，并以认识到薪酬实践复杂性的方式报告信息，这些对于董事会层面的决策支持都是至关重要的。越来越多的披露要求、治理压力和媒体的持续关注，使得薪酬价值必须得到无论是内部还是外部的理解和清晰的传达。

前一年薪酬行动的影响

前一年股权奖励所涉及的特殊情况，可能会在下一年被曲解。例如，2009年，许多公司采取了行动来应对股市低迷、市场波动加剧、经营绩效不佳，以及这些因素对高管薪酬的影响。这些特殊的、通常是一次性的行为有可能被误解，要么因为它们可能被视为年度薪酬的一部分，要么相反，因为它们可能被完全排除在薪酬计算之外。在数据收集过程中做出的这类决定可能导致有缺陷的分析，因为这些项目产生的真实薪酬水平没有得到适当的反映。通常，一个特定高管的薪酬往往只能通过了解前后的薪酬行动来正确解释。

在2009年的例子中，实施股票期权交易计划的公司取消了多年的股票期权，并以更优惠的价格重新授予部分或全部股票期权。仅仅将重新授予的布莱克-斯科尔斯价值作为2009年薪酬的一部分，就过于简化了对整体回报的影响。其中一些公司将官员排除在它们的计划之外，却采取了其他行动（如跳过或推迟正常的年度拨款），这也是需要考虑的。如果一家公司的薪酬同行小组由几家做出此类薪酬决定的公司组成，那么它可能在没有意识到这些动态的情况下提高了高管的薪酬水平。

这些复杂性突出表明，有必要加强对高管股权薪酬解释的三方面——数据收集、数据分析和数据报告的关注。

数据收集

关于高管薪酬的讨论主要集中在单一年份的价值上，是形成许多误解的根源。而高管股权奖励往往是多年计划的一部分。美国证券交易委员会的代理披露规则通过要求三年报告格式的薪酬汇总表和其他表格中的多年汇总来确认这一点。一个常见的例子是，高管在新入职时获得了一笔数额巨大的新员工股权奖励，数额通常是一般年度奖励的两到四倍，然后在接下来的几年中却没有获得股权奖励。单一年份的方法往往会得出这样的结论，即当将第二年的薪酬与第一年的薪酬进行比较时，薪酬出现削减或长期股权激励被取消。许多重要的细节都包含在委托书的脚注和说明中，如果没有这些说明，表格中的数字可能会被误解。此外，许多未在表格中记录的薪酬行动会在薪酬讨论和分析部分披露，或在委托书发布后出现在8-K文件中。鉴于表格信息的过时（回溯）性质，这些额外的来源对了解当前真正的高管薪酬市场至关重要。长期以来，高管股权薪酬的复杂性一直要求人们从多年、多来源的角度看待问题，而任何经济动荡都可能增加这种方法的重要性。

数据分析

虽然股权工具的估价备受关注，但与指导股权薪酬计算的一系列决策相比，波动性或预期寿命假设可能导致的公允价值差异并不显著。这类分析往往会被绕过，报告过程中产生的公允价值（通常出现在美国证券交易委员会的文件中）被接受为薪酬价值，无须进一步考虑。薪酬委员会和高管需要了解这些动态，以确保有效的薪酬决策。

波动的股票市场可能导致股权授予的价值相对于业务基本面出现前所未有的变化，以及相对授予价值在年度内有显著变化。例如，回顾2009年，假设两家股价直接追随纳斯达克指数的公司都在2009年授予了股票期权，第一家公司在3月初，第二家公司在9月初。第一家公司在授予日的公允价值比第二家公司低约50%，但到2009年年底，其内在价值比第二家公司高260%。这种规模的变化在高管薪酬的历史上是前所未有的，也给我们上了重要的一课。2009年2月至4月，大量公司授予的股票期权接近市场低点，而且在许多情况下，这些期权迅速积累的价值远高于美国证券交易委员会文件中报告的人为降低的布莱克-斯科尔斯价值，即期权定价。而具有讽刺意味的是，许多这类公司当时授予了更多的股份，以抵消公允价值的下降，却加剧了这种效应。

这些动态变化要求公司不仅要理解授予的内容（即股票期权、时间归属的股票、基于绩效的股票、现金、长期激励）以及授予的金额，还要了解授予的时间。除了理解奖励类型和时间，绩效特征还需要注意人们绩效意外事件或加速因素的影响、阈值和目标、绝对的与相对的绩效衡量措施，以及基于时间和基于绩效的条件之间的相互作用。另外，由于公开交易的公司现在一般都有持股准则和股份保留要求，因此风险与回报的平衡已经发生了变化。要想理解这些特征的相互作用对高管薪酬价值的真正影响，需要进行周密详尽的分析。

数据报告

通过适当的数据收集和分析，薪酬报告可以为过去几年的高管薪酬实践提供有意义的总结。在这种复杂的环境下，仅凭对薪酬的简单了解是不足以说明问题的。如果只是将薪酬视为一个单一数字，可能会导致薪酬委员会就该公司在市场上的竞争地位得出错误的结论。基于情景的薪酬预测（整合到计数表和财富积累分析中）将为薪酬委员会和执行团队提供与其他商业决策流程一致的观点。

授予的、获得的和实现的薪酬

对薪酬价值进行更严格的审查，需要引入多维的视角，至少要考虑三种可能的薪酬观点。这种方法要求将薪酬分析从对薪酬的关注转向对高管薪酬生命周期的动态视角——授予的、获得的和实现的。

根据现行的美国证券交易委员会规则，薪酬汇总表中的股权激励数据可能产生误导或难以解释。本报告年度内所有股权奖励的公允价值被认为该年度"支付"给高管的金额，而不是为会计目的的应计金额。关于这两种方法中哪一种更可取，以及为什么更可取，存在着冗长而复杂的争论，但合理的薪酬分析并不会迫使人们做出非此即彼的决定。而重要的是要了解授予了什么，获得了多少收入，以及（正如媒体机构经常做的那样）在一段时间内实现的薪酬，以获得高管薪酬的真实情况。因此，我们已经看到了补充披露的发展，以显示"已实现薪酬"或"可实现薪酬"（这些术语的含义在用户中仍然存在显著差异），而这取决于组织和它认为什么对理解其高管薪酬最有帮助。

虽然没有一个单一的分析结构适用于所有公司，但薪酬委员会和高管团队应该：
- 在薪酬的三种不同观点（授予的、获得的和实现的）的背景下，思考三种数据处理（收集、分析和报告）；

- 提出一系列问题，以确保采取的是全面的方法。表 5.1 说明了可能有助于指导分析和决策的问题类型。

表 5.1 收集、分析和报告的数据流程

	授予的	获得的	实现的
收集	我们是否获得了去年所有的拨款和行动？我们是否对"年度"支付行动进行了正确分类？	我们的许多同行是否在市场低点期进行了授予？这对报告的授予价值和公允价值有什么影响？	是否存在典型的委托书和调查格式表中没有记录的重大薪酬实现事件？我们是否比较了已归属但未行使的实值期权收益？
分析	我们是否探索了同行的股价模式，并回顾了基于情景的薪酬价值？	我们是否分析了竞争对手在归属时间表、加速条款方面的变化，以及持有要求的变化，以了解收益机会的变化？	我们是否对已实现的薪酬进行了历史分析，以了解这可能如何影响当前的补助模式？
报告	我们是否考虑了新员工、晋升、解雇、创始人和在职者的特殊资格？	我们是否考虑了风险调整后的薪酬价值差异：期权与时间归属的全额奖励与绩效奖励的阈值和目标？	我们的统计表和财富积累工具是否捕捉到了包括归属后积累在内的已实现价值？

有多种工具可以解决这些问题，如统计表、财富积累模型、"离开"价值计算和基于场景的分析。有条不紊的方法可以帮助公司了解正在使用的工具以及使用一种工具而排除其他工具的理由。在这个分析框架中审视这些替代方案是很有帮助的，它可以捕捉到围绕股权薪酬数据收集、分析和报告的问题，并识别出授予、获得和实现的替代衡量点，以确保对市场薪酬水平和实践的清晰理解。

《多德-弗兰克法案》进一步披露高管薪酬

尽管《多德-弗兰克法案》的主要目标是金融服务业，包括涉及消费者和投资者保护的条款，但也包含了重要的高管薪酬和公司治理条款，这些条款适用于大多数上市公司，而不论其行业类型。在很大程度上，《多德-弗兰克法案》将新要求的具体内容留给了美国证券交易委员会制定规则，然后由证券交易所纳入上市标准。

《多德-弗兰克法案》中有关高管薪酬的大部分条款，都对上市公司提出了新的披露要求。

该法案各部分的生效日期各不相同。某些修改在法案颁布时（2010年7月21日）就已生效，而其他条款仅在过渡时期或监管部门颁布细化法定任务的规则后才会生效。美国证券交易委员会最初关注的是具有明确生效日期的《多德-弗兰克法案》条款，直到2015年才开始处理影响高管薪酬披露的最后一批法律条款。《多德-弗兰克法案》无疑对大多数上市公司的高管薪酬程序产生了重大影响。

了解投资者和代理咨询政策

公司应该了解目前影响高管薪酬的各方的关键政策，特别是那些可能影响其薪酬方案接受程度的政策。因此，定期审查代理咨询公司以及主要投资者的现行政策和过去的建议，找出有可能引起这些团体不良反应的方案，使公司能够重新考虑其方案，或从公司的角度解释其有效性。修改或参与（或二者结合）可能有助于避免违反此类政策出现的负面后果，参见图5.1。

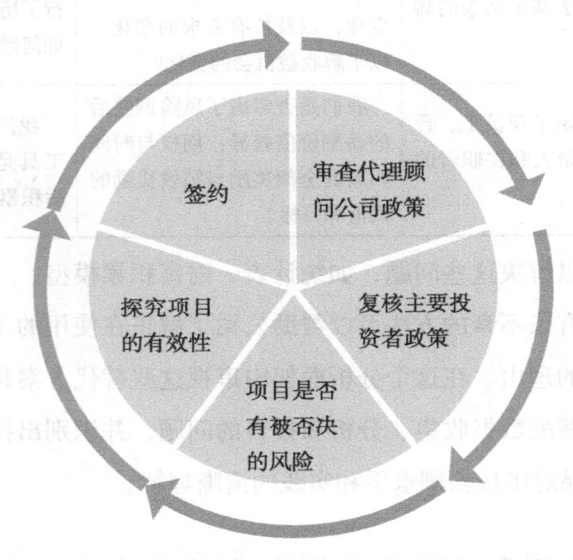

图5.1 投资者和代理咨询公司政策审查

薪酬话语权

《多德-弗兰克法案》要求上市公司向股东提供非约束性投票，以批准其指定高管的薪酬，从而解决了长期以来围绕是否以及如何获得股东对高管薪酬的意见的争论。关于薪酬的投票必须至少每三年举行一次，从2011年1月21日（颁布日期后六个月）之后召开的首次年度股东大会开始。从同一生效日期起，以及此后每六年至少一次，股东必须有权就是否每一年、每两年或每三年进行一次薪酬决定进行投票。

一家公司的薪酬表决涵盖了其薪酬讨论和分析以及薪酬表（包括叙述性披露）中显示的薪酬。与股东的有效沟通对于薪酬表决尤为重要。在投票前，公司应努力解决潜在的股东关注的问题，以获得多数股东的支持为目标。在反对票或支持率较低的投票后，与大股东联系以获得他们的反馈，可以帮助公司了解股东的关切，从而解决这些问题。

无论是否提供咨询意见，如果未能对高度不满做出有效回应，就可能导致对薪酬委员会成员的改选投"拒绝"或"反对"票。

对降落伞的看法

在美国的公司中，由公司控制权变更引发的高管薪酬和其他福利（金色降落伞，即离职补偿）很常见。然而，一些被广泛报道的向高管支付巨额薪酬的例子，引发了一些人认为对高管的安排过于友好的争议。有关薪酬话语权的举措最终导致了相关披露要求，以及一项有关高管薪酬安排的非约束性股东投票提议的变更控制权交易，被称为"关于降落伞"的投票。在股东大会上，股东被要求批准收购、兼并、合并或提议出售公司全部（或大部分）资产，任何股东代表都必须披露"降落伞表决"的信息。如果降落伞的安排已经受到这样的投票的制约，则不需要对降落伞进行表决，尽管法规对这一条款规定的条件限制了其效用。

薪酬委员会顾问和其他顾问

有两个关键而相关的因素涉及薪酬委员会聘请薪酬顾问、法律顾问和其他顾问的能力，以及被聘请的任何顾问的独立性。《多德-弗兰克法案》包含单独的条款，授权薪酬委员会聘请薪酬顾问、法律顾问和其他顾问，该委员会将"直接负责任命、补偿和监督"。根据薪酬委员会的决定，公司必须为聘请的顾问提供适当的资金。对于薪酬顾问（但不包括其他顾问），需要披露有关薪酬委员会是否聘用了薪酬顾问、该顾问的工作是否导致了任何利益冲突、冲突的性质，以及如何解决这些冲突的信息。

就独立性而言，薪酬委员会"只能选择薪酬顾问、法律顾问或其他顾问……在考虑了（美国证券交易委员会）确定的因素"。美国证券交易委员会的规则确定了可能影响独立性的因素，证券交易所随后采用了在美国证券交易委员会规则范围内的上市标准，包括在美国证券交易委员会规则中包含的六个一般因素。在考虑了这些因素和它认为相关的其他考虑因素之后，薪酬委员会可以自由选择薪酬顾问，但必须披露它是如何解决任何潜在冲突的。

绩效工资披露

《多德-弗兰克法案》授权美国证券交易委员会制定规则，要求上市公司在其年度股东大会的代理声明中披露"明确的描述","显示实际支付的高管薪酬与公司财务绩效之间的关系",同时考虑到公司股票价值的任何变化以及任何股息和分配披露内容可以包括所需信息的图表。尽管美国证券交易委员会的规则仍未最终确定(截至本书撰写之时),但大多数专家将这一法定语言的最后一部分作为讨论股东总回报方面表现的要求,参见图5.2。

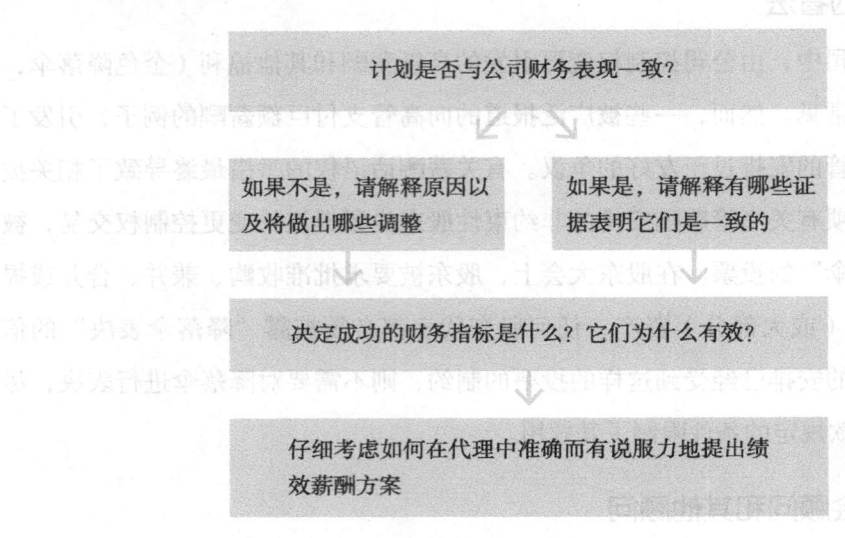

```
            计划是否与公司财务表现一致?
           ↙                        ↘
如果不是,请解释原因以          如果是,请解释有哪些证
及将做出哪些调整              据表明它们是一致的
           ↘                        ↙
            决定成功的财务指标是什么?它们为什么有效?
                        ↓
            仔细考虑如何在代理中准确而有说服力地提出绩
            效薪酬方案
```

图5.2 额外的薪酬-绩效披露方法

尽管上市公司最终将需要遵守这一薪酬与绩效披露规则,但一些公司已经制定了自己的规则,以加强其代理披露。一些公司可能发现使用其他指标来展示和解释绩效是很有用的。这些指标通常包括已报告或已实现/可实现薪酬的趋势,公司绩效的绝对值(如同比增长)或相对值(与同行的绩效比较)。无论如何,由于投资者对高管薪酬和绩效的关系特别感兴趣,公司一般应在薪酬讨论和分析的执行摘要中处理这一问题。

首席执行官薪酬比率披露

为了解决有关内部薪酬公平的争论,《多德-弗兰克法案》规定了一项特别繁重的条款,要求美国证券交易委员会强制要求进行新的薪酬比率披露。要求披露的信息(适用于美国证券交易委员会各种文件,而不仅是公司的年度委托书)包括三个项目:

- 该公司除首席执行官外所有员工的"年度整体回报"的中位数;
- 首席执行官的年度薪酬总额;
- 这两个数字的比率。

美国证券交易委员会的大部分规则制定都致力于公司如何确定这样的中位数以及

个人的薪酬。除了一些有限的例外情况，在确定中位数时需要考虑所有员工（包括非美国员工和兼职员工）。除了必要的披露，公司还可以披露额外的信息，以提供公司薪酬惯例和报告薪酬比率的背景。

收回政策

《多德-弗兰克法案》要求上市公司制定、实施并披露一项通常被称为"收回政策"的规则，以便在存在重大不符合财务报告要求的情况下，根据特定财务信息进行会计重述时（从现任和前任高管）收回激励薪酬。在重述的情况下，公司至少需要收回之前三年基于不准确信息而支付的任何超额奖励。

总体来说，《多德-弗兰克法案》的收回政策比《萨班斯-奥克斯利法案》的收回政策要广泛得多。例如，《多德-弗兰克法案》的收回政策适用于任何高管（不仅是首席执行官和首席财务官），不需要任何不当行为（只要有必要的重述即可），有效期为3年（而不是12个月）。《多德-弗兰克法案》的收回政策的关键特征包括谁应受该政策约束、追偿的触发因素，以及哪些薪酬要素应受该政策约束。尽管追回条款已经成为一种广泛的最佳做法，但每一项现有政策都需要经过审查和更新，以符合美国证券交易委员会最终制定的规则。

不仅要考虑《多德-弗兰克法案》的要求，还要考虑解决组织的特殊情况或促进管理的任何附加功能或程序。遵守最佳实践的公司可能扩大其收回政策，以收回支付的超额薪酬，包括因道德不当行为或者与会计规则或解释的变化无关的财务报表重述。

员工和董事的对冲

根据《多德-弗兰克法案》，美国证券交易委员会要求每家上市公司在其年度委托书中披露是否允许任何员工（不仅是高管）或董事会成员购买"旨在对冲或抵消作为薪酬授予或由该员工或董事拥有的股权证券的任何市场价值下降"的金融工具。由于股权对冲策略可以使员工或董事限制通常对高层管理者和董事施加的持有要求的影响，该条款旨在阐明任何此类行为，并间接鼓励公司禁止或限制此类对冲。甚至在《多德-弗兰克法案》出台之前，美国证券交易委员会的规定就已经要求披露对冲政策；该法案规定的一个显著效果是将这种信息披露扩展到所有员工和董事。

投资者越来越期望公司实施和执行反套期保值和反抵押政策。虽然之前的交易可能难以平仓，但企业应采取针对对冲和一般质押的前瞻性政策。如果没有政策存在，公司应该解释如何减少与这些做法相关的风险。

额外津贴

额外津贴继续受到股东们的密切关注。鉴于多年来各种津贴的减少或取消，现在的趋势是将津贴限制在那些与合法的公司目的直接相关的方面。公司应该准备好解释津贴的合理性。例如，那些直接帮助高管专注于他的公司责任或提高高管及其家人的安全和健康的津贴。

双重触发的股票期权

双重触发已成为与控制权变更有关的现金支付和股权投资的首选方式。此类政策通常会阻止在控制权变更时支付现金遣散费和加速股权（基于时间和绩效）的归属，除非高管在控制权变更后的特定时间内被无故终止或因正当理由终止雇佣。市场日益将双重触发归属视为薪酬方面的"最佳做法"。任何具有单重触发控制权变更条款的公司都应在其委托书中解释该条款的理由，以及维护该条款符合公司利益的原因。

关于董事会主席和首席执行官结构的披露

《多德-弗兰克法案》指示美国证券交易委员会发布规则，要求上市公司在年度委托书中披露该公司选择同一人担任董事长和首席执行官，或选择两个人担任这两个职位的原因。《多德-弗兰克法案》从根本上对美国证券交易委员会已经要求的委托书披露规则提供了立法授权。

如何处理信息披露

在起草委托书披露时，公司应小心避免可能引发诉讼的修饰。披露哪些是重要的，说明什么可能是不利的，并解释为什么某项计划、奖励或规定对你的公司有效，但注意不要过度推销。用正确的方式讲述你的故事，也别忘了让股东参与进来。

高管薪酬的主要趋势和挑战

薪酬话语权

除了某些例外情况，2010年的《多德-弗兰克法案》要求上市公司至少每三年就高管薪酬进行一次股东咨询投票。这一极其重要的进展使股东在薪酬问题上拥有了独特的发言权,并使代理顾问在影响代理投票过程方面拥有了额外的影响力。拥有一个真正"按绩效支付"的高管薪酬计划从未像现在这样重要。

在这种严格的审查下,人们倾向于谨慎行事,制订与同行类似的薪酬计划。这将是一个错误,对高管和股东都有效的薪酬战略必须考虑到每个公司的独特情况和商业战略。

此外,对年度委托书的薪酬讨论和分析部分仅采用纯粹的法律方法是不够的。公司和薪酬委员会,出于需要,必须成为有效的沟通者,为股东和其他人提供清晰、方便的解释,说明其薪酬决策背后的理由。有效的薪酬讨论和分析在满足法律要求的同时,还能讲述公司的薪酬绩效"故事"。

机构投资者和代理顾问

薪酬话语权大大增强了机构投资者及其代理顾问影响高管薪酬的能力。投资者要求薪酬委员会在管理层的绩效与薪酬之间建立明确的联系。代理顾问协助机构投资者并监督公司的薪酬决策。代理顾问的建议具有相当大的分量,是导致薪酬投票支持率低的主要因素。

机构投资者继续关注激励计划和相关的薪酬,从而使薪酬委员会的工作复杂化。他们不再只是看看股权稀释模型,然后投赞成票或反对票。他们现在使用详细的财务公式或"黑盒"方法来确定绩效薪酬关系,并积极批评那些不符合他们准则的公司。

长期激励措施

今天,大多数公司采用了长期激励的组合方法,以确保其长期激励方案的适应性和弹性。这些投资组合通常包括多种股权投资工具,也包括股票期权以及基于时间和绩效的限制性股票。

股票投资组合没有单一的方法。各公司的股权构成各不相同,并受到行业、人才竞争和商业战略的影响。然而,近年来,基于绩效的限制性股票往往占许多投资组合的50%~60%,特别是那些大公司。相反,在过去的10年中,股票期权已经慢慢失去了薪酬委员会的青睐。

人们对基于绩效的股权计划越来越感兴趣,这一点不难理解。机构投资者和代理顾问倾向于在长期激励计划中使用很大一部分基于绩效的股票。反过来,公司更严重地依赖这些绩效奖励,通过薪酬话语权投票获得股东的批准。然而,这些计划的设计和监测可能很复杂，而且它们往往增加委员会的工作量。

相对指标

基于绩效的公平性伴随着一系列设计挑战。对于许多采用绩效奖励的公司来说，用来决定最终授予多少股份的财务目标通常是"绝对的"。一般地，公司会根据预算或另一个内部基准来制定目标，通常会持续三年。对大多数公司来说，精确地设定一个多年财务目标是极其困难的，尤其是在周期性行业或经济不确定性时候。

鉴于绝对财务目标所固有的挑战，许多公司已经转向了相对股东总回报指标。相对股东总回报计划设计起来相当简单（不需要预测或设定多年的目标），而且通常被认为对机构股东和代理顾问都是能够站住脚的。

然而，公司现在认识到基于股东总回报计划的局限性，并转向相对的财务指标，如收入增长、盈利增长或回报指标。出现这一趋势的一个原因是，人们越来越认识到，虽然股东总回报为股东提供了强有力的支持，但鉴于影响股价的各种因素，高管常常感到他们无法控制结果。相对财务指标的计划为高管提供了更大的视野，同时还能获得代理顾问和股东的支持。

环境、社会和治理因素

环境、社会和治理已成为公司治理领域的主要流行词之一。大型机构股东现在已经敦促董事会在制定公司战略时考虑环境、社会和治理因素。反过来，公司正在慢慢地在年度或长期激励计划中纳入更多涉及环境或社会责任问题的指标。环境、社会和治理指标在很大程度上仅限于重工业或资源开采行业。

然而，随着公众对这些话题的兴趣增加，环境、社会和治理指标的使用正在扩展到许多其他行业。

人们对环境、社会和治理的兴趣正在增长，但相关指标仍只占激励计划的一小部分。许多情况下，环境、社会和治理因素没有具体的权重，而是作为个人业绩的定性审查的一部分。如果加权计算，目前的趋势是，公司将5%~20%的年度或长期激励作为基础。

在激励计划中采用环境、社会和治理指标会带来一系列挑战。正如财务指标的情况一样，选择正确的指标来满足投资者的期望并推动企业战略是最重要的问题。

薪酬委员会

《多德-弗兰克法案》提高了薪酬委员会的地位和职责（这就像《萨班斯-奥克斯利法案》对审计委员会的影响），从而加大了对其程序和决策的审查力度。薪酬委员会现在更多地参与高管薪酬规划和实施的细节，特别是关于长期激励措施的细节。

随着绩效计划的激增，以及量化和证明整体回报合理性的需要，薪酬委员会必须更多地关注长期绩效驱动因素。

委员会成员需要花更多的时间来确保他们选择了正确的衡量标准，监测指标以确保他们能够推动正确的高管行为，并在适当的时候进行调整。

薪酬委员会与企业运营的关系并不像管理层那样密切，这往往导致人们担心绩效应该如何校准，不希望建立过于容易或太难实现的目标。一个经常被问到的问题是："我们如何知道我们设定了正确的目标？"

内部薪酬公平

内部薪酬公平分析越来越受到重视，因为许多薪酬委员会仍然对仅仅依靠外部市场数据感到沮丧。因此，许多公司披露，它们在确定薪酬水平时既使用外部因素，也使用内部薪酬因素。但是建立内部薪酬公平的方法往往存在方法上的缺陷。

内部薪酬公平往往只关注薪酬水平的比较，而没有仔细观察高管在他们的工作中的实际表现。随着美国证券交易委员会就所谓的"首席执行官薪酬比率"采取最终规定，各公司对必要的信息披露进行补充，这一缺陷可能变得更加明显。通过超越职位头衔和薪酬比例，公司可以更好地判断每个高管职位的独特之处，并确定合理和公平的薪酬水平。然而，即使在实现了这一点之后，仍然需要协调内部薪酬公平与外部基准。

整体回报

委员会往往把注意力集中在年度或长期激励计划的技术和激励方面，而忽略了把各部分放在一起，观察整个情况。在这个过程中，使用统计表是一个有用的初始步骤。其他工具和方法，如已实现的薪酬和可实现的薪酬，推进了薪酬委员会的分析工作。

人们越来越关注整体回报，包括实际或潜在交付给高管的整体回报，以及每个要素在实现组织目标中所发挥的作用。这项意义深远的工作需要包括外在的薪酬要素（工资、年度和长期激励、福利和津贴），以及内在的要素（工作文化、工作满意度、工作环境和发展机会）。

薪酬结果的波动性

目前的基准做法是对照同行看薪酬水平和薪酬组合——同行的整体回报价值是多少，每个薪酬要素的价值是多少。这种快照方法是很有用的，但也仅此而已。它并没有反映出与同行相比的薪酬价值随时间的变化的真实情况。许多薪酬委员会将从这项分析中受益：根据一系列基于奖励水平和绩效方案的结果，将当前的授予价值预测到未来。由此得出的波动性评分，通过识别薪酬方案潜在波动的影响，提供了一幅更广泛、更准确的竞争图景，同时它也是评估薪酬项目风险的有力工具。

6

销售薪酬要素

人力资源部门对销售薪酬计划设计和实施的参与程度因公司而异。在一些公司，销售部门会积极寻求人力资源部门的参与。而在另一些公司，人力资源部门的参与是不被鼓励的，或是被阻止的。人力资源专业人员经常会问："我怎样才能在公司的计划设计和实施中扮演更有意义的角色？"这个问题并不奇怪，因为在制定和启动销售薪酬计划的过程中，参与有限或没有参与，意味着公司错过了在关键的人员管理领域利用其人力资源专业人员的专业知识的机会。这些关键领域包括确保公司的销售薪酬计划是为了吸引、留住和奖励那些能够赢得和保持客户的优秀销售人员。显然，制订和使用一个有助于公司实现这一目标的薪酬计划应该利用人力资源部门的专业知识。本章介绍了人力资源专业人员可以在销售薪酬计划的设计和实施中发挥重要作用的方面。此外，它还提供了一些关于人力资源专业人员可以采取的行动，以有效地履行该角色的建议。

与销售组织合作

在许多公司，业务伙伴角色定义了人力资源部门应如何与指定的组织客户合作。指定的客户可以是一个包括销售组织的业务单位，也可以只是销售组织。当业务伙伴角色成为提供人力资源服务的主流模式时，人力资源综合专家便面临着需要承担广泛的职责和责任的挑战。然而，人力资源专业人员的首要任务是获得并持续建立对指定客户业务的全面了解。当指定的客户是销售组织时，这种理解应包括：

- 所服务的客户市场和所提供的产品/服务。
- 销售渠道的部署和在这些渠道内的工作。
- 本年度的商业计划、销售策略和销售财务目标。
- 销售领导的运作风格（如集中管理与分散管理），因为它涉及各种影响薪酬的销售管理计划，包括区域分配、配额分配、销售赊销。

一些资深的人力资源专家表示，对上述四个领域的最新理解是"进入游戏"的关键。正如在许多商业环境中，成功的关键是一个人与高层领导的关系质量。人际关系是建立在信任、信心和尊重的基础上，并随着时间的推移而获得的。那些成功地与高层销售领导建立有效工作关系的人力资源专家，是通过与销售组织进行定期的、积极的、有意义的互动来实现的。表6.1列出了人力资源/薪酬专业人员针对销售组织的薪酬计划应该做什么，以表明他们愿意学习销售组织的运作方式。通过这些做法，人力资源/薪酬专业人员可以直接了解销售组织对薪酬支持的需求和要求。

主动了解销售组织如何运作的前提是销售领导愿意让人力资源专业人员参与到整个销售组织的工作中，特别是销售薪酬计划的设计与实施中。因为在某些情况下，这不是一个有效的假设。表6.2指出了一些更常见的反对人力资源专业人员参与销售薪酬计划的意见，并提供了克服这些反对意见的建议。这些建议应该有助于人力资源专业人员说服高层销售领导，让他参与到销售薪酬计划中，对销售组织和公司都有帮助。

无论人力资源专业人员被认为是内部顾问还是政策把关人，他们参与销售薪酬计划对业务成功都很重要。如果人力资源专业人员已经对销售工作的运作有了全面的了解，并与整个销售组织的主要销售领导建立了有效的工作关系，那么有意义的参与最有可能发生。此外，人力资源/薪酬专业人员必须发展和加强他们的销售薪酬原则、实践和技术的知识。每个负责销售薪酬的人力资源/薪酬专业人员都应该问："我应该做些什么来不断提高我对工具和技术的掌握，为我的公司面临的销售挑战提供创新的薪酬解决方案？"

6 销售薪酬要素

图 6.1　人力资源 / 薪酬专业人员针对销售组织的薪酬计划应该做什么

谁	做什么（说明性互动）
销售领导，即高层销售领导和地区销售管理者（如北美洲、欧洲、亚洲 / 太平洋）	• 定期对话（每月、每季度），讨论当前计划的有效性，如什么是有效的、什么是无效的，以及未来变革的早期想法。 • 参加与未来业务规划有关的销售领导会议，影响销售薪酬。 • 与销售领导团队审查 / 讨论：季度销售结果和对销售奖励薪酬支付的影响，例如，销售团队在计划内收入的百分比，销售团队实现目标奖励收入的百分比；超额收入；个人销售业绩和一般人员配置问题
现场销售经理，如一级销售经理	• 不定期"工作交流"，以了解现场销售经理在工作中面临的挑战，销售薪酬在激励和管理销售团队中发挥的作用。 • 定期与选定的现场销售经理通话，以获得对当前计划的反馈，如什么是有效的、什么是无效的。 • 当前计划的问题 / 挑战，例如，销售人员在计划中遇到的最常见的问题或难题是什么？ • 与计划管理有关的需求，如报告、对特殊要求的回应等
销售人员，如销售运营或行政管理者	• 与支持计划的销售人员进行定期交谈，了解对他们什么是有效的、什么是无效的以及为什么，对下一年计划改进的机会进行早期思考。 • 定期召开会议，确认系统的能力，满足管理信息需求的能力
"销售人员"，如销售代表、客户经理、销售专员	• 不定期"陪同"，以了解销售角色和工作，即销售人员如何开展工作，他们对客户购买决定的影响，他们所做的服务工作；销售薪酬计划如何影响他们的行为和表现。 • 定期进行销售人员调查，以了解销售人员对当前计划最喜欢 / 最不喜欢的内容

表 6.2　更常见的反对人力资源专业人员参与销售薪酬计划的意见及克服这些反对意见的建议

销售主管的反对意见	建议人力资源专业人员的回应
无相关经验	• 描述一下销售经验。 • 薪酬方案设计与管理层激励计划设计。 • 解释在过程中的角色和他人认可的关键贡献。 • 描述所参加过的销售薪酬研讨会或课程
不了解我们的销售渠道、流程、工作内容	• 寻求发展的机会，通过实地考察了解现场，与现场经理进行"合作"，与销售代表进行电话沟通，以提高理解
没有时间	• 解释优先事项已经调整，以使有时间负责销售薪酬工作
不知道在什么地方让你参与进来有意义	• 建议一个过程，提供关于人力资源部门可以承担和完成的具体任务的想法，描述结果和好处

本章的总体目标是为你提供通过薪酬解决方案支持销售组织所需的工具和知识。描述在今天的商业环境中需要掌握的一些能力是本章特别的目的。能力清单包括以下

几个方面：
- 知道如何帮助销售主管解决一年中出现的销售薪酬问题。
- 了解如何评估销售薪酬计划的有效性，如何以及何时帮助销售主管改变计划，通过薪酬提高销售效率。
- 有能力领导或参与设计过程，包括向管理层建议哪些工作应该有资格纳入销售薪酬计划、这些工作的适当薪酬水平、什么类型的计划是合适的，以及如何安排激励措施。
- 全面了解公司的销售管理计划，以及这些计划在公司实现销售目标中发挥的相互依赖作用。
- 了解如何创建和执行沟通策略，以确保新的或变更的计划产生预期的业务结果。

销售薪酬计划涉及的六个方面

人力资源专业人员应该积极主动地寻找机会参与销售薪酬计划。对销售组织如何运作的深刻理解和对销售领导的尊重是参与销售薪酬计划的重要先决条件。除了满足这些先决条件，同样重要的是，要相信人力资源部门参与销售薪酬计划对公司及其销售队伍是有好处的。以下六个方面，最希望或需要人力资源的参与。

解决问题

许多人力资源专业人员表示，他们第一次参与销售薪酬计划的原因是，销售领导认为是由该计划造成了一个重大问题。这种情况经常发生在那些人力资源部门对销售薪酬计划的参与是一项新的责任的公司里。在这样的公司里，人力资源专业人员可能被邀请来帮助解决计划中的问题，因为销售主管有了新的认识，认为人力资源专业人员可以带来客观的视角和新鲜的思维来帮助解决问题。当然，这意味着人力资源专业人员必须具备知识、技能和经验，才能为解决方案做出有意义的贡献。人力资源专业人员往往没有被要求参与其中，因为他们被认为在销售薪酬方面没有足够的经验和技能。此外，他们还被认为没有足够的商业知识，对销售组织没有帮助。"有备无患"这句古老的格言在这里非常有意义。人力资源专业人员必须具备适用的知识、技能和经验，以便做出增值贡献。

人力资源专业人员被经常要求调查一些与计划相关的问题，常见例子包括：销售人员对计划的不满，支付计算或计划规则的例外情况，多付或少付，以及营业收入高于或低于内部预期、行业基准，或者二者兼而有之。经验丰富的人力资源专家应该有能力帮助销售组织解决诸如此类的问题。

大多数经验丰富的人力资源专业人员都了解人类的动机，以及如何通过访谈和调查来确定工作不满的根本原因。许多人力资源专业人员还掌握了分析技能，可以用来确定人员流动率及其与整个行业状况的关系。重要的一点是，因为刚才提到的问题都是常见的销售薪酬问题，所以当销售组织要求提供帮助时，一个深思熟虑的人力资源专业人员应该能够以行动计划来应对。本书是一个可以帮助人力资源专业人员制订行动计划的信息来源。

一般来说，感知销售薪酬问题的确切原因并不重要，重要的是，如何帮助销售领导解决这类问题。至少从销售部门的角度来看，成功解决这类问题的两个标志是：人力资源部门愿意迅速采取权威行动，找出问题的根本原因，并且有能力帮助销售领导制定切实可行的、可以迅速实施的改变方案。然而，值得一提的是，人力资源部门应该非常小心地识别和分离与销售薪酬相关的问题的根本原因。在大多数情况下，销售薪酬被归咎于整体效率的不足，问题的根源实际上在其他方面。

考虑一下这个常见的情况。当销售团队的成员没有在这个计划下获得他们的激励薪酬机会时，现场销售经理可能报告他们的员工对这个计划不满意。然而，这种不满可能与激励机会或支付公式机制都没什么关系。真正的问题可能是因在销售配额中反映出来的过于雄心勃勃的销售增长目标，而这些目标可能在很大比例的销售队伍中是无法实现的。这里的重点是，人们很容易将责任归咎于销售薪酬计划，但很少有人能通过解决销售薪酬计划来解决业绩问题，因为问题的根源在其他地方。

销售薪酬指导原则

指导原则是最佳实践公司为了设计有效和成功的销售薪酬计划而遵循的主要价值观。指导原则基于并支持公司的薪酬理念。然而，这些指导原则很少被记录下来并集中在一个地方供随时参考和使用。在计划设计过程中不使用一套成文的指导原则有两个缺点：

第一，缺乏指导原则就像试图在黑暗中射击目标。你怎么知道你什么时候击中了靶心？答案当然是你不知道。因此，指导原则规定了设计一个或多个计划所依据的标准。这些原则使方案设计过程中的每个参与者对设计团队在概念层面和设计结果方面的目标有相同的理解。销售薪酬指导原则的声明通常包括以下主题内容：商业战略，有竞争力的薪酬定位，计划类型，绩效管理，以及行政考虑。例如，希望计划简单，管理层承诺有效沟通。

第二，缺乏和没有使用指导原则几乎不可能知道一个新计划对商业成功的贡献程度。例如，指导原则的声明通常定义了销售薪酬计划下的预期业绩分配。如果没有这方面的具体预期，就很难确定计划给销售人员的薪酬是高于还是低于预期。

参与销售薪酬计划的人力资源专业人员应该鼓励设计团队制定并使用一套指导原则，用于计划的设计和实施过程。使用指导原则将为设计团队提供一个蓝图，该蓝图既提出了明确的方向，又能在这个过程中节省时间。

设计与实现过程

越来越多的公司在设计和实施销售薪酬计划时遵循一个文件化的过程。大多数过程包括以下四项主要活动：

（1）评估。目前的销售薪酬计划是否有效；有什么证据表明该计划可能需要修改或可能需要被一个全新的计划所取代，如商业战略的改变；实施新的或重组的销售渠道、工作，或者两者兼而有之；是否有新产品发布。

（2）设计和测试。可以对激励薪酬机制做出哪些改变，即将绩效与薪酬挂钩；这种改变是否会把销售行为重新引导到管理层所要求的领域，以实现未来一年的业务成果；这些变化是否能得到销售财务数据的支持（成本计算和个人绩效模型），表明提出的变更将导致业务结果的实质性改善。

（3）实现。如何将计划的改变或一个全新的计划引入销售团队，使其产生最大的激励作用，从而有助于实现预期的业务成果。

（4）监督。采取什么行动来确认销售团队已经收到了计划，了解了计划，并且现场销售经理正在有效地管理新的计划。

列出这些活动要比实际有效地执行它们容易得多。在计划设计和实施过程中，有三个常见的缺陷要加以注意：

（1）第一个缺陷是在评估当前计划的过程中，以及在设计新计划或修改当前计划的过程中出现的。有三种常见的流程错误：不按顺序执行设计任务（例如，修改激励公式，而没有首先评估当前计划的效果，了解新的业务目标可能是什么，或者两者兼有）；将设计工作限制在单一职能部门，如销售，而设计过程实际上可以受益于多职能部门的方法，包括销售、财务、人力资源和其他；错误理解设计过程需要的时间，因此要么花的时间太少（这是最常见的错误），要么花的时间太多。

人力资源专业人员的职责通常是确保这三个过程中的一个或多个错误不会影响到设计过程。为了做到这一点，人力资源部门（或指定的流程负责人）应该把目前参与计划的所有职能部门的代表召集起来，并就流程中的保障措施达成一致，例如，同意一个明确的项目工作计划，并定期召开检查点会议，以确保这些缺陷不会渗入设计流程中。

（2）设计错误是这个过程中出现的第二类最常见的缺陷。常见的设计错误包括：不适合特定销售工作的薪酬/激励比例，杠杆（如上行激励机会）太少或太高，绩效指标无法影响或准确跟踪并记入销售队伍的成员，以及销售配额（目标）没有适当反映销售队伍地区的销售潜力。在这里，人力资源专业人员也应该发挥积极作用，与其他参与销售薪酬计划的人确认这些类型的设计缺陷是常见的，应该在这个过程中避免。

（3）无效实施和无效的绩效监控是销售薪酬计划变更时出现的第三种常见缺陷。无效实施的例子包括：没有沟通计划变更的正式流程，没有定义/分配变更责任，缺乏关于变更的清晰的领导信息（什么将发生变更，为什么现在的变更是重要的，以及变更将如何使客户、销售人员和公司受益）。对于新计划对企业业务的影响，无效监控的例子包括：缺少对计划成功的预定义，没有固定时间（如在第一次支付之后、第一季度之后、年中之后）来评估成功，没有向现场销售经理提供报告，使他们能够看到销售队伍在计划中的表现。

人力资源部门通常在制定向销售人员传达薪酬计划的材料中发挥重要作用。与员工沟通是许多人力资源专业人员的一项关键能力。因此，这是一个通常欢迎帮助的领域。然而，人力资源部门在监督新的销售薪酬计划的有效性方面通常发挥的作用并不积极。情况不应该是这样的。因为销售薪酬计划在销售队伍的绩效管理中发挥着重要作用，人力资源部门应该积极主动地帮助销售领导确定如何评估和衡量新计划（或修订计划）的成功。

竞争性薪酬评估

在大多数公司中，销售主管都希望薪酬计划有助于吸引和留住他们所需要的人才，以便成功地向客户推销产品，并与客户进行互动。因为吸引和留住顶尖人才是销售组织所面临的最持久的挑战之一，人力资源专业人员有机会通过竞争性薪酬评估对销售薪酬计划做出重大贡献。人力资源部门的作用是向销售主管保证，薪酬水平在外部具有竞争力，在内部是公平的（或与组织的薪酬目标、基于工作的角色和责任相一致）。

人力资源部门的典型工作是收集劳动力市场数据，这些数据可用于制定销售人员薪酬水平的决策。这意味着人力资源部门负责识别和选择可靠的劳动力市场调查，用于工作定价。一家公司通常会依靠两到四个调查来源来获得竞争激烈的劳动力市场数据。通常是由公司的人力资源专业人员负责选择和购买调查数据，并协助或管理公司提交的数据。

人力资源部门应该帮助管理层确定劳动力市场中适当的竞争位置（如中位数、第75百分位数），用于为公司的特定销售工作定价。这是对销售薪酬计划的一个重要贡献，因为每个销售职位的总现金薪酬水平必须足够高，以吸引、激励和留住顶尖人才，并能为推动理想业务结果的业绩支付薪酬。

行业趋势和实践

销售主管非常感兴趣的是他们所在行业的各种做法是如何影响销售薪酬计划的。人力资源专业人员通过参与行业网络小组和薪酬调查工作匹配会议，可以很好地了解可能影响销售薪酬计划的趋势和做法。因此，人力资源专业人员应该成为行业调查小组的成员并积极参与其中。

销售领导通常也有兴趣了解在他们竞争客户的市场中，销售渠道和销售覆盖面所发生的变化。行业调查小组的工作匹配会议通常是一个了解该行业其他人如何覆盖市场的地方。例如，如果在调查或职位匹配环节中出现了你们公司没有的新工作，这可能表明销售覆盖趋势有问题，应该引起销售领导的注意。

销售领导感兴趣的另一个领域是销售薪酬计划的运作如何受到行政管理措施的影响。例如，提款、销售积分和分割（重复积分）都是销售领导在考虑当前计划的有效性时非常重视的话题。从事销售薪酬的人力资源专业人员应该不断地努力学习可能影响销售薪酬思考和计划的行业趋势和做法，并与销售领导分享这些发现。这样做可以增加人力资源专业人员为销售组织提供的价值。

计划有效性评估

在大多数公司，销售薪酬的投资回报率是一个重要的话题。事实上，世界薪酬协会的一份调查报告显示，86%的受访者表示，如何确定销售薪酬计划的投资回报率是他们公司的首要任务。产生这种兴趣的原因是，公司已经开始把销售薪酬视为提高整体销售效率的一项投资，而不是将其视为一项需要最小化的费用。因此，他们已经转变了观念，将销售薪酬视为提高销售数量和质量的一种手段。这种思维的转变为人力资源专业人员提供了一个机会，帮助销售领导重新思考他们的计划评估方法。

难以评估计划有效性的原因之一是对销售薪酬存在不明确的预期。正在制订计划的时候是了解销售领导希望通过薪酬计划达到什么目的的最佳时机。关键问题是，销售主管（以及高层领导）对新薪酬计划的预期是什么？这些结果是管理层希望从其对销售团队的现金薪酬投资中获得的可量化结果。

评估指标的选择（包括投资回报率），是由企业的业务目标和最高管理层为销售组织设置的优先级决定的。因此，实际使用的指标是因地制宜的，也就是说，应该根据公司的具体情况，在新的销售薪酬计划年度开始时就确定。最理想的环境是，人力资源专业人员能够非常积极地参与到评估当前销售薪酬计划的有效性中。补充内容6.1指出，新型冠状病毒肺炎使销售薪酬问题变得复杂。

补充内容6.1　2020年"新型冠状病毒肺炎的销售薪酬"调查研究发现

新型冠状病毒肺炎使销售组织进入快速反应模式，寻找关于薪酬设计方案和其他答案。世界薪酬协会与SalesGlobe合作开展了一项关于新型冠状病毒肺炎全球销售薪酬的快速反应调查。数据收集于2020年4月，最终的样本包括372名受访者。

超过一半的组织向销售团队定义了如何与客户打交道——大多数组织从销售转向帮助并重新关注受影响较小的细分市场。

在疫情最严重时，组织最主要的销售薪酬考虑事项和行动是配额调整、业绩衡量标准更改和阈值变化。

学习一门新的语言

学习销售薪酬就像学习一门新的语言，一门有自己独特的关键概念和术语的语言。在组织中进行销售薪酬工作最困难的挑战之一是确保每个人都使用相同的语言。对销售薪酬语言的基本概念的了解，将有助于人力资源专业人员有效地参与组织的销售薪酬计划的设计和实施。

薪酬与整体回报挂钩

首先了解销售薪酬的规定和范围是很重要的。被称为销售薪酬的薪酬数额通常不能完全满足整体回报战略的吸引力、动机和保留要求。事实上，大多数公司都把销售业绩和销售薪酬作为衡量专业销售人员业绩的唯一指标。许多公司陷入了过分强调薪酬结果的陷阱，以至于销售人员说："如果不在销售薪酬计划中，我就得不到薪酬了。"虽然没有人可以说这些因素不重要，但其他结果也很重要，而且可能没有被纳入销售薪酬计划或绩效管理评估中考虑。当公司请有才华的销售人员来处理更具挑战性的销售任务，或者当销售组织被整合到一个合并或重组的组织中时，这一事实将变得更加重要。人力资源专业人员的一个重要职责是帮助公司学会接受并传达"整体回报"，包括工作薪酬的所有方面，用于奖励"整体业绩"。

如第1章所述，整体回报定义了一个组织吸引、激励、保留和聘用员工的战略。它是一个工具箱，组织从这个工具箱中选择提供并调整价值主张，以使员工感到满意、有参与感和富有成效，从而创造出理想的业务表现和结果。（见图6.1）当与销售组织合作时，对销售团队的所有薪酬类型有一个共同的理解是很重要的。这种共识将有助于确保整体回报制度的所有组成部分与公司对销售工作的期望相一致。

直接及间接财务状况（整体回报）

在一些公司，大量的时间和精力被用于确定销售人员的整体回报计划。整体回报的要素包括：

- 基本薪资。
- 激励薪酬，如奖金、佣金。
- 针对外勤人员的特别业绩奖励，包括销售竞赛。
- 认可/卓越成就俱乐部。

- 福利。
- 额外津贴。

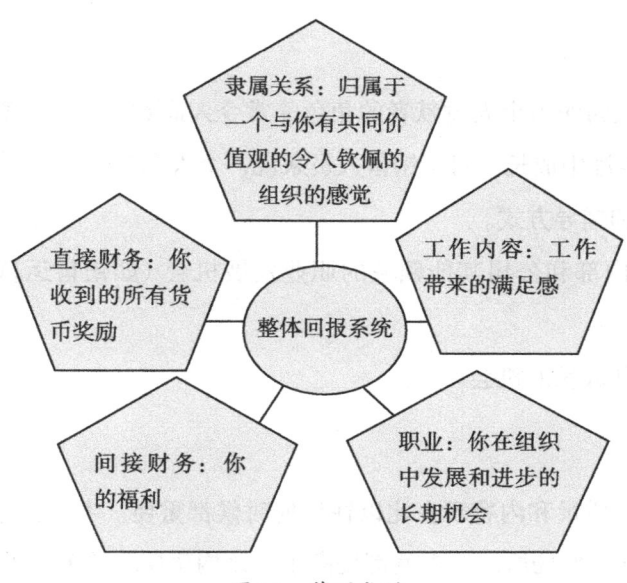

图6.1 薪酬类型

虽然整体回报在吸引、激励、奖励和留住高效销售团队方面非常重要，但过多关注整体回报可能创造一种不利于商业成功的文化。在高绩效的销售组织中，销售领导越来越多地寻求在整体回报和其他类型的奖励之间取得正确的平衡。

隶属关系

对于大多数员工来说，加入一个令人钦佩的组织是至关重要的。所有员工都对公司的愿景和战略感兴趣。对于销售团队来说，这种兴趣尤其强烈，因为他们的成员经常"面对"公司客户。因此，下列"隶属关系"因素特别重要：

- 业务愿景和抱负。
- 公司形象和声誉，例如，客户对公司的感觉。
- 最高管理层对销售团队的支持和认可。
- 持续的销售业绩管理活动。
- 同行的支持和相互尊重。
- 开放的沟通。
- 伦理——承诺诚信经营。

隶属关系可以对销售组织产生重大影响，其中许多销售人员远程办公或在家办公。可能需要额外的努力来确保他们仍然是公司的拥护者，而不仅是他们最亲近的客户的拥护者。

职业

尽管许多人认为作为个人贡献者的角色非常令人满意，但大多数销售人员都希望有机会在其职业生涯中成长。对于销售人员来说，个人和职业发展的关键因素包括：

- 绩效管理和辅导方式。
- 销售部门内部和公司其他领域的职业发展机会（如销售运营或产品开发和市场）。
- 个人发展和成长的机会。

工作内容

最后，工作的质量和内容现在比以往任何时候都重要。考虑到这一点，各级销售人员对工作质量和工作场所的兴趣就都提高了。该构建模块的关键因素包括：

- 有意义地参与一线销售管理。
- 与其他部门同事的工作关系（信任和承诺）。
- 销售过程的有效性和效率。
- 有效的销售支持工具（如客户关系管理、移动计算、报价／配置自动化）和资源。
- 对新产品的创新和承诺。
- 对培训的投资——市场、产品和销售技能。

大家可能经常听到销售薪酬计划是公司用来吸引、留住和激励销售人员的"最重要的工具"。然而，工作内容和其他无形资产往往比薪酬更有影响力，尤其是对那些从事复杂销售工作的人来说。了解销售薪酬计划如何与公司的整体回报相适应，是制订该计划的理念和指导方针的关键因素。虽然整体回报模型的五个方面都很重要，但大多数公司并没有在所有方面都表现出色。在为公司提供建议时，我们应该评估哪些领域为目前和未来的人才库提供了最具竞争力的差异化，并将重点放在这些领域。

可变薪酬计划的类别

在讨论计划设计元素的细节之前，重要的是，要了解面向客户的员工可能参与的三种基本可变薪酬或奖励计划类别：个人、团队和公司。这些计划类别可能是短期的或长期的，并且可以使用现金或非现金作为奖励。正确的激励类型必须与每个角色相结合，以确保有效的整体回报战略。适当的激励能够平衡销售人员的影响程度和公司衡量这种影响的能力，从而使项目或计划是公平、公正和可管理的。

（1）个人激励措施是根据个人的工作成果来进行支付的。虽然可能有团队成员（如客户团队）分享这些成果，但个人的薪酬完全或主要基于他们的客户或地区的成绩。公司通常对个人贡献者（销售代表、客户经理、产品专家）以及销售管理层使用这种计划。

（2）团队激励是基于一群职能相似或任务相似的人的集体表现。该计划结合了所有的结果，团队成员根据总结果获得薪酬。虽然有时在个人层面会有一些修改，但团队的结果会推动奖金的发放。这种计划最适合用于支持一系列销售人员的集中资源。在这种情况下，个人并不总是能够直接控制分配给他们的特定任务或机会，并且可能跨多个机会工作。

（3）公司激励代表了基于公司或部门整体业绩的更广泛的计划。这通常是通过一些融资过程发生的，而这些融资过程可能考虑也可能不考虑个体层面的差异。公司通常为公司中除面向客户的工作外的各种角色实施这类计划。这可能包括与客户接触最少的销售支持职能部门，它们支持广泛的销售专业人员，或者有许多销售支持之外的其他职责。

销售薪酬一般是指个人或团队的激励，或者两者的结合。奖励是短期的（测量周期通常是一年或更短），奖励货币是现金。

销售薪酬理念

为了制定一个有效的销售薪酬方案，其设计应与公司的薪酬理念相一致。这种理念通常是没有记录的和非正式的。因此，确认和记录公司的薪酬理念是非常有用的，这样可以支持所有相关项目的一致性。销售薪酬理念框架的要素包括：

（1）目标。确定项目的战略基础。

  a. 法律和法规要求。

  b. 业务和财务的一致性。

  c. 人事目标。

（2）劳动力市场的比较。合适的公司和工作。

（3）竞争定位。基于成功完成每个角色所需的技能、能力和重点，在公司中进行百分位定位和与其他工作的关系。

（4）薪酬/可变薪酬比率因素。基于公司的风险与回报的理念。

（5）基本薪资的确定。将被使用的元素/程序。

（6）短期和长期激励。资格/类型。

指导原则

一旦定义并记录了销售薪酬理念，就可以确定与计划设计相关的各种指导原则。这些原则是基于该理念的关键因素。当销售薪酬计划被开发或修订，以确保计划与公司的理念相一致时，它们可以在整个组织中用于测试决策。指导原则的例子见图6.2。

- 计划与公司的业务战略和主要目标相一致——销售增长、盈利能力、新产品销售和其他战略计划（如商业计划中所强调的）。
- 计划是针对每个工作的具体职责而设计的。计划区分了不同级别的绩效水平。
- 在一个具体的计划中，业绩衡量标准的绝对数量是有限的（如最多三个），并且在计划最终确定之前，要确认跟踪和报告结果的能力。
- 销售团队的目标基于最佳绩效分配。这意味着门槛和卓越绩效水平是现实可行的，也就是说，它们的设定将使至少90%的销售人员达到门槛，60%~70%达到/超过配额，10%~15%达到/超过卓越。
- 公司致力于使用简单、灵活、由计划参与者自行计算的计划。被批准的计划是能够以一种及时且经济的方式管理的计划，并且对人工干预的需求最小。
- 组织的各级管理层致力于清楚地沟通计划，并提供所需的支持，使销售团队在薪酬计划下取得成功。

图6.2 指导原则的例子

一旦建立了概念基础，就要理解确定谁应该参与销售薪酬计划的标准，以及任何销售薪酬计划框架的关键组成部分：目标收益、固定和可变薪酬的组合、上行收入的潜力、绩效衡量和绩效标准。

获得销售薪酬的资格

当公司正在进行变更，并且会产生新的工作岗位、新产品或新流程时，验证相关工作是否有资格纳入销售薪酬计划就显得至关重要。无论是直接面向消费者的工作（如零售职员）还是企业对企业的工作，关键的标准是每个工作在销售过程中所扮演的角色，尤其是该工作在多大程度上参与了说服客户购买公司的产品或服务。为了验证相关工作纳入销售薪酬计划的资格，团队必须了解从开发和鉴定线索到说服客户购买，再到完成订单的销售过程（无论是已经正式记录在案，还是根据案例具体定义）。

近年来的趋势是越来越多与服务和成就感相关的工作有资格获得销售激励薪酬。然而，销售激励薪酬和其他可变薪酬之间的一个关键区别是目标激励薪酬在市场竞争薪酬的计算中所占比例。对于许多工作来说，基本薪资（底薪）被认为是该工作的目标薪资的100%，而激励收入则被加在基本薪资之上。人力资源专家的工作可能包括挑战资格假设，以确保工作被公平对待，符合市场/行业惯例和普遍接受的薪酬计划设计原则。参与个人或团队销售计划有三个主要标准：

（1）指定销售人员的主要职责是与客户联系，说服客户与公司做生意。

（2）员工可以影响销售结果，并可能有指定的销售目标。

（3）销售结果可以在员工层面上进行跟踪和准确测量。

目标收益

图6.3定义了销售薪酬中使用的三个主要销售薪酬术语。一份工作的目标现金薪酬包括"预期"或"可接受"业绩可获得的基本薪资（该工作的固定基本薪资或该工作的薪资范围的中位值）加上达到预期结果可获得的风险薪资（如配额）。

当与销售组织合作时，一定要记住，目标现金薪酬是一个被广泛接受的术语，但是在特定的行业，可能会使用不同的术语来描述它。目标现金薪酬的其他名称还包括在高科技行业中使用的"目标收入"，以及在服务行业中经常使用的"目标整体回报"。

在确定一项工作的合适的目标现金薪酬时，最关键的因素可能是确认该工作的角色，而不仅是公司给该工作的头衔。不同公司的职位差别很大，但工作角色（如电话销售、柜台销售、地域销售、技术专员）是用来将公司的工作与外部提供的关于公司如何支付相同角色的工作的数据相匹配的指示符。

- 目标现金薪酬：为达到预期结果而提供的现金薪酬总额（包括基本薪资和激励薪酬）。
- 薪酬/激励组合：根据计划或预期业绩，现金薪酬总额方案中的基本薪资和计划（或目标）激励金额之间的关系。组合的两个部分用百分数表示，总和等于100%。例如，80/20的组合意味着80%的目标现金薪酬是基本薪资，20%是目标绩效的激励薪酬。
- 杠杆率：除了目标激励薪酬，管理层希望表现出色的员工能够获得的增加或上行的激励机会。杠杆可以表示为上行与目标的比率（如2：1），目标激励的倍数（如2倍目标），或者目标激励机会加上目标上行的倍数的总和（如3倍杠杆）

图6.3 主要销售薪酬术语

确认销售职位的目标现金薪酬过程基本上是与确定公司其他工作的基准的过程相同：一旦职位被确认，外部市场数据与内部结构和股权都被用来确定职位价值的参数。图6.4简要总结了团队中负责确定市场薪酬的人员应该考虑的几个因素。

- 对关键工作至少有两个调查来源。
- 确保竞争者在参与者名单中都有代表。
- 验证工作与发布的描述是否匹配（与销售管理部门合作以确保匹配准确）。
- 根据公司的薪酬理念，决定要提取的统计数据（如第50或75百分位数、中位数、加权平均数）。
- 为每个薪酬水平和生产力分析（基本薪资、激励薪酬、目标现金薪酬、配额）提取数据。
- 在销售薪酬调查中，使用离散的数据点，而不是使用平均数或混合不同的数据源——参与者和职位匹配不同，数据质量也不同。
- 将调查数据与经济数据（市场和经济中的事件）同步

图6.4 使用调查结果

竞争/市场分析的结果需要与公司的内部薪酬结构和计划以及不同职能部门类似职

位级别的公平要求进行平衡。这可以在"基本薪资+"或"现金薪酬总额"的基础上做到，但一般需要确保内部公平和符合法律规定。这在人力资源部门人员通常负责定期完成的可怕的"《公平劳动标准法》审计"中也是一个很有帮助的工具。对于销售工作来说，确认（或确定）适当的内部和外部销售工作的《公平劳动标准法》有时是一个相当大的挑战；然而，这应该总是根据工作的实际需要来做，而不是在工作状况改变时认为缺乏内部地位。

薪资/激励组合和杠杆率

如果有显著的超额薪资可以达到或超过预期或平均生产率，那么销售人员愿意承担一定程度的薪资风险。风险和回报的概念背后有几个行为理论：

- 成就需求。麦克利兰把成就需求定义为按照卓越的标准来表现的愿望，或者在竞争环境中取得成功的愿望。
- 强化理论。正如许多研究所证明的那样，特别是斯金纳的研究表明，当一个有价值的奖励与该行为直接相关时，该行为发生的频率可能会增加。
- 期望理论。这一员工激励理论认为，销售人员是根据对结果的预期吸引力程度来做出决定的。

这些理论在销售薪酬计划设计的两个重要方面发挥了作用：薪资/激励组合和杠杆率。正确设置它们对于成功非常重要。

薪资/激励组合

虽然一份工作的目标现金薪酬对在职人员来说非常重要，但薪资/激励组合至少有同等的重要性，因为它直接影响实得薪资和现金流。薪资/激励组合通常用比率来表示（如50/50或70/30），其中第一个数字表示目标薪酬占基本薪资的百分比，第二个数字表示目标薪酬在达到预期或目标绩效时的风险百分比。一些公司通过将可变的激励措施作为基本工资的一个百分比来描述组合。虽然这是一个相当简单的数学计算，但它并没有明显地表示风险薪酬的概念是现金机会总额的一个因素。

因为组合表示有风险薪酬的比例，所以具有激进组合的工作（目标现金薪酬的50%或更多是激励薪酬）的现金流可预测性较差，而具有较少激进组合的工作（如25%或更少的目标现金薪酬作为激励）具有与之相关的更可预测的现金流。当考虑基本薪资和风险或激励薪资的正确组合，以及应该获得的上行金额（或超目标的激励薪资）时，许多用于确定每项工作最合适的目标现金薪酬的因素也适用于此。图6.5提供了一个组合的说明。

低组合：80/20 鼓励但不强制	60/40组合	高组合：20/80 主张自治
上行空间	上行空间	上行空间
激励机会目标： 2万美元	激励机会目标： 4万美元	激励机会目标： 8万美元
薪资：8万美元	薪资：6万美元	薪资：2万美元

目标现金薪酬=10万美元

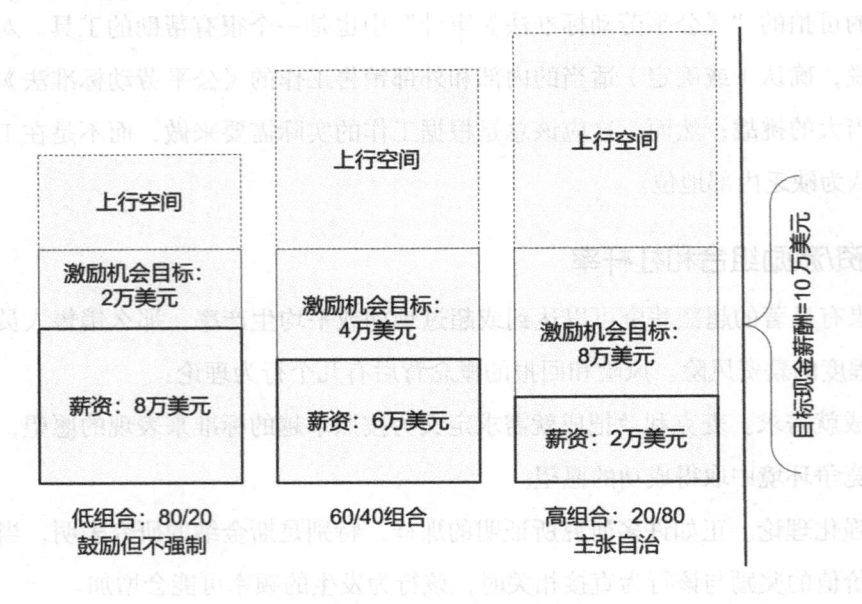

图6.5　目标现金薪酬和组合

注意：较低的组合意味着较少的可变激励。较低的可变激励导致整体机会减少，尽管有较高的薪酬（基数）得到保证。

如图6.6所示，除了市场实践数据，还有几个与工作和销售过程有关的因素，用来确定基本薪酬和激励薪酬的比例。

最关键的因素是销售人员的角色。激励组合应该反映销售专业人员对购买决策和交易价值的影响程度。越重要、越有影响力的销售人员，组合越高（投入可变薪酬的比例越高）。

行业调查显示，整体市场销售职位的平均比例为70/30。因此，一个50/50或更少的工作意味着该角色更加强调销售技能和销售人员的影响，作为导致客户购买的因素。90/10的组合意味着销售人员只是众多影响客户购买决定或绝对购买量的因素之一。

根据图6.6所示的因素，建立或确认适用于每项工作的目标现金薪酬的组合，需要对工作有一个准确和最新的定义。虽然来自销售和其他职能部门的输入对确定角色和流程很有用，但作为团队中的人力资源专业人员，这个任务可能也是你的责任。

销售过程
- 交易型（风险较大）。
- 咨询型（风险较小）。
- 以产品为中心（风险较大）。
- 以人际关系为中心（风险较小）。
- 大量、频繁的销售（风险较大）。
- 少量、大额的销售（风险较小）。
- 销售周期长（风险较小）。

在过程中的角色
- 团队成员（风险较小）。
- 对购买决定的关键影响（风险较大）。
- 只提供线索/访问或实现（风险较小）。
- 在产品、客户或细分领域提供关键专业知识（风险较小）。
- 销售成功所需的专业知识有限（风险较大）。

产品或服务的类型
- 商品（风险较大）。
- 专业或定制（风险较小）。
- 按价格出售（风险较大）。
- 按价值出售（风险较小）

图6.6 影响薪资/激励组合的因素

最后要考虑的是，组合薪酬是如何表达的，以及它对绩效薪资增长的影响。虽然组合是指薪资与激励所占的百分比，但有几种方法可以实现这一概念（见表6.3）。

表6.3 实现组合

方法	组合描述 薪资	组合描述 激励	示例（10万美元，50/50组合）
统一的薪资/统一的激励：组合是实际的，且对所有在职者都是统一的	同一职位的所有在职者都有统一的工资	统一的激励是指对同一职位的所有在职者来说的，是一个离散的数额	5万美元的薪资+5万美元的激励
薪资范围/统一激励：组合因人而异；积极性较低（风险工资占总工资的百分比较低），适用于范围内较高的人	薪资范围的实施与其他职能部门的做法一致；薪资中位值用于确定组合	统一的激励是指对同一职位的所有在职者来说的，是一个离散的数额	4万~6万美元的薪资范围，5万美元薪资中位值+5万美元的激励
薪资加上薪资的百分比：组合是指所有职务任职者的实际和统一的形式	薪资范围的实施与其他职能部门的做法一致	激励是指在同一工作岗位上的每个在职者的个人薪资的百分比相同	5万美元薪资+100%的薪资激励

对销售组织来说，如何表达组合对处理绩效增长的方式有直接影响。正如前面所讨论的，绩效工资是激励整体业绩的一个有用的财务工具；然而，绩效工资的增加也

可能产生不可预知的后果。如果销售组织使用绩效工资，那么在增加工资的同时，要确保这种变化不会冲淡销售薪酬计划中可变部分的重要性。因此，增加的金额应该以理想的比例分布在基本薪资和激励薪酬中，以确保对所期望的销售结果的关注力度。

杠杆率

一旦激励机会的价值已经建立或验证，也就是说，目标现金薪酬和组合已被确认，那么就需要确定杠杆率（在某个确定的绩效水平超过100%时获得的上行薪酬数额）。在大多数销售薪酬计划参与者的心中，组合和杠杆是紧密相连的；原因很简单——面临风险的薪酬越多，上行的机会就越大。一个重要的提示："杠杆"的定义必然意味着一个计划是"有上限的"（收入是有限的）。然而，当需要设计计划的公式时，确定高于预期业绩水平的额外薪酬将有很大的帮助。

虽然上行空间会影响到所有超额完成目标任务的人，但上行/杠杆的比率反映了销售组织中表现最好的人（通常是每一份工作中业绩最好的5%~10%的销售人员）所能获得的机会。可获得的收益取决于销售工作的角色、超额完成任务的能力和经济承受能力。例如，销售团队、配额很大的客户经理和高级销售经理很少有机会显著超额完成目标。在这种情况下，薪酬的上行率往往较低，这给制定更激进的目标薪酬水平以达到预期带来了更大的压力。图6.7提供了涨幅与角色/销售工作的典型关系。

- 区域直销人员——最高。
- 客户经理——许多客户——最高。
- 客户经理——单个/少数客户——高。
- 外呼电话销售——高。
- 对内电话销售——中到低，基于工作重点。
- 渠道客户经理——中。
- 覆盖销售专家——中。
- 一线销售管理者——中。
- 二线及以上销售管理者——低

图6.7 涨幅与角色/销售工作的典型关系

有几种方式来表达杠杆：上行与目标的比率（如2：1），目标的倍数（如2倍目标），或目标激励机会加上目标上行的倍数的总和（如3倍杠杆）。我们应该使用公司过去使用过的术语——团队认为最容易使用并向其他人解释的术语。图6.8说明了杠杆以及如何使用每个术语来描述相同的上行机会。

6 销售薪酬要素

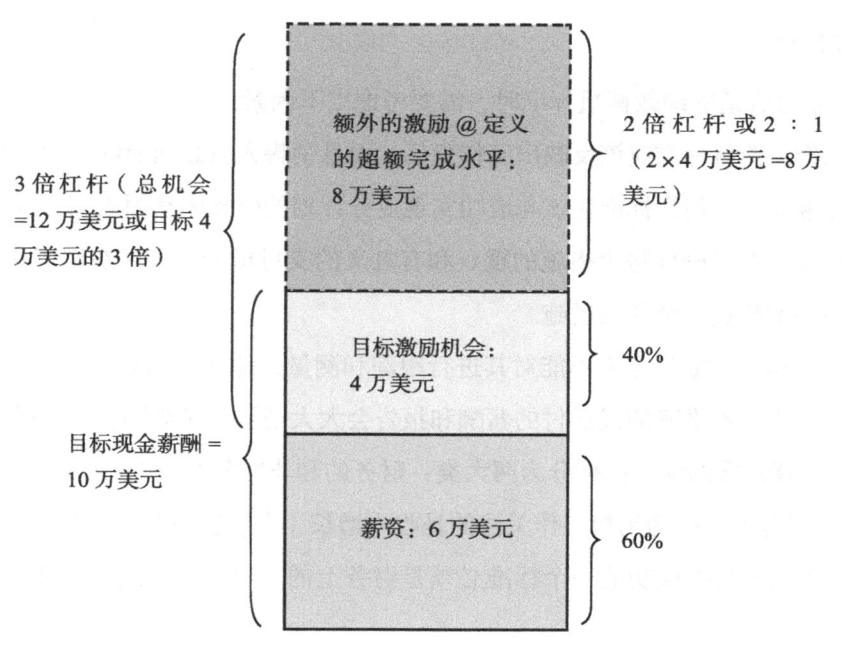

图6.8 杠杆率示意图

图6.9显示了上行为盈利机会的影响。

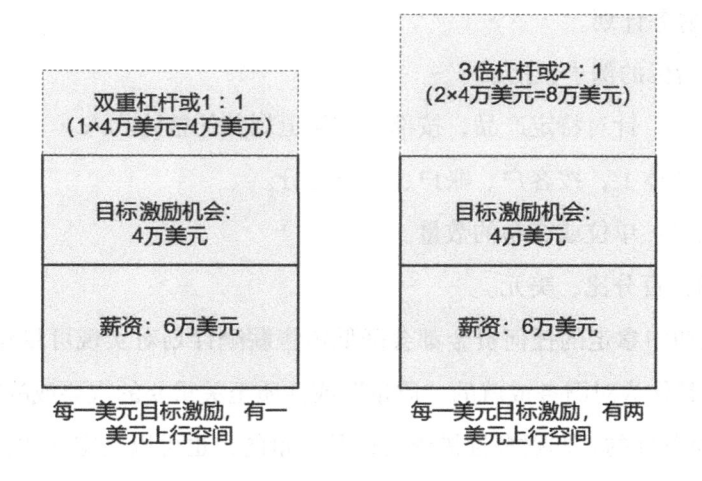

图6.9 上行对盈利机会的影响

计划度量和性能标准

一旦确定了可变薪酬的百分比或数额，公司就必须选择通过在财务上和战略上最重要的措施来支付这些钱，以及在计算薪酬时使用的绩效范围。

绩效措施

在决定最合适的绩效衡量标准时，需要考虑以下因素：

- 工作。衡量标准应该反映出工作责任，而且销售人员必须能够影响结果。
- 业务驱动。衡量标准应该与成功实现业务计划的财务驱动因素相一致。
- 重点。为了确保每个措施的重点和有意义的支付机会，最好在销售薪酬计划中使用不超过三个绩效措施。
- 系统功能。如果今天不能对其进行跟踪和测量，那么在销售薪酬计划中就不应该使用。不准确的或迟付的薪酬和报告会大大削弱销售激励薪酬的激励作用。

用于计算薪酬的绩效指标分为两大类：财务的和非财务的。

（1）财务的。因为销售工作关注的是收入增长（在某些情况下是利润增长），所以衡量这些工作是否成功的一个标准必须是财务上的。财务指标通常有两种：成交量和利润率。

这些指标可以根据预期的生产力或配额来衡量。经验法则是，60%~100%的销售薪酬机会是基于销售额或生产率的。使用这个法则可以确保将重点放在销售人员上，以满足公司的财务计划。

财务绩效指标的例子包括：

- 销售收入：针对特定产品，按部门或渠道划分的整体收入。
- 增长：总体上，按客户、账户、渠道细分。
- 绝对数量：单位或交易的数量。
- 毛利润：百分比，美元。

从财务成功中拿走的任何资金都会降低销售薪酬计划对实现可量化结果的影响，因此必须证明其作为对财务成就的"质量"或性质至关重要的次要或战略措施。

（2）非财务性的。非财务性措施可以是定量的，也可以是定性的。市场份额或会计份额等量化指标是相对的，而不是绝对的，用于通过从竞争对手那里"夺取业务"来实现增长的情况。活动的度量，如电话的数量在理论上是定量的，但在实践中是定性的，因为只有有效的活动才能实现财务目标。

目标管理，也称关键销售目标或关键绩效目标，是非财务的潜在的定性目标的例子。这种目标的组成部分通常是基于点的，依靠管理者从一个可能的目标菜单中制定或选择，让销售人员在规定的时间内（通常是一个季度或半年）实现。通常，这些目标会为所有参与者创造一个平均的薪酬，因此它们无法区分卓越的表现。使用这些目标的人数越多，其效果就越差，行政负担也就越重。在一个设计良好的销售薪酬计划中，对于一个庞大的销售团队来说，这些薪酬可能是短暂的。

虽然类似目标管理的措施存在一些缺陷，但对于那些在目标设定和评估方面训练有素的小团队来说，它们可能更有效。此外，它们迫使销售人员和销售经理就需要进行哪些战略活动进行对话。它们最适用于奖励那些在未来一段时间内很有可能产生预订或计费的活动或结果，但销售人员在当前期间不会得到任何销售收入（例如，在原始设备制造商销售模式中获胜的设计）。

措施数量

如本节前面所述的，一个经验法则是任何销售薪酬计划都不应该超过三个组成部分。使用三个以上的衡量标准/组成部分，会减弱每个衡量标准的价值，以及该计划对总销售结果的真正推动作用。公司顾问必须经常反思这些钱是否足够多，是否足以支持三个以上的衡量标准（尤其是当这些钱除以支付频率并减去税收时）。在一个计划中有太多的衡量标准往往表明，要么公司试图为多个不同的角色设计一个计划，要么管理层对特定销售工作的目标缺乏共识。

绩效标准

销售薪酬计划中使用的绩效衡量的另一个考虑因素是绩效标准。设计计划的一个重要任务是确认预期绩效，并建立另两个参考点：一个低于"预期绩效"，另一个明显高于"预期绩效"。三个成就级别具体如下。

- 阈值：在支付奖励之前必须达到的最低绩效水平。
- 目标：销售结果或个人表现的预期水平。（这是获得目标激励机会的节点。）
- 卓越：个人销售业绩在所有业绩中排名第 90 百分位数（前 10%）。（这是所定义的"杠杆"或上行空间获得的点。）

一旦在一个基于配额的计划（奖金或佣金）中确定了这三个级别，就可以完成计划的支付公式以及各种分析，如计划总成本和预期投资回报。请记住：许多刚接触销售薪酬的人认为，一个明确的"卓越"点意味着一个计划是有上限的。事实并非如此。这只意味着每个超过100%成就的价值都有一个确定的价值，但并不意味着有一个成就水平超过这个水平，人们就不能获得更多的销售薪酬。当我们与设计团队或销售管理者一起工作时,将"卓越"点作为"设计参考点",用于制定支出线和价值,有时会有助于讨论。

销售信用

在销售薪酬计划中成功使用任何数量度量的一个要求是明确表达和理解良好的信用规则。为了建立这些规则,首先,销售管理团队必须相对清楚地了解客户细分以及满足财务计划需要哪些产品。使用信用规则可以确保跟踪和度量受销售人员影响的结果,以及支持实现公司业务目标的结果。其次,管理团队必须按销售人员类型查看销售交易的性质,并有意识地确定交易的各个方面是否都为实现销量目标提供了销售信用,以及它们是否都应该被平等对待。在当今复杂的销售世界中,所有交易都是不一样的,交易可能包括也可能不包括所有的产品或服务。此外,有些交易是一次性交易,而不是持续的业务,可以一次性支付,也可以在一段时间内支付。因此,公司必须知道其需要完成什么,必须检查现有的交易范围,以确定如何在其计划的核心销量部分实现销售业绩抵扣。表6.4给出了三种销售信用的定义和典型应用。

表 6.4 销售信用

类型	定义	应用
单个	一个销售资源获得全额,100%给一个人	一个销售人员完成了整个销售过程
多个	为两个或更多销售资源提供全额,超过100%	需要一个团队来完成销售;不可能区分单一资源的独特贡献;财务影响可以预测和管理
拆分	以某种方式在两个或更多销售资源之间进行分配,总共100%	完成一项销售可能需要多种资源或渠道,但要区分每种资源的贡献相对容易;额外的财务责任是不可接受的
部分	全额的一部分被分配给一个或多个销售资源,总额低于100%	参与销售的资源没有按要求做出贡献,财务上不能给予全额

时间考虑

关于销售薪酬计划,需要考虑两个时间因素。第一个时间因素是计划绩效期,即公司为收益目的而分配目标和衡量绩效的时间段。计划绩效期可能是年度(有年度目标)、半年度、季度、月度或每周。一般来说,销售活动和销售周期越复杂,计划期就越长。

有两种可供选择的衡量方法：累积式和离散式。当在职人员的业绩在以后的业绩期间进行测量时，业绩测量是累积的。例如，"虽然支出是每月进行的，但业绩是累积的，因为它是从季度开始到目前为止进行衡量的。"如果在职人员的业绩仅限于一个确定的业绩期，而与过去或未来的业绩期没有任何联系，则业绩衡量是离散的。例如，"每个月都是离散的，因为绩效是根据当月衡量的，而支付的金额与过去或未来的业绩无关。"

第二个时间因素是支付频率。选择的范围包括每周一次（一般为那些支付100%佣金的工作）和不太频繁的支付（如每季度一次）。应该在审查了销售周期的长度、激励价值和系统处理支付计算的能力等因素后，决定增加或减少支付的频率。

替代机制

用于计算销售薪酬计划下的支出的数学公式可以像设计师希望的那样简单或复杂。当然，"越简单越好"是一条基本原则。然而，随着公式的发展，有许多替代方案可以考虑。这包括适合工作的计划类型，以及可以用来确保计划具有动机性和经济可行性的修正工具。

计划类型

支付薪酬的公式可以基于两种类型的计划：佣金或奖金。根据管理层想要传达的关于业绩要求、竞争惯例和关键业务目标的信息，在激励公式中可以使用一种或两种类型的计划。佣金一般侧重于数量，奖金则侧重于实现一个或多个具体目标。

佣金是按销售额的百分比支付的薪酬，以美元或单位计算。配额可以与佣金结构一起使用，但不是必需的。在设计佣金计划时，可以使用以下方法。

- 固定佣金。这是最简单的佣金制定和解释方法。一个固定的比率适用于所有相关的销售，以计算出佣金的支付。例如，销售额的4%或每单位100美元。这种类型的佣金最常用于新公司、销售组织规模很小的公司、拥有"开放"地区（没有地理边界的地区）的公司，或没有销售历史的新产品。其主旨是："你卖得越多，赚得越多。"
- 个人佣金率。这种方法会给每个销售人员带来一个独特的佣金率。这种方法与奖金型计划有两个共同的关键特征：它在薪酬方面具有"均衡"地区的效果，而且总是与配额一起使用。其主旨是："每个销售人员都有同样的机会获得他的目标激励，无论区域大小。"

- 分层佣金率。为实现"目标"确定一个单一的比率，为低于目标或高于目标的销售提供不同的比率。
- 目标。"目标"可以是一个指定的销售量，或一个百分比的配额完成情况。如果使用分层佣金率，计划可以是累积的，或者每个范围可以是离散的。如果该计划是累积的，则在规定的时间间隔内重新计算支付的奖励和赚取的奖励。如果计划是离散的，那么新的比率只适用于与新的绩效范围相关的金额。其主旨是："低于目标的销售额不如达到或超过目标的销售额有价值。"
- 调整后的佣金率。如果在佣金结构中有几种类型的产品或交易类型被优先考虑，就会使用这种方法。适用于每项交易的比率根据产品或交易行为的优先性或重要性进行调整。其主旨是："有些销售比其他销售更重要。"

表6.5提供了每种佣金计划的介绍。奖金是基本薪资的一个百分比或一个固定的金额，用于完成目标。配额或某些其他类型的目标通常与这种类型的计划相关联。获得奖金的三个基本方法是：

- 固定比率的奖金计划。为实现特定的目标提供一个激励机会。
- 内嵌式奖金计划。它使用了一个公式来计算每个成就百分比的美元价值。
- 阶梯式奖金计划。使用分层奖励结构，在层之间没有插值，每一层都是离散的。

表 6.5 佣金类型

类　型	例　子	
固定佣金：费率交易量	销售额的3%或者100美元/单位	
个人佣金率：个人激励目标除以个人配额	代表1：10万美元激励目标/100万美元配额＝适用于销售额的10%费率	
	代表2：10万美元激励目标/150万美元配额＝适用于销量的6.7%费率	
分层佣金率：根据销售量或配额的完成情况调整费率	完成配额的0~100%	5%费率
	完成配额的100%以上	7.5%费率
调整后的佣金率：费率根据不同的特性变化，而不是根据销售量或配额	产品A	5%基础费率
	产品B和C	7.5%费率（基础费率×1.5）

表6.6提供了各种类型奖金计划的示例。

表6.6 奖金计划的类型

类　型	例　子	
固定比率的	100%完成配额，奖励25000美元	
内嵌式	完成配额的0~100% 完成配额的100%以上	每1%配额获得250美元 每1%配额获得275美元
阶梯式	完成配额的50%~99% 完成配额的99.1%~102%	5000美元（无论成就落在哪里） 2万美元

修改工具

除了选择激励公式中使用的计划类型，还可以使用其他工具来调整薪酬的计算方法。这些调整包括为达到支付目的而需要衡量的相互关系，以及如何修改支付方式（向上或向下）。

联动是将一项措施与另一项措施联系起来的因素。如果一项措施的薪酬取决于另一项措施的实现，那么这些措施就是有联系的。没有联系的计划（计划中每项措施的薪酬是不连续的，与其他方面的成就没有关系）可能会向销售人员表明，他们应该根据自己的收入预期来确定自己的销售重点。如果想让销售人员专注于一个以上的关键领域，并且使用竞争性的指标（如市场份额与利润率等），计划设计者应该考虑在激励公式中把业绩指标联系起来，如图6.10所示。有三种机制可以做到这一点：

（1）壁垒（也称门槛）要求在一个绩效指标中达到某种规定的水平，然后才对另一个指标进行支付。

（2）乘数是根据另一项绩效指标的某一成就水平调整一项绩效指标的支出。积极的调整通常是首选的，尽管向上或向下的调整可以用来确保计划的财务可行性。

（3）矩阵是最严格的机制，因为它使用了两个方面的绩效；一项指标的成就与另一项指标的成就在数学上相关联，以确定支付额。

修改工具包括支付加速器和支付限制器。虽然计划公式可以以线性比率或单一比率提供奖励，但大多数计划设计师都使用奖励限制和奖励加速工具来修改奖励公式。

薪酬限制工具用于管理相对于生产力的成本，并且经常在公司刚开始使用销售薪酬、设定商业目标或分配配额时使用。两种限制支付的方法是加速支出率（超过某一特定水平的成就率会降低）、使用上限（有一个规定的最大赔付额）。如果使用上限，它可以适用于每笔交易或总支付额。

"障碍"

措施	销售 vs 配额奖金利润门槛	
总销售额与配额奖金	120% 的配额	4 万美元
战略产品的障碍	100% 的配额	3 万美元
	80% 的配额	

利润门槛：必须达到 100% 的战略产品配额，才能支付总销售奖金超过目标。

"乘数"

措施	销售 vs 配额奖金			战略产品乘数	
总销售额与配额奖金	120% 的配额	4 万美元	×	>100% 配额	4 万美元
战略产品的障碍	100% 的配额	3 万美元		100% 配额	3 万美元
	80% 的配额			<100% 配额	

"矩阵" 措施

		总销售额			
总销售额 vs 配额		120%	2000 美元	35000 美元	4 万美元
战略产品 vs 配额		100%	1 万美元	3 万美元	35000 美元
		80%	0	1 万美元	2 万美元

图 6.10　联动

　　加速支出率用于将奖励提高到特定的超额成就水平的线性比率之上。加速通常是利用特定乘数对目标激励机会，包括调整佣金率来完成的。在实践中，加速度是杠杆或上行的数学应用。

　　根据成就等级的不同，一些调整器可以作为减速器或加速器。例如，一个乘数可以向上或向下调整支付额。在某些情况下，只有在另一项措施达到配额时，才有额外的加速作用；否则，支付额将保持不变，或者没有那么有吸引力的加速。这种方法的一个典型例子是，计划中有一个与配额实现有关的财务指标和另一个里程碑式的目标，如设计赢利。定性指标很少或没有与之相关的上行空间。但是，如果实现了，超额支付的加速度就会更大。

了解销售薪酬如何匹配

　　了解销售薪酬如何与公司的整体回报理念相适应，是参与设计或重新设计工作的一个非常有效的起点。关键的概念首先是一个有据可查的、明确传达的理念和指导原则。可用的薪酬数额、绩效衡量标准、计划公式和支付时间都是在每个设计过程中会听到和使用的元素。图6.11列出了一系列问题，这些问题提供了一个框架，让人们对公司销售薪酬计划现在是如何运作的有了更好的理解。

- 不管销售工作是什么，是否每个人都有相同的销售薪酬计划？
- 从事类似销售工作的人的目标薪酬是相同的还是不同的？如果不同，哪些部分不同？是薪资、目标激励，还是目标整体回报？
- 在目标薪酬中，有多少是通过基本薪资和目标激励来实现的？
- 在销售薪酬计划中使用了多少不同的组成部分或绩效衡量标准？它们是什么？每个计划中每个组成部分的相对重要性是多少？
- 销售薪酬计划中有多少百分比是基于销售量的？销售量部分是基于配额的实现，还是基于绝对金额？
- 其他部分的支出是否基于配额完成情况？
- 是否有最低或最高成就水平，薪资起薪或上限？是哪个或哪几个部分？
- 哪种类型的计划（佣金或奖金）是用来计算每个部分的薪酬的？
- 计划的任何组成部分或措施是否有关联？如果是，是如何联系的？
- 销售薪酬计划的每个部分多久支付一次

图6.11　关于公司销售薪酬的问题

7 员工幸福感的变化

幸福感是整体回报的一个组成部分。没有它,单纯的薪酬或福利就会被过分强调。幸福感不是人们得到的一种福利。它是一种由工作方式、人际关系建立方式、人们对彼此的期望以及在这种环境中工作的舒适程度形成的存在状态。这是一种工作场所创造的文化。

工作场所的幸福感包括社会、组织、家庭和个人的健康。当所有组成部分都实现这个目标时,一个卓越的劳动力体验就会得到满足,从而产生高水平的生产力和组织绩效。

并非每个人都对幸福感的构成有相同的定义。注重幸福感的不同方面可以帮助组织解决不同的需求。

幸福感和健康

幸福感和健康之间有明显的区别。幸福感比健康更宽泛,它需要公司做出更大的承诺。幸福感包括使员工快乐、健康和满足,以实现人才的培养和业务的持续发展(见补充内容7.1)。

健康与预防和保健有着紧密的联系,而幸福感更多地与幸福快乐联系在一起。健康就是通过各种预防计划来保持员工的健康(身体、心理),以减少医疗保健费用。

> **补充内容7.1　幸福感和健康**
>
> **幸福感是什么**
>
> 考虑到身体、情感/精神、财务和环境等因素，幸福感是指工作高效、舒适、健康和快乐的状态。
>
> **健康是什么**
>
> 一种超越传统健康定义的健康状态。这包括身体活力、精神热情、社会满足感、成就感和个人满足感。
>
> **财务幸福是什么**
>
> 一种满足财务需求的安全和可控状态。在这种状态下，个人可以保持可控的财务压力，有能力实现自己的财务目标，有强大的财务基础来应对紧急情况，有选择享受生活的自由。

根据全球健康研究所（Global Wellness Institute）的统计数据，在全球34亿个成年人中，约有76%的人表示，他们在心理、身体、社会和经济等各个方面都在为自己的幸福感而苦苦挣扎；大约52%的人超重，大约10亿人患有焦虑症，大约25%的人有精神障碍。全球劳动力正在老龄化，而且越来越多地由几代人组成——到2030年，18%的劳动力将超过55岁。此外，根据2016年"工作健康的未来"研究（全球健康研究所2016年），74%的人生活在严重的经济不安全感中。

大多数受这些挑战影响的工作人口都在发展中国家。然而，对于生活在发达国家、为提供某种支持的雇主工作的3.06亿人来说，生理和心理压力被认为是影响个人健康和表现的一个关键因素。

这一点很重要，因为统计数据显示，在任何时刻，全球任何组织中都有相当数量的人正在经历至少一个与他们的幸福感有关的问题。从短期来看，这可能意味着工作效率降低，久而久之，可能导致长期缺勤，有些人甚至会考虑干脆离开这家公司。

工作场所的幸福感

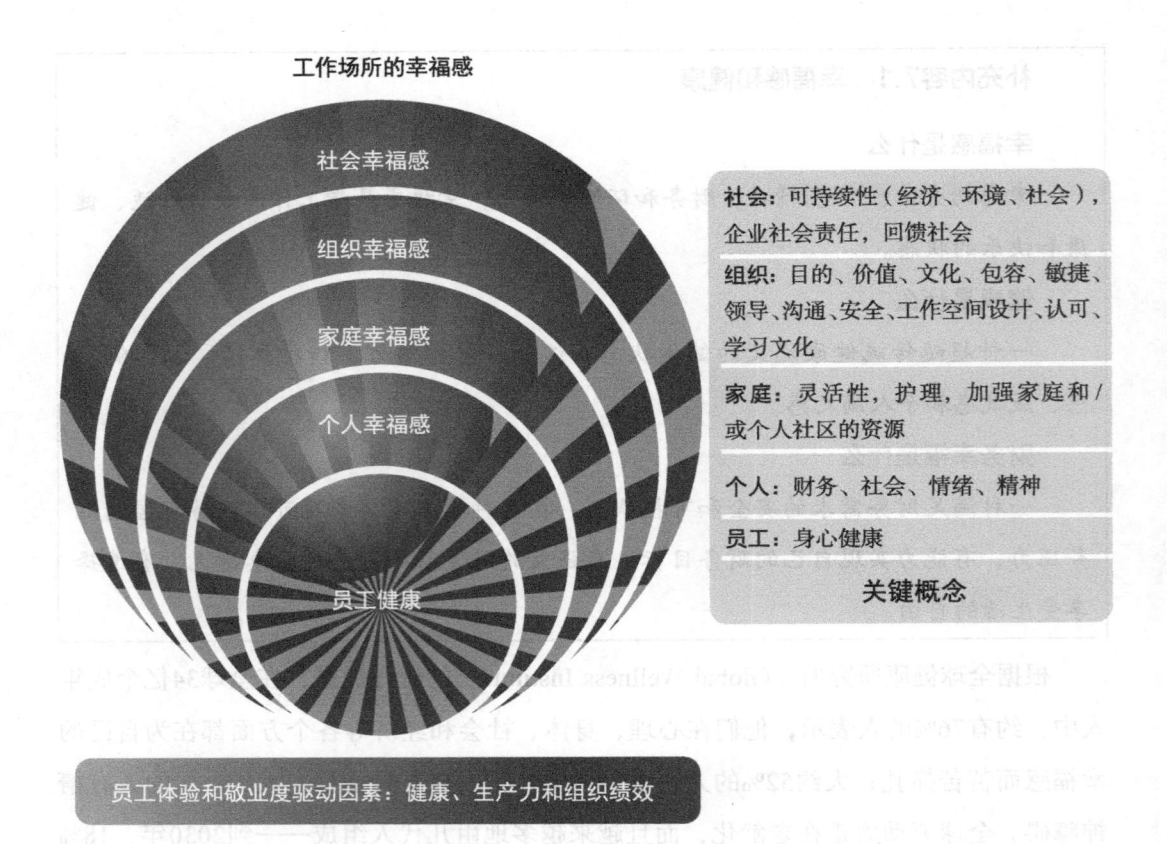

- 社会幸福感
- 组织幸福感
- 家庭幸福感
- 个人幸福感
- 员工健康

员工体验和敬业度驱动因素：健康、生产力和组织绩效

社会：可持续性（经济、环境、社会），企业社会责任，回馈社会

组织：目的、价值、文化、包容、敏捷、领导、沟通、安全、工作空间设计、认可、学习文化

家庭：灵活性，护理，加强家庭和/或个人社区的资源

个人：财务、社会、情绪、精神

员工：身心健康

关键概念

图7.1　工作场所的幸福感

幸福感的多米诺骨牌效应：当一个人受得损害时，所有人都处于危险之中

雇主往往不了解员工的健康状况，甚至不知道健康因素如何影响工作表现和工作效率，以及工作场所的幸福感和敬业度。抑郁症的影响是什么？经济压力？家庭压力？总体幸福感由四个支柱（身体、精神、社会和财务）组成，每个支柱在很大程度上依赖其他支柱的支持。员工中最常见的心理健康问题是普遍性的焦虑或抑郁。如果完全不治疗，临床抑郁症的平均持续时间可能很长。一开始的心理健康问题可能对一个人的社会、身体和财务状况产生影响，因为这个人在社会交往中受到影响，也许会减少锻炼，在消费或赌博或其他潜在的成瘾行为中寻求安慰。在另一个例子中，Morneau Shepell的LifeWorks公司的关系顾问指出，目前离婚需要7~12个月才能完成，并且可能毁掉伴侣70%的净财富，对他们幸福感的其他方面会产生重大影响。

任何有压力的情况也是如此，如果不加以控制，就会变成一种持续很长时间的幸福感苦恼。正如全球健康研究所报告的那样，全球范围内员工身体不适的成本占全球每年经济产出的10%~15%。仅在美国，这就相当于每年2.2万亿美元。在有公共和国家卫生服务的国家，如英国和加拿大，新闻报道通常会声称，这些服务处于严重的压力之下，没有适当的设备或能力来支持整个健康领域，特别是精神福利。在需要健康保险的国家，如美国，不健康的劳动力会使雇主和员工的成本大幅上升。根据美国进步中心（Center for American Progress）的一份"离职成本"报告，考虑到从一个人离职到另一个人上岗并使其达到有效状态所需的时间，更换一名高技能员工的成本高达其年薪的213%，这进一步加剧了这种情况。

雇主寻求解决方案

从这个角度来看，投资于员工幸福感的好处显而易见。根据人力资本管理研究所（Human Capital Management Institute）的数据，那些在幸福感方面的人均投资哪怕1美元的公司的表现也会优于其他公司，这些公司的生产率比同行提高了11.7%。

听起来投资回报率很高，但如何花掉这1美元至关重要。对于这些员工中的许多人来说，典型的支持解决方案包括生物识别筛查、课程和咨询，以帮助他们应对压力及其对健康的影响。另外，倡议可能包括通过在工作场所提供新鲜水果或灵活的工作方式来刺激健康的习惯。总体来说，这些举措是令人鼓舞的，是朝着正确方向迈出了一步，但在大多数情况下，它们对打造现代职场文化几乎没有什么帮助，而现代职场文化往往是造成员工压力的关键因素。根据全球健康研究所的研究，当健康不是一个战略重点时，支持性的举措就会脱离日常的工作环境而进行，并成为一种创可贴式的解决方案。

畅销书作家和职场文化专家切斯特·埃尔顿研究企业文化和员工敬业度超过20年，他发现在绩效最高的现代职场文化中，领导者不仅创造了更高水平的员工敬业度，也创造了支持生产力和绩效的环境。

他说："此外，它们可以帮助员工感到更大的幸福感，让人们感到更有活力。"

2018年，当莫诺·谢佩尔进行其年度人力资源趋势调查时，超过三分之二（67%）的受访人力资源领导者表示，提高员工敬业度是2019年的首要任务。同时，改善员工的心理健康是48%的人的优先事项，考虑到人们越来越多地意识到员工心理健康和企业目标之间的关系，这并不奇怪。

世界卫生组织对健康的定义是，"健康不仅指一个人身体有没有出现疾病或虚弱现象，还是指一个人生理上、心理上和社会上的完好状态"。因此，不能孤立地评估构成一个人总体幸福感的属性，因为它们是相互依存的。

到目前为止，虽然许多组织声称有一个幸福感战略，但它往往是一个零散发展的战略，其利益来自多个供应商、内部沟通和单独存在的员工援助计划。这不仅使参与对员工来说具有挑战性，也使人力资源总监很难评估该战略的影响。负责鉴定这些举措的人力资源专业人员将不得不跟踪来自多个来源的信息，试图衡量组织的健康状况。

许多人力资源专业人员在努力改善和保持员工的幸福感时面临使用不便或过时的工具和系统的挑战。由于劳动力分布在不同的地理位置、多个班次或时区，以及一个使员工之间分享和协作困难的环境，这一挑战可能会放大。

持续的参与是成功的员工敬业度和整体幸福感策略的关键部分。但是，如果人们不注册、不参与并跟上这种进度，就很难看到结果。正是在这种情况下，如果正确使用某种技术，它就可以成为一种福音，而不是一种威胁。

打开科技设备的大门

我们生活和工作在一个越来越快节奏的时代。随着我们努力在当下完成更多的工作，按需经济在我们的个人和专业领域都受到了热烈欢迎。但它也给我们的社会健康带来了大量的干扰和新的挑战。亚马逊、Spotify、Netflix、优步、GrubHub都是科技行业的宠儿，它们专注于将消费者与供应商联系起来，无论何时何地。在消费者寻求便利的同时，这一现象也在改变我们的工作方式，在信息密集度和分享与合作的欲望的推动下，我们的工作方式也在进一步改变。

许多技术驱动的服务从我们的互动中学习，并因此提供更相关和更合适的体验，这是我们所期待的。根据埃森哲的数据，75%的企业买家希望公司能够预测他们的需求并提出相关建议。

在发达国家，追求健康的驱动力正在被大规模采用，在我们吃的食物中，有更健康的选择；在我们依赖的设备中，有苹果、谷歌和Fitbit等；在管理我们的机构中，有更积极主动和了解我们的健康的指导，通过指导来管理我们，让我们更加积极主动，意识到我们的幸福感。

7 员工幸福感的变化

员工援助计划已经存在了几十年，并被证明在减少缺勤和扭转低生产力方面非常有效。然而，像Morneau Shepell这样的员工援助计划供应商知道，这些服务在任何时候都只能吸引5%~10%的员工。围绕着心理健康的耻辱感可能正在消退，但它仍然普遍存在，人们仍在努力寻求支持。对于那些与抑郁症做斗争的人来说，采取行动仍然是一个挑战。因此，人们通常会在已经处于危机点并经历了一段时间的痛苦后才开始使用员工援助计划，这对员工或雇主来说都不是最佳选择。

然而，随着互联网和移动设备的大规模采用，通过技术推动社会参与健康和幸福感计划，解决了被动提供支持这一传统幸福感倡议所面临的主要挑战。

LifeWorks公司在2018年对英国、美国和加拿大的750名员工进行了一项研究，发现大多数受访者更愿意先使用公司赞助的幸福感支持服务，以便积极主动地维护自己的健康。根据这项研究，大约65%的受访者在他们现有的员工幸福感服务中存在可访问性问题。只有不到5%的受访者通过智能手机应用程序访问他们的员工幸福感服务，只有不到一半的人通过基于网络的服务访问。然而，超过75%的受访者表示希望在任何时间、任何地点访问这些服务。

通过移动应用程序与员工见面，无论他们身处何处，都意味着他们可以在自己的时间内进行联系，并以自己的节奏接受教育。屏幕所提供的匿名性也意味着互动不那么令人生畏。在2018年的一项调查中，Morneau Shepell通过新推出的全天候即时聊天服务连接LifeWorks的新用户中，63%的人表示他们不会通过传统方法联系临床咨询师。

显然，人们需要一种更容易获得的体验，以适应越来越受技术驱动的生活。对健康的预防性维护也有其经济意义。美国疾病控制与预防中心估计，超过75%的医疗保健费用是由慢性疾病造成的，而这些疾病在很大程度上是可以通过减少基于行为的风险因素来预防的。同一权威机构还指出，在美国，通过解决体育活动、体重管理、戒烟和预防保健等问题，一般雇主每年可避免25%~50%的医疗费用。

有了移动第一应用程序，在一个地方存储访问员工援助计划、短期和长期教育内容以及60秒的基于问题的健康风险评估，就有可能推动人们的行为发生小的、渐进的变化。根据LifeWorks的记录，其移动应用程序的参与率高达65%，当人们用消极的习惯换取更积极的习惯时，他们同时也会进一步远离健康危机，并在危机发生时能够更好地恢复回来。

通过将对幸福感的获取和控制放在员工的手掌上，健康和工作可以而且应该在一个良性循环中相互促进。盖洛普的研究发现，参与工作的人比不参与工作的人健康状况更好，慢性疾病的发病率更低。他们也吃得更健康，锻炼得更多，使他们更投入、更富有成效——这样的循环就会继续下去。

"健康与安全"是一项公认的为员工幸福感所做的努力，但它是一个过时的、以身体为主导的方法。雇主应该投资于他们员工的整体幸福感，这不仅是对他们的员工负责，也是对股东和国家经济负责的需要。然而仅仅在身体上支持员工，或者仅仅在危机时刻支持员工是不够的。现在是时候让组织在它们的文化、人员和业务上投资了。

员工敬业度的未来

成功地贯彻员工福利计划需要考虑到敬业员工的内在价值，并考虑一种沉浸在幸福感中的文化如何为公司的包容性、招聘和留任目标服务。

今天的劳动力由五代人组成：出生时间相差半个世纪的同事、经验丰富的传统主义者与最绿色的数字原生代合作，以及介于两者之间的所有人。员工环境多样化并不是重点，它充满了倾听每个声音、满足每个需求、达到每个期望的机会。它向雇主提出了这样一个问题：怎样才能让这么多层面的员工都参与进来，让他们都感到快乐、健康和更有生产力？

雇主需要从不同的角度考虑他们吸引和留住最优秀、最聪明的员工的方法，并支持每位员工的幸福感和生计。作为"企业看护者"，雇主需要掌握福利趋势，并按照现代员工的需求发展员工经历。雇主需要认识到，他们所服务的不仅是一支充满活力的员工队伍，有着众多的健康和保健目标，而且员工的技术水平每天都在提高。

现在出现了一系列新的要求，要求与员工建立联系，以支持他们的幸福感，让他们能够解决身体和情感生活等方面的问题，让他们感觉自己是最好的。正是在这个幸福感和科技的结合点上，员工的敬业精神得以形成，并开始推动结果的产生。提供有限的"健康"计划，狭隘地把身体健康的单一维度作为薪酬和福利的常规部分，已被证明在激励持久的行为改变和提高生产力方面是无效的。通过仔细观察今天的人才市场及其对员工福利计划的影响，雇主可以更多地了解他们最有价值的资产——员工，以及如何才能长期聘用他们。

考察顶尖人才的战场

截至撰写本书时，美国有超过700万个职位空缺，却没有足够的员工来填补（劳工统计局2020）。由于人口老龄化、出生率下降以及推动经济增长的消费者对商品和服务的需求上升，劳动力短缺预计将持续到未来几十年。

随着争夺顶尖人才的竞争升温，雇主面临着压力：他们需要重新制定招聘和福利战略，以成为首选雇主。事实上，Gallagher在2018年的一项调查发现，吸引并留住有竞争力的员工是60%的雇主在运营中最优先考虑的事情，而且这是有充分理由的。他们知道，随着权力的天平继续向有利于求职者的方向倾斜，他们别无选择，只能"让最进步的雇主胜出"。

当然，对于雇主来说，在重新调整福利支出之前，了解他们到底想要吸引和留住哪些人是至关重要的。虽然今天的劳动力由几代人组成，但它正越来越以千禧一代为中心，这是一个不能再被忽视的事实。皮尤研究中心对美国人口普查局数据的分析显示，如今，超过三分之一（35%）的美国员工是千禧一代（出生于1981—2000年），这使他们成为美国劳动力大军中人数最多的一代，而且这一数字还在增长（Fry，2018）。但他们也是敬业度最低的群体，盖洛普估计，千禧一代的人员流动每年给美国经济造成305亿美元的损失（Adkins，2016）。这意味着雇主需要越来越多地实现他们的期望，这些期望大体上与他们的婴儿潮一代的前辈不同。

"德勤2019年全球千禧一代调查"提供了一些背景（德勤，2020）。这项研究也调查了千禧一代和Z世代（2001年及以后），他们对自己的职业和财务状况表现出相对的不安和悲观。在上一次经济衰退期间或之后进入劳动力市场，他们的资产更少，实际收入更低，低于同年龄的婴儿潮一代（1946—1964年）和X一代（1965—1980年），更不用说更多的债务。而且，如果有选择的话，千禧一代更有可能在未来两年内辞掉目前的工作。

用德勤对千禧一代的称呼来说，这"被破坏的一代"所产生的愿望已经超越了买房和生孩子这些成年后的成功标志。虽然他们普遍重视并计划达到这些人生的里程碑，并希望赚取高薪和实现财富，但他们把旅行和对世界产生积极影响放在首要位置，而不是更传统的目标之上。

这些发现与皮尤研究中心（Pew Research Center）的发现相吻合，表明Z世代的人员非常重视企业公民和有意义的工作（Parker等，2019）。他们在寻找目标、归属感和平衡。想要赢得他们的忠诚的公司必须找到一种方法，把这些文化元素融入它们的商业战略中。

在招聘和保留员工的对话中，还必须包括消费者技术在人们日常生活中扮演的核心角色。千禧一代和Z世代的员工是在一个数字世界中长大的，技术是当今所有员工工作体验的核心。正如埃森哲所说，"员工希望他们的组织提供一种工作体验，符合他们作为客户和他们对生活中其他领域的期望：有意义的、个性化的、友好的和数字化的"（普华永道，2017）。

第四次工业革命来了。员工相互联系在一起，拥抱着这种工作方式，就像革命本身一样，这种工作方式正在模糊物理与数字、工作与家庭的界限。美国有近一半的专业人士至少有一些时间远程工作，并且雇主会提供某种灵活的工作安排，顶尖人才不必每天上下班，也不用被拴在办公桌上（Mann和Adkins，2017）。他们要求更多的灵活性，希望雇主让他们的日常生活更轻松，更有利于健康、平衡的生活方式。

用新的福利方法获得竞争优势

员工市场的这种新动态给雇主提供了一个巨大的机会，让他们开始关注业务的软面——数字化优势。他们可以通过建立充满幸福感的、以员工为中心的文化，以及通过更灵活的福利计划来支持工作与生活的平衡，来投资创造一个更友好的雇主价值取向，这些举措能引起千禧一代和Z世代员工的共鸣，因为他们希望知道公司的价值观与他们的价值观是一致的，特别是在培养健康的生活方面，无论是在工作场所还是在工作场所之外。

而且，由于人们不一定要在公司办公室朝九晚五地工作，因此在办公室享受现场福利的员工越来越少。数字福利传递正成为一种操作方式。如果雇主不改变他们回应员工对有益的福利资源需求的方式，他们面临的风险就不仅是员工流失。还记得柯达从20世纪90年代末开始发生了什么吗？它对消费者对数码摄影的偏好睁一只眼闭一只眼，最终申请破产保护，并在极少的掌声中退出数码领域。

与消费者对数字工具的需求类似，员工也在寻求帮助，以减轻压力，增强与其他人的联系，吃得更健康，睡得更好，活动得更多。他们通过用脚投票的方式让雇主知道：美国的调查显示，94%的员工希望得到影响他们生活质量的福利，55%的员工过去离职是因为他们在其他地方找到了更好的福利。

传统的员工健康计划是为连接身体健康和生产力而发起的，而个性化的劳动力福利计划已经成为更实用的选择，而且至少从员工的角度来看更受欢迎。这是因为在工作场所，健康的概念主要是与身体健康和生物计量学联系在一起的———种从整个人身上分解出来的健康状态。而幸福感则是整体的、背景的、高度个性化的，并考虑到身体健康、精神/情感健康和社会联系。

对健康的狭隘定义的问题在于，它并没有反映什么能吸引人们，并让人们感到快乐和健康。今天的员工希望自己被视为是由各种各样、相互关联的部分组成的完整的人，这些组成部分需要得到培养和平衡。众所周知，千禧一代尤其渴望真实性，雇主不能指望他们陷入一种谬论或幻想中，认为他们没有在某种程度上为自己的最佳状态而努力。

美国疾病控制与预防中心（2020）报告称，美国每10个成年人中就有6个患有慢性疾病，每10个人中就有4个患有两种或两种以上的慢性疾病。患有糖尿病、高血压和抑郁症等严重疾病的员工不能百分百投入工作中。饱受背痛、严重压力和失眠困扰的员工往往会打电话请病假，或者在工作中疲惫不堪、心不在焉，没有达到他们想要的工作效率。

这正是许多雇主在让员工参与"健康"的努力中失败的地方，他们正试图通过生物识别筛查和必要的参与奖励来解决这个问题。生物识别技术虽然有用，但只是一些小的基准——这些数字在一开始并不能帮助员工解决困扰他们的问题。

数据本身并不能促使员工改变健康的生活方式，以达到最佳状态——而雇主正在为此付出代价。综合福利研究所（2018）的数据显示，员工离职每年给美国雇主造成5300亿美元的损失，其中2800亿美元是由生产力的损失造成的。这细分到每个员工是1958美元，或者对于拥有1万名员工的雇主来说，高达1958万美元。

关注幸福感以创造竞争优势

如果与生活方式相关的生产力的损失还不足以激起人们的不满，2018年的Gallagher调查发现，56%的组织没有一个战略来提高员工敬业度，以支持更高的生产力和提高员工的幸福感，这也是获得合适人才的因素（Gallagher, 2020）。但是，通过给员工提供一套正确的健康参与工具，员工就可以采取一些小步骤，带来重大的、可持续的生活方式改变，这将直接影响他们的工作敬业度和工作效率。

今天的顶级雇主允许他们的员工照顾好自己，并认识到幸福感和投入是同一枚硬币的两面。为了从幸福感福利计划中获得真正的价值，这一价值可通过员工的生产力以及吸引和留住顶尖人才的能力来衡量，雇主需要满足员工的需求：他们喜欢同时又易于使用的福利，从而使他们能够发挥出他们的最佳水平。

虽然通往幸福感的道路因人而异，但所有员工都需要特定的工具来完成这一旅程。一个提高工作敬业度的幸福感解决方案可以提供：

- 个性化。为每个员工的兴趣、目标和能力提供定制的体验。
- 视频。一个可以吸引全球员工的综合性数字图书馆。
- 社区。来自同行和专家的支持、友情和鼓励。
- 专家指导。值得信赖的幸福感专业人士，指导持久的行为改变。
- 激励。游戏化和趣味性，促进持续的成功。

这里的关键并不是简单地给现有的、可能表现不佳的健康计划增加"新层次"。雇主需要用一个更有效的、基于应用程序的解决方案来取代那些不起作用的东西，那些不能满足员工和潜在员工需求的东西，使得员工可以在他们想要的时间和地点，以适合他们日常生活的方式按需访问和享受，内容涵盖营养、心智、睡眠、健身等领域。

员工的期望正在改变，雇主对员工健康参与的方法需要跟上他们对帮助的需求，帮助他们在生活的各个领域感受到自己的最佳状态。雇主通过给员工提供帮助他们照顾自己的福利，让他们可以专注于支持参与和生产力的事情：他们的健康和快乐。

捕捉幸福感的数据

在商业世界中，一切都与数据有关。数据几乎驱动着一个组织的每个决策，甚至包括选择购买哪种尺寸的回形针。那么，当数据的主观性大于客观性时会发生什么呢？

当涉及实施或继续实施幸福感计划时，公司发现自己陷入了这种困境。虽然公司可以参考某些数据，但相当一部分数据是道听途说的。

在这一点上，问题变成了：我们如何证明这个项目是有价值的？

为什么要幸福

近年来，越来越多的公司开始将幸福感计划作为其福利计划的一部分。这可能包括员工援助计划、老年人护理计划、财务规划讲习班或瑜伽和冥想课程。幸福感选项的列表似乎每天都在增加，这让那些决定最适合其员工的计划的人感到头疼。

无论是否头疼，公司都意识到它们别无选择，只能开始研究如何帮助员工"保持健康"。

"千禧一代确实给工作带来了革命性的变化，"Gallagher的全球幸福感与参与实践主管阿里·佩恩说，Gallagher是一家总部位于伊利诺伊州罗林梅多斯的全球保险经纪、风险管理和咨询服务公司，"这已经不仅是薪酬和福利的问题了。他们需要所有的小工具。"

因此，"福利专业人士正在更全面地考虑他们所提供的服务"。

佩恩说，除了典型的保险福利和其他更"传统"的福利，福利专业人士正在考虑一些"10~15年前你根本不会谈论的"项目。

"即将进入职场的几代人都期待着这一点，"MVP医疗保健公司整体回报和员工关系高级主管丹尼尔·哈丁说，"对他们来说，他们认为（实施幸福感计划）不应该那么难。"

在某种程度上，也许新一代的人说得有道理。在如今这个"我有一款应用可以解决这个问题"的时代，为什么对一个雇主来说，启动一个可持续发展项目就这么难呢？

答案就在数据中。

定义成功

为了获得数据，人力资源团队首先需要定义成功是什么样子的。

美世公司合伙人、全面健康管理专业实践负责人克里斯汀·帕克说："很多雇主都太过于关注问题并实施解决方案了，与定义成功相比，这有点主次颠倒了。"

在佩恩看来，"雇主对成功的看法有三个方面"，它们是员工敬业度、奖励和认可，以及证词。

员工敬业度是一个比较容易关注的数据点。通过调查或事件人数统计，可以很容易地看到项目是否正在被使用。这些数据不仅能表明一个项目是否受欢迎，还能帮助项目负责人了解他们提供的项目是否吸引员工。

然而，仅仅关注员工敬业度也有潜在的弊端。例如，如果一家公司为健身会员提供补贴，佩恩说："有时候员工不参与，但他们仍然喜欢自己有这个选择。"

在奖励和认可方面，这可能需要更多的工作。佩恩举了一个"最佳工作场所"清单的例子，它列出了一家"最佳"公司使用的所有福利。这可以帮助其他公司回答这个问题："我们是否有合适的资源来驱使员工每天上班？"

证词——来自员工的直接反馈或来自管理者的道听途说的反馈——是数据开始变得更加主观的地方。但佩恩认为，这些信息的价值并不低。

她说："有些事情是员工留下来的原因，也有些使他们不愿意留下来。"

获得这样的反馈可能很棘手。但佩恩建议使用调查评论，甚至离职面谈作为检索这类信息的手段。

MVP医疗保健公司在四五年前就开始推出各种幸福感计划。哈丁说，这家医疗保健公司想要"付诸行动"。在这一点上，MVP医疗保健公司选择使用计分卡来帮助衡量一个项目的成功。该计分卡还提供信息，帮助该公司调整项目，并决定保留、增加或取消哪些项目。

此外，它还为该公司提供了下一步行动的概要，就"下一个压力源是什么"这个问题提供了指导。

美世公司的帕克敦促各公司"确保在早期就对成功进行了定义"。她建议把重点放在"三重目标"的方法上：改善患者（这里是员工）的体验，改善结果，降低成本——对公司和员工都是如此。

一旦定义了成功，就该确定如何获取信息的方法了（参见补充内容7.2）。

补充内容7.2　四种衡量幸福感项目成功的方法

一旦一家公司定义了成功与幸福感项目的关系，下一个问题就是："我们如何衡量它？"美世公司的克里斯汀·帕克列出了四种可以使用的方法，以及每种方法的优缺点。

描述性分析：指标是否随时间而改变

根据帕克的说法，这种方法是"（衡量项目成功的）最简单的方法"，但是有显著的局限性。具体来说，该方法没有考虑可能影响数据的外部因素。

金融建模：节约成本了吗

该方法还研究某些指标是否随时间发生了变化，不过它特别关注健康风险的变化。但帕克说，以保险索赔成本为例，人们可以"根据严格的假设数字推断节省的成本"。

> **精算方法：与另一组相比，一组的指标是如何随时间变化的**
>
> 帕克指出，精算方法包含了一些描述性分析数据，不过它会应用精算表来计算直接分析无法计算的因素。尽管如此，它仍依赖于对人口结构的假设。
>
> 她说："关于应该使用正确的趋势是什么，有很多假设。"
>
> **案例控制分析：一项严格的任务**
>
> 帕克指出，使用这种统计方法来衡量一个项目的成功需要最多的工作，因此也需要最多的投资。
>
> "方法越严格，成本就越高。"她说。
>
> 尽管如此，这种方法可以帮助消除等式中的假设，使它更容易根据人口因素进行调整。不过，她承认，它只能根据数据集中的变量进行调整。
>
> "例如，文化就很难衡量和调整。"她说。
>
> 无论一家公司使用何种方法，帕克都强调定期检查数据的重要性。
>
> 她说："我们鼓励雇主不要等待这些结果分析，而是（当然也要确保这一点）全年都要衡量数据。"通过这样做，公司可以"按照需要进行正确的路线"。

获得认可：数据就是货币

除了用于衡量一个幸福感项目的成功，数据还可以在一个非常重要的方面派上用场：从领导层那里得到支持。

帕克指出，传统上，领导层关注的是卫生保健指标，如健康风险评估、行为健康声明和药物声明。但随着越来越多的幸福感项目出现，而通常的数据也不那么具体，还有其他一些事情需要考虑（见补充内容7.3）。

以一个冥想项目为例。考虑到分心是工作中受伤的主要原因，教给员工正念"可以大大减少工作中受伤的数量"，她说。这反过来又可以提高生产力，并"最终成为利润来源，或增加创造和创新，从而产生收入"。

佩恩说，了解供应商可能提供的服务，以及这些服务是否已经包含在你的合同中，对于获得领导层的支持至关重要。

"你最糟糕的做法就是对你的高管说，'我想花更多的钱'，但还没有做足功课。"

例如，你的保险供应商可能会提供其他资源，如财务规划。你发现你已经在为这项福利付费，但没有意识到这一点，这是一个很好的方法，可以得到认可。

哈丁说："你一定要确保你正在使用供应商提供的所有服务。"

哈丁强调，同样重要的是，要让领导层明白，当涉及幸福感时，重要的不仅是投资回报，还包括投资价值。

他说："你希望自己的留存率上升，员工流动率下降，吸引力上升。""但最终还是会有回报的。"无论是在经济上还是在其他方面。

在某些情况下，"这很难推销。"他说，不过，"如果我能每年节省1%甚至0.5%的医疗开支（通过减少各种健康索赔），这就是一个相当大的变化。"

他说："这些钱会花在某个地方。"那么，为什么不花在幸福感上呢？

补充内容7.3　净推荐值

在对健康和福利项目进行决策时，有一个新的衡量标准正在被考虑：净推荐值（NPS，Net Promoter Score）。

净推荐值是什么

根据Net Promoter网站，净推荐值"衡量客户体验并预测业务增长"。虽然它最初是为了衡量品牌忠诚度，但它的范围正在扩大。

要想找到你的分数，你必须先问一个问题。例如，"从0到10，你有多大可能推荐某产品或服务？"回答0~6的受访者被认为是"诋毁者"，或者是那些可能对你的品牌或项目产生负面影响的人。在7~8的范围内的答案被认为是"被动的"，或者是那些可能满意，但几乎没有热情的人。"忠诚的发烧友"是那些回答9或10的人。这个群体中的人可能推荐你的朋友，或者对你的项目/品牌产生一些积极的影响。

一旦有了数据，从推广者的百分比中减去批评者的百分比。这个数字（从负100到100）就是你的净推荐值。

净推荐值和幸福感

美世公司的帕克说："从历史上看，客户满意度调查是用来（衡量幸福感项目的有效性）的。"但这些分数往往很高——平均在90%~100%之间。这意味着也许这样的调查不是一个项目成功的"良好指标"。

现在公司正在使用净推荐值来研究它们的健康和幸福感项目的影响。帕克表示，这"增加了指标的道德感"。

> 使用净推荐值的好处是它对某些因素"更敏感",这是其他方法无法做到的。她说,由于这个问题的结构很简单,所以更容易标准化和交叉比较。
>
> "将净推荐值用于此是一个有趣的应用,它可以帮助组织确定它们的健康和幸福感项目是否良好,或者它们的项目是否真的能使它们在竞争中脱颖而出——它们的员工可以向他们的朋友炫耀的东西。"艾丽西亚·詹金斯(世界薪酬协会调查研究的项目经理)说,"如果他们看到许多分数低于7分,这将表明该项目很可能没有达到预期的效果。"

改变公开注册的动态

传统上,雇主将公开注册视为员工对其整体福利产生积极影响的年度机会,不仅是在改善他们的财务状况方面,也是为了保护他们自己免受不可预见的事件的影响。然而,很少有员工能真正充分利用这个机会,最终从根本上错过了自己的健康福利,而雇主却浪费了宝贵的钱财,而这些本可以增强他们个人能力和整个组织的劳动力。

员工福利提供商Unum的研究显示,近一半(49%)的美国员工在注册前最多只花了30分钟查看自己的福利(Unum,2018)。金融保险提供商Aflac(2018)的另一项研究发现,93%的受访者每年都选择相同的福利,不管他们自身的情况或其他影响因素的变化。

同一项研究发现,雇主对公司的看法存在明显的脱节,大多数雇主(83%)认为,他们的员工对公司提供的福利有透彻的了解。但是,76%的员工透露,他们至少对公司提供的部分福利是不了解的。

回到Unum的研究,我们可以看到这种脱节的影响,受访者表示在享受福利时感到压力(21%)、困惑(22%)和焦虑(20%)。不幸的结果是,旨在帮助提高员工幸福感的福利,有可能成为一种压力来源。此外,诸如2010年《患者保护和平价医疗法案》出台后的医疗改革,可能会让员工和雇主都对新立法的影响感到困惑和迷茫。

得克萨斯州达拉斯市的福利经纪公司Ovation Health and Life Services总裁兼首席执行官丹尼尔·拉布鲁德说:"大量研究表明,大约70%的员工不了解雇主提供的福利。"

就在10~15年前,拜访福利顾问的方式还是完全不同的。福利顾问可以进入一个组织，直接与员工进行一对一的交流，向他们介绍福利，回答任何问题，并帮助他们做出决定。

"这确实让教育成为一个手把手的机会，你可以向员工更详细地解释这些好处，帮助他们理解如何最好地利用它们来满足他们的个人情况。"拉布鲁德说。

但是时代变了，虽然一对一的教育方式仍然是应对教育挑战的最有效的解决方案，但它不再总是可行的。很多员工不是每天都在办公室，或者他们经常在其他城市或地区远程工作。一些行业，如制造业、零售业和酒店业，有倒班工人在典型的朝九晚五工作日之外工作，这使得沟通变得困难。总体来说，员工没有以前那么多的面对面交流，其原因是人们并不总是在办公室工作。如果我们看看社交媒体和移动技术的广泛影响，很容易就会发现，雇主和员工在文化层面上也都在远离面对面的互动。

英国伦敦城市机场首席执行官罗伯特·辛克莱表示："当你有很多轮班工人和轮值员工时，能够为员工提供全天候支持是至关重要的。在那种环境下，人们之间的沟通并不总是那么容易。"

因此，从商业的角度来看，每个部门都在从消费者领域开发的新技术中获益，并寻求利用这些新技术，这正在改变我们的工作方式。就像我们生活的许多领域一样，智能手机是这里的真正变革因素，甚至是跨代的，92%的千禧一代和85%的X一代几乎离不开这一设备（Vogels，2019）。

智能手机带来的数字灵活性是由信息强度、人类分享和合作的愿望以及便利性所驱动的。在我们的个人生活中，我们都习惯了点播体验——在Netflix上点播一部电影，它会立即播放；在优步上叫一辆出租车，它会在几分钟内到达；在亚马逊上下单，一小时内到货。此外，这些是我们的经验，其中许多服务是从用户那里学习的，以提供更相关和更适当的交互，这是我们对每种技术的期待。根据Salesforce的数据，51%的消费者和75%的商界人士希望公司能够预测他们的需求，并提出相关建议（Salesforce，2017）。

当涉及福利问题时，员工会把他们的雇主作为员工体验的主人，而雇主也会向他们的专业供应商寻求指导。美国宾夕法尼亚州蔓越莓镇梅思安的福利和奖励经理埃琳·巴恩哈特说，她的雇主有一个健全的福利和奖励项目，该项目是外包的，由现场的人支持，以提高员工和公司的健康水平。

"我们有销售人员在外地工作。我们公司的员工年龄各不相同，很多老员工都在这里工作了近40年。"巴恩哈特说,"我们真的在努力做到包容,让每个人都能以某种方式参与到倡议中来。"

人力资源领导者都很清楚,人是独一无二的,有非常独特的需求、压力和动机,即使有一些人口统计上的一致性。同样的道理,一个人的幸福需求也是多种因素的复杂组合。健身爱好者对身体健康的好处可能没什么兴趣,但如果他们因为保持身体健康而得到奖励,情况可能会改变。父母可能不会被奢侈品的折扣和节省所激励,但可能会欣赏帮助他们在日常用品上赚更多钱的行为。

然而,尽管动机不同,无论你是否认同马斯洛的需求层次或卡罗尔-瑞夫的心理健康维度,在自我接受、个人成长、在事情不可避免地不顺时的应对能力、我们与工作和家庭的联系,以及我们的使命感和目的感等方面,都有一个共同的主题。

世界卫生组织对"健康"的定义不仅是没有疾病或虚弱,而是"一种在身体上、心理上和社会上的完好状态"。德勤将这一定义进一步扩展到影响个人身心健康的财务问题。人类的幸福感有更全面的要求,这就是为什么我们需要以人为本的方法。

这听起来可能自相矛盾,但技术在这里是有目的的。如果我们把它与多年来的员工援助领域相提并论,那么临床专家已经开发了一系列工具,使用多种模式来支持人们。这些都是久经考验的项目,被证明可以帮助10%的员工在遇到危机的时候寻求帮助。

但对于企业领导人来说,现在的问题是:如何将这种支持向上转移,以主动地、预防性地惠及全体员工?要想扩大规模以满足全部组织人员的需求,技术必须发挥作用。智能手机帮助我们在学习、沟通、银行业务和购物等方面变得更有效率。这些消费者级的移动优先用户体验创造了一个没有摩擦的环境,并尽可能快速和方便地满足我们的每个需求。

众所周知,年轻一代在需要的时候和需要的地方寻找互动,而老一辈人仍然希望有更传统的面对面的体验。然而,作为一种现状,这种情况正在改变。

雀巢加拿大公司人力资源高级副总裁阿拉斯泰尔·麦克唐纳表示:"我们生活在一个非常依赖计算机的社会。人们的适应能力很强,看到了技术的力量。如果你在我们工厂观察换班,就会看到人们在走到自己的汽车或公共交通工具的路上,都在盯着手机看。"

但当涉及员工的幸福感体验时,情况往往就不一样了。人力资源行业充斥着只关注个人幸福感一小部分的点状解决方案。在采用消费级技术方面,人力资源是一个落后的部门。人力资源专业人员经常使用过时的工具和缺乏背景的数据，他们的任务是"保持稳定"，而不是推动变化。但是，如果人类是由不同的幸福支柱联系在一起的，那么我们为什么不考虑以一种更统一的方式来解决这个问题，也许是以一种人们喜欢使用的用户体验来保持他们的回归？

随着员工体验不再是面对面的交流，科技让企业在提供福利方面走得更远，同时在必要的时候仍可以携手合作。其结果是用户体验增强了人们的能力，并使企业受益。

丹尼尔·拉布鲁德是一名销售工作场所福利的专家，他有一些见解："许多福利门户网站并不直观，而且无论如何，将信息导入最常用的员工内容平台是将信息传递出去的关键。"有了LifeWorks这样的平台，员工每天都在使用新闻动态，就有了与人交流的绝佳机会。

关键是要看一下员工最常登录的界面——是福利门户，还是像LifeWorks这样的界面？如果是后者，那么把它作为切入点，向员工推送参与和教育是有意义的。

此外，研究表明，参与和受教育的员工对企业是有益的。德勤的乔什·贝新是人力资源技术和员工福利方面最前沿的专家之一，他在2019年全球人力资本趋势调查中指出，随着幸福感定义的扩大，企业现在不仅将幸福感视为员工的福利或责任，而且将其视为企业绩效策略（德勤，2019）。

有意思的是，在德勤的调查中，43%的受访者认为幸福感能加强他们组织的使命和愿景，60%的受访者称幸福感能提高员工的留任率，61%的受访者称幸福感能提高员工的生产力和利润。

事实上，作家和职场文化专家切斯特·埃尔顿指出，20年的研究表明，员工敬业度高的组织的财务绩效比员工敬业度低的组织高出44%。原因是什么呢？在工作中投入的人更有可能在他们的个人生活中感到快乐，而更健康、更快乐的员工更有生产力。

"是人创造了一种文化，而这些人需要参与进来、发挥作用并给予激励，因为最终，文化越好，客户服务就越好。客户越开心，生意就越成功。"埃尔顿说。

如果文化是企业成功的关键因素，那么沟通就是文化的一个基本组成部分。通过使用最流行的员工沟通渠道来发布福利信息，你可以全年成功地聘用员工，而不仅是在公开招募时。关于福利和幸福感的讨论成为日常生活的一部分，人们自然会更加投入。结果是什么？一支更有教养的员工队伍会感到更有价值、更有爱、更受尊重。

雇主增加对幸福感项目的投资

随着全球流行病和由此产生的金融危机继续影响员工的工作方式和工作地点，全球95%的雇主现在将情绪和心理健康项目纳入他们的企业幸福感平台（见补充内容7.4）。

这是根据富达投资和健康商业集团对美国152家大中型雇主进行的"健康和福利调查"，该调查显示，远程治疗（69%）、压力管理（50%）和复原力项目（49%）是企业最常提供的情绪和心理健康项目。

> **编者按**：本调查是在2019年秋季新型冠状病毒肺炎大流行之前进行的，一些雇主可能会在未来调整其幸福感战略。然而，许多结果适用于当前的工作环境。

调查结果表明，情绪和心理健康项目对那些可能正在适应在家工作或可能由于健康安全而改变工作空间的员工来说特别有价值。

雇主也越来越重视帮助员工改善工作和生活的平衡，78%的雇主将这类福利纳入了他们的幸福感平台。受欢迎的工作和生活平衡福利包括照顾者支持（46%），为新父母提供的计划和工具（36%）以及儿童护理支持（35%）。

跨国公司也很注重幸福感战略，67%的跨国公司为全球员工提供幸福感项目，51%的跨国公司根据本地区员工的需求定制幸福感项目。与美国的幸福感战略类似，几乎三分之一（32%）的跨国雇主在其他国家的幸福感项目中包括情绪和心理健康项目。

幸福感预算增加

随着幸福感平台的发展和扩大，平均幸福感预算继续增加，同时致力于管理这些项目的员工人数也在增加。2020年，幸福感项目的平均预算增加到490万美元，比2019年增加了36%。在大型雇主（员工人数超过2万人）中，幸福感项目的平均预算已跃升至1040万美元。此外，31%的雇主表示，他们将有两名或更多全职员工致力于公司的幸福感项目，而13%的雇主将有五名以上的全职员工致力于管理这些项目。

在鼓励员工参与幸福感服务方面，经济激励措施继续发挥着重要作用。虽然提供财务奖励的雇主比例从82%略降至78%，但13%的受访雇主表示，他们计划在未来提高最高奖励金额。每个员工的平均最高收入保持相当稳定，从2019年的762美元降至2020

年的757美元。

大多数激励措施与身体健康相关，但15%的激励措施与解决非身体问题的措施相关，如精神、财务和情绪健康。尽管目前只有12%的跨国公司向美国以外的员工提供经济激励，但17%的公司表示将考虑在未来提供这种激励。

增加对远程工作者的支持

根据调查，雇主计划在未来增加他们的现场幸福感项目和服务，这将有利于那些可能很快就会回到更传统的工作环境的员工。然而，由于调查是在大流行之前进行的，许多雇主可能已经制定了其劳动力管理战略，并将继续让相当大比例的员工在家工作，富达投资和健康商业集团总结道。

因此，雇主可能会考虑为越来越多继续在家工作的员工分配额外的资源和幸福感支持。

补充内容7.4　案例研究：Ocean Spray对心理健康的关注

在马里兰州普利茅斯县以蔓越莓闻名的农业合作社Ocean Spray的福利与健康计划有四个支柱：身体、财务、情感和工作与生活。

福利、健康和流动性高级经理苏珊·弗兰奇开始深入研究该组织是如何解决每个支柱的。当她开始研究情感支柱时，她注意到心理健康和与之相关的问题（如自杀和吸毒）"开始更多地出现"。

弗兰奇意识到，虽然从技术上讲，心理健康被归置于情感的支柱之下，但它对其他支柱有更广泛的影响——而其他支柱也可能对心理健康产生同样大的影响。

弗兰奇说："我们决定开展一场全面的运动（解决这个问题）。"我们的目标是解释心理健康的含义以及它的重要性，解决人们对精神疾病的耻辱感并提供数据来强调这个问题的重要性。这是通过三管齐下的方式实现的：

1. 减少耻辱感。
2. 提供资源，消除治疗的障碍。
3. 对项目进行投资。

解决耻辱感问题

Ocean Spray的座右铭是"渺小的行动，强大的力量"，这是对小蔓越莓强大特性的致敬。在它的心理健康项目中，这句座右铭变成了"微小的行为产生巨大的影响"。

弗兰奇说，这条新口号的目的不仅是开启关于心理健康的对话，而且是"为减少每个支柱的压力提供一些小步骤"。不要把生活的各个方面，甚至其中的一个方面都看成令人生畏、无法控制的烂摊子，而要从小事做起来解决问题。例如，如果财务状况给你造成了过度的压力，那么可以写一份信用报告或制订某种储蓄计划——朝着更大的目标迈进的一小步。

弗兰奇表示，这个想法是为了鼓励员工"把它拼出来"，使他们面临的问题看起来更小。

看到需求并满足它

当谈到心理健康项目的第二部分时，Ocean Spray准确地认识到，在正确的时间获得正确的护理对于解决心理健康需求至关重要。

弗兰奇说："这种需求很可能是迫在眉睫的。"

因此，该组织取消了心理健康护理的共同费用。它还实施了一个远程医疗项目，其中包括行为健康部分。弗兰奇指出，远程医疗咨询福利的一个好处是，使用它的人可以与同一个咨询师交谈。

此外，该组织开始将残疾索赔与员工援助计划联系起来，为员工提供了一定程度的便利。

说到员工援助计划，该组织还推出了一项新的员工援助计划，更名为"Fit for Life Cares"（这是对福利和健康项目更广泛的口号"Fit for Life"的一种尝试），作为一种"摆脱临床耻辱"的方式。

值得花

为了真正改变员工的生活，Ocean Spray承认，它需要投资一些有帮助的项目，无论是通过合作还是内部主导的项目。

例如，该组织与专注于向女性和家庭提供医疗服务的保健公司Maven Clinic Co.合作。该公司为产妇提供全方位的帮助，包括生育问题、产后抑郁和产假后重返工作岗位。

弗兰奇说，他们还与Make It OK建立了非正式的合作关系，Make It OK是一个旨在终结精神疾病耻辱的组织。在会议上，领导层会向员工发放"OK"贴纸，鼓励他们说出自己的问题。

> 弗兰奇说，Make It OK和"OK"贴纸的目的是让所有人知道，"可以感受自己的感受，也可以寻求帮助"。
>
> 弗兰奇说，很快，办公室里到处都是贴纸。
>
> "在我看来，这正在引起人们的共鸣。"她（包括高层领导）说。
>
> 在Ocean Spray内部，还采取了其他措施来减轻员工的负担。弗兰奇指出，Ocean Spray的办公室是开放式的，所以"很难有私人时间"。为了解决这个问题，该组织在办公室里建了一个"禅宗书房"，可以私人预订10~15分钟的空间，让员工得到充电的机会。
>
> Ocean Spray还希望确保考虑到工作与生活的关系。因此，该组织增加了灵活的工作时间和现场福利，如眼科医生、"牙线棒"和干洗店。
>
> 最终，Ocean Spray的目标是通过鼓励人们说出自己的问题并做出回应来帮助解决心理健康难题。
>
> "我们想专注于帮助人们在工作中展现出最好的自己。"弗兰奇说。

员工的幸福感是组织的必要条件

雇主赞助的幸福感项目的重要性已经成为焦点。Alight Solutions与健康商业集团和Kantar共同进行的一项调查发现，员工对影响其个人和职业生活的雇主福利项目的重视程度越来越高。

对2500名员工进行的"员工幸福感心态研究"发现，44%的员工对自己的幸福感到乐观，高于2019年的38%。自2019年以来，员工对幸福感福利和项目、决策工具和信息来源的感知价值都增加了至少10个点。Alight Solutions负责员工体验研究和洞察的副总裁雷·鲍姆鲁克说："尽管雇主越来越关注员工的多样化需求，但全球疫情已经并将继续推动雇主的战略，将幸福感融入员工的生活，并创造良好的体验。许多雇主正利用这个机会加强幸福感支持，确保他们的员工和家人在艰难时期得到照顾。"

研究人员预测，流行病将对幸福感的五个方面（身体、精神/情感、财务、社会和职业）产生重大影响，而且许多幸福感趋势将加速。调查还揭示了雇主改善幸福感策略的潜在机会：

- 促进医疗保健消费主义。做出更明智的医疗保健决策并采取与成本相关的行动的员工跃升至90%（2019年为73%）。此外，65%的员工重视通过医疗系统和相关成本获得的个性化支持，这在流行病之后可能变得更加复杂。提供量身定制的保健工具和资源的雇主可以支持积极主动的更好决策。

- 优先考虑心理健康。在努力减少心理健康耻辱的同时，寻求咨询或其他相关服务的员工比例大幅上升至41%（2018年为25%）。由于大规模突然转向在家工作的安排，以及流行病对生活方式的影响，雇主应该继续优先考虑那些可能面临社会孤立、更大压力、更大焦虑和情绪衰竭的员工的心理健康。

- 支持财务安全。财务状况是得分最低的一个方面，只有40%的员工给自己打了正面评价。由于新型冠状病毒肺炎对经济的影响，员工对未来财务（债务负担、退休准备）的总体控制可能会恶化，因此雇主应考虑增加福利，如延长带薪休假，并确保支持更容易获得。

- 帮助培养韧性。超过五分之二（43%）的员工感到工作过度，希望提高工作效率。越来越多的虚拟员工占到了50%，更有可能感到孤独和疲惫，并认为工作妨碍了他们的社交生活。如果他们还没有这样做，雇主可以通过提供灵活的工作时间、为与工作相关的技术提供补贴以及其他支持措施来帮助员工抑制倦怠感。

健康商业集团总裁兼首席执行官艾伦·凯尔赛说："员工目前在幸福感方面处于非常不同的位置，在这一富有挑战性的时期，这样做是合理的。与此同时，雇主一直在努力通过各种举措来支持员工的情感和财务状况，包括扩大带薪休假，为休假员工提供临时薪酬，以及加强员工的幸福感沟通。"

视频技术提高远程工作效率

新型冠状病毒肺炎大流行使得远程工作在全球各地的公司变得更加普遍。对于许多出于需要而部署远程工作模式的企业来说，生产率是一个问题，而视频技术可能缓解了这些担忧。

这是根据Limelight网络公司的报告《视频如何改变世界》得出的结论。该报告调查了全球5000名消费者，以了解在疫情期间和之后，在线视频是如何支持日常活动的。

全球三分之一（33%）的员工首次在家办公，他们认为在线视频可以帮助他们与同事保持联系（24%），并提高工作效率（36%）。超过半数（58%）的人已经或计划使用在线视频来进行职业发展或学习一项新技能。大多数人（83%）认为，后疫情时代，基于视频的学习将继续下去。美国人认为，在线视频的现场直播招聘会（17%）和虚拟社交活动（16%）是改善求职效果的好机会。

虽然虚拟通信工具的好处显而易见，但与世界其他地区相比，美国人采用它们的速度可能较慢。37%的美国人表示他们从不使用视频会议，而全球受访者中这一比例为31%。此外，只有12%的美国人每天使用三次以上的视频会议，而全球受访者的这一比例为21%。

这场大流行引发了全球范围内远程医疗的快速增长。超过五分之一（22%）的人与他们的医生进行过虚拟会面。这一趋势预计将持续到大流行之后。另外，四分之一（27%）的全球受访者计划在未来六个月内进行远程医疗预约。印度的远程医疗使用率最高，81%的消费者表示他们已经或计划与他们的医生进行网上会面。

Limelight网络公司产品和解决方案营销高级总监迈克·米利根说："这场大流行已经推动了在线视频的发展。远程协作、电子学习和远程医疗等应用程序已经广泛使用了一段时间，但今天，它们对继续隔离生活至关重要。在大流行期间，许多人通过网络视频与他人联系并维持日常活动，但一旦隔离结束，这种情况不会停止。我们的报告强调，在新常态下，网络视频仍将是我们生活的重要组成部分。"

8

福利的基础知识

福利是世界薪酬协会整体回报模式的核心元素。福利包括健康福利计划和退休计划，旨在帮助组织保护和确保员工的财务安全，并为非工作时间制订薪酬计划。经过一段时间的发展，员工福利已由基本的"附加福利"（如保险）和少数额外福利发展为一系列综合福利，平衡了员工的个人生活和职业生活。

不断增长的薪酬和一些薪酬计划已经演变成整体回报模式的一个独立元素——福利。一些福祉项目可以被认为是福利吗？是的，许多组织仍然认为它们属于福利。整体回报模型考虑了薪酬、福利和福祉之间关系的流动性。这将取决于每个组织是如何对各种项目进行准确归类的。

福利的历史观

如今的员工福利与5年前相比已经有了翻天覆地的变化，更不用说15~20年前了。员工需要福利，公司需要员工，这一点并不新鲜。然而，由于福利成本的上升，雇主开始重新审视员工在福利选择、支付和管理中的作用。

历史上，雇主负责处理福利的方方面面。这是一个提供"从摇篮到坟墓"福利的时代。雇主选择并支付福利。员工在任何与福利相关的决策中几乎没有任何投入。福利被认为是"附加的"，而员工则认为福利是"应得的"。（见图8.1）

19 世纪晚期
- 美国经济由农业向工业转变。
- 1875 年，美国运通公司建立了第一个养老金计划。

20 世纪初：第一次世界大战
- 新工人进入美国。
- 社会安全网出现，无金融安全网。
- 美国劳工部于 1913 年由国会成立。
- 同质劳动力（男性，唯一的工资来源）。

20 世纪 20 年代：一路高歌直到股市崩盘
- 退休、受伤或死亡的工人几乎没有残疾福利。
- 贝勒大学医院建立了第一个蓝十字计划。
- 建立凯撒健康维护组织。
- 1921 年、1926 年和 1928 年的《国内税收法》鼓励私人的、雇主赞助的退休计划。

20 世纪 30 年代：大萧条
- 公共安全网开始建设。
    - 工人的补偿。
    - 失业保险。
    - 社会保障（1935 年）。
- 《国家劳动关系法》。
    - 薪酬和福利的集体谈判。

20 世纪 40 年代：第二次世界大战
- 国家劳资关系委员会成立于 1948 年。
- 工会的巨大增长——工会对员工提出了更多的要求。
- 女性进入职场——《铆工罗西》。
- 家庭照顾问题出现。
- 私人养老金计划大幅增长。

20 世纪 50 年代：第二次世界大战之后
- 附带福利出现。
- 雇主开始在福利方面进行竞争，以解决工资冻结问题。
- 简单的一揽子福利满足了传统家庭的需要：主要医疗、生活、残疾、养恤金计划。
- 低成本。

20 世纪 60 年代：暗杀事件的十年，越南
- 人口结构的变化。
    - 离婚越来越普遍，破裂的家庭。
    - 职业母亲（唯一收入）得不到福利的支持。
    - 更多的临时劳动力。
- 建立医疗保险和医疗补助。
- 1964 年的《民权法案》第七章。

20 世纪 70 年代：水门事件，石油危机
- 经济衰退——高通胀，经济增长缓慢。

图 8.1　历史影响福利时间表

- 20多个影响福利计划的主要立法——特别是1974年的《就业退休收入保障法》、《国内税收法》第125条、401（k）计划、《健康维护组织法案》。
- 公司对劳动力变化的初步反应。
  - 职业母亲问题开始产生影响。
  - 单身父亲成了一个问题。

20世纪80年代：计算机普及，航天飞机挑战者号爆炸

- 福利成本飙升。
- 弹性福利逐步发展。
- 公告：社会保障制度已经崩溃。
- 成本转移到员工身上。
- 消费者教育。
- 雇主转向健康计划的"自我保险"。
- 管理性护理（利用管理）的开始。

20世纪90年代：信息技术，互联网

- 关注利益价值和个人责任——优化每一美元的价值。
- 绩效导向的福利计划与公司的目标相一致。
- 灵活的福利扩大，满足了多元化员工的需求。
- 雇主负责为员工提供更多选择。
  - 针对不同人群的细分收益。
- 加强员工决策责任。
- 受抚养人定义的新转变。
  - 家庭伴侣，年迈的父母，赡养老人，领养。
- 医疗保健行业的整合。

21世纪前十年：关注公司账单/治理，医疗保健覆盖面的辩论，社会保险偿付能力

- 从"权利"（家长式作风）转变到雇主和员工之间的伙伴关系与共享责任的运动。
- 消费者驱动的健康计划扩大，由技术提供的消费主义的机会。
- 健康倡议和福利计划扩大。
- 社会保障覆盖的资金问题备受争议。
- 三重打击：同时照顾孩子、照顾老人和退休计划。
- 未投保和保险不足的人数增加，就全民医疗保险问题进行了辩论。
- 《患者保护和平价医疗法案》。

图8.1　历史影响福利时间表（续）

如今，美国政府（包括医疗保险）和雇主的举措将更多的责任和义务放在员工的福利决策和成本责任上。企业和政府仍然扮演着重要角色，但现在的趋势是，雇主和政府与福利接受者共享平台。有人称此为共同责任。

福利的要素

福利计划可分为以下两类：收入保障福利，以及为非工作时间支付的福利（见表8.1）。

表8.1 福利计划概览

福利计划	具体内容
收入保障福利（强制性）	• 州和联邦失业保险。 • 员工的补偿。 • 社会保障。 • 州临时残疾保险（新泽西、纽约、夏威夷、罗德岛、加利福尼亚）。
收入保障福利（非强制性）	医疗福利 • 医疗计划（赔偿计划和管理式护理计划，如健康维护组织、首选供应商组织和服务点）。 • 处方药覆盖范围。 • 牙科计划。 • 视觉计划。 • 听力计划
	福利待遇 • 员工定期人寿保险。 • 家属定期人寿保险。 • 意外死亡和伤残保险。 • 病假工资（续薪）。 • 短期伤残。 • 长期伤残。 • 长期护理保险
	弹性福利 • 保费转换。 • 弹性消费账户（健康护理和家属护理）。 • 完全灵活的福利计划
	退休及投资计划 • 固定收益计划。 • 固定缴款计划（储蓄/节余计划、利润分享计划、简单计划、金钱购买计划、员工持股计划）。 • 混合计划（现金余额计划、养老金股权计划）
	高管福利 • 补充高管退休计划。 • 补充健康计划。 • 补充人寿保险计划。 • 补充残疾计划

续表

福利计划	具体内容
为非工作时间支付的福利（非强制性）	工作时间 • 休息时间。 • 午餐时间。 • 洗涤时间。 • 换衣时间。 非工作时间 • 假期。 • 节日。 • 个人休假。 • 陪护休假。 • 军事义务

收入保障计划

收入保障计划旨在保护员工及其家人的生活水平。这些项目包括强制性、非强制性或自愿性计划。

强制性计划是由联邦或州法律规定的，为员工提供以下保障：

- 社会保障。
- 员工补偿。
- 失业补偿。
- 非职业性伤残（仅五个州）。

非强制性或自愿性计划由雇主自行决定，包括：

- 医疗。
- 处方药。
- 心理/行为健康。
- 牙科。
- 视力。
- 残疾收入。
- 遗属津贴。
- 灵活开支账户。
- 退休计划。

为非工作时间支付的福利

为非工作时间支付的福利旨在保护员工在特定时期的收入流动，包括员工在工作时间和非工作时间。

例如，常见的带薪休假福利包括假期、假日、带薪病假，以及缺勤假，包括陪同假、选举假、服兵役假、病假或丧假。

福利计划的目标

雇主和员工对福利的重视程度不同。他们很少会就计划应该提供的福利水平达成一致。雇主寻求平衡员工的需要和组织的成本。员工希望最大化所获得的福利价值，并减少自付费用。

雇主的目标

雇主对福利计划的目标受以下因素影响：

- 满足公司、业务和薪酬目标。
- 实际成本和占工资总额的百分比。
- 管理的复杂性和成本。
- 税务和会计问题。
- 福利在组织的整体回报目标中所扮演的角色。

员工的目标

员工对福利计划的目标包括以下收入保障：

- 现金流。确保现金流不会因大额医疗和/或牙科索赔而受到影响。
- 收入替代。如果员工身患残疾，有替代收入。
- 遗属的收入。在死亡的情况下，为未亡家属提供收入。
- 足够的退休收入。在退休时提供足够的收入。

为了设计一个福利计划，一个组织应该确定它的计划目标。此外，计划目标需要与组织和人力资源的理念、战略相一致。因为公司的理念和战略不同，没有两家公司会有相同的员工福利计划的目标。

回顾表8.2列出的目标，对你的公司在员工福利方面最重要的3~5个目标进行排序。

表 8.2　员工福利计划目标

目标	等级
提高员工士气	
激励作用	
吸引优秀的员工	
减少员工流失	
防止工会介入	
更好地使用薪酬资金	
增强员工的安全感	
保持有利的竞争地位	
提升组织在员工中的形象	
提高员工生产力	

请将对你的组织最重要的 3~5 个员工福利目标按优先顺序排列。

政府对福利计划的监管

员工福利管理包括遵守大量的国家和地方法律法规。对不遵守的制裁和惩罚可能会很严厉，包括《国内税收法》规定的计划"取消资格"。取消资格会导致员工失去免税或递延纳税的福利价值，雇主失去计划支出的税收抵扣优势。

表8.3强调了影响福利计划的主要法律，并指出了发布条例和监督遵守情况的主要机构。每年至少有一项新法律会影响员工福利的某些方面。重要的是，要知道福利会随着立法而不断变化。

影响最大的联邦法规包括：

- 《国内税收法》。
  - 由国会通过并由美国国税局执行的税法。
  - 管理私人养老金计划的早期法规。
- 1964 年的《民权法案》第七章。
  - 雇主不能在法律上根据种族、肤色、宗教、性别或民族血统来决定福利。
- 1967 年的《就业年龄歧视法》。
  - 如果雇主为员工提供福利，通常必须不考虑员工的年龄。《就业年龄歧视法》确实允许雇主只在特定情况下为年长员工提供不同的福利。

表 8.3　影响福利计划的主要法律/法规、范围/规定、执行机构/计划

法律/法规	范围/规定	执行机构/计划
1993 年的《家庭和医疗休假法》 1964 年的《民权法案》 团体健康计划：在终止雇佣和其他"合格事件"后继续承保的要求	1985 年的《综合预算调解法案》 1996 年的《医疗保险可携性和责任法》 美国劳工部 平等就业机会委员会	集体健康计划：要求在合格休假期间（每年多达 12 周）继续定期覆盖 所有福利计划：在福利计划"条款和条件"中禁止歧视女性和其他受保护阶层的条例
集体健康计划：要求雇主在接到要求时，向被解雇的员工提供集体健康计划承保证明	美国劳工部 美国国税局 美国公共卫生局（针对州和地方员工计划） 美国劳工部	
《证券交易委员会条例》	向参与者提供雇主股票的计划：信息要求	证券交易委员会
国家保险监管	被保险的福利计划：保险、转换和福利协调的标准	国家保险委员
健康储蓄账户（2003 年《医疗保险处方药改进和现代化法》的一部分）	提供税收优惠以降低医疗费用，包括高自付额，必须在 65 岁以下才能参加	美国财政部
2010 年的《患者保护和平价医疗法案》	改变了美国的医疗融资监管方式	卫生和公共服务部

- 1974 年的《就业退休收入保障法》。
  - 《就业退休收入保障法》将联邦政府引入员工福利领域。
  - 《就业退休收入保障法》规定了最低标准，为员工福利计划的参与者和受益人提供保护（参与者权利）。此外，《就业退休收入保障法》标准还涵盖了获取计划信息和受托责任。
  - 《就业退休收入保障法》涵盖了大多数私营部门的医疗和养老金计划，但不适用于公共部门的福利。
  - 管理计划的个人（和其他受托人）必须符合法律规定的受托责任下的某些行为标准。
- 2001 年的《经济增长和税收减免协调法案》。
  《经济增长和税收减免协调法案》是联邦税收立法的一个重要组成部分：
  - 对所得税和遗产税的税率结构进行了重大调整。

- 对替代性最低税率规则进行了重大修改。
- 建立合格的学费计划和大学储蓄账户。
- 为低收入储户提供新的税收抵免。
- 放宽遗产和赠予税规定。
- 采取了广泛的改进措施,影响了符合纳税条件的退休计划。

影响合格退休计划的变化代表着退休政策的一个重大转折点。在《经济增长和税收减免协调法案》之前,税收和福利政策的趋势是在符合税收资格的退休计划下逐步限制可投入的金额和可累积的福利。诚然,随着生活成本的增加,401(k)计划的延期缴款限额一直在小幅上升,但《第415号法典》规定的总体缴款限额已经大幅削减。《经济增长和税收减免协调法案》代表了这一趋势的突然背离,它开辟了重要的新的规划机会,特别是对小型、少数人持有的企业。随着《经济增长和税收减免援助法案》的通过(补充了2002年《创造就业和工人援助法案》中的某些技术修正),美国国会放宽和合理化了管理合格计划的设计、采用和操作的规则。

1993年的《家庭和医疗休假法》

《家庭和医疗休假法》使员工有权因特定的家庭、医疗和紧急服役原因,每年申请多达12周的无薪、受工作保护的假期,以及每年多达26周的无薪、受工作保护的假期,以照顾作为受保护的服务成员的家人。《家庭和医疗休假法》的目的是允许员工在有限的条件下通过合理的无薪假期来平衡他们的工作和家庭生活。

雇主保险、员工资格和休假权利

《家庭和医疗休假法》适用于公共机构,包括州、地方和联邦雇主以及地方教育机构(学校),也适用于至少有50名员工的私营部门。受雇于同一雇主的配偶可共同享有总共12个工作周的家事假,用于生育或安置收养或寄养的孩子,以及照顾有严重健康问题的父母(但不包括"亲家")。出生或收养(包括寄养)假必须在出生或安置后的12个月内结束。

间歇性休假

在某些情况下,员工可以间断地根据《家庭和医疗休假法》休假。这意味着员工可以在大块的时间休假,或者减少他正常的每周或每天的工作时间。 如果《家庭和医疗休假法》规定的休假是为了在孩子出生后照顾孩子，或者将孩子安置在员工处供收养或寄养，则间歇性假期的使用须经雇主批准。

当医疗上需要医疗服务提供者，或者需要在其监督下治疗恢复时，可以根据《家庭和医疗休假法》休假。它也可以用来为患有严重健康状况的直系亲属提供护理或心理安慰。

休假资格

员工必须满足以下条件才能享受《家庭和医疗休假法》规定的福利：

- 为一个受保障的雇主工作。
- 为雇主工作至少 12 个月。
- 在过去 12 个月内工作至少 1250 小时。
- 工作地点要求雇主在 75 英里半径内雇用至少 50 名员工。

注意：如员工已为未保存服务时间记录的承保雇主工作至少12个月，亦符合该资格。

受保障的雇主必须在任何12个月的期间内，因下列一项或多项原因给予符合条件的员工最多12个工作周的无薪假期：

- 孩子的出生和照顾新生儿或安置儿童的收养或寄养。
- 照顾"有严重健康问题"的直系家庭成员（配偶、子女或父母）。
- 当员工因"严重的健康状况"而无法工作时，可以休病假。
- 当军人家属在国民警卫队或后备队服役或被征召进入现役状态以支持应急行动时，可以休"任何符合条件的紧急事件"假。

受保障的雇主还必须在任何12个月的期间内给予符合条件的员工多达26个工作周的无薪假期，以照顾在执行现役职务时遭受严重疾病或伤害的受保人员。

指定

雇主负责指定符合《家庭和医疗休假法》条件的假期。员工在递交请假通知时，必须说明请假原因，以便雇主确定请假是否符合《家庭和医疗休假法》。如果不能充分了解员工使用休假的原因，雇主应向员工索取更多信息，以确定休假是否符合《家庭和医疗休假法》的规定。如果员工未能解释请假理由，雇主可拒绝其请假。

一旦雇主得知该休假符合《家庭和医疗休假法》规定的原因，雇主必须在五个工作日内通知员工该休假已被指定，并将被计算为《家庭和医疗休假法》假期。然而，雇主可以在适当通知员工的情况下，追溯指定假期为《家庭和医疗休假法》假期，但雇主未能及时指定假期不会对员工造成伤害。在所有休假符合《家庭和医疗休假法》规定的情况下，雇主和员工可以共同同意将休假追溯指定为《家庭和医疗休假法》休假。

军假政策

2009年，美国劳工部发布了最终法规，更新了《家庭和医疗休假法》，包括两种类型的军假。

当军人家属在国民警卫队或后备队服役，或者被征召进入现役状态以支持应急行动时，"符合条件的紧急事件"假为这些符合条件的员工提供长达12个工作周的假期。"符合条件的紧急事件"包括：

- 临时通知部署。
- 军事事件及相关活动。
- 儿童保育和学校活动。
- 财务和法律安排。
- 咨询。
- 休息和恢复。
- 部署后的活动。
- 未包含在其他类别中的，但雇主和员工同意的活动。

"军人看护者"假为符合条件的员工提供长达26个工作周的假期，他们是受保服务成员的家庭成员，他们将能够请假照顾在执行公务时患重病或受伤的受保军人。军人探亲假适用于"直属亲属"，即除受保军人的配偶、父母、子女之外的最亲近的血亲，按照以下优先顺序排列：①根据法院法令或法律规定获得军人合法监护权的血亲；②兄弟姐妹；③祖父母；④姑姑和叔叔；⑤表亲。

替代带薪休假

在大多数情况下，《家庭和医疗休假法》假期是无薪的。但是，在某些情况下，符合条件的员工可以同时使用雇主提供的带薪休假和《家庭和医疗休假法》规定的无薪休假，该休假在《家庭和医疗休假法》中称为带薪休假的替代。如果员工不选择替代已累积的带薪假期,雇主可要求员工用已累积的带薪假期替代《家庭和医疗休假法》的假期。

员工必须在雇主正常休假政策的条款和条件下才有资格享有带薪休假。如果员工不符合雇主的带薪休假政策的额外要求,该员工无权替代已累积的带薪休假,但仍有权享受《家庭和医疗休假法》规定的无薪假期。因此,为了替代带薪休假,如果雇主的带薪假计划要求员工至少休假一段时间,如一整天,或者提供最少通知天数(如果这些条件需要的话)。

严重健康状况

"严重健康状况"是指涉及下列之一的疾病、伤害、损伤或身体或精神状况:

- 在医院、临终关怀机构或住院医疗机构的住院治疗(过夜),包括任何丧失能力的时期(由于严重健康状况而无法工作、上学或进行其他正常的日常活动,因此进行的治疗或恢复),或者任何有关这种住院治疗的后续治疗。第一次(或唯一一次)亲临治疗必须在丧失能力的第一天起七天内进行。
- 由保健提供者继续治疗。涉及保健提供者继续治疗的严重健康状况包括下列任何一种或多种情况。
  - 丧失工作能力的期间超过连续三个日历日,以及其后因同一疾病而接受治疗或丧失工作能力的期间。该等情况亦涉及:在丧失能力的第一天起的30天内,由保健提供者,或者护士或医生助理在保健提供者的直接监督下,或者由保健服务提供者(如物理治疗师)根据保健提供者的指令或转诊,进行两次或更多次治疗。
- 由保健提供者至少进行一次治疗,并在保健提供者的监督下继续进行治疗。
  - 由于怀孕或产前护理而丧失工作能力的时期。
  - 由于长期持续的慢性严重健康状况而丧失工作能力或接受治疗的时期,需要定期到保健提供者处就诊,并可能偶尔发生丧失工作能力(如哮喘、糖尿病)。
  - 由于治疗无效(如阿尔茨海默氏症、严重中风、晚期癌症)而导致的永久性或长期丧失能力的时期。
  - 任何为接受修复性手术的多次治疗而缺席的情况或不接受治疗可能导致三天

以上无法工作的情况（如癌症的化疗或放射治疗）。

注：根据美国劳工部的规定，如果保健提供者发现员工根本无法工作，或无法履行《美国残疾人法案》意义上的员工职位的任何一项基本职能，则该员工无法履行该职位的职能。

在工作中受伤的员工可能有资格获得工伤赔偿，因此不会使用累积的带薪休假。但是，当工伤赔偿只代替员工工资的一部分时，雇主和员工可以自愿同意，在遵守州法律的前提下，使用带薪休假来补充工伤赔偿福利。如果雇主适当地指定该假期为《家庭和医疗休假法》假期（如上所述），那么工伤赔偿的缺勤将属于员工的《家庭和医疗休假法》权利。

维持健康福利

雇主必须为休《家庭和医疗休假法》假期的员工维持团体健康保险，只要这种保险在休假前就已提供，条件与员工继续工作时相同。

在适当的情况下，将需要做出安排，让接受无薪产假的员工在休假期间支付其份额的医疗保险费。例如，如果团体健康计划涉及雇主和员工共同支付，休假的员工必须继续支付他的部分保险费以维持保险覆盖范围，雇主也必须如此。雇主必须事先书面通知员工必须支付这些款项的条款和条件。

根据员工提供的信息（如上所述），雇主有责任指定员工使用的带薪休假是否算作《家庭和医疗休假法》规定的休假。根据《家庭和医疗休假法》，休假期间的持续健康保险必须与在职员工的共同支付率相同。只有在《家庭和医疗休假法》假期结束后，才可能要求更高的《综合预算调解法案》规定的保费。

如果员工告知雇主他不打算在休假期结束时返回工作岗位，或者员工在享有《家庭和医疗休假法》规定的权利完成后未能返回工作岗位，雇主根据《家庭和医疗休假法》维持健康福利的义务就会终止。在某些情况下，雇主可以收回其为维持《家庭和医疗休假法》规定的假期后未能返回工作的员工的健康保险所支付的保费。但是，如果员工由于员工、员工的家庭成员或承保的服务成员的严重健康状况的持续复发或发作，或者出现员工无法控制的情况，雇主不能收回为维持团体健康保险而支付的保费。

此外，如果员工的保险费迟交超过30天，根据《家庭和医疗休假法》的规定，雇主维持健康保险的义务一般停止。如果员工逾期支付保费，雇主必须书面通知该员工尚未收到保费。该通知必须在保险终止前至少15天邮寄给员工，通知员工在指定日期停止保险，除非在指定日期之前收到付款。

1996年的《医疗保险可携性和责任法》

第一章：团体健康计划的可携性

《医疗保险可携性和责任法》第一章修订了《员工退休保险条例》第一章、《国内税收法》和《公共卫生服务法》，对雇主赞助的团体健康计划、保险公司和健康维护组织提出了新的要求。这些规则包括限制对已有病症的排除，禁止基于员工和家属的健康状况的歧视，以及保证某些雇主和个人的医疗保险的可续期性和可用性的条款。

虽然这些保护措施通常被称为"医疗保健可携性"规则，但它们没有规定真正的可携性，即一个人从一个计划转到另一个计划时，只提供并有权享受新计划的福利。新计划的覆盖面可能更小，也可能更大。此外，雇主和保险公司可能继续规定等待期，然后才有资格享受计划的福利。健康维护组织可能有"附属期"，在此期间，被保险人不享受福利，也不被收取保险费。然而，附属期不得超过两个月，而且只允许不使用先存病症排除的健康维护组织。即使在《医疗保险可携性和责任法》之后，雇主提供的健康保险仍然是自愿的。

既存病症的限制

《医疗保险可携性和责任法》限制了团体健康计划对既存病症的承保范围，要求计划在12个月后承保个人的既存病症（如果是晚期参保者则为18个月）。此外，为了确定既存病症的排除期，必须给员工提供以前发生的保险而没有"中断保险"63天或"更长时间的保障"。这被称为"可信赖的保险"。在中断保险63天或更长时间之前发生的任何保险都不会被计入排除期。重要的是，《综合预算调解法案》规定的保险也算作可信赖的保险。

既存病症

根据《医疗保险可携性和责任法》的规定，"既存病症"是指在任何新的健康计划截止登记日期的6个月内推荐或接受了医疗建议、诊断、护理或治疗的疾病。因此，如果员工过去有病，但他在加入计划之前的6个月内没有得到医疗建议、诊断、护理或治疗，那么旧的病症就不是可以适用排除法的既存病症。

可信赖保险的证明

《医疗保险可携性和责任法》要求保险公司和团体健康计划向个人提供证明其可信保险范围的文件（称为"可信赖保险的证明"）。保险公司和团体健康计划如果不能或拒绝及时提供可信赖的保险证明，将受到惩罚。《医疗保险可携性和责任法》还要求建立一个程序，允许个人在无法从保险公司或团体健康计划获得证明的情况下证明他们有资格获得可信赖的保险。

不歧视

团体健康计划和发卡人不能根据员工的健康状况、医疗状况（身体或精神）、索赔经验、是否接受医疗保健、病史、遗传信息、可保险证据或残疾来确定参加的资格。例如，不能仅仅因为员工患有某种疾病而将其排除在保险范围之外或放弃。雇主可以对计划中处境相似的人的福利或保险设立限制或约束，但他们不能因为健康状况而要求个人支付高于处境相似的人的保费。《医疗保险可携性和责任法》不要求特定的福利，也不禁止计划限制类似情况的个人的福利数量或性质。

2010年的《患者保护和平价医疗法案》

经2010年的《健康与教育和解法案》修订的2010年的《患者保护和平价医疗法案》共同改变了美国对医疗融资的监管。该法案的条款包括：

- 扩大医疗补助资格，延长对儿童健康保险计划的资助，并对某些低收入者的私人保险费和费用分担进行补贴。
- 一系列旨在提高病人护理质量的措施。
- 测试综合护理模式的试点、示范和拨款计划。这包括负责任的护理组织，为高需求的个人提供协调护理的医疗之家，以及对急性护理事件（包括住院和后续护理）进行捆绑支付。
- 一个新的机构负责测试支付和服务提供模式，主要针对医疗保险和医疗补助受益人。它规定在医疗保险中实行按报告付费和按绩效付费的计划，根据所选的质量措施的报告或绩效向供应商付费。
- 促进初级保健和预防的激励措施，例如，提高医疗保险和医疗补助下的初级保健支付率，涵盖一些预防服务而不分担费用，以及资助基于社区的预防计划和其他事项。

虽然这些计划在医疗改革的大背景下很重要，但都超出了这项工作的范围，而这项工作的重点是员工福利和计划。

该法案的第一项和第十项内容包括保险市场改革、个人和雇主授权、以州为基础的保险交易所、低收入保费支持、成本分担补贴以及税收融资，这些都是雇主和雇主赞助的团体健康计划特别关注的问题。正是这些规定（直接或间接地）要求对所有雇主赞助的团体健康计划（无论是全保还是自筹资金）进行重大设计和操作上的改变。个人健康保险市场也受到了类似的影响。该法案中的大多数"雇主"条款于2014年生效，但影响到团体健康计划的某些保险市场改革在该法案颁布时或颁布后不久就生效了。

《患者保护和平价医疗法案》标志着数十年来控制医疗成本、提高医疗结果质量和扩大覆盖面的努力达到了顶峰。该法案实施了一系列以市场为基础的改革，这些改革目标的实现建立在现有结构的基础上，即商业保险市场和雇主提供的团体健康保险计划。这种方法与其他方法（如单一付款人）形成了鲜明的对比，只是其他方法在政治上不太受欢迎。虽然彻底废除这些方法不太可能，但很可能发生重大变化。

截至2020年8月，个人强制保险（医疗保险覆盖范围）在联邦层面上不再是强制性的。然而，一些州仍然要求个人拥有医疗保险，以避免税收罚款。

此外，在撰写本书时（2020年8月），尽管成本分担补贴仍然适用于符合条件的市场参保者，但联邦政府将不再向保险公司偿还这些补贴。然而，法律要求保险公司为低收入参保者降低费用分担。

多年来，联邦政府一直鼓励发展员工福利计划，因为它们具有社会价值。其中一种方式是通过修改税法来实现的。然而，在最近几年，越来越多的控制和法规抵消了一些税收优势。这些包括：

- 为雇主和员工提供联邦税收优惠。
- 符合美国国税局要求的"符合条件的计划"，并获得允许的法定保险的抵扣。
- 养老金计划变更（见补充内容8.1）。

补充内容8.1 《养老金保护法案》对整体回报专业人员的影响

2006年的《养老金保护法案》带来了可能是20年来影响退休保障最重大的变化。大多数条款直到2008年才生效，但该法案对雇主如何为员工提供退休保障产生了即时和长期的影响。

该法案的亮点包括：

- 要求计划必须是100%的资金支持，并收紧了适用于雇主计算应计负债和计划资产回报的精算假设。
- 修改了《国内税收法》第409A条，规定如果雇主或其控制集团的成员破产，有风险计划，或计划终止时没有足够的资产来支付所有的负债，则对某些高管人员进行20%的消费税处罚，以支付不合格的递延薪酬。此外，该法案阻止雇主扣除用于支付因资助不合格的递延薪酬而引发的罚款的税款总额。
- 限制资金不足60%的计划的支付，禁止资金不足80%的计划增加福利，使用特殊的负债措施，并限制其一次性支付。
- 允许年满62岁的员工继续工作并领取养老金，而不会受到税法或《就业退休收入保障法》的惩罚。
- 为《就业退休收入保障法》下的所有固定福利计划设定了一个单一的年龄歧视标准。它澄清了混合计划，如现金余额或养老金权益计划，如果个人的应计福利等于或大于任何类似情况的年轻个人的参与，则不违反《就业退休收入保障法》、《法典》或《就业年龄歧视法》的年龄歧视条款。
- 对从传统的固定福利计划转换到混合计划施加了限制。它要求雇主在转换生效后立即在新的计划下开始累积福利。
- 使雇主更容易鼓励员工参与401（k）计划，为自动注册计划建立了一个安全港，使其免受财务责任和州政府扣押法律的影响。
- 规定可以从年金和人寿保险产品中购买长期护理，使这些产品更加灵活。
- 允许员工在任何时候从员工出资购买的雇主股票中分散投资。它要求员工在加入计划三年后，允许从雇主缴款中分散投资，并可在三年内分阶段进行。
- 要求所有的雇主缴款，无论是匹配的还是非选择的，在三年后全部归属，或者从员工参与计划的第二年开始，每年分阶段归属20%。

在20世纪80年代和90年代，政府在解决国家社会需求方面的作用经历了戏剧性和有争议的变化。联邦预算赤字迫使国会：

- 谨慎看待任何需要增加联邦支出的新项目提案。
- 寻找增加收入的其他方法，对以前未征税的项目征税。

影响员工福利计划的联邦管理机构包括以下类别。

平等就业机会委员会

平等就业机会委员会根据1964年的《民权法案》第七章设立，于1965年7月2日开始运作。它执行以下联邦法规：

- 1964年的《民权法案》第七章。
- 1967年的《就业年龄歧视法》。
- 1963年的《同工同酬法》。
- 1990年的《美国残疾人法》第一章和第五章。

美国劳工部的员工福利保障局

美国劳工部的员工福利保障局，前身为退休金和福利保障局，负责实施和管理员工福利保障局的各项规定。

美国证券交易委员会

美国证券交易委员会负责确保作为投资者的员工获得有关公开出售证券的财务和其他重要信息，如公司股票、401（k）和员工持股计划。

养老金福利担保公司

养老金福利担保公司是员工福利保障局下的一个机构，它保证每年设定最高数额的既定福利养老金。提供覆盖养老金计划的雇主需要支付保险费。

法定福利

联邦和州法律要求所有公司提供以下"核心"福利：

- 社会保障（联邦）。
- 员工补偿（州）。
- 失业补偿（州）。

- 非职业性伤残（五个州）。

社会保障

社会保障制度自20世纪30年代创立以来，一直是国家公共政策辩论的中心。1945年，每20个工人就有一个退休人员，除大家庭外，退休收入保障的来源很少。今天，只有3个在职工人来支持每个退休人员，大家庭提供的支持很少。

社会保障制度有四种不同的福利：

- OA——老年（old age）退休福利。
- S——遗属（survivor）福利。
- D——残疾（disability）收入。
- HI——健康保险（health insurance）福利（医疗保险）。

联邦老年、遗属、残疾和健康保险计划（OASDHI）是1935年《社会保险法》的产物。联邦预算现在包括近5000亿美元的社会保障支出，其中不到一半的金额用于退休。

老年退休福利

目前，人们最早可以在62岁开始领取社会保障中的退休福利。1938年以前出生的人从65岁起就有资格领取全部福利。1959年以后出生的人要到67岁才能获得全部福利。1938—1959年出生的人是分级的。个人如果希望提早退休，可提早退休，但会因此减少的福利如下：

- 在完全退休年龄之前，每个月（最多36个月）支付的福利为1%的5/9，加上在完全退休年龄之前的36个月之前，每个月支付的福利为1%的5/12。

个人也有资格在完全退休年龄之后获得更多的福利（根据出生年份，每年5%~8%）。

保障的底线

每月的社会保险金提供了最低的生活标准。补偿是要征税的，福利是根据员工每年的应税工资基数计算的。然而，社会保障从未打算成为退休收入的唯一来源。

以前，当65~69岁的员工达到一定收入水平时，他们的一些退休福利会被扣减。2000年，通过了《自由工作法》，允许达到法定退休年龄的老人工作，并获得全额社会保障退休福利。对于未达到完全退休年龄的社会保障退休人员，如果其就业收入超过一定的水平，仍然有收入限制。

遗属福利

补充内容8.2介绍了遗属福利的特点。

补充内容8.2　社会保障遗属福利的主要特点

- 255美元的一次性死亡抚恤金。
- 利益未被指数化。
- 原本是用来支付葬礼费用的。
- 适用于寡妇和鳏夫。
- 年龄在60岁以上的遗属。
- 残疾的遗属，年龄在50~59岁之间。
- 如果需要照顾受抚养的子女（16岁以下），可以是任何遗属年龄。
- 须抚养子女至18岁（如为全日制学生则为19岁）。
- 受抚养的父母（年龄62岁及以上），在死亡时，至少有一半的抚养费来自受益人。

健康保险福利

医疗保险是社会保障中最昂贵的部分。它包括65岁及以上的人以及两年来一直从社会保障领取残疾津贴的残疾人。

被保险人为每次住院支付免赔额。免赔额是指被保险人在医疗保险支付之前，每年由政府确定的支付医院费用的金额。医疗保险支付每次发生疾病的前60天的全部剩余费用。许多人选择加入医疗保险B部分，这是一项补充医疗保险（见补充内容8.3）。

其他有限的医院保险福利包括熟练护理设施、家庭保健服务和临终关怀。监护护理不在承保范围内。

社会保障税

《联邦保险缴款法》规定的税是社会保障的税。雇主和员工平均分担这项税收，1991年这项税收被分为两部分。随着保险范围越来越广泛，越来越多的人有资格获得保险，税率和工资基数（每年都有指数值）稳步上升。关于健康保险部分，1994年是第一年不征收最高税。

> **补充内容8.3　医疗保险B部分：补充医疗保险的主要特点**
>
> - 成本。
>   - 选择参加B部分：补充医疗保险的个人需要支付保险费，每年由政府调整。如果一个人没有按初始资格注册，他在未来注册期间仍然有资格注册，但将支付更高的保险费。
> - 年度扣除。
>   - 在免赔额之后，被保险人支付20%，医疗保险支付80%。
> - 涵盖服务的基本清单。
>   - 医生的服务。
>   - 物理和职业治疗师。
>   - 诊断x光、实验室和其他测试。
> - 处方。
>   - 2003年12月，乔治·布什总统签署了《医疗保险处方药、改进和现代化法案》，使之成为法律。该法案在医疗保险历史上首次创造了处方药福利（见补充内容8.4）。

> **补充内容8.4　医疗保险改革的影响**
>
> 2003年的《医疗保险处方药、改进和现代化法案》已经并将继续对雇主提供的福利产生重大影响。要理解该法案的影响，一个良好的开端是审查在这个消费者驱动的医疗保健时代影响雇主的关键条款。
>
> 《医疗保险处方药、改进和现代化法案》通常称为《医疗保险现代化法案》，通过创建健康储蓄账户迎来了一些重要变化，这大大改变了雇主提供的医疗保健安排的面貌。
>
> 健康储蓄账户是一种为个人建立的信托，其建立目的是支付个人（或个人的家属）合格的医疗费用。受托人通常是银行、保险公司或第三方管理人。当资产以信托形式持有时，健康储蓄账户无须就任何应计收益缴税。

从2004年开始生效的健康储蓄账户是可转移的（意味着允许从其他健康储蓄账户中转出），并可在税前基础上和通过自助计划提供资金。此外，个人的健康保险在离婚或分居时可以免税转让给另一个人，或者在个人死亡时转让给其配偶。如果退休金账户在个人去世后转让给配偶以外的人，则该账户即不再是退休金账户，退休金账户的资产将按公平市场价值成为个人或个人遗产的应税收入。

2006年的《税收减免和医疗保健法》包括了对健康储蓄账户的重要修改。根据美国员工福利协会的说法，该法影响了某些在宽限期内被健康灵活支出安排覆盖的个人的健康储蓄账户资格，改变了允许的健康储蓄账户捐款限额，并允许在某些条件下从个人退休账户、医疗报销安排或健康灵活支出安排转移到健康储蓄账户。

医疗保险的处方药福利（D部分）

在综合医疗保险制度下，医疗保险的处方药福利为门诊病人的处方药提供了有限的、自愿的福利。尽管近年来提供退休后健康福利的雇主数量大幅下降，但联邦医疗保险的新药福利重新引发了关于是否以及如何提供退休人员健康保健的讨论。

医疗保险的处方药福利是通过私人处方药计划或医疗保险优势计划（医疗保险健康维护组织或首选供应商组织）提供给受益人的。

医疗保险处方药计划至少必须提供一个标准的覆盖范围。就像私人保险一样，有各种各样的保险计划可供选择。那些因为收入和资产有限而有资格获得额外帮助的人可以得到帮助，这些帮助可以支付全部或部分月保费、免赔额，填补保险缺口并降低处方付额。

如果受益人的雇主继续提供处方药保险，他可以决定是继续现有的保险还是转到另一个计划。注意：那些放弃雇主赞助药物保险的人可能无法重新注册。

截至目前，为联邦医疗保险受益人提供"精算等值"处方药福利的雇主赞助计划有资格获得财政补贴，以帮助抵消其费用。

劳工补偿

劳工补偿由雇主支付，由各州提供。员工获得收入，雇主支付与工作有关的事故导致的受伤或疾病有关的医疗和康复费用。

失业补偿

和劳工补偿一样，失业补偿由雇主支付，由各州提供。失业补偿为失业但愿意并有能力工作的员工提供（一段时间）收入。

非职业性伤残

五个州（纽约、新泽西、罗得岛、加利福尼亚和夏威夷）提供了非职业性伤残津贴。该福利提供因非职业事故导致残疾而产生的临时或短期收入。

健康和福利计划

健康和福利计划是员工福利计划的关键组成部分。这些计划多年来受到重大变化的影响，包括20世纪90年代引入的管理性护理。然而，不断上涨的医疗费用，特别是处方药的费用，对试图继续提供有竞争力的福利的专业人员造成了越来越大的压力，同时又要对雇主的福利预算承担财政责任。由于这些挑战和税法的变化，出现了消费者驱动型健康计划等项目，以特定的税收激励为员工提供了更多的福利选择。

健康和福利：简史

当20世纪30年代社会保险首次出现时，它不包括健康保险，导致私营部门带头赞助健康保险。蓝十字/蓝盾公司开发了私人保险计划，很快就有商业保险人跟进。

第二次世界大战后的工资冻结促使企业以医疗保健的形式提供非现金奖励。这就是权利心态的开始，员工感到有权获得健康保险。不久之后，《塔夫脱-哈特利法案》授权将福利纳入集体谈判。这一时期也首次推出了主要的医疗福利，补充了以前提供的医院和外科保险。

随着时间的推移，越来越多的公司开始提供健康保险和其他选择，如牙医服务。然而，医疗保健费用的增长速度开始超过消费者价格指数。美国雇员在65岁时开始退休，但他们发现没有可行的医疗保险可供选择。为此，联邦政府制订了医疗保险和医疗补助等计划。

由于缺乏削减成本的举措，不久就导致保健费用上升，出现了健康维护组织来遏制这些成本。随后，国会通过了《就业退休收入保障法》，以保护合格的福利计划，并引入了与诊断相关的服务团体，帮助控制了医疗保险的成本。

不久，由于大多数公司没有能力/不愿意维持现有的保险水平，工会开始减少谈判的福利。更多的雇主自行投保，发现他们对提供的福利和相关成本有更多的控制权。

虽然健康维护组织确实有助于控制成本，但护理质量和选择供应商成为员工的一个普遍问题，因此进入了首选供应商组织时代，有了协商的费用合同和更多的供应商选择。

现在，由于医疗费用再次上涨，许多雇主选择采取一种消费主义的战略方针。

健康和福利计划的种类

健康和福利计划主要分为以下几类：

- 医疗保健。
    - 医疗。
    - 处方药。
    - 行为健康。
    - 牙科。
    - 视力。
    - 长期护理。
- 残疾收入。
    - 病假。
    - 短期残疾和/或工资续发。
    - 长期残疾。
- 遗属福利。
    - 定期寿险。
    - 意外死亡和伤残。
    - 受抚养人寿险。
    - 出差事故。

医疗保健

医疗保健计划，特别是医疗护理，通常是公司员工福利中最受欢迎也是最昂贵的一部分。管理性护理计划是最普遍的医疗护理计划，试图通过鼓励使用同意接受折扣费用的网络供应商来控制成本和确保护理质量。这些模式包括健康维护组织、首选供应商组织、服务点和其他混合安排。补偿计划现在很少见，它是为所覆盖服务提供具体现金补偿的传统计划。

健康维护组织

健康维护组织为员工及其家属提供了医生和医院网络，以让他们获得全面的护理，包括预防护理。传统的健康维护组织模式要求接受主治医生或"守门人"的转诊，以接受专科医生的治疗。否则，员工可能要支付看专家的全部费用（见补充内容8.5）。

补充内容8.5　健康维护组织的主要特点

健康维护组织是管理性的护理计划，通过鼓励预防护理试图控制成本和确保护理的质量。它们既提供资金，又提供全面医疗保险。其主要特点包括：

- 初级保健医生。
  - 员工挑选的医生，提供所有日常医疗护理。
  - 通过控制专家转诊，起到把关的作用，从而控制不必要的医疗费用。
- 预防/常规护理。
  - 良好的女性、男性和婴儿健康护理。
  - 常规体检。
  - 免疫接种。
- 共同支付消除了免赔额和共同保险。
- 供应商薪酬有时按人数支付或按服务收费打折，医生有时是拿薪酬的。
- 健康维护组织模型。
  - 独立执业协会。
  - 团体实践协会。
  - 员工。
  - 组合。

首选供应商组织

与健康维护组织不同，首选供应商组织模式不包括初级医生或把关人。首选供应商组织包括两个层次：网络内提供者（医生和医院）和网络外提供者。通过使用网络内的服务提供商，员工可以获得更高水平的医疗报销。首选供应商组织不应该让员工支付合同折扣费率和供应商正常费用之间的任何差额。相比之下，网络外提供商可以对提供的服务收取更多的费用（参见补充内容8.6）。

补充内容8.6 首选供应商组织的主要特点

　　加入首选供应商组织是指供应商同意对其正常费用进行打折的安排。在美国范围内，它们的注册人数仍然是最高的。其主要特点包括：

- 服务费用打折。
  - 以获得更大的容量。
  - 没有均摊。
  - 费用根据时间表收。
- 更广泛的供应商选择。
  - 供应商的选择通常是在需要医疗护理时做出的。
- 鼓励使用首选供应商。
  - 降低或减少免赔额和共同保险。
  - 扩大覆盖面，如预防性护理。
- 网内、网外。
  - 患者可以在没有主治医生把关的情况下获得网络内的专科护理。
  - 如果患者选择网络外护理，经济激励则不适用。
- 利用评论。
  - 评估医疗的必要性。
  - 限制不必要的程序，监测住院情况。
- 供应商的选择。
  - 在治疗时选择。
  - 初级保健医生把关人在网络内／网络外利益中协调网络内专业护理。
  - 网络外供应商、免赔额和共同支付往往更高。有意义的共保差异提供了使用网络内的激励。
  - 即使没有得到初级保健医生的批准，患者仍可享受部分服务。
- 模型。
  - 开放。
  - 把关人。

服务点

一个典型的服务点是健康维护组织和首选供应商组织的结合。员工需要转诊才能看到网络内的专家（类似于健康维护组织）。然而，看网络外专家的费用会比看网络内医生的费用要高（类似于首选供应商组织）。

服务点的发展是对市场力量的一种回应。它解决了员工对被锁定在健康维护组织计划的狭窄网络中的担忧。服务点将节省成本的折扣收费协议与员工的选择结合起来。其主要特点包括：

- 介于传统的赔偿金、健康维护组织和首选供应商组织之间的混合体。
- 协调交付系统旨在通过以下方式管理利用率和成本：
  - 消除过度利用。
  - 通过协商折扣支付和分摊来降低成本。
  - 协调所有支付方的利益。

赔偿计划

传统的医疗赔偿计划（由蓝十字/蓝盾提供）仍然可用，但正在迅速减少。赔偿计划是现存的第一个健康保险计划，它的设计是在基本福利用完后，员工支付一个自付额。赔偿计划在选择医疗服务提供者方面提供了更大的"选择自由"，因为不需要转诊，员工可以自由访问任何供应商。然而，这种赔偿现在很少了，因为它是最昂贵的医疗模式。

处方药覆盖

处方药项目越来越受欢迎，成本也越来越高。这些项目可以是医疗项目的一部分，也可以由药品福利经理开发和管理。公司现在提供三到四层保险。员工共同支付也在逐层增加。例子包括：

第一层：仿制药　　　　　10~15美元的共付额

第二层：品牌药　　　　　20~25美元的共付额

第三层：生活药　　　　　30~50美元的共付额

第四层：邮购药　　　　　三个月的"维持"药物供应。共付额可以等于一个或两个月的共付额

共付额可以是费用的一个百分比，而不是金额。

行为健康

行为健康覆盖范围包括心理健康和化学品依赖服务。服务可以在住院或门诊基础上提供，通常与员工援助计划相结合。

牙科计划

大多数牙科计划包括四个部分：

1. 预防和诊断。
2. 基本服务。
3. 主要服务。
4. 牙齿矫正。

牙科计划通常为预防和诊断服务提供100%的报销，这些服务的费用通常不可扣除。其理由是鼓励员工定期看牙，因为这些检查可以帮助防止将来的牙科服务对雇主和员工都造成更多的成本。

免赔额可适用于所有其他服务。由于费用的原因，牙齿矫正（安装和调整牙套）不包括在所有牙科计划中，或只适用于受抚养的子女。此外，牙齿矫正服务通常受制于每个人一生的最高限额（1000~1500美元）。

传统的牙科模型是补偿模型（类似于加州医保补偿模型）。为了控制成本和扩大服务，公司提供被称为牙科管理组织（类似于健康维护组织）或牙科首选供应商组织（类似于医疗首选供应商组织）的管理型医疗模式。

视力保健计划

视力保健计划通常为每年的视力检查和每年的新镜片提供统一美元的报销或特定百分比的报销。新镜框通常每两年只能买一副。

由于计算机使用时间的增加，人们对眼镜和疲劳的关注正在增长。

长期护理

随着人们寿命的延长，长期护理变得越来越重要。当一个人不能进行五项日常生活活动中的至少两项时，即洗澡、穿衣、吃饭、走路和上厕所，保险就开始了。

伤残收入

伤残收入福利是由雇主或公共机构在员工因受伤不能工作期间提供的收入替代计划。

病假

主要特点：
- 指定天数。
- 基于服务。
- 继续支付全薪。
- 可以从一年进行到下一年。

短期残疾

短期残疾福利提供当员工因短期非职业性疾病或受伤而无法工作时的收入。通常有一个7天的日历等待期，在事故发生后的第7天开始员工有资格获得福利保障。福利可以延长到6个月。付款是工资的一个百分比，通常是50%，最高为每周。

长期残疾

长期残疾保险提供因非工作疾病或受伤而产生的收入。支付金额可以达到65岁。有资格获得保险的等待期从事故发生之日起三到六个月不等。支付金额从工资的50%到67%不等，为每月的最高金额。

在员工领取长期残疾保险的同时，大多数雇主将继续按残疾前的工资水平为员工累积养老金福利。

如果员工用税后的工资支付长期残疾保险的全部费用，那么任何支付的福利都是免税的。如果雇主全额支付长期残疾保险的费用，或者员工用税前工资支付保险费，那么支付的任何福利都要纳税。

长期残疾保险计划通常对残疾资格有不同的定义。要想符合资格，员工必须在领取福利的头两年内不能履行目前的工作职责，此后，不能履行任何职业的工作职责。这个过渡期是为了帮助员工在不损失收入的情况下做好转行准备。

遗属福利

定期人寿保险

最典型的遗属抚恤金形式是定期人寿保险。保险一次性支付给员工的指定受益人（可以是任何人）。相比之下，在社会保障和雇员补偿等法定项目下，遗属福利的支付取决于员工是否有配偶或适用法律规定的符合条件的家属。

豁免（受薪）员工的一次性支付一般为年薪的倍数。非免税（计时）雇员的标准是一个固定的工资数额（独立于年工资），但在一些公司是年工资的倍数。定期人寿保险在雇佣关系终止时结束。员工有权在离职后30天内转换为终身或通用人寿保险。每1000美元的保险费率是根据年龄而定的。员工的好处是免于通过身体检查。

美国国税局允许雇主向员工提供不超过5万美元的非缴费团体人寿保险，且不产生任何纳税后果，条件是该保险计划不偏向高薪员工。获得超过5万美元雇主支付的团体人寿保险的员工需要缴纳额外的税，取决于员工的年龄和超过5万美元的保险金额。这种附加税称为估算所得税。

意外死亡和伤残

意外死亡和伤残在员工断肢的情况下为其提供福利，或者在意外死亡的情况下为受益人提供福利。它通常与定期寿险的金额重复，有两个部分：公司支付的部分和补充（员工支付的）部分。

补充人寿保险

雇主为员工提供机会购买额外的定期人寿保险是很常见的。工资因员工年龄而异。年长的员工每1000美元的保险费要比年轻的员工高。

家属人寿保险

员工可以为配偶和受抚养的子女购买人寿保险。这种福利通常称为丧葬保险。每月保险费通常很低，保险金额固定。

弹性福利

弹性福利制度为员工提供选择，允许他们在现金和一种或多种合格的（免税的）

福利（如健康、人寿、残疾保险）之间做出选择。由于《国内税收法》第125条的规定，弹性福利计划也称自助计划。

员工有机会在雇主每年开放注册期间改变他们的弹性福利计划的选择。计划年度内的更改只允许在美国国税局定义的"合格状态更改"的情况下进行。合格的身份变化包括孩子的出生或收养、受抚养人的死亡，以及在配偶的工作地点结婚或离婚的公开注册。

弹性福利让雇主：

- 管理成本上升。
- 最大化员工对福利的感知。
- 便于流程设计。
- 随时适应法律、利益和商业环境的变化。
- 节省税收。
- 支持整体回报。
- 应对竞争压力。
- 维护公司形象。

退休计划

根据1974年的《就业退休收入保障法》和《国内税收法》，雇主提供的养老金计划分为以下两类：

- 固定福利计划。
- 固定缴款计划。

表8.4突出了这两类计划之间的主要区别。

固定福利计划

如果员工达到了一定的年龄、任期和收入预期，固定福利计划承诺员工在未来获得一定的福利。实际计划公式和公式中对福利的定义对员工将获得的福利水平有重大影响。许多固定福利计划使用员工最近10年工作期间连续5年最高收入的平均值来计算福利。这种过去"10"中"最高"5年的方法经常被称为最终平均工资。

表8.4 固定福利计划和固定缴款计划的主要区别

固定福利计划	固定缴款计划
好处是已知的	好处是未知的
成本是未知的	成本是已知的
雇主承担财务风险	员工承担财务风险
一般来说，为长期服务的员工提供更高的福利	可以为短期服务的员工提供大量福利
不需要为每个员工设立单独的账户	每个员工都需要有单独的账户
要求由注册精算师签字确认	不需要精算师，但是需要有记录员
以养老金福利担保公司保费为准	不受养老金福利担保公司保费的约束

图8.2给出了一个固定福利计划的示例。

资格
就业日期。
计算公式
1.75% 最终平均工资 × 服务年限。
最终平均工资
员工在其最后10年工作期间连续5年的最高收入。
正常退休
65岁。
提前退休
55岁以上，工作10年以上。
既得好处
在信用服务5年后100%兑现。
付款选项
一次性付款或50%的联合和遗属年金或100%的联合和遗属年金

图8.2 固定福利计划示例

现金平衡计划，也属于混合养老金计划，是固定收益计划。企业已经从传统的养老金计划转向现金平衡计划，因为这种计划对雇主来说成本更低，并为员工提供有保障的养老金。员工的既得利益余额在离职时可以随身携带。

在固定福利养老金计划中，雇主通常为该计划提供100%的资金。员工不需要为公司做任何贡献，一经授予即享有（退休金）。然而，即使获得了养老金领取权，员工也可能要等待领取养老金。正常退休年龄为65岁，提前退休年龄为55岁。计划可以有较低的年龄限制。

大多数公司使用"悬崖式"或"分级式"的归属时间表。悬崖式意味着员工在五年的合格服务后成为完全归属者。对于分级，员工在两年后成为部分归属者，两年后每年增加一个归属的百分比，但必须在七年后完全归属。这些归属时间表用于《就业退休收入保障法》定义的"合格计划"。合格计划意味着雇主和员工都能获得有利的养老金税收待遇。

大多数固定福利养老金计划提供各种支付选项。一个关键的考虑因素是是否有人在经济上依赖该员工。一般来说，单身生活年金选项将提供最大的月度预付金。以下是最普遍的：

- 单身生活年金。福利只付给员工，没有遗属抚恤金。当员工死亡时，所有的支付终止。这是单身员工的默认选项。这意味着如果单身员工在可以选择选项之前去世，该计划会自动选择单身生活年金。
- 联合和遗属选项。员工是"联合"，配偶是"遗属"。这是已婚员工在可以选择选项前去世的默认选项。如果一个已婚员工希望选择联合和遗属以外的选项，那么员工的配偶必须签署一份同意允许员工这样做的表格。否则，员工必须使用联合和遗属选项。

如果员工（联合）先死亡，那么配偶（遗属），根据该选项的百分比，将获得员工每月养老金的100%、75%或50%。一旦遗属死亡，将停止支付。如果遗属先于员工死亡，那么一旦员工死亡，付款将停止。

- 一次性付款。雇主向员工提供一次性的金额，该金额是通过确定员工未来可能收到的年金付款的现值来计算的。如果总支付额低于5000美元，大多数计划会给员工一次性支付。
- 期限确定。员工在3年（36个月）或10年（120个月）内每月收到一笔款项。如果员工在获得符合条件的总月数之前死亡，那么员工的受益人将根据所选择的选项获得剩余的月付款数。

固定缴款计划

固定缴款计划越来越受欢迎，因为公司可以通过调整雇主的供款来控制成本，而且许多员工也喜欢管理自己的养老金。固定缴款计划也更容易让员工理解，并且在很多情况下，为短期员工提供比固定缴款计划更高的福利。通过固定福利计划，公司做出了所有决定，包括投资工具的选择。相比之下，在固定缴款计划中，员工对投资选择和投资金额有更大的发言权。

最流行的固定缴款计划是带有401（k）功能的"储蓄/节俭"计划。有时这些401（k）计划被称为"资本积累"计划。一个吸引人的特点是，员工的缴款是递延纳税的。许多计划有"匹配的"雇主的贡献，可以被员工视为"免费的钱"。匹配金额因公司而异。在该计划中，所有的钱都是免税的。这意味着员工在赎回资金时要支付联邦和州的预扣税，最好是在退休时，个人税率通常比工作时低。图8.3是一个401（k）计划的示例。

资格
与就业日期相吻合或紧随其后的第一个月。

员工缴款
员工收入的 2%~15%：
- 税前基础。
- 税后基础。
- 税前和税后的组合。

公司缴款
50% 的缴款中的前 6% 由员工缴纳。

公司缴款的归属（悬崖式）
在完成三年的信用服务后，100% 归属。

投资选择
员工缴款：
- 普通股票基金。
- 公司股票。
- 债券基金。
- 固定回报率的工具。

公司出资：公司股票。

退出条款
年龄 59 岁半或以上。
死亡或残疾。
退休或终止雇佣。

贷款条款
最高为已得账户余额的 50% 或 5 万美元，以较低者为准。

付款方式
现金。
公司股票。

图8.3　401（k）计划示例

员工可以因特定原因提款，但提款通常要缴税。因此，许多计划都包含贷款条款，允许员工在必要时借款而不是提取资金。美国国税局规定，贷款金额不得超过员工既定账户余额的50%或5万美元，以较低者为准。

当员工终止雇佣时，可以选择分配方案。这些选择包括一次性付款、年金安排、分期付款和直接转入个人退休账户或其他符合条件的雇主计划。通过直接将一次性分配转移到个人退休账户或其他符合条件的计划，员工可以避免政府规定要求的20%预扣税。

401（k）计划中雇主供款的归属如下：

1. 如果选择"悬崖式期权"，则在三年后100%兑现。

2. 如果选择"分级式期权"，则在六年后100%兑现。

员工投资的所有钱都是100%立即兑现的。

其他类型的固定缴款计划包括：

- 货币购买养老金计划，公司从每位员工的工资中拿出一定比例的钱购买年金。
- 员工持股计划，员工每年获得雇主分配的股票。
- 递延利润分享计划，即公司每年贡献一定数额的利润，每个参与者都被记入一份。

为非工作时间支付的福利

为非工作时间支付的福利一般不受政府管制。通常情况下，它们都受公司政策的保护。最常见的休假福利是：

1. 假期。

2. 病假。

3. 法定假日。

4. 丧假。

5. 兵役。

6. 陪同假。

7. 个人假期。

8. 带薪休假。

假期

假期津贴通常根据服务和职位而定。免税员工通常比非免税员工享有更多的假期，尤其是在工作的前几年。按服务增加的费用如下：

年假津贴

3个月~1年	5天
1~5年	10天
5~15年	15天
15~20年	20天
20年以上	25天

病假

公司每年为员工因个人疾病不能工作的情况提供固定的工资延续天数。

法定假日

大多数公司在法定假日不工作的时候都会给员工支付工资。假日通常包括：

- 元旦。
- 马丁·路德·金的生日。
- 阵亡将士纪念日。
- 7月4日。
- 劳动节。
- 感恩节。
- 圣诞节。

如果非免税员工在法定假日工作，公司通常会向他们支付"加班费"，然后再给他们一天带薪假期。

丧假

公司通常会为员工安排时间参加直系亲属的葬礼。典型的带薪假期是三天。

兵役

根据《制服服务就业和再就业权利法》，在军队服役的员工有权继续保持其职位、资历、地位和工资，就像没有中断就业一样。

陪同假

公司必须允许员工休假以履行陪审员职责。员工从法院获得象征性的薪酬。额外的薪酬以公司规定为准。

个人假期

公司通常每年会为员工提供两到三天带薪的事假,员工可以自由支配。一些公司将这些日子视为"紧急时刻"。

带薪休假

计划外的缺勤成本很高,而且会对公司满足客户需求的能力产生负面影响。为此,公司正在实施带薪休假计划,以控制与计划外缺勤相关的成本,并给员工带薪休假,以平衡工作和非工作压力。

通过带薪休假计划,员工可以获得一笔时间储备,用于休假活动,而不考虑任何原因。带薪休假取代了传统的假期、个人假期、病假以及某些情况下的法定假日。如果设计得当,专利商标局可以为公司节省资金,同时为员工提供带薪休假的安全保障,以应对非工作压力。

其他福利

许多"其他福利"是不言而喻的。然而,需要注意的是,应该准备一份具体的书面公司政策供员工使用。书面政策有助于确保所有员工之间的公平,并在员工质疑任何程序的适当性时解决争议。"其他福利"的例子包括:

- 收养福利。一些公司决定,由于医疗计划提供生育保险,因此还可以为选择收养孩子的员工提供一些报销。每次收养的报销范围从 1500 美元到 3000 美元不等。
- 通勤福利。这项福利包括用于公共交通的货车或代金券。
- 信用合作社。这些由员工经营的机构为员工提供贷款,并对账户余额给予利息。
- 抚养护理账号和健康护理报销账户(弹性支出账户)。这两个账户都使用税前工资来偿还符合条件的服务,并有"用之或弃之"条款。这意味着,在计划年度宽限期结束时,计划中剩下的任何资金都将被收回计划。

有了抚养护理账户,员工就可以用这笔钱来补偿为其抚养子女提供保险服务的照顾者。通过健康护理报销账户,员工可以支付公司健康护理计划不包括的服务,还包括免赔额、共同支付和共同保险。

- 教育援助计划。这个计划有时被称为学费报销计划。该计划提供了员工每年所产生的合格教育费用的全部或部分报销费用。
- 员工援助计划。这个计划通常有一个免费的电话号码，员工可以打电话寻求帮助解决个人问题（如经济、婚姻或药物滥用问题）。
- 员工的健康服务。这项福利通常在员工在工作中生病或受伤时提供现场医疗服务。
- 财务咨询服务。这项福利为员工，特别是参加 401(k) 计划的员工提供财务建议。
- 弹性工作时间。这项福利允许员工选择方便的上班和下班时间，在某些计划下，还可以延长午餐时间，同时仍然要求每天或每周的标准工作时间。
- 产品／服务的折扣。员工使用许多公司的服务或产品。因此，对于公司来说，以较低的成本为员工提供服务或产品是很常见的。
- 搬迁补贴。公司经常要求获得免税待遇的员工调到其他公司工作。为了协助搬迁，公司承担搬迁费用，以帮助员工缓解搬迁带来的不安。补贴有时会提供给新员工，但一般不会像对待现有员工那么慷慨。
- 补贴餐饮服务。雇主通常会补贴员工自助餐厅提供食物的费用。
- 工作分担。这是两个兼职员工做一个全职员工的工作。这两个员工分担工作量。当员工不想全职工作时，这种安排通常很有效，而且可以相互补充。

有效沟通的重要性

有效沟通（书面和口头）对于员工理解和欣赏公司整体回报计划的价值至关重要。工资和薪酬相对容易理解，而且很容易看到，与之相比，福利往往是复杂的、多样化的、在某种程度上是隐蔽的。你只在需要的时候才使用福利。因此，未使用的好处往往是无形的。

为了有效，福利沟通计划应该：

- 满足向员工和监管机构报告和披露关键信息的法律要求（《就业退休收入保障法》）。
- 有方法让员工表达兴趣和关注，并包括一个反馈机制来回应员工的评论。
- 让员工清楚了解自己的福利待遇规定。
- 让员工相信，有关他们福利的信息是容易获取和准确的，福利计划将实现他们的承诺。

- 突出福利的价值。
- 让员工意识到雇主为员工提供福利所做的金钱投资。

法律要求

《就业退休收入保障法》要求计划发起人（雇主）给参与者（员工）各种文件。两个基本的文件是：

1. 概要计划描述是"福利手册"。这份文件应该以普通员工能够理解的方式解释福利。概要计划描述必须在90天内发给每个计划参与者。

2. 年度总结报告包括有关福利计划的主要财务信息。每个计划年度结束后的9个月内，参加者必须获发年度总结报告。

除满足《就业退休收入保障法》报告和披露规定外，福利管理者还需要遵守其他联邦和州的要求，以便分发和发布影响员工的各种信息。

协调（Cobraize）员工

由于各种符合条件的事件（如失去工作）而失去福利的员工，有资格获得《综合预算调解法案》（1985）规定的补偿。《综合预算调解法案》允许符合条件的员工在18~36个月的时间内继续为自己和符合条件的家属与配偶享受一些福利，方式是每月支付全额保险费，外加2%的管理费。

大多数雇员对高额的医疗保险感到震惊。这些信息使许多员工感激公司为他们所做的一切。遗憾的是，当大多数员工离开公司时，这种意识才会出现。

建议在员工入职的第一天就对其介绍《综合预算调解法案》（除了满足传统的《综合预算调解法案》要求）。这意味着除了员工支付的福利，还要告知员工雇主支付的福利（尤其是医疗费用）。数字传达价值，或许披露数字会让员工更了解公司为他们做了什么。

创造和建立利益意识

在某些情况下，员工及其家属只有在需求变得十分迫切时才知道福利覆盖范围。例如，当生病或致残时，退休日期临近时，或死亡发生时，人才会搜索和查询必要的申请表格。然而，除非定期收到提醒，否则员工可能无法使用公司提供的其他福利。如前所述，包括教育援助、员工援助计划、长期护理和收养福利。

让员工了解福利的方法包括：

- 公司的时事通信和公司内部网上的文章。
- 布告板上的通知。
- 邮寄到员工家中的信息。
- 工资单。
- 福利博览会。
- 特殊项目（例如，社会保障局的代表做演示并回答问题）。

允许员工邀请非员工参加公司举办的福利信息会议。通常，利益的决策者并不是员工。允许员工带一个家人或朋友来将有助于更好地理解和决策。

增强信心和信任

当员工对计划信息的准确性有信心，并相信他们可以及时获得有关福利的信息时，可信度就会增强。快速准确的反应是建立信誉的关键。为方便向员工提供福利资料，可采用以下方法：

- 通过按键式电话进行交互式语音响应。
- 触屏系统。
- 内部网。
- 电子邮件。

让员工参与福利改革

许多公司通过在改变福利计划时积极地让员工参与来获得成功。这包括使用"员工任务小组"或"焦点小组"来审查想法并表达计划变更的意见。要求其他工作小组审查建议的沟通部分，以确保员工理解。这些互动类似于公司在新产品或服务上市前要求一群付费客户对其进行评论。

营销主管已经了解到客户反馈的价值，以确保新产品或服务满足客户的需求。最好的方法是征求意见，而不是等到产品或服务上线后。同样的逻辑也适用于在确定一项新的福利计划或沟通项目之前征求员工的意见。

在当今全球化的商业环境中，市场迅速变化，竞争加剧，员工敬业度低，保留员工是组织面临的一个挑战。此外，随着认知时代的到来，员工与技术之间的界限变得

9 如何通过持续发展来提高员工的技能

越来越模糊。组织处于不断变化和发展的状态。员工比以往任何时候都有更多机会离开组织去寻找更好的工作。

各个组织都已经意识到，控制和命令的旧管理方式已经过时。重点是要从治理和行政手段转移到提供人性化的员工体验，从而提高员工和组织的绩效。

为了提高绩效和敏捷性，并有效地竞争，员工需要随着组织的变化而成长和发展。推动员工成长的传统方法是每年的绩效管理过程。然而，越来越多的研究表明，这一过程是无效的，不能提高绩效或员工技能。根据领先的人力资本研究机构收集的数据，86%的公司对缺乏结果感到不满（Rock，Davis和Jones，People & Strategy，Volume 36，Issue 2，2013）。

实现持续绩效发展的八大支柱

有远见的组织明白，要想实现盈利增长，就需要找到提高员工绩效的方法。以下是各组织为实现持续绩效发展而应拥护的八大支柱。

通过认可建立一种欣赏的文化

今天，组织需要赢得员工的心，并提供积极的体验，让员工感受到激励，从而完美地完成他们的工作。积极的员工体验最好被定义为一种有影响力的、有力量的（最终是人性的）体验，在这种体验中，员工变得有动力，并感到他们可以全身心地投入工作中。它允许企业领导人在留住员工、企业文化和员工幸福感等重要问题上取得重大进展，同时提高了底线。

员工工作的动力不再仅仅是金钱。他们希望为一个能让他们感到被欣赏、被认可、被理解的组织工作，并了解他们是如何做出改变的。哈佛商学院发表了一项关于表扬和工作效率之间关系的研究。参与者参观了哈佛决策科学实验室并被要求解决一个问题。根据密歇根大学朱莉娅·李博士的说法，"大约一半的参与者被要求在他们参与之前让朋友和家人给他们发一封电子邮件，描述他们的最佳状态"。

结果是：收到正面邮件的人中有超过一半的人解决了问题，而没有收到邮件的人只有19%。研究还指出，受到表扬的参与者发现自己的压力明显减少了。

这只是其中一项研究。还有一些其他的行业研究和统计数据证明了社会认可和可量化的商业指标之间的联系。根据全球人力资源分析与研究机构的数据，员工表彰项目让92%的员工感受到了赏识。

在员工被赏识的文化中，当你和他们说话时，你是能感受到的——他们很投入，充满激情，与组织相连。当员工感到被赏识时，他们会更努力地工作，会有更高的信任度，工作时也会更快乐。所有这些都导致了更高的生产力，减少了人员流失率，并提高了发展和变化的灵活性。

这是围绕绩效发展的新思维的第一个支柱。从建立一种认可的文化开始，以建立信任，并使员工能够把最好的自己带到工作中，从而提高生产力、业务增长率和人才保留率。建立一种文化，在这种文化中，人们不仅因为出色的工作，而且因为庆祝小的胜利而得到认可。当个人开始加入文化变革时，组织要认可这些变革大使。

为坦诚和频繁的沟通创造一个安全的环境

一个心理上安全的氛围意味着团队和个人在建设性的冲突管理氛围中相互倾听，从错误中学习，并有高度的参与。这种文化可以通过认可和欣赏来创造一个充满信任、联系和真诚的人文环境。当个人感到安全的时候，他们就会更乐于成长、学习和犯错，以不断提高绩效。

在安全的环境中，领导者还会向员工和团队讲述他们的错误和吸取的教训，以身作则。在领导者模仿反馈和学习的环境中，员工乐于向同事和领导者提供诚实的反馈。例如，如果一个产品在市场上失败了，那么首席产品官将全权负责这个问题，与他的团队讨论为什么会发生这种情况，并询问可以改进的意见。

该领域的权威学者哈佛大学的艾米·埃德蒙森说，"组织研究已经将心理安全确定为理解诸如声音、团队合作、团队学习和组织学习等现象的一个关键因素"。

可以通过以下步骤来营造一个安全的信任环境：

- 确保管理者和员工经常沟通，至少每两周沟通一次。
- 让领导在全体会议等论坛上承认错误和从错误中吸取的教训。
- 让员工了解他们所做的工作与企业目标之间的关系。
- 鼓励同行的认可，然后在整个组织内建立联系和积极性。

通过人群反馈促进持续的对话

当员工能够把真实的自我带到工作中，舒适地成长和发展时，通过反馈学习就成了一件值得拥护的事情。令人惊讶的是，建设性的反馈会阻碍生产力，增加员工流失率。从生物学上讲，当反馈被给予时，我们的大脑会进入战斗、逃跑或冻结模式。当这种情况发生时，绝对没有学习发生。

然而，在一个安全的环境中，员工感到被赞赏，并与他们的同伴有强烈的情感联系，反馈就不再是一个威胁，而是一个学习和成长的机会。组织通过人群反馈的频繁检查，帮助员工感到在组织中更受重视，提高他们的积极性和生产力水平。人群反馈也促进了持续的对话，从而减少了员工和管理者之间的误解或延迟沟通的风险。强烈的情感联系使人们能够向他人询问有助于他们成长的反馈，而不用担心自己看起来很弱。

从人群中获得指导可以通过以下方式实现：

- 以身作则，向上级和下级要求反馈。这树立了一个收集反馈信息是安全的例子。
- 授权直接报告人就如何改进他们的检查工作提供反馈。
- 反思团队如何才能在重大项目里程碑期间更有效地做事情，培养基于团队的反馈。

释放集体和团队的力量

我们都听过这样一句话："我是来工作的，不是来交朋友的。"现实是，工作中的社会联系对员工的成长和学习至关重要，它是我们共同的人性的一个重要部分。工作中的关系可以对压力、生产力和幸福产生积极或消极的影响。

亚伯拉罕·马斯洛博士是一位先锋社会心理学家，他将归属感列为人类满足和成就的需求层次的第三位。这种对归属感的需求存在于一个人生活的所有方面，包括工作。当一个人在工作中没有归属感时，他们就会无所事事，不开心，不能把最好的自己带到工作中。为了在组织内成长、改善和建立联系，员工需要感受到这种部落主义和情感联系。员工需要知道，他们可以进行真实的讨论，甚至产生分歧，而不会被踢出部落。

联系和信任的过程是通过欣赏和认可建立起来的。一旦建立了这种信任的联系，那么包括建设性反馈在内的各种反馈就会成为一个舒适的过程。反馈和赞赏的交流建立了这种集体感，在组织中建立了牢固的关系和联系。只有在有团队感和连接感的情况下，才会有持续的绩效发展。

可以通过以下方式来鼓励整个组织内的联系：

- 不仅要庆祝与工作有关的事情，也要庆祝生活中的大事，如婚礼，婴儿的出生。这不仅可以帮助组织中的其他人看到他们同事的工作方面，也可以看到他们的生活方面。
- 支持团队活动，让人们可以在工作环境之外互相了解。
- 投资于基于团队的认可和反馈。当团队完成了一个里程碑时，要为团队庆祝。这也是一个反思和反馈的好时机。建立以团队为基础的社区，创造联系，建立信任，并提高生产力。

做一个教练而不是一个任务委派者

为了持续改善员工的发展，管理者必须改变自己的角色，需要超越命令和控制，成为一个合作者和教练。事实上，根据研究，将高效管理者与普通管理者区分开来的最重要的管理能力是指导员工与管理员工的能力。

当员工接受培训时，他们可以成长，建立他们的技能，并与组织建立情感联系。指导包括以下要素：

- 了解对每个员工来说重要的价值观，并能够将员工的工作与组织的使命、目标和价值观联系起来。

9 如何通过持续发展来提高员工的技能

- 提供反馈，帮助员工持续成长。
- 允许员工失败，并从错误中学习。
- 让员工对他们的发展和他们所做的工作有发言权。
- 将签入的性质从状态转移到学习、成长和合作的环境中。管理者必须提出有探究性的问题，不仅要激励员工，而且要充分利用他们的技能，提供成长的意见。

员工和管理者之间的关系对于建立与组织更广泛目标的联系也是至关重要的。希望员工不断成长的组织必须确保管理者不仅要定期与员工见面，而且要确保员工了解他们的工作与更广泛的目标之间的联系。

当管理者和员工之间的关系转变为教练（导师）和球员（门徒）之间的关系时，沟通就会集中在学习和成长上，持续的绩效发展就会变得自动。

要打造管理者更像教练而不是任务委派者的企业文化，关键在于以下几个步骤：

- 培训（并向）管理者展示开放式问题如何帮助促进合作。向管理者提供一些关键的开放式问题，以便在检查时提出。
- 为管理者建立导师计划，让他们学习如何从其他管理者那里学习如何领导。
- 向员工展示他们如何推动与管理者的沟通。为员工提供一些关键问题，让他们可以向管理者提问，以便管理者能够指导（而不是指挥）他们。

拥抱个人成长的心态

我们怎样才能让员工做好自己的工作并获得成长？员工和管理者需要做出哪些行为上的改变来支持这种发展？在与团队沟通时，管理者应该问哪些指导问题？

每个组织都需要评估其文化、员工和人力资本战略，以确定将推动持续绩效发展的正确理念。卡罗尔·德韦克的成长心智模式就是驱动理念的一个例子，她在自己的书《终身成长：重新定义成功的心智模式》中介绍了这一理论。

一旦选择了一种理念，它就要渗透到组织的许多方面，包括领导力发展、组织价值观、员工发展和目标。

通过不断的反思来学习和发展

越来越多的研究表明，结合反思，从反馈和经验中学习的能力更有效。事实上，这会使个人更有生产力，并建立他们实现目标的信心（自我效能感）。反思可以让员工从"战或逃"的模式转变为更理性的模式，从而学习和真正理解他们所收到的反馈。

以下是一些很好的反思问题，可以作为考核的一部分来推动员工的成长：

- 什么是我确定的？
- 有哪些行动的可能性？
- 谁可以提供帮助？
- 从别人的角度看，这种情况是怎样的？

让员工推动自己的发展

还记得学习就意味着参加为期一周的培训的日子吗？然后你就会回到你的日常工作中去，并且只应用了一小部分的学习内容。这就是学习和成长的旧模式。如今，员工想要即时学习。德勤认为，所有级别的员工都希望从他们的雇主那里获得动态的、自我指导的、持续学习的机会。千禧一代和其他年轻员工是在这种自我导向的学习环境中长大的，他们希望这是他们工作生活和职业生涯的一部分——如果雇主不能提供这种环境，他们就会跳槽。

持续绩效发展的关键是在需要的时候实现这种学习。这可以采取在员工使用的产品中嵌入学习和指导的形式，也可以采取当下反馈的形式，由员工向与他们实际工作的人提出要求。当要求对特定项目、行为或活动的反馈时，员工就掌握了学习和持续绩效发展的主动权。

管理变革

这些最佳实践的关键是将它们嵌入文化中。这就需要变革管理来促进这种文化的发展。例如：

- 与领导层就变革进行持续沟通。来自高层的支持至关重要。
- 领导者必须在组织内部以身作则。
- 在文化开始演变时庆祝小的胜利。
- 在每个组织中建立变革大使以支持变革。
- 支持培训、微型学习和领导力发展。
- 在变革之前和变革期间，形成焦点小组，收集员工的意见。
- 利用数据了解哪些团队正在接受变革，哪些工具是有效的或需要发展。

改变文化需要时间。它不会在一夜之间发生。关键是要决定首先改变什么、衡量、收集反馈并根据需要进行调整。

点燃激情和目标

我们在如何培养员工和组织方面有了新的觉醒。对于员工的成长，他们需要有安全感，有权力，并得到领导的指导。他们需要一种能点燃他们激情的文化——在这种文化中，他们每天醒来都很兴奋地来工作，并且与同事和领导都保持联系。那些接受这种人类文化的组织将在员工保留、敬业度和组织灵活性方面具有竞争优势。

技能重塑革命

有大量的研究表明，我们今天所知道的工作将在10年内发生巨大的变化。

也就是说，世界经济论坛估计，在不久的未来，人工智能将取代全球7500万个工作岗位，而且这个速度还将继续加快。普华永道的一份报告预测，到2030年，美国可能失去38%的工作岗位，英国是30%，德国是35%，日本是21%。

因此，组织有责任对员工进行技能提升和技能重塑，让他们为即将到来的浪潮做好准备。这正是2020年在瑞士达沃斯举行的世界经济论坛年会上讨论的话题。"技能重塑革命"作为一项全球优先事项被启动，并概述了其目标。

正如盖洛普所指出的那样，解雇不合格的员工，雇用新的员工，会导致招聘和解雇的循环不断加速。这种循环代价高昂，导致系统效率低下，并导致组织知识的流失。盖洛普补充道："裁员造成的长期劳动力短缺使企业落后于竞争对手，也削弱了企业在劳动力市场上的地位，因为大规模裁员会损害雇主的品牌形象。"

对一个组织来说，技能重塑和技能提升还有其他的好处。

人工智能学习技术提供商Docebo的高级客户成功经理阿什利·乔丹表示："从根本上说，它只是让员工更投入。它向员工发出这样的信号——他们的雇主关心他们的发展，希望他们不仅通过提供必要的工具在目前的职位上保持领先，而且为他们提供在公司内部发展的机会。所以，你会在工作岗位上看到更高的敬业度，同时整体上会有更高的生产率。"

阿什利·乔丹指出，大多数组织都试图评估和确定每个业务流程的投资回报率是多少。她说，当涉及重新培训员工时，投资回报率路线图是相当容易跟踪的。

阿什利·乔丹说："如果提供更多的培训机会，他们可能更愿意留在公司。通过开发现有人才，而不是去市场上寻找新的人才，你会注意到更少的人员流动和人员流失,并在长期内获得更高的投资回报率。"

这一过程的第一步是,雇主要确定他们需要在哪些领域对员工进行技能培训,以便为未来做好准备。阿什利·乔丹说,第二步是确定企业试图实现的结果,并确定他们是否有工具来实现这些预期的结果。

"你有实现这种参与的必要工具吗?如果没有,那么你可能需要去市场评估你需要什么。"阿什利·乔丹说,"实施一个新平台的过程可能会很漫长,但如果有正确的利益相关者和正确的购买力,并对员工有激励作用,那么你可以很有效地完成这一工作。"

正如盖洛普所指出的,另一个变量是,领导者需要知道天赋和技能之间的实际差异。它说,这种理解可以对盈利能力和在不断变化的商业环境中的竞争能力产生重大影响。

阿什利·乔丹说,除了企业投资技能提升和技能重塑以更好地保障未来的明显商业理由,年轻一代也在迫使他们这么做。

阿什利·乔丹说:"企业如果想在商业和技术变革中获得成功,就必须提供这些机会。技术正在呈指数级变化,这正在改变我们每天工作的性质,所以工作中的适应性和敏捷性将是未来一切进步的关键。"

企业运营方式的根本性转变

一提到"技能重塑"(reskilling)这个词,人们就会想到处于职业生涯中期甚至临近退休的员工,他们需要学习如何使用新技术。

但世界经济论坛所称的"技能重塑革命",远不止老年员工。这是一种根本性的转变,企业和员工应该保持在快速发展的技术的领先地位。

这关系到什么?不仅是个人的工作,而且是整个经济的健康。传统的技能重塑工作,特别是在公共安全领域,主要是针对那些已经被解雇的员工,因为他们的技能已经过时。这个系统需要政府提供服务,如失业补偿或福利援助,以支持员工获得新的技能和教育。

专家建议,私营部门可以通过提前规划在打破这种循环方面发挥主导作用,而且这样做具有良好的商业意义。

世界经济论坛2019年报告《技能是劳动力市场的货币》的作者之一瑞文·杰苏萨森表示,"学习、工作、退休"的旧模式适合一个工作市场,在这个市场中,工作的基本功能几乎不会随着时间发生变化。

随着一些旧的工作职能自动化，以及技术的不断变化，商业世界正在采用一种新的持续学习和再学习的模式。

"未来的承诺不是终身工作，而是一家公司的承诺——将确保你保持相关性。"杰苏萨森说，"人才经验将越来越被强调，公司有必要为员工提供获得新技能的途径，并在他们获得新技能时给予奖励。公司将为员工提供继续发展自己的能力、机会和机会。"

新的成本效益分析

从公司如何看待成本到如何提供继续教育，这些过时的观点都阻碍了继续教育的广泛采用。

例如，一些传统的会计做法往往会针对因解雇技能过时的员工和聘用技能更先进的员工而节省成本的行为进行奖励，而不考虑招聘成本或提高生产率的时间。此外，企业往往必须为具有高技能需求的新员工支付高额溢价，特别是在劳动力市场紧张的情况下。

世界经济论坛2019年1月发布的报告《走向技能重塑革命》警告称，成功的工作转型平均需要两年的额外教育和工作经验。

UpSkill America是一个由雇主领导的促进培训和教育的组织，它发布了一个计算器，以帮助雇主更好地确定从招聘新员工到将该新员工融入劳动力队伍的人员流动成本。该计算器是与阿斯彭研究所劳动力战略倡议合作开发的，以实现新的成本效益分析。公司可以用它来证明花钱对员工进行技能重塑，而不是替换员工是合理的。

改变文化

麻省理工学院Jameel世界教育实验室的工作场所学习主任乔治·韦斯特曼说，首席学习官也需要重新定义他们在提供教育机会方面的作用。这些领导人有机会成为其雇主的"变革者"。

人力资源部门有条件与各部门合作，以确定技能差距，确定技能重塑的最佳做法，并跟踪哪些培训产生了影响或不足。

韦斯特曼说："这完全是在改变你的思维方式，使之更具战略性。你的角色是改变文化，而不是提供课程。它是成为关于公司发展方向的对话的一部分，并帮助推动这一对话，而不是坐在那里问：'你想要什么课程？'"

全球领先人力资源服务公司万宝盛华集团的《人类需求：机器人需要你》等报告指出，尽管技术技能变得更加重要，但最成功的雇员将是那些拥有沟通和创造力等"人类技能"的人，而这些是机器人无法复制的。

创业者、《在零工经济中繁荣》一书的作者马里昂·麦戈文说，如果一家公司已经有了展现出这些软技能并且很好地融入公司文化的员工，那么对他们的技能重塑进行投资，而不是找人替代，是有意义的。

麦戈文说："就人们谈论对弹性、批判性思维、适应性和灵活性的需求而言，这些不一定是工作技能，而是能力。如果真的希望未来的员工具备这些能力，你就可以为新工作培训员工。"

一些证据表明，潮流正在转向有利于技能重塑的方向。

据UpSkill America的数据，2018年，大型企业宣布了超过6亿美元的新的技能重塑计划。

万宝盛华集团对全球1.9万名雇主的调查发现，84%的受访企业会在2020年对员工的技能提升进行投资，这是2011年有此类计划的企业比例翻了两番。

未来准备

AT&T是早期进行技能重塑努力的公司之一。该公司在2013年推出了"劳动力2020"计划，为员工创造教育机会。该公司后来将该项目改名为"未来准备"，以反映学习的开放性本质。AT&T大学和人才招聘高级副总裁达娜·赫尔说，公司目前每年投资约2亿美元用于员工内部培训项目，另外，还投资2300万美元用于学费补助。

赫尔表示，AT&T通过跟踪参加培训并进入关键岗位的员工数量来衡量其投资回报率。该公司报告称，75%的管理职位由内部候选人填补，而那些参加过"未来准备"的人比他们的同事更有可能获得晋升。

两年前，AT&T增加了一个在线搜索引擎，允许员工做学习计划和跟踪自己的学习情况。此外，该功能允许员工根据他们目前的技能搜索公司的其他工作，找出他们至少有50%资格的工作，并弄清他们需要哪些培训来弥补差距。

赫尔说："这实际上是关于透明度和赋权——创造工具和程序，以帮助员工掌握自己的发展和职业生涯。我们要创造一种持续学习的文化，激励员工在整个职业生涯中不断思考学习和发展。"（见补充内容9.1）

> **补充内容9.1 人才管道管理学院**
>
> 雇主可能希望在现有员工身上投资，但他们可能并不总是知道如何克服成本和物流等障碍。
>
> 一个潜在的资源是美国商会基金会的教育和劳动力中心。
>
> 教育和劳动力中心在其人才管道管理学院中有一个技能提升和技能重塑部分，这是一个针对地方和州商会和劳动力发展团体的培训项目。
>
> 这些学院对这些团体进行培训，让他们了解如何引导当地雇主识别其人才需求，然后围绕教育、培训和发展制定解决方案。
>
> 对于中小型雇主来说，这个问题尤其困难，他们在努力提高现有员工的技能，或者让那些已经具备必要职能的员工掌握新的技能。
>
> "我们从从业人员那里听到的第一手信息是，雇主对不同类型的解决方案感兴趣，因为他们找不到他们需要的人才。"教育和劳动力中心的项目和政策高级主管杰米·弗朗西斯说，"对他们中的很多人来说，关注自己现有的员工并考虑如何留住他们是一个很自然的出发点。他们只是不知道如何在不牺牲当前业务需求的情况下做到这一点。"

如何发现人才以培养强大的领导者

人们普遍认为，高管团队有责任制定公司的商业战略。但是，谁对领导力战略的发展负有最终责任呢？商业战略定义了公司计划做什么，而领导力战略则规定了公司将如何去做。在董事会的支持下，高管团队难道不应该关注这两方面的问题吗？也就是说，高级人力资源团队可以而且应该在将领导力战略付诸实施方面发挥重要作用。

首先，我们断言，领导力战略不仅是对一群现任或未来高管的识别。它比成功图谱更广泛，包括公司优先事项和价值观的发展和管理，也就是公司文化。

其次，我们必须承认，一些引人注目的文化缺陷案例（如富国银行和优步）已经将领导力和文化问题提升到了董事会关注的高度。从历史上看，董事会对领导层的监督通常仅限于首席执行官和其他高管的招聘和解雇。一个公司的人才管理和企业文化在很大程度上被视为高管团队的职权范围，董事会不愿被视为对其执行团队进行微观管理或事后批评。

事实上，2016—2017年Pearl Meyer对美国1400家上市公司的研究表明，近20%的公司已经正式扩大了董事会薪酬委员会的职权范围，将领导力和人才的某些方面纳入其中。这一发现与Pearl Meyer在董事会的经历相符。在董事会，委员会成员越来越多地与管理层进行讨论，而不再是传统上关注少数高管的薪酬和福利方案。更强调的是，在组织的上下两层定位和培养领导者。

这一优先事项的转变，对高管团队和人力资源有明显的影响。

在继任计划中加入主动性领导力发展

虽然领先的董事会现在考虑的不仅是基本的首席执行官继任计划，但一个有效的管理团队正在积极地为所有关键的高级职位确定强有力的潜在继任者，包括那些"现在准备好了"和那些可能"很快准备好"的人。这些评估可能包括对每个被认可的员工的职位历史、最近的绩效评估以及管理层对每个人的优势和劣势的看法的概述。对于现成的候选人，概述还应该包括该人的继任计划。

人力资源部门在帮助管理团队制订计划以满足个人发展需求方面发挥着关键作用，如轮岗分配、内部和外部指导以及更多地接触高管层和董事会。同样地，人力资源部门可以促进对整个团队的组成和动态的高层次、全面的审查。

这个复杂的过程可能根植于一个技能矩阵，它首先确定了成功实施公司商业战略所必需的经验和专业知识组合。对矩阵的进一步细化可能包括以下一些问题：

- 我们在当前的领导团队中是否存在技能差距？
- 最近或预期的业务战略变化是否改变了所需的技能/专业知识？
- 团队是否适当多元化（性别、年龄、种族、地域、任期）？
- 它是否反映了员工人数和/或公司的客户基础？
- 有没有从战略上考虑哪些职位最适合内部候选人和外部候选人？

关于现成候选人的讨论也需要涉及留任风险和减少风险战略。毕竟，如果组织认为某个人可能已经准备好晋升，那么很有可能至少有一个竞争对手会同意。在这方面，公司领导层发展过程的一定程度的透明度可能会有所帮助，同样，领导力发展和整体回报（包括年度和长期激励薪酬）之间的谨慎协调也会有所帮助。

了解文化核心

董事会历来把发展领导力的重点限制在首席执行官继任和高管薪酬计划上，同样，他们对企业文化的关注也往往集中在"高层基调"上。然而，我们看到越来越多的公司因为低级别员工的行为而发生丑闻。当然，高层基调可以创造一种企业文化，允许或鼓励员工以最大化短期结果的方式行事，但与公司的长期健康背道而驰。另外，在公司高层基调和组织核心的日常文化之间可能存在脱节。一家公司的领导者需要找到从上到下评估企业文化的方法。

通过正式和非正式机制的结合，高管团队很可能对组织的各个层次的文化有最清晰的认识。首先，高层团队应该能够清晰地表达他们对公司的愿景——它的使命、价值观和共同目标。接下来，他们可以确定团队中存在和需要哪些领导素质，如对风险的容忍度、灵活性，或对指导的态度。这可以通过类似于技能评估的矩阵来实现。最后，高管团队要言行一致，这一点至关重要。这些领导者的个人行为不仅需要与所支持的文化保持一致，他们还需要愿意在文化规则被打破时采取行动。人力资源指导在建立期望、制定政策和程序方面是非常有价值的，可以帮助组织确保违规行为得到及时、公平和适当的处理。

在往下看的时候，高管团队可以计划与各个团队正式或非正式相处的机会，并共同努力，在总部以外的地方花费高质量的时间，提供机会与组织中不同级别的员工互动和观察。其他活动（例如，参加贸易展览或用户会议，以了解内部文化和外部对公司的看法）使管理层更深入地了解员工的行为，以及公司在行业中的竞争定位和声誉。诸如Glassdoor和客户聊天网站等来源也可以提供线索，让你了解真实的、没有脚本的员工观点。

虽然这只是企业文化的一个方面，但理解薪酬的作用和看法不应被忽视。事实上，薪酬是一个强有力的工具，董事会和高管团队可以利用它来加强和沟通公司的优先事项、价值观和文化。

在当前的商业环境下，无论监管规定和报告要求如何，薪酬平等和公平的问题都将继续变得越来越重要。即使没有即将披露的首席执行官薪酬比率，公众也将继续对首席执行官的薪酬水平和增幅与美国普通员工的差异进行监督。在性别平等方面，美国有几家知名公司，包括亚马逊、苹果和Facebook，主动披露性别薪酬比例。人力资源部门可以帮助高管团队考虑这些和其他薪酬问题的影响，包括激励计划可能产生的意想不到的后果，并设计一种沟通策略，帮助高管团队说明薪酬结构是如何支持公司的理想文化的。

人力资源部门有一个战略机遇，可以在帮助组织发掘这种更深层次的核心文化方面发挥主导作用。这是许多人力资源职能的本质，特别是精心构建的员工敬业度调查，可以帮助组织提供有价值的文化评估。

积极宣传人力资源理念

一般来说，领导力发展、薪酬和福利计划的主要目标是吸引、留住和激励高管和全体员工。公司显然需要具有竞争力的项目。但是，从"吸引和留住"的思维模式转变为"参与和调整"的思维模式，可能是一种积极主动地专注于促进正确的企业文化的方法。定位的转变会影响项目的设计以及与员工和市场的沟通方式。

人力资源部门在决定最适合公司业务战略和文化的人才，以及有助于从内部培养人才的领导力和技能发展机会方面起着核心作用（见补充内容9.2）。持续和公开的对话，以及对成功的不断评估，将有助于高层基调与核心文化保持一致。对内部环境的重要性有更深刻的认识，再加上深思熟虑的人才发展，高层领导能够直接影响到公司在市场上的差异化和实现其商业战略的能力。

补充内容9.2　人力资源部门如何在领导力发展中发挥主导作用

识别和留住领导人才

1. 不断评估顶尖人才，以确定高级职位的强大潜在继任者。
2. 识别高潜力人才在经验或专业知识方面的任何差距。
3. 帮助管理团队为个人成长和发展制订有针对性的计划。
4. 作为一个功能单元，对整个团队的技能和动态进行高层次的审查。
5. 记住要考虑留住人才的风险和留住顶尖人才的策略。

发现渠道

1. 了解当前团队中存在哪些领导素质，以及需要哪些素质。
2. 考虑领导者的行为是否与文化使命相一致。
3. 建立一个适当的流程，并在文化界限被跨越时采取果断的行动。
4. 帮助高管团队计划如何花高质量的时间与各个团队进行交流，包括正式和非正式。
5. 从外向内探索公司文化。贸易展览、会议、客户反馈和网上张贴都能提供一些线索，让我们了解一个组织的真正核心文化。

许多雇主在新型冠状病毒肺炎疫情中投资于技能重塑工作

在新型冠状病毒肺炎疫情大流行期间，雇主加大了技能重塑和技能提升的力度。

这是TalentLMS、Workable和《培训》杂志开展的一项名为"员工技能提升和技能重塑状况"调查的主要结果。在接受调查的282家组织中，有43%加强了对员工技能重塑和技能提升的努力。研究人员还发现，在他们调查的400名美国员工中，42%的人在新型冠状病毒肺炎疫情爆发后自己进行了培训。

TalentLMS的客户支持和培训总监埃莱夫塞丽娅·帕帕赛奥佐鲁表示："在这段集中的时间里，各行各业的公司，无论规模大小或需求如何，都把它们的培训转移到了网上，以便继续下。我们正在进入一个时期，在线培训不是另一种解决方案，而是唯一的出路。"

调查显示，68%的公司投资于技能提升/技能重塑，以应对组织内部的变化，另有65%的公司投资于培训员工掌握新技术。此外，50%的雇主表示，他们的培训计划同时针对硬技能和软技能。

雇主（91%）和员工（81%）都认为，技能提升/技能重塑提高了工作效率。然而，在雇主和员工之间发现了一个不一致的观点，62%的员工希望技能提升和技能重塑能带来晋升和/或加薪。然而，只有三分之一的雇主表示，公司内部在薪酬和增长方面发生了重大变化。

对大多数员工（66%）来说，技能重塑或技能提升的最大动机是学习新事物和发展新技能的乐趣。更重要的是，52%的人说培训增强了他们的信心，74%没有接受过技能培训的员工说他们更愿意在提供职业发展机会的公司工作。

其他一些重要发现：

- 技能提升或技能重塑有利于公司的目标完成（84%）、声誉提高（74%）和员工留住（69%）。
- 缺乏时间（55%）和缺乏培训资源（46%）是企业技能提升和技能重塑的两大障碍。
- 雇主表示，沟通（57%）、领导力（54%）和主动思考（50%）是员工最缺乏的重要软技能。
- 66%的员工认为硬技能培训能帮助他们获得更多进步，相比之下，只有34%的员工认为软技能培训能帮助他们获得更多进步。
- 74%的员工认为，他们的管理者需要技能提升或技能重塑。

10 如何认可和奖励绩优员工

一个组织可以通过颁发即期奖励或认可奖励来赞扬员工的表现。即期奖励的目的是承认和展示对个人或团队的特殊贡献的即时和自发的赞赏和认可。认可奖励通常是相对较小的,而且是在取得成就的时候给予。

在大多数情况下,管理者通常可以根据直接观察和/或其他人对特殊努力或特殊结果的反馈来给予即期奖励。它们可能以现金奖励、感谢信、电影票、体育比赛门票、晚餐券等形式出现。一个个人或团队的杰出成就,可能需要在公司的常规工资和奖金计划之外给予金钱奖励和认可。较大的奖励通常在正式的表彰活动或典礼上颁发。就所有的意图和目的而言,本章将重点讨论现金奖励。

在事业蒸蒸日上的日子里(如股市上升期),公司急于给优秀的员工发放即时奖金,担心他们会跳槽。在许多公司,当就业市场趋缓、资金紧张的时候,公司仍然认为奖励表现出色的员工是留住他们的重要手段。那些紧缩工资预算的公司发现,当加薪不可行时,即期奖励是一个负担得起的选择,可以让员工感到被重视和被赞赏。

即期奖励是对员工"出色完成工作"的奖励,这种奖励一直很流行。因为它们与表达对员工的赞赏有着直接的联系,并作为激励工具,激发了高水平绩效。

在管理层的自由裁量权下,如果员工对一个项目或任务做出了对组织有价值的重大贡献,就会得到认可,例如:

- 提前达到或超过项目目标和预期。

- 提高生产力和效率。
- 实施节约成本的想法。
- 提高了团队合作的质量。
- 优秀的客户服务。
- 有效处理特别复杂和/或敏感的问题。

员工还可以在以下方面得到认可：

- 业绩。
- 生产力。
- 安全。
- 销售。

提供即期奖励的原因有很多，但同样重要的是业务驱动因素，可能包括：

- 将其作为一种招聘工具，向未来的员工展示绩效文化。
- 奖励对产品或服务质量有积极贡献的员工。
- 认可生产力的提高。
- 对组织的士气和忠诚度产生积极的影响。
- 通过提供奖金奖励来留住合格的员工。

奖励计划最常见的策略是：

- 奖励员工在日常工作之外做出的杰出贡献。
- 加强员工士气。
- 提高留任率。
- 将业绩与公司使命挂钩。

即期奖励数额

即期奖励是非基本工资，一般在50~250美元之间。然而，有些即期奖励并不仅是员工工资上的几块钱——许多公司通常会给表现出色的员工1000~2500美元的奖金。对于高管来说，超过1万美元的奖金并不罕见。奖金数额应与所取得的成就或贡献相称。奖励的颁发应个性化，并在员工取得成就后尽快进行。

即期表彰计划指南

即期奖励具有符合正式和非正式表彰计划的元素。即期现金奖励就像非正式的项目一样，提供即时的认可，但仍然具有正式项目那样的明确结构。一个即期表彰计划相对容易实施，而且对参与者的培训时间也很短，只需遵循以下八个简单的步骤：

第一步：确定计划的目的。这不必是一个复杂的目的，而应该简单地说明计划试图实现什么。例如："非正式表彰计划的目的是表彰那些容易被观察到并立即得到奖励的员工行为。"

第二步：确定哪些人有资格。所有员工通常都有资格参加奖金计划。一般来说，行政人员和可能的部门主管不包括在内。一些组织还将临时工、零工和合同工排除在该计划之外。

第三步：建立货币和计划指导方针。这种认可应该是有意义的，但也应保持在既定的程序范围内。例如，只有超过既定标准的表现（如出色的客户服务）才能得到认可；任何表彰活动的现金奖金不超过1000美元；该计划不会重复任何目前的整体回报计划。

第四步：建立计划期望。期望应该围绕组织寻求改进的领域建立。例如，客户服务、组织士气、团队发展、生产力和个人发展。下面的期望只是一个例子，并不像一般在正式的表彰程序中看到的那样被很好地定义或发展。

- 在员工中增加管理的可见度，并为他们提供奖励积极工作表现的工具。
- 提供一个积极的工作环境，认可员工的贡献。
- 取悦那些对自己的工作和贡献感到满意的员工。
- 表彰那些为客户提供卓越服务的员工。
- 鼓励员工在未来有类似的表现。
- 认可那些为组织做出有意义贡献的员工。

第五步：定义哪些行为和动作符合表彰条件。下面的要点是值得注意的行为和行动类型。这些行为与现场表扬政策（见图10.1）中所列行为的区别在于，管理者在使用非正式的表扬方法时仍有一定的自由裁量权。

- 行为或行动导致了来自内部或外部客户的称赞。
- 员工在项目或工作任务上超出预期。

- 员工在与其他团队成员合作或其他工作领域中表现出不寻常的团队精神。
- 员工的行为提升了组织的形象。
- 经理/主管观察员工参与的有助于提高士气或提升组织形象的行动。
- 员工会主动超越工作职责范围的要求。
- 员工对工作进行改进或改变流程，从而提高生产率或效率。
- 在主管的判断下，任何在他的评估中为组织增加重要价值的行为都应该得到认可。

请注意，通常很难明确定义什么会得到奖励。通常情况下，定义奖励的内容比较容易，例如，不给一个仅仅只是按预期完成工作的员工发放现场奖金。

第六步：确定排除项（如果适用的话）。

第七步：建立谁对管理项目负有最终责任（人力资源部门、表彰委员会、计划协调人）。如果有的话，需要遵循什么审批程序？当批准通过时，发放奖金的时机至关重要。

第八步：建立用于表彰个人的项目程序和准则。这种认可应该反映出对组织文化来说什么是重要的。例如，如果文化是成熟和保守的，更传统的方法，如证书的赞赏和现金奖励，可能是更合适的。在较年轻的组织中，可能需要部门聚会、礼品证书和其他类型的公开承认。什么对你的组织最有效？

要注意监测部门或工作团队的文化，这些文化可能与组织的文化有明显的不同。主管应该确定那些存在于他们工作领域的独特特征，并与表彰委员会合作，建立一个有效的表彰计划。

如何有效利用即期奖励

一个即期奖励计划应该有效地与组织的商业战略相一致。只有当该计划建立在信任和信誉的基础上时，才会出现这种情况。如果非正式的计划成为一种"一击即中"的方法，那么它就会受到严重影响。它应该被持续地应用并不断地传达给员工。非正式表彰项目有五个基本原则：

- 及时地承认和表彰员工，使用详细和具体的例子，说明积极的表现。员工想知道他们做对了什么。他们也希望能够在贡献的同时得到认可。这为员工和成就增加了价值。

政策声明： BioKing 的一项政策是立即提供现金奖励给表现出色的员工或提供出色客户服务的员工。表彰委员会负责协调即期奖励计划。

目的： 即期奖励计划的目的是立即奖励员工。即期奖励的货币价值可高达 1000 美元。50 美元或以下的奖金不需要批准。

定义： 对员工超过预期水平的有意义的贡献将得到认可，这些贡献在员工的工作描述和或员工的绩效评估中都有详细说明。奖励应该是及时和直接的，并鼓励在未来有类似的表现或行为。

资格： 除部门主管和更高级别职位外，所有员工都有资格参加即期奖励计划。

符合条件的动作 / 行为： 应使用以下准则来确定业绩或行为是否符合即期奖励的要求：

- 员工的表现超出了工作的正常预期。员工的行动或行为提高了组织的形象。员工的行为使客户感到高兴。
- 员工的行为超出了主管的期望。在解决问题或处理客户问题时，员工的行动或行为表现出了企业家 / 创新精神。

例外： 如果该员工已经因其表现或努力获得了补偿或奖励，则该员工将没有资格获得即期奖励，例如，同意轮班工作并因轮班工作获得额外补偿的员工；员工履行预期或不超出正常工作预期的职责，例如，引导客户到合适的办公室接受服务。

计划指南： 任何员工都可以提名或推荐其他员工进行即期奖励，推荐信可提交给员工的主管或表彰委员会的成员；客户也可以推荐一名员工进行即期奖励；主管 / 领导将向员工表示认可；确认应形成文件，送到人力资源部门，纳入员工人事档案；可用于即期奖励的项目可向人力资源部门获取

图 10.1 即期奖励策略样本

- 将认可与组织目标和业务战略联系起来。如果表彰不以组织为中心，就会显得不连贯，对参与者不重要。传达给员工的信息应该是：组织重视他们的贡献，希望他们成为实现目标的合作伙伴。例如，优秀的客户服务往往是组织的焦点。当员工因良好的客户关系技巧而被认可时，这就强调了客户服务受到组织的重视和赞赏。
- 以组织文化和价值观为中心。如前所述，这意味着将认可与文化相匹配。
- 通过认可员工的成就来培养他们积极的表现技能。认可应该加强积极的工作行为。
- 争取所有项目参与者的支持。认可的重点应该是如何保持项目的意义和仍然满足所有参与者的需求。

这些原则为管理一个成功的计划提供了基础。如果要让员工和其他关键利益相关者认真对待这个项目，就应该避免以下障碍。

潜在的障碍

对以下障碍应该预先解决，以确保项目不会停滞。最后两点尤其应该被仔细审查，因为它们往往要为计划的长期失败负责。

- 计划的不一致和不经常使用。
- 未能将奖励与成就相匹配。
- 未能根据个人偏好调整认可。
- 主管/领导与员工沟通不畅。
- 做出认可的人对员工的信任度和可信度较低。
- 没有明确定义哪些行为/行动正在被认可。
- 参与者对项目试图实现的目标缺乏理解。
- 未能传达某些奖励的税收问题。
- 主管/领导在认可个人时的时间不够。
- 未能保持计划的新鲜感和趣味性。
- 参与者对计划缺乏热情。

举办表彰活动

肯·布兰佳和斯宾塞·约翰逊在《一分钟经理人》一书中写道:"你永远不可能过度认可;你越认可人们,人们的工作效率就越高。"如果这是真的,为什么那么多领导都回避对员工的认可?问题是,领导不愿意告诉员工他们的工作做得很好。认可活动是认可过程的基石。领导在向员工传达认可时,要做好充分的准备。请记住,不同的员工会喜欢不同的表扬方式;确保他们不会感到不适,而不是对他们的成就感到自豪。

如果可能的话,表彰应该由主管/领导与员工面对面地进行。在这个数字化时代,一些领导喜欢通过互联网和电子邮件来表彰员工。在这些情况下,这种认可的影响可能会小一些,除非领导随后通过视频电话来表示诚意,并添加一些个人风格。一些指导方针仍然适用于虚拟表彰。关键的是,要使用个性化的表彰和主动动词来表示兴奋和热情。在完成表彰活动后,要记录具体的成就和表彰活动。

记录表彰

一个记录良好的表彰活动有助于领导将其与员工的绩效评估联系起来。当员工寻求晋升或工作调动时,这些文件也很重要。有杰出表现的员工更容易在公司晋升。记录在案的表彰加强和鼓励了员工重复他的杰出表现。它是员工未来工作行为的模板。

- 注重细节。
- 在适当的情况下，引用超出的绩效标准或组织目标。
- 详细描述成就：谁参与了？列出姓名和参与的个人。发生了什么？准确描述该员工取得的非凡成就。
- 成就是什么时候发生的？
- 为什么要表彰该事件（例如，超过部门目标，一个出色的客户服务的例子）？
- 给予认可的个人的评价。
- 给予表彰的日期。
- 如果合适，说明使用的表彰方法。
- 向员工提供文件的副本。
- 在员工的个人档案中放一份表彰证书的复印件。

激励千禧一代

尽管"千禧一代"对美国职场产生巨大影响的话题已经被主流媒体大肆报道，但对于那些知道如何保持他们的积极性的公司来说，他们可以成为一种令人难以置信的资产，却没有那么多的文章。

在沮丧的管理者开始满口"有头衔的""奖杯一代""即时满足"之类的字眼之前，他们有必要重新考虑一下对待千禧一代员工的方式。毕竟，出生于1981—2000年的千禧一代占美国劳动力的38%，这一代人拥有独特的才能和观点，企业可以从中受益。对员工奖励和表彰计划做一些调整就足以让组织的工作场所变成千禧一代茁壮成长的环境。

针对千禧一代的有效激励计划需要：

- 联系沟通和有意义的反馈。拥抱即时沟通的新媒体，并利用这些渠道为千禧一代提供互动和定期反馈。
- 个人成长和"高阶价值观"。激励个人发展，激励核心价值观，并确保千禧一代知道公司的主张是什么。
- 改善生活方式和提供体验的奖励。了解哪种奖励对千禧一代有吸引力，并将这些奖励纳入员工激励计划。

改变现状

在深入探讨员工奖励和认可的技术层面之前,重要的是要有灵活性,并努力对新工作场所人群的敏感性产生共鸣。

盖洛普2016年的报告《千禧一代想要如何工作和生活》显示,千禧一代属于理想主义者,对有目的的生活有强烈的渴望。他们想要学习和成长,发展自己的技能,并觉得自己的工作有意义。千禧一代想要挑战现状。千禧一代不想满足于"事情就是这样的",他们想知道为什么会这样,并探索让它变得更好的方法。

也就是说,现在是时候摆脱"朝九晚五"或"唯命是从"的观念了。千禧一代并没有塑造他们的个性以适应制度,而是希望制度有所改变。因此,与其担心胡子、文身、蓝头发或牛仔裤是否适合工作,不如探索一下如何利用千禧一代的创新思想、对科技的熟练程度和对新趋势的认识,这样对我们都更有好处。

激励互联的一代

千禧一代是一个与周围世界高度协调的一代。千禧一代是数字原生代,他们将技术视为自身的延伸,善于利用技术来提高自己的代理和沟通能力。

为了创建一个能够激励千禧一代的员工奖励和表彰计划,关注员工之间的联系是很重要的。以下是最大化员工敬业度的激励方案:

- 互动问答和小游戏。互动问答和小游戏是建立品牌意识或激励员工增加产品知识的一个好方法。
- 游戏排行榜。千禧一代一辈子都在和朋友们竞争高分。激发一点有趣的内部竞争,对提高员工敬业度有很大帮助。
- 社交媒体表彰墙。在社交媒体的启发下,员工和管理者可以为彼此的模范行为叫好,这是另一种千禧一代可以参与的互动形式。
- 现场积分证书。这是纳入表彰模块的另一种方式,通过增加不可预知性和自发性的元素,使员工奖励和表彰计划更有吸引力。
- 移动应用。一个成功的激励计划会让品牌成为参与者日常生活的一部分。对于千禧一代来说,这意味着员工激励计划需要为移动设备做好准备。
- 全渠道沟通。更多的现代媒体,如短信、推送通知和实时聊天,不仅可以提高员工的敬业度,还可以改善组织的工作流程,促进即时合作。

自动化激励技术也让雇主的生活更轻松，因为它消除了对文件记录和Excel电子表格的需要，或者消除了对程序遵守规定的担忧。

另一个可以考虑纳入员工奖励和表彰计划的好处是可以获得灵活的时间安排和远程工作日。这对于重视工作与生活平衡的千禧一代员工来说是一种强大的激励。用现代科技为员工提供偶尔远程工作的选择并不一定会导致生产力的下降。事实上，情况恰恰相反。团队在远程工作时通常会更加努力，因为这是他们重视的一项特权。

明确的目标和定期的反馈

员工奖励和表彰计划的优势之一，特别是当涉及千禧一代的员工时，是它提供了明确的目标、可衡量的进展和频繁的反馈机会。尽管这些都是千禧一代渴望从工作环境中得到的，但根据2016年盖洛普的研究，他们在大多数工作场所都缺失了这些。

定期反馈是预测千禧一代在工作中敬业度最高的因素之一，但只有19%的千禧一代表示他们收到了例行的反馈，甚至更少的人表示这种反馈有意义。虽然员工奖励和表彰计划不能取代每次会议，但可以提供明确的目标和即时反馈，使员工保持参与。

当千禧一代觉得自己的工作是有意义的，并且他们工作的机构对他们的个人发展进行了投资时，他们会非常努力地工作。员工的奖励和认可有助于激发这种感觉，这是一种高效的、可扩展的管理方式。

激励理想化、目的性强的工作和生活

千禧一代的员工希望为那些超越年收入和底线的组织工作。将企业的核心价值观融入员工奖励和表彰计划中，是改善企业文化的有效途径，并表明企业的核心价值观不仅是人力资源材料上的文字。

虽然千禧一代的员工可能不会凭直觉觉得自己属于一家公司，但他们确实会觉得自己属于一群志同道合的人——那些愿意合作的人，他们的行为符合"更高层次"的价值观，这是千禧一代所欣赏的鼓舞人心的价值观。基于核心价值观的员工激励计划也可以通过鼓励合作、销售增长和更好的客户服务来改善其他关键绩效指标。

当开始改变组织文化以吸引千禧一代的员工时，将社区拓展和慈善作为你关注的一部分也是有效的。千禧一代是理想主义者，珍惜回报的机会。在这一点上，提供将奖励积分兑换成慈善捐款的能力是千禧一代员工激励计划的一个重要组成部分。

激励千禧一代的奖励措施

当谈到为千禧一代员工选择奖励时，有两个词要记住：生活方式和体验。千禧一代员工看重那些能提升他们体验或生活方式的奖励，如皮划艇、自行车架、露营装备、音乐会门票或旅行机会。互联网电子产品也很受千禧一代员工的欢迎。

虽然千禧一代比过去几代人在旅游和休闲活动上花费更多，但在经济衰退中长大的他们也注意到要把钱放在口袋里，所以明智的做法是为他们已经使用的服务提供礼品卡和证书，作为奖励计划的一部分。千禧一代用来改善生活方式的优步外卖、亚马逊和各种流媒体服务的会员卡，都是很受欢迎的兑换类别。

旅行，无论是可以兑换机票和酒店房间的积分，还是为表现最好的人提供团体奖励旅行，对渴望看世界、体验生活的千禧一代来说都是一种有效的奖励。我们促成的最成功的促销活动之一包括一个奖励性旅游活动。一家价值数十亿美元的手机公司，只需要花点小钱，派几百名表现最好的店内代表去参加电影首映会，就能在全国范围内增加销量。

除此之外，能够激发千禧一代集体意识的奖励也是很好的激励因素。为千禧一代提供午餐、保龄球馆之旅或其他包容性活动，是建立友谊和与员工建立个性化关系的好方法。

利用市场营销策略成功推出员工认可计划

怡安集团的《2018年全球员工敬业度趋势》报告认为，奖励和认可是提高敬业度的首要机会，这并不令人惊讶。随着人才争夺战和人才保留战的白热化，许多公司投入了大量的时间和精力来制订企业范围内的表彰计划，旨在给员工提供一种有趣和有回报的工作文化。

但是，即使是设计最周密、最强大的表彰计划，如果在启动前没有很好地与员工沟通，如计划的主题、奖励规则等简单的事情，也会陷入困境。启动前后的市场营销活动在很大程度上是表彰计划成功的关键。如果做得好，它们可以最大化地提高最初项目的参与率，保持人们的参与，并成为沟通目标的主要渠道。

这里有三个技巧，用于开发有活力的表彰计划的营销活动，以设定明确的意图和建立高峰意识。

技巧1：发展品牌

当想到消费品时，最成功的产品都有很强的品牌意识和清晰、简洁的信息。员工表彰计划可以通过一个响亮的名字、标志和标语来变得更有意义和令人难忘——就像消费品牌一样。选择如何命名员工表彰计划将取决于以下因素：

- 组织文化。你的听众对一个传统的、描述性的名字会有更好的反应，还是一个鼓舞人心的或令人向往的名字更能引起共鸣？
- 计划目标。名字可以反映该计划旨在奖励的行为。例如，卓越的客户服务或运营结果，如患者健康或效率提升。
- 新的或重新启动的计划。一个正在振兴的表彰计划可以有一个反映其演变或成长的名字，而一个新的计划则不需要与它的前身有这样的区别。

选定一个计划名字后，花点时间澄清一些关于这个计划的简短信息和希望受众理解的要点。这通常被称为价值主张，应该将主要利益和目标提炼成几个短语。这些短语将被用于计划的宣传材料和所有谈论计划的各方。清晰和一致是好信息的特征。

计划标语不是必需的，但是它用一个容易记住的标识符进一步加强了计划名字和关键消息。这是一个额外的维度，提供了一个吸引受众并激励他们参与的机会。

技巧2：选择合适的沟通渠道

信息的传播渠道与受众将接收到的信息类型密切相关。你实际上是在问这样一个问题："我们的受众如何了解这个计划？"答案会随着受众本身和他们的工作环境的不同而不同：

- 在办公室工作的员工可能整天都在计算机前，他们在计算机上收发电子邮件，或者从公司内网获取新闻。
- 生产车间或仓库的员工可以通过报亭、硬复制通信或休息室的公告和视频与组织进行互动。
- 总是在旅途中的远程工作者或现场代表可能在他们的移动设备上访问与工作相关的信息、聊天或发送短信。
- 零售店或酒店员工可能依赖当地或区域经理更新信息，或主要在家中或通过移动设备连接到培训或福利门户。

当清楚地了解员工是如何与公司互动的时候，你就能将沟通内容与最佳的表达渠道相匹配。

技巧3：制订战略发布计划

如果已经做了这些准备工作，就不要让项目因为启动失败而泡汤。这时，制订一个计划并坚持下去，你就会越过终点线。好的项目计划有明确的截止日期和可实现的里程碑，稳步地将项目推向终点。他们还从倡议的最初阶段就积极地让所需的资源和利益相关者参与进来。

根据组织的规模、地理分布和结构，你可以采用分阶段推出的方法。对于跨国企业来说，逐个国家或者一次使用一种或两种语言可能是有意义的。对于一家规模较小的公司来说，一次启动发行是可以管理的。为你的员工选择最好的策略。

启动计划也是让高层领导了解情况的工具。确保领导层完全同意引进表彰计划并承诺支持。由于经理和主管将在第一线颁发奖状和回答员工的问题，因此他们需要在项目推出前熟悉该项目，以便他们能够作为倡导者。

像营销人员一样思考

人力资源专业人员应用高级市场营销概念来启动一个新的或振兴现有的员工表彰计划，有助于提高他们的主动性和积极性。这一切都要从了解受众开始。虽然可能已经对员工所看重的表彰类型进行了深思熟虑的思考，但你可能还没有考虑员工将如何接受这个项目——这就是市场营销的作用所在。

就其最基本的原则而言，营销就是以受众想听的方式传达他们需要的信息。这当然是一种简化，但对于负责全公司范围内的举措（如员工表彰计划）的人力资源专业人员来说，这是一个有用的方法。如果花时间精心设计关键信息，并通过多种渠道传递给他们，你将有效地接触到每个人。然后，让表彰和奖励开始吧。

认可在员工体验中的作用

"员工敬业度"曾经是人力资源中最重要的关注点，现在已经演变成"员工体验"的概念，它涵盖了任何和所有有助于员工满意度的因素，从敬业度到健康再到物理环境。然而，与员工建立积极关系的最终目标仍然存在。与雇主保持积极关系的员工表现更好，贡献更多，并对组织的盈利能力产生积极影响。事实上，德勤调查发现，**80%**的高管认为员工的体验是"重要的"或"非常重要的"，但只有**22%**的人表示他们在建立员工体验方面表现出色。

动机是什么

在"员工体验"被认为是一个概念之前，组织关注的是更狭窄的员工满意度衡量标准。例如，员工是否喜欢他们的福利和补偿，或者他们的老板是否支持他们。这些都是很重要的因素，但是员工满意度很大程度上是对员工在工作中有多开心或不开心的定性评估。

人力资本专业人士意识到，满意度的某些方面不一定是可以量化的，因此他们开始研究如何将人们对工作的感觉转化为他们对工作的"敬业度"。员工敬业度成为一个关键的绩效指标，利用数据分析将旷工、人员流动等指标与生产率和收入联系起来。

敬业度在很大程度上是员工工作积极性的指标，并体现在他们的行为中。盖洛普对敬业度的定义是：员工的基本心理需求得到满足，从而达到绩效要求。有些需求更直接，例如，知道工作中需要什么，并拥有合适的材料或设备。

其他需求是情感上或社交方面的，并不总是那么直接。专家丹尼尔·平克在TED上发表了一篇关于激励的演讲，他在演讲中分析了是什么让人们全身心投入工作中，并提出，在商业世界中，出于个人原因而做更多事情的愿望（内在激励因素）是重要的驱动因素。平克将这些驱动因素概括为引导我们自己生活的自主性，掌握和获得更好或发展技能的冲动及目的，即做我们所做的事是出于比我们自身更重要的原因。

除了内在激励因素，人们也喜欢外在的激励因素，那些来自个人之外的因素。在商业环境中，这些奖励采取来自组织的奖励形式，如金钱、表扬和积极的反馈。正式的员工奖励和表彰计划为人们提供了做好工作的外在动力。所有的内在和外在激励因素都是员工体验的总和。

什么时候有效

当盖洛普调查敬业度和体验之间的差异时，他们发现，员工在工作场所的完整体验会经历七个阶段：吸引、雇用、入职、参与、表现、发展和离职。它还受到他们工作场所的其他几个方面的影响，如他们的经理、角色、团队、工作空间、福祉、目标、品牌和文化。

员工将大部分时间花在七个员工体验阶段中的三个阶段：参与、表现和发展。在这三个阶段中，建立实力和目标、推动期望和职业发展是公司给他们留下持久印象的最佳机会。在这些阶段进行的表彰活动可以对员工的整体体验产生重大影响。

- 认可提升敬业度。员工看重的是他们的工作被赏识，他们的贡献被注意到。无论是口头表扬、公众认可，还是额外的停车位，奖励计划都为出色完成工作提供了积极的强化作用。芝士蛋糕工厂通过一项名为"Wow Stories"的活动来表彰其一线员工，该活动收集了一系列故事，在整个组织内分享员工卓越的服务。加强和表扬积极的行为（如加班或找到解决问题的独特方法）可以让员工保持积极性，带着活力和热情投入工作，因为这有助于他们认识到他们所做的事情是重要的。

- 认可提高绩效。鼓励未来表现的最好方法之一是为实现个人、部门和组织的目标提供激励或奖励。重要的是要记住，激励需要与可以在合理时间内（如一个月或一个季度）完成的可衡量目标联系在一起。我们通常认为激励与实现销售目标有关，但组织越来越多地使用现金和非现金激励来驱动特定行为和满足其他类型的绩效目标，如减少安全事故。

- 通过培训和发展获得认可。大多数人都想学习，并且有机会提高自己的熟练程度或获得新技能，他们都有动力去学习。雇主提供的培训、参加会议和研讨会都是认可和留住员工的好方法。连锁超市 Wegmans 在 2017 年投资 5000 万美元进行员工培训，其中包括帮助员工获得特定技能或进入管理岗位的项目。职业发展机会清楚地表明公司重视个人并投资他们的未来。一旦员工达到了特定的专业发展水平，他们的成就也应该得到认可。

组织可以以多种方式构建员工认可计划，但随着对员工体验的关注越来越多，评估该计划是否在这三个重要阶段提供了足够的认可机会就变得很重要。组织通过这种视角来看待奖励和表彰计划有助于保持组织对积极的、端到端的员工体验的关注。

11
全球员工敬业度战略的基石

"员工体验"不仅是最新的流行词,也正在成为未来职场的关键元素。现在是时候改变20世纪过时的思维模式了。我们不能认为员工是可有可无的,是可以无限替代的,而是要认识到商业是关于人的。

雇主与员工的关系发生了变化。在20世纪,雇主还拥有很大的权力,但在21世纪,这种平衡正在发生变化,潜在的员工对他们所接受的机会也变得更加挑剔。

正如用户体验推动了数字界面的发展,随着客户满意度计划转变为客户体验,我们需要重新关注员工战略,以改善整个员工体验。具有前瞻性思维的组织正在将它们的关注点从参与和文化拓展到整体的角度,并考虑个人在公司工作之前、期间和之后的体验。

而这并不是一个孤立的现象:德勤公司发布的《2017年全球人力资本趋势报告》发现,对员工体验的关注越来越多。虽然组织文化、敬业度和员工品牌主张仍然是最重要的,但员工体验是一个主要趋势:

- 80%的高管认为员工体验非常重要(42%)或重要(38%),但只有22%的高管称,他们的公司擅长打造差异化的员工体验。
- 59%的受访者表示,他们还没有准备好或只是稍微准备好应对员工体验挑战。

员工体验是什么

它甚至在你加入一个组织之前就开始了，并且会持续很长一段时间。它是包容而不是排外的，并回答了每个人的三个关键问题：

1. 未来的员工。我为什么要来贵公司工作？
2. 目前的员工。我为什么选择留在贵公司？
3. 以前的员工。我该如何告诉别人我在贵公司的那段时间？说些什么？

员工体验是员工在工作内外与雇主互动的总和，受到很多因素的影响，包括：

- 关系。与同事、老板和客户的关系和互动的质量。
- 工作空间。员工工作的物理环境。
- 文化。雇主如何展示其对员工的身体、情感和职业成功，以及健康和财务福利的承诺。
- 技术。雇主提供的帮助员工完成工作的工具和技术。

员工体验和敬业度是一样的吗

其实不一样。这让我想起了一句话，"所有的吸尘器都是吸尘器，但并非所有的吸尘器都是吸尘器"。同理，"所有员工体验项目都考虑敬业度，但并非所有敬业度项目都考虑员工体验"。清楚了吗？

尽管自员工敬业度在近30年前首次崭露头角以来，人们在员工敬业度项目上投入了大量的关怀、注意力和资源，但这根针几乎没有动过。用户黏性仍然非常低。盖洛普报告称，全球87%的员工都是主动脱离的，仅在美国，员工脱离工作的成本每年就在4500亿~5500亿美元之间。

挑战在于，用户黏性得分是一种及时的快照，通常每年完成一次（或更少），许多因素会影响结果。例如："我上周拿到奖金了吗？""我喜欢我的老板吗？""我们是不是又要重组了？"敬业度分数是衡量员工工作经验的一个老化指标。如果不投资于整体体验，那么你将永远在追赶。

现在是时候采取一种新的方法——一种建立在文化和敬业精神基础上的方法，专注于更全面的员工体验，考虑所有对员工满意度、敬业度和健康有贡献的因素。这可以帮助组织创造一个人们想要（而不仅是需要）去上班的地方。

员工体验并不是你希望员工对公司的看法，而是他们对家人、朋友说的话，也许更重要的是，对世界说的话。

为什么是现在

在为出版《未来职场》一书做研究时，琳达·夏基博士和我有机会采访世界各地的领导者，了解他们对组织文化的体验，包括好的和坏的。我们听说过一些鼓舞人心的工作场所让员工茁壮成长，也听说过一些有害的环境让员工丧失动力、毁掉职业生涯的故事。在我们与世界各地的商业领袖和团队的合作中，我们发现有太多的公司被遗漏了——仍然按照20世纪的思维方式、实践和技术运营。

NTT Security全球人力资源高级副总裁希瑟·斯卡伦告诉我："这是让员工坐在驾驶座上。成功的企业会深入考虑他们的客户/客户体验，我们也需要以同样的方式来考虑我们的员工。竞争激烈的人才市场要求企业尽其所能让员工体验到尽可能积极的东西。它不再只是一个不同点。这正迅速成为一种需求。"

在竞争激烈的全球经济中，了解并改善员工体验对于公司运营至关重要。各行各业的技能短缺仍然是一个永远存在的挑战。正如丹·平克所观察到的："有才华的人需要组织的程度要小于组织需要有才华的人。提供富有吸引力的员工体验有助于公司成功吸引和留住有技能的员工，研究表明，丰富的员工体验也会带来丰富的客户体验。"

理查德·布兰森爵士以围绕快乐、敬业的员工打造公司而闻名，正如Virgin Pulse首席执行官克里斯·博伊斯所写的那样："员工是公司真正的竞争优势。他们是创造奇迹的人——只要他们的需求得到满足。"

这是常识，却有着不寻常的规律。

你有你想要的或者值得拥有的企业文化吗

良好的员工体验不仅会影响你的敬业度或Glassdoor的相关评价，还会是员工体验的滞后指标。

《员工体验优势》一书的作者雅各布·摩根分享了在员工体验上投资的组织：
- 在《快公司》评选的最具创新力的公司中上榜的次数是其他公司的28倍。
- 在Glassdoor的最佳工作场所的排名是其他公司的11.5倍。
- 在《福布斯》全球最具创新力公司榜单上的排名比之前的排名提升了2.1倍。

- 在领英北美最受欢迎雇主名单上的出现频率比之前多了 4.4 倍。
- 比美国平均的客户满意度指数高两倍。

他的研究还显示，那些投资于员工体验的公司"利润是平均水平的四倍多，收入是平均水平的两倍多"。这为公司采取行动提供了令人信服的理由。如果不积极地专注于创造和培养员工体验，你最终会得到你应得的组织绩效和声誉，而不是你想要的。在智能手机时代，我们都是有抱负的"狗仔队"——只需单击一下鼠标，也许你的脏衣服就会成为头条新闻。忘掉六度空间理论吧：在21世纪，它更接近于二度的联系。好消息传得快，坏消息传得更快。

谁知道，最好的公司是以人为本的，并投资于创造一个员工有可能（甚至可以预期）热爱自己工作的环境？你的员工喜欢来上班吗？你知道人们对你的组织有什么看法吗？

这与乒乓球桌无关

要解决员工体验方面的挑战，光靠鲜艳的颜色、乒乓球桌或最新的站立式办公桌是不够的。

长期以来，硅谷公司一直被视为新时代办公室的典型代表，为员工提供各种各样的福利和工作环境。无论是健身房、配备自助餐的专业厨房、游戏设施、音乐设备和摄影棚、豆袋椅和滑梯、高档咖啡（配有咖啡师）、快餐车，还是礼宾服务，难怪人们在那里的工作时间很长。他们为什么想要或需要去其他地方？

这当然有助于吸引硅谷公司所需要的人才。然而，中小企业还是有希望的。事实证明，这些额外津贴可能分散人们对真正创造出21世纪高性能工作场所的东西的注意力。员工体验旨在围绕员工的需求创造合适的环境，而不是试图让员工适应工作的需求。

不要把注意力放在离职谈话上

在过去，员工敬业度或文化主动性一直是人力资源部门的职责范围。这是一个"人的问题"，所以让团队来处理它。他们做到了，尽他们最大的能力，同时也兼顾学习和发展、福利计划、职业规划和绩效管理——通常作为独立的项目，每个项目都有自己的成功衡量标准。

虽然取得了短期的成果，但没有取得长期的影响。因此，每隔几年，每个项目都会被重新掸去灰尘，重新命名，重新启动。遗憾的是，每次的可信度都被侵蚀，员工对又一次的"统一"努力都翻白眼。

创造强大的员工体验的关键是让员工参与其中，而不仅是用篝火唱歌活动和海报做激励。相反，组织应该让那些处于公司核心的人参与进来，寻找并倾听员工的反馈（见补充内容11.1）。

在SendGrid Inc.，关键是要找出改善人们在日常工作中体验的机会。该公司首席人力资源官帕蒂·莫尼表示："我们发现了瓶颈和障碍，其中存在系统崩溃，使工作变得更难，管理者没有建立牢固的关系或提供适当水平的支持。然后，我们开发了培训课程和工具，将其纳入管理工具包，使管理者能够更好地理解直接下属的体验，并做出必要的改变，以积极的方式影响他们的体验。"

不要只关注离职面谈和员工离职的原因，要分析新员工的工作经验。他们为什么选择加入你们的组织？谁拒绝了邀请？是什么影响了他们的决定？你的入职经历是怎样的？新员工第一天上班时，计算机和桌子准备好了吗？同事们欢迎他们加入团队并帮助他们融入组织吗？他们第一次吃午饭是独自一人吗？

我们有一位客户，他确保每个新员工入职第一天的办公桌上都有一盒"欢迎盒"的甜甜圈，这有助于确保来自四面八方的团队成员都过来打招呼，并开始把新员工带进团队。你的员工有多愿意推荐其他人加入你的组织？把它看作你的内部净推荐值。

领英公司和埃森哲公司都举办了人力资源创意交流会，员工帮助分解和重建人事和人力资源职能，以反映他们真正做（和需要做）的工作。有效的员工体验并不是万能的解决方案。尽管员工体验的趋势是全球性的，焦点是组织范围内的，但成功的方法可能因地理和区域的不同而不同。

补充内容11.1　所有参加过员工体验培训的人

这一切都很好，但你从哪里开始呢？琳达·夏基博士与我分享了她对开启员工体验之旅的建议：

- 了解事实。不要依赖于你所相信的当前文化或你所希望的。使用有效和可靠的工具来衡量你的文化，这样就能确切地知道你所处的位置。
- 定义想要的状态。询问你的现任和前任员工需要什么样的企业文化来提升员工体验。有了这些信息在手，你就可以开始设计你的策略来缩小差距。
- 挑出一两个问题，认真解决它们。解决一两个问题可能产生连锁反应，并缩小其他差距。让员工体验和讨论成为你日常工作的一部分——就像你定期进行财务和客户评估，定期进行基于事实的文化和员工体验评估一样。

- 成为"卧底老板"。体验你的招聘过程。它是否达到了你所渴望的员工体验文化？通常，这些都是求职者接触公司的第一次经历。说实话，从求职者的角度来看，大多数招聘过程都很糟糕。"神隐"（永远不会收到回复），像黑洞一样吸走简历的自动系统永远不会被退回，为了在公司"赢得职位"，你要多次面试（通常要问的都是准备不充分的问题）。说实话，如果在招聘过程中发现了以上任何一种症状，如果在想"但我们不可能和所有的求职者沟通，因为他们太多了，'神隐'是生活的现实"，那么你就不要再这样想了。这是提高员工体验的第一步，你不需要一个评估工具来发现它。如果你对待你的客户就像对待你的潜在候选人一样，我相信会有最高层次的对话发生。通用电气经常让前员工回来，了解他们对公司的看法。不要回避棘手的问题，要经常问自己："我们如何才能继续为员工创造更好的体验？"不要害怕答案。

以下是我为任何试图改善员工体验的领导者提供的方法。如果一直使用这些方法，你将拥有一个蒸蒸日上的员工和以客户为中心的组织：

1. 问。学会问员工现在、未来和过去的问题。
2. 听。真正地听别人说什么，而不是你想听什么。
3. 思考。仔细想想他们说了些什么。
4. 回应。最重要的是，采取行动。除非你承诺采取行动，否则这一切都是徒劳的。
5. 重复。让这些行为成为你日常生活的一部分

我们把它弄反了

20世纪的人力资源基本上是被动的，但21世纪的人力资源必须变得更有目的性和主动性。20世纪的商业方法是把利益相关者放在首位，即股东第一，客户第二，员工第三。

我们现在意识到，我们把它弄反了。如果我们把员工放在第一位，他们就会反过来照顾我们的客户，他们也会反过来照顾我们的股东。就像飞机上的安全简报。你必须先戴上氧气罩，然后才能照顾别人。

今天的组织需要领导者在人员组合上花同样多的精力，就像他们在驱动组织绩效的其他杠杆上花一样多的精力。整合的员工体验与企业战略的其他元素一样有价值，可以产生同样（或更多）的影响。

更详细的了解员工意味着我们可以了解个人抱负、技能偏好以及这些与公司价值观之间的关系。因此，我们可以以一种非常清晰的方式将个人目标与公司目标结合起来。

员工体验远不止是人力资源的一种创举，它还是一种商业需求，一个需要受到组织高层影响和驱动的角色。每个领导者都应该把自己视为首席人力官。我相信员工体验是每个组织下一个重要的投资领域。我们可能正在经历一场数字革命，但只有那些拥抱"人民革命"的人才会茁壮成长。

我敢说你一定要行动起来。如果你能创造一个考虑到员工体验的未来工作环境，就没有什么能阻止你了。

认可：敬业度的关键驱动力

2013年，"员工敬业度"平均每分钟发一条推文。2020年，谷歌提供了约43亿项结果。走进一间满是人力资源领导者的房间，开始喋喋不休地谈论参与的美妙好处——你可能会遇到不少目光呆滞的人。

我们明白。长期以来，全球的人力资源从业者一直在研究敬业度如何影响员工留用率、绩效，以及其他所有导致利润成功的指标。

尽管在人力资源领域，"敬业度危机"可能被认为是陈词滥调，但有足够的证据表明，情况将继续变得更加糟糕。世界许多地区的经济状况正在改善，空缺职位的数量增加，而人才库则逐渐缩小，许多行业的技能差距扩大，平均工作年限下降。

全球敬业度逐年停滞不前的事实在过去的十年中没有任何变化，这只是众多迹象之一，表明过去的敬业度和留任策略在今天并不适用。

跨国公司的缺失环节

尽管一个解决方案就足以对业绩产生可持续、持久的影响，这是一种极度简单化的说法，但有一个事实是正确的：无论你看的是分析家的数据、学术界的研究，还是咨询公司的思想领导力，明确无误的是，认可是提高敬业度的首要驱动力之一，这是无可争议的。如果员工觉得他们周围的人经常不承认他们的贡献，那么他们不可能被激励去做他们最好的工作。

然而，对于全球组织来说，实施有效的认可策略更加复杂，这不仅是因为时区差异和语言障碍。

当涉及认知、文化和偏好时，国际上存在着大量的细微差别。例如，在日本文化中，有一种观念认为赞扬意味着没有进一步提升的空间，这违背了kaizen（持续改善，一个日语词汇，意指小的、连续的、渐进的改进）的精神。在荷兰，如果一个人因为履行了基本的工作职责而得到了正式的认可，有一个荷兰短语用来描述发出认可的人，大致翻译过来就是"你需要更酷一点"。从历史上看，俄罗斯社会有一种根深蒂固的信念，那就是团体应该取代个人的需要，所以在赞美的时刻会加入一点幽默，可以用来缓解一个人在公开承认时可能出现的尴尬。而在韩国，"认可"一词甚至不存在。

然而，正如"我爱奖励"的创始人雷泽·苏莱曼所解释的那样："尽管世界各地的认可程度各不相同，但我们都有一种深层次的人类生理需求，需要被欣赏。"事实上，科学支持这样一种观点：对认可的需求是普遍存在的。无论一个人来自哪个国家，从神经学的角度来看，当他得到认可时，他的行为是一致的：表扬会在大脑中激发多巴胺，这与暂时的情绪高涨和表现提升有关。

利用数据寻找全球视角

成就者劳动力研究所（Achievers' Workforce Institute）的首席劳动力科学家娜塔莉·鲍姆加特纳博士解释说，使用全球数据可以帮助组织揭示员工所讲述的故事，以及不同类型的认可在员工敬业度和保留战略中发挥的作用。

她说："我们能够分析一个组织，甚至一个部门的社会认可如何影响人员流动、敬业度评分、客户满意度，或者任何可靠的衡量标准。"

虽然成就者劳动力研究所的洞察性论文和相关研究已经确定了世界上特定地区和国家特有的趋势，但他们发现，最吸引人的发现与成功的认可项目所具有的共同特征有关。也就是说，他们发现，高频识别程序始终与员工敬业度的显著提高和流动率的显著降低有关。

频繁的认可

事情是这样的：生活中任何事情都必须持之以恒，例如，学习一门新语言，训练一只小狗，锻炼身体。你永远不会一年去健身房三到四次，然后就期待着身体变形。认可也不例外。为了对敬业度产生持续、持久的影响，必须频繁地认可。

撇开围绕认可的文化和社会规范的差异不讲，很不幸，所有的认可带来的好处都是非常短暂的——远远短于组织之前所认为的。

所以，这就引出了一个问题：这个神奇的数字是多少？员工多久被认可一次？

根据盖洛普的说法，"认可是一种短期的需要，必须持续不断地得到满足——每周，也许每天"。根据成就者劳动力研究所19年的认可数据，无论行业、地理位置或员工人口统计学差异如何，平均每个员工每月获得一次独特认可的组织往往会对敬业度得分产生最强烈的可衡量影响。

鲍姆加特纳表示："每个员工每30天获得一次认可，似乎是一个转折点，它将最有可能提高员工的留任率和其他关键指标，如客户满意度或绩效得分。每个员工平均每年至少获得8次表彰，这可以提升员工的表现和敬业度，但如果有员工每年获得12次或更多的表彰，则代表我们开始看到了真正的组织变革的'甜蜜点'。"

但我们要怎么做到呢

为了达到最佳的认可频率，全球组织需要考虑的最重要的因素是将奖励与认可分离。

尽管《计划设计》推荐了一种混合的方法（提供社会认可和局部奖励），但是世界上没有任何组织在员工每次表现出积极行为时都有无限的预算来奖励他们。好消息是，研究表明，非货币奖励与货币奖励具有同样强大的影响。

威斯康星大学的亚历克斯·斯塔伊科维奇教授比较了非货币奖励和货币奖励对工作表现的影响。在基本情况下，货币奖励往往比非货币奖励更能带来绩效的提升——分别为23%和17%。然而，当进行成本效益分析时，非货币奖励往往被证明对最大化预算更有成本效益。

社会认可不仅仅有利于优化奖励支出。人们天生就渴望得到有意义的赞美。一项研究发现，66%的人说他们的首要激励因素是赞赏，而15%的人说是经济奖励。此外，一种基于价值观的、同行之间的认可，这是特定于为什么所展示的行为受到赞赏，并概述了整体影响，可以培养一种联系和归属感，打破部门、等级和边界之间的距离。

"当非金钱认可被规范化且员工将奖励与认可分开识别时，组织就有效地培养了一种欣赏文化，这就是为什么我们对全球组织的建议是争取至少有50%的非金钱认可。"成就者劳动力研究所首席客户官凡妮莎说。

她补充说："员工接受了认可本身的内在价值，不再期望得到奖励，认可程度就会提高，就会扩大你的核心价值观，因此它们被整合到员工的日常工作流程中。"

让工作场所重新人性化以获得优势

要创造一个周到的、以人为本的员工体验，并对人力资源之外的成功标准产生可衡量的影响，就需要挑战之前对员工动机的假设，并接受员工想去工作的原因，而不是为了工资的事实。

人力资源领导者应该认识到，在过去的十年里，员工的集体思维、期望和价值观发生了巨大的变化，依赖于自上而下的、不常见的、传统的认可项目并不是一种有效的方式来调整和吸引地理上分散或孤立的团队。

如果最终目标是提高整体业绩和盈利能力，那么频繁的、由同行领导的、非货币性的认可不应该仅仅被视为总体奖励或参与战略的组成部分——它必须是基石。

利用积极心理学来提高绩效

积极心理学，作为持续绩效管理和综合人才战略的一部分，已经被证明可以解决许多劳动力面临的挑战。

积极心理学专注于建立积极的情绪，使人们能够创新、成长和激励他人。一个组织可以使用什么具体工具来在绩效发展和员工体验中利用这个强大的框架呢？下面是一些例子。

在互动时表达感激之情

宾夕法尼亚大学积极心理学中心的马丁·塞利格曼认为，感恩是一种"在收到某种礼物后感到的积极情绪。它也是一种社会情感，通常指向个人（礼物的送礼者）"。

在管理者与员工互动的时候表达感谢可以建立积极的联系，并为会议的其余部分建立一个强有力的参考框架。以下是一些在互动时培养感激之情的小技巧：

- 分配几分钟时间在每次互动中讨论积极的结果和行为。即使简单的问题，如"本周进展如何"或"我们今天庆祝什么"，也可以设定一个积极的基调。
- 讨论团队如何合作推动项目进展，并鼓励员工给予同事认可。

激发同伴间的感激，建立联系

互动并不是创造感恩时刻的唯一场合。在组织内部，无论是对等关系还是管理者对员工，都应该鼓励员工表达感激之情。它必须是真诚的和真实的，为给予者和接受者创造一种积极的感觉。感恩时需要考虑的一些事情：

- 利用讲故事的方式激发积极性。不要说"这是一个很棒的演示"，可以详细地说："当你今天演示产品策略时，我完全理解为什么我们要根据你提供的客户洞察来改变方向。""当你描述客户的时候，我感觉我就像和客户一起经历了同样的问题。"
- 避免让员工花很长时间来表达他们的感激之情。让表达感激变得简单、容易、鼓舞人心，避免不必要的开销。

用反馈驱动学习

虽然积极情绪不那么强烈，但它们在建立灵活性和调节消极情绪方面起着至关重要的作用。使用积极情绪的一种方法是在给予和接受建设性反馈的过程中。如果提供的不正确，建设性的反馈会对工作效率和员工士气产生不利影响。积极心理学研究人员建议，积极时刻的数量应该是消极时刻的3倍，以建立信任和联系。以下是积极心理学可以改善这一过程的一些方法：

- 从积极和善意开始。实施一个资金充足的社会认可项目，让每个人都能在工作表现好的那一刻得到认可。
- 反馈应该是可操作的、面向未来的、员工可以立即使用的。例如，与其说"你在上周的演讲中与听众的联系做得很糟糕"，不如试着说："下次你做演讲时，试着在整个演讲过程中与听众建立联系。我有几个工具可以发给你，可能会有所帮助。"

用同理心建立联系

我们都听过这样一句话："设身处地为他人着想。"这本质上是一种同理心——一种理解他人想法、情绪或经历的能力。当领导者表现出同理心时，他们就会激发员工的兴趣，让他们放心，并接受他们。下面是一些领导者可以在互动时使用同理心的方法：

- 关注讨论以及员工的情绪反应。80%的交流是非语言的，所以要注意语调和肢体语言。
- 在回答问题和评论之前，停下来想一下对方的观点。例如，当一名员工说他们对某一特定情况感到沮丧时，试着从他们的角度来看待，而不是立即认为这是一种抱怨。

拥抱的优势

积极心理学研究表明，当人们充分利用自己的优势时，他们在工作中会更投入，更有活力。马丁·塞利格曼和其他研究人员发现，"当工作需要我们投入时，如果以新的、创新的方式发挥自己的优势，我们就会体验到更高水平的快乐、更少的抑郁"。考虑以下建议，帮助员工充分利用自己的优势，提高积极性和敬业度：

- 对每个人进行基于优势的评估，并审查结果，就如何利用这些优势实现业务目标进行协作。
- 创造一个安全的环境，可以公开讨论优点和缺点。在这种环境中，有人可能会说："迈克，我可以向你征求关于提出一些好问题的意见吗？好奇心不是我的强项。"

确保员工有专注的时间

"心流"是一种极度集中注意力的精神状态，以至于一个人几乎失去了时间感。史蒂文·科特勒认为，处于心流状态可以提高绩效，对员工和组织都有好处。它也被证明可以提高积极性和敬业度。

当一个人在处理那些既挑战自己又能利用自己技能的任务时，他更有可能进入心流状态。以下是一些帮助员工通过心流来提高生产力的方法：

- 让员工每天有不被打扰的集中时间。研究表明，在不同任务之间切换会消耗个人生产力的40%。当无法安排会议时，试着把一天中特定的几小时作为集中时间。
- 创建目标时，平衡挑战和技能。当人们开始应对可管理的挑战时，他们获得了完成越来越困难的目标的信心。

将成长思维融入人力资源和人才培养过程中

盖洛普发现，员工希望从雇主那里得到的最大好处之一是学习和成长的机会。这就是成长心态的作用所在，它是积极心理学中的一个关键概念。斯坦福大学教授卡罗尔·德韦克说，成长型心智模式是指一个人相信自己的能力和技能以及其他人的能力和技能可以通过努力得到提高。要在组织中嵌入成长思维，请考虑以下几点：

- 应评估人力资源和人才培养过程，以确保他们专注于学习和成长。例如，在面试过程中，问一些问题来了解求职者是否有成长心态。星巴克的一位前高管说，她询问求职者具有挑战性的工作经历，以帮助组织判断求职者是否愿意从他们的错误中吸取教训。
- 让领导者在陈述局限性时加上"然而"。例如，在说"我们还不能这么做"时，可以在后边加上"然而"这个词，就可以帮助你在面对挑战时克服消极的感觉。
- 应鼓励领导者在与团队交谈时使用"我们"等包容性语言，以创建一种共同的目标感和社区感。

在设定目标时激发韧性和毅力

宾夕法尼亚大学著名研究员、TEDx演讲者安吉拉·达克沃斯将毅力定义为"对长期目标的坚持和激情"。韧性是即使经历了失败也能坚持下去的乐观态度。韧性和毅力都可以用来促进组织和员工的成长。

- 全年都应该不断地回顾目标，并根据需要进行调整。短期、可实现的目标与长期目标相结合——企业战略有助于培养员工的韧性和毅力。例如，一个目标可以是专注于三个新的营销活动，以获取新客户，这与增加10%的收入的企业目标相关联。
- 当在实现目标的过程中遇到挑战时，考虑将关键人物集合在一起，进行合作、反思，并进行开放的讨论，以深入了解发生了什么，以及如何让事情继续向前发展。

通过有针对性的敬业努力来扩大员工体验

根据工作研究所的预测，2021年美国三分之一的员工将离开工作岗位，去另一家机构工作。

正如商业领袖和人力资源专家敏锐地意识到的那样，每次员工选择离开他们的组织，企业必须投资于资助招聘工作和培训接替人员。除了这些间接费用，高流动率还会降低员工的整体效率和生产力。

随着企业不断寻找员工离职率上升的原因，由市场和战略研究公司查德威克·马丁·贝利进行的新研究表明，员工心理益处的作用不应被忽视。

查德威克·马丁·贝利是ITA集团的子公司，它发现，在关键的一到两年任期内，通过有针对性的敬业努力来扩大持续的员工体验，将使企业有效地留住他们所需的人才，以确保企业的成功。

提高敬业度

通过他们的研究，查德威克·马丁·贝利探索了组织必须如何在更深的心理层面上与员工建立联系和吸引员工。通过对九个行业的1466名员工进行调查，查德威克·马丁·贝利的研究结果证实了他们所谓的"心理益处"对员工敬业度的影响。

调查结果显示，有五个关键的心理益处可以激发员工：

- 个人认同。
- 社会认同。
- 文化认同。
- 情感利益。
- 功能利益。

在这五项中，身份认同的三个好处（个人的、社会的和文化的）在激发员工更强的敬业度和更高的保留率方面发挥着尤为重要的作用。个人身份是特别值得注意的，因为它关注个人的自尊和为一个组织工作的自豪感。组织可以通过调整和加强员工之间的共同使命感来支持这一好处。

领导者应该从招募人才的时候就开始培养这些重要的心理益处，并在入职过程中一直持续下去。

专注于改善员工体验

查德威克·马丁·贝利的新研究表明，有效强化心理益处的组织拥有敬业和忠诚的员工的可能性大约是其他组织的三倍。为了使员工体验更加一致，组织应该考虑将具体的、有针对性的敬业努力集中在那些在组织工作至少一年但不到三年的员工身上。

在这一部分中，改善员工体验的关键步骤包括：

1. 在他们所在的地方遇见他们。花点时间去了解一到三年任期人员的需求和渴望得到的支持。使用这个反馈来指导你的决定，你的组织将提供什么类型的项目、计划和其他支持。

2. 善用在职员工的职场成功。通常情况下，刚入职时，员工会感到缺乏持续的支持，他们很难适应这种情况。考虑通过一些举措扩大新员工的入职流程，如扩展欢迎计划、针对不同阶段员工的圆桌对话，或者定期为较小的成就举行庆祝活动。

3. 加强与同龄人的关系。为了支持情感联系和文化凝聚力，为团队成员创造更多机会，与部门或项目之外的同龄人建立联系，例如，通过员工资源小组、兴趣俱乐部、组织赞助的活动、导师或志愿者机会。

4. 在他们渴望看向外部之前帮助他们在内部成长。在一到两年的任期内，赶在员工寻找其他职业机会的欲望之前工作是至关重要的。为了让他们看到你支持他们的长远抱负，可以考虑在你的职责范围内建立一个层级制度，以便进行较小的晋升或投资培养未来管理者的技能。

为什么新员工培训很重要

当员工刚找到一份新工作时，他们渴望与公司和同事建立联系。查德威克·马丁·贝利的研究发现，这种渴望会使员工的自豪感和自尊水平在入职第一年达到高峰值。员工会说："在现在的公司工作让我自我感觉良好。""我会很自豪地告诉人们，我为我的公司工作。"

在提高敬业度方面取得成功的组织通常会认为，它们有能力利用这种渴望，所以它们通常为新员工在入职过程中进行投资。这可能包括为新员工开发专门的社交网络渠道或清单，以帮助领导在新员工入职的第一天、第一周和第一个月持续支持新员工。

这些策略有效的一个潜在原因是它们利用了身份优势。当企业不遗余力地建立这种固有的兴奋感时，他们就培养了那些关键的自豪感和自尊感。这些积极的感觉会带来高水平的参与感，但如果组织没有准备好提供更大的长期支持，也会导致不幸的后果。

避免新员工数量下降

虽然看到新员工的积极情绪和高度敬业令人鼓舞，但该研究还揭示了一个令人担忧的趋势，即"现实衰退"。

这一术语指的是在一到两年任期内心理益处表现显著下降的时期，这一时期不分年龄和收入水平。通常情况下，员工无法完全从衰退中恢复过来。因为心理益处表现会推动员工的敬业度和留存率，这对于那些希望留住顶尖人才的组织来说是至关重要的。

在此期间，员工最有可能表达出对探索其他组织的角色的兴趣，从而使他们面临离职的风险。对于组织来说，这些感觉可能代价高昂。根据工作研究所的研究，员工流动成本估计为员工工资的33%，许多消息来源引用的成本要大得多。在入职初期之后，通过理解并投资于更能持续支持员工心理益处的参与机会，组织可以降低新员工出现这种情况的风险。

汤姆森表示，82%的企业报告称，其全球利益战略目标的首要目标是吸引和留住人才。考虑到这一点，在个人和专业方面投资才能，以加强对心理益处的支持，从来没有像现在这样重要。

在了解到工作一到两年的员工特别容易离职的情况下，实施能够在整个员工体验中始终对员工的关键心理利益产生积极影响的策略，可以成为避免出现离职和自愿离职高峰的关键（见补充内容11.2）。

补充内容11.2　案例研究：Humana的职业框架

Humana从传统保险公司向高级保健公司转型的核心，就是强调创造个性化的消费者体验，为其成员的最佳健康做出贡献。从2003年不到1万名员工到2019年超过4万名员工，很明显，他们的业务战略已经演变，他们的工作架构也必须演变。

当Humana着手定义他们的理想状态时，有一个概念对他们来说很清楚：消费者体验不能超过员工体验。为了给他们的消费者提供有意义的体验，他们需要确保他们的员工在人才发展、绩效管理、职业机会和成长方面的基础得到了加强。

负责薪酬的副总裁马克·斯通说，一开始Humana的架构是"显老"的。由于该公司不再属于传统模式，其工作角色也发生了变化。"它所做的不再是15年前典型的保险业工作。"

此外，Humana的客户需求已经改变，满足这些需求所需的技能也发生了变化。

但Humana的员工需求没有得到满足。根据斯通的说法，员工对他们职业生涯的下一步，或者他们发展职业生涯可能需要的技能知之甚少。

Humana没有让人力资源部门，甚至是最高管理层来解决这个问题，而是直接找到了问题的源头：员工自己。

"我们想知道，从他们的角度来看，员工需要什么来创造我们想要的文化。"薪酬总监布赖恩·费舍尔说。

他们发现，员工对四个基本的职业问题没有一致的答案。
- 我如何发展我的职业生涯？
- 我如何培养有价值的技能？
- 我的贡献是如何被评估的？
- 我如何得到奖励？

费舍尔说："如果员工能够回答这些问题，就可以改善他们的体验。"

记住从文化、市场和业务需求的角度来讨论解决方案，首先与公司内部的领导讨论，然后与员工讨论，在此基础上展开解决方案的迭代。"很少有决定是在真空中做出的。"费舍尔说。

"从人力资源的角度来看，这并不是一种现成的方法。"薪酬方面的高级组织效率专家米歇尔·菲利波特说，"它是（与领导层和员工）共同创造的，是属于大家的东西。"

因此，Humana的职业框架诞生了，这个框架基于消费者驱动和市场需求，缩小了工作范围和技能组合范围。它导致出现了一种以更加一致和直观的方式来创造就业机会的方法，这些就业机会是围绕着所需的技能组合而开发的。在那里，员工能够更好地了解自己存在的机会。

费舍尔说："从商业角度来看，我们正在根据消费者的需求来定义我们的工作。有了这个框架，我们可以更容易地招聘，并以更有效的方式奖励这些技能。"

但Humana也认识到，领导层需要为他们即将与员工进行的新对话做好准备。因此，他们创建了数字工具，以帮助领导层参与并动态地探索新的工作结构。这些工具不仅为领导者提供了一种途径，让他们把以前的角色映射到新的工作岗位上，但最重要的是，这些工具可以向领导者介绍新的结构，并在此过程中对领导者进行教育。除此之外，还创建了对话指南，让领导者为与同事进行一对一对话做好准备。

费舍尔说："我们确实试图在整个过程中创造一种消费者级别的体验。"

菲利普指出，目前正在努力衡量和评估该框架，以确保一切都在正确的轨道上。

"我们知道，从技术的角度来看，我们处于更好的位置，"斯通说，并补充道，"并需要持续的测量。"

> 费舍尔说:"我们相信我们的员工现在有更好的条件来回答这四个基本问题,从而提高员工的工作体验。"
>
> 反过来,Humana的目标也是改善消费者体验。

员工体验的个性化

除了员工多年来的基本期望,另一场职场革命也正在进行中:员工体验的个性化。

"对许多员工来说,拥有个性化的工作承诺的能力是一个优先考虑的事项,公司需要开始使用'完整的人'的方法,并增加员工可用的灵活工作选择。"美世公司的人力资源业务伙伴、澳大利亚足球联赛裁判蒂姆·莫里森说道。

他说:"随着吸引顶尖人才和确保员工忠诚度的激烈竞争,公司有必要取得进展并着眼于未来。"他补充说,作为一名员工和一名裁判,他不断地在两种职业之间游走,而灵活的工作选择使他能够同时管理这两种职业。

莫里森并不是唯一一个有这种需求的人。美世公司的"2017年全球人才趋势"研究发现,作为对"个性化时代"的直接回应,超过一半的员工(56%)都在寻求更灵活和个性化的工作安排。

"全球化和技术正在让世界变得更小,并塑造员工对他们想何时、以何种方式工作以及什么对他们最有价值的期望。"美世太平洋公司人事和文化主管米歇尔·格洛弗说,"人们希望他们的雇主帮助他们投资自己,这对不同的人来说意味着不同的事情,如蒂姆是人力资源业务伙伴又是澳大利亚足球联赛裁判。这种类型的个性化对人们来说,就是在他们的生活方面和兴趣方面满足他们的需要。"

虽然有些雇主仍然希望员工根据自己的个人情况来工作,但也有一些雇主展望工作的未来,采取全面的工作方式,增加他们提供的灵活的工作选择。美世公司的研究显示,每两名受访员工中就有一人表示担心弹性工作会对他们的晋升机会产生负面影响。

格洛弗说:"显然,要创造一种文化,将灵活性视为优化和个性化劳动力的机会,而不是一种好处,以及更多的工作要做。通过采取灵活的工作方式,并证明有职业发展路径,雇主不仅会吸引和留住人才,还会培养出一支蓬勃发展的劳动力队伍。"

良好的员工体验有利于企业

优化员工体验可以提高组织的利润。Globoforce的WorkHuman Analytics and

Research Institute和IBM的Smarter Workforce Institute研究的主要发现强化了这个概念。

其中,"积极的员工体验对财务的影响"的这项研究通过对43个国家的22000名员工进行调查,制定了"员工体验指数"。在该指数中得分最高的25%的组织报告的资产回报率几乎是排名后25%的组织的三倍。此外,排名前25%的组织的销售回报率是排名后25%的组织的两倍。

Globoforce Human Research Institute分析经理格雷格·史蒂文斯表示:"我们有强有力的证据表明,从利润的角度来看,员工体验很重要。"

那么,员工体验的定义是什么呢？Globoforce和IBM通过统计分析,确定了五个组成部分:

- 归属感。
- 目标感。
- 成就感。
- 幸福感。
- 活力。

史蒂文斯说:"我们有十个要素来衡量这五个组成部分,每个组成部分有两个问题,这形成了我们最终验证的量表,这样它就能真正代表人们所说的在全球各地的员工体验。"

提高利润当然是优化员工体验的一个理想的、直接的结果,而另一个积极的结果是提高留任率,这间接地促进了利润的提高。研究发现,积极的员工体验能使员工的业绩提高32%,而使员工离职的可能性降低52%。此外,那些有可能超额完成任务的人也增加了73%。

史蒂文斯表示,该研究还旨在寻找能够提高公司利润的工作实践。该研究发现了六个主要驱动因素:

1. 有意义的工作。你认为你的工作与组织的核心价值观有多大联系。你觉得组织很好地利用了你的技能和能力,所以一定程度的契合是有意义的。

2. 授权的声音。在多大程度上你觉得自己在组织中被倾听,你有机会参与影响你生活的决策。

3. 认可、反馈和成长。与其说是年度绩效评估,不如说是围绕着持续的对话、发展和成长的机会来扩大绩效的连续体。

4. 同事关系。在当今的工作场所，这种关系变得越来越重要。组织对组织层级的依赖更少，工作更多地依靠团队和网络来完成。这些越来越重要。

5. 组织的信任。人们期望组织能够负责任地行事，并且能够诚信地行事。

6. 工作与生活的平衡。欣赏这样一个事实：当走进办公室的时候，你是谁并没有必要改变。你可以让自己更多地投入工作，同时也有更多的时间来培养工作之外的人际关系。

史蒂文斯说，雇主可以通过结合多种不同的做法，逐渐营造这种工作环境，以促进最佳员工体验。一个例子是员工认可计划，它涉及了反馈、认可和成长的基本驱动力。

"这能让你在没有获得认可的情况下获得积极的体验。但是，让它与核心价值观挂钩的东西才是真正的动力。"史蒂文斯说，"所以，你正在整合更多有意义的工作内容。如果把员工认可计划和核心价值观这两者结合在一起，则可以为增强员工体验带来最有益的结果。"

从全球的角度来看，有意义的工作作为积极的员工体验的主要驱动力，在每个国家都是第一或并列第一的。然而，它并不仅停留在有意义的工作上。为了获得最好的成绩，拥有多个驱动因素是很重要的。

"如果工作是有意义的，这很好，但如果没有人看到你在体验一份有意义的工作，如果你缺乏联系，如果你觉得自己不被欣赏，这些真的会影响积极的好处。"史蒂文斯说，"所以，用一种综合的方法来思考有意义的工作是很关键的。"

12
多样性和包容性世界中的企业问责制

  2017年10月，女演员艾丽莎·米兰诺在推特上发起了塔拉娜·伯克的Me Too（我也是）运动，使用#MeToo标签来吸引人们对好莱坞长期存在的性骚扰和工作场所恐吓问题的关注。几个月后，又有几位演员、制片人、高管和领导人联合起来，发起了TIME'S UP（时间到了）活动，以响应越来越多的呼吁，呼吁人们采取行动和行动主义来抵制这类不当和滥用职权的行为。在这两起事件之后，员工和雇主双方就不当行为、歧视以及多样性和包容性在当代组织中的真正意义展开了对话。

  一些公司立即采取了行动，重组了他们的领导班子，并制定了新的办公室政策。其他公司似乎采取了一种系统性的方法，来衡量这些行为如何反映组织的整体文化。无论是通过公开的还是不太显眼的方法，双方都希望提高工作场所的问责制。然而，在多年来以相反的方式运作之后，要做到这一点，需要更深入地研究企业文化，以及问责制如何融入其中。

界定问责制

  多年来，在"我们一直都是这么做的"思维驱动下，文化和问责制在很多工作场所不一定是优先考虑的。但在Me Too和TIME'S UP运动的推动下，这两个概念获得了额外的关注，它们围绕着同一个愿景（为工作场所的骚扰和不平等问题做点什么）走到了一起。

因此，问责文化意味着人们要对自己的行为以及这些行为对同事的影响负责。对于雇主来说，组织有责任确保它为员工创造一个安全、有保障的空间，让他们在感到受委屈的时候站出来，而不用担心后果。因此，一旦雇主收到不当行为或不法行为的通知，该组织将采取措施，根据内部政策调查和解决投诉，或者至少应该是这样的。

我们为什么需要它

2018年11月，谷歌员工组织了一场大规模罢工，抗议公司处理性骚扰案件的方式。仅在纽约市，就有3000多名员工聚集在城市公园，举着标语和演讲稿，谴责谷歌的"不道德和鲁莽的决策模式"。在都柏林和硅谷，谷歌的罢工也蔓延到了公司办公室及其周围的人行道上，导致数千人离开他们的办公桌，并获得了主流媒体和所有社交媒体平台的实时报道。然而，自那以后，抗议活动的两名主要组织者报告了谷歌对他们进行报复的情况。降级、职位和头衔的变更，以及最后通牒，导致一位抗议者克莱尔·斯泰普顿，一位在公司工作了12年的老员工，向人力资源部门求助。这引发了需要采取法律行动的严重问题。经过几个月的努力，为了使员工和雇主都能接受这种有争议的情况，斯泰普顿最终辞职了。

这个备受关注且有据可查的案例说明，如果没有问责制，会发生什么事，会创造出一种员工遭遇骚扰或歧视而又没有可行追索权的文化。长时间下来，员工会变得越来越不敢说出来，这让他们只能默默忍受，或者干脆离开公司。

它看起来像什么

当然，仅仅说人们应该为自己的行为负责是不够的，而需要组织在日常实践中展示这种承诺。员工和雇主都希望双方都能做到这一点，企业需要采取积极措施，将这种想法融入其文化中。

问责制是现代工作场所的基石之一，它意味着对所有形式的不当行为采取零容忍政策，包括性骚扰、欺凌和歧视，以及所有的欺诈和盗窃。然而，企业必须采取积极主动的措施，尽量减少和根除这些行为；必须对每一项索赔进行保密和彻底的调查，并处理每一件不当行为的事件。这可能意味着，你要和一个在会议上说粗俗笑话的同事说话，或者对办公室里的同事做出不受欢迎的示好，甚至解雇一个被发现偷窃的人。领导者有责任在整个组织内确定基调，提供正确的报告资源，并确保迅速采取行动。

避免隐患

正如谷歌的情况和相关社会政治运动所证明的那样，不处理不良行为会导致整个组织和公众的误解。除了法律风险，这还可能直接影响到招聘和雇用、留任、领导力、品牌认可和盈利能力。一家公司在2021年及以后的最大陷阱是什么都不做，尤其是当员工主动提供信息时。

创建和培养员工畅所欲言的企业文化，要求企业在发现不当行为后立即采取行动。反馈回路应该是紧密而迅速的。美国平等就业机会委员会发布的研究显示，如果情况出现了，但雇主没有及时做出回应，员工就会停止举报，原因可能是普遍缺乏问责制。事实上，平等就业机会委员会报告说，大约75%的事件完全没有被报告。

平等就业机会委员会甚至评论道："最重要的是，我们对由于员工的种族、民族、宗教、年龄、残疾、性别认同或性取向而发生的骚扰的普遍性知之甚少。尽管有不少私营部门和联邦部门提出的指控，声称受到基于此类理由的骚扰，但情况仍旧如此。"因此，对今天的员工来说，主要的风险是关于这类骚扰的数字保持不变，阻碍了当前的发展，并使雇主面临持续的诉讼风险。

对于那些希望站在伟大文化的最前沿，推动工作场所变革的公司来说，实施变革的关键是确保所有层面的参与。这意味着要得到领导层的支持，并将组织的信念和政策明确传达给所有利益相关者。进步的、有远见的组织还需要投资于建立和维护一个积极的、包容的工作场所，一个促进信息流动和以身作则的工作场所。

技术的作用

虽然每个组织的每个人都有责任，但技术让那些不一定愿意直接发言的人有了发言权。同时，这也为事件创造了一个安全记录，无论是第一人称还是旁观者的发言。员工可以记录日期、时间和地点，以及添加证据，可以是一个WhatsApp消息的截图或电子邮件的副本，以帮助创建一个全面的报告。在这里，他们还可以说出肇事者的名字，并描述谁（如果有的话）目睹了这一事件。技术允许员工选择是否提交审查，他们知道自己已经在一个地方捕获了所有的细节，并授权他们决定何时可以继续进行。一些解决方案甚至让员工有能力与他人合作并共同报告。与作为第三方的解决方案相比，与公司代表交谈后，员工可能感到更自在，受到的审查也更少。

渴望在工作场所内发展和改进问责制的雇主也能从安全可靠的工具中受益。通过访问完整的报告，人力资源、法律和法规合规团队可以审查相同的材料，并共同确定下一步行动。这些团队应该拥有可靠的案例管理系统，让他们把精力集中在他们最擅长的事情上。

人人有责

与Me Too和TIME'S UP运动同步，或作为对它们的回应，美国多个州通过了新的保护措施来解决工作场所的骚扰问题。仅在2018年就有11项，加利福尼亚州就有4项新法律，包括更新对雇主的性骚扰培训要求，以及禁止"在涉及性侵犯、骚扰或歧视指控的案件中达成秘密和解或保密协议"。但是，问责制的兴起直接与过去20年工作场所的变化相呼应，并远远超出了两小时的培训课程。无论是自愿的还是国家授权的，对于公司来说，更重要的是了解船尾的情况以及员工如何在文化上表现以降低法律挑战的风险。

认识到新的法律环境，并响应了对20世纪男权环境的转变，世界领先的公司倾向于一个更民主的环境，平衡雇主和员工之间的关系。与其他时代不同的是，在历史上，员工仍然处于从属地位，今天的员工寻求拥有自己的职业、机会和体验，他们的雇主帮助安排，而不是命令。为了在这两方之间发展信任和维护尊重，组织的任务是让每个人对他们的行为负责，并提供一个可能的环境。这种对话积极反映了围绕多样性和包容性所做的工作，以及培训和学习，并反映了这种对工作场所的新态度。

在为员工提供了系统地报告和捕获事件所需的工具之后，雇主有责任展示调查和解决问题的进展情况。通过以一种既赋予员工权力又建立问责制的方式来减少骚扰和不平等，雇主可以延续更好、更令人满意的行为，并实现卓越现代职场文化的承诺。

对工作场所多样性和包容性的反思

如果公司正在寻求更多的多样性和包容性，那么专家建议从高层做起。

在很大程度上，这是因为同质性是系统固有的。如果领导者的外表、思维和行为方式相似，他们往往会将成功的领导者定义为外表、思维和行为与他们一样。这些期望可以转化成具有不同背景和观点的人的障碍，或者鼓励人们淡化他们的差异，以适应这个模式。

多样性顾问莎伦·琼斯的《精通游戏》一书探讨了无意识的偏见和不成文的规则

如何阻碍女性和有色人种的职业生涯。她说，公司必须致力于促进多样性的工作，尤其是在高管之间。

那些在领导团队中很少表现出多样性的公司向正在晋升的员工发出了一个强有力的信号，即他们没有地方可去，虽然是无意的。

琼斯说："多样性的领导者只要在那里，就能为人们树立榜样。这让人们觉得，'这个人就像我一样，我们有相同的个人目标，或者他们的职业是我想要的'。当没有看到这种榜样时，他们就会认为，'像我这样的人在这里没有出路'。"

《多样性带来成功：为什么最具包容性的公司会赢》一书的作者卡罗尔·富尔普说，美国的人口统计学趋势也有利于多样性。富尔普说，一个更加全球化的市场，加上不断变化的人口结构，将要求企业随着时间的推移变得更加多样和包容。

皮尤研究中心的数据显示，在23~38岁的千禧一代中，超过40%的人认为自己不是白人。富尔普还引用了人口普查的预测，到2042年，美国有色人种将超过白人。

富尔普说："鉴于人口结构的巨大变化，为了吸引所有类型的最佳人才，我们希望确保我们的组织中有有利于多样性的文化。你希望你的公司里有能够为全球市场生产产品和服务的人。因此，很显然，你希望你的员工队伍中有能反映全球市场的人。"

为什么要担心多样性呢

努力创造一个更加多样和包容的工作环境会带来很多好处。该领域的专家引用的研究表明，拥有更广泛的思想和背景的公司会产生更多创新的想法，做出更好的决策，随着时间的推移，利润也会更高。

但有几项研究显示，普通员工的多样性所产生的影响要小于高层领导的多样性。

例如，波士顿咨询集团在2017年发表了一项研究，题为《重要的组合：通过多样性进行创新》，将更高水平的创新归因于具有特定类型多样性的公司。该研究强调了多样性的几个关键区别：来自与其目前雇主不同的国家或行业的领导者；采取非传统职业道路的领导者；领导团队中超过20%的管理者是女性。

在解决性别多样性问题时，该研究的作者强调，女性在哪个阶层工作很重要："有一件事似乎对创新没有影响，那就是女性在公司劳动力中的总体比例。只有当女性占据管理职位的很大一部分时，创新溢价才会变得明显。"

麦肯锡公司2018年的一份报告《通过多样性来实现》发现，在其调查的12个国家的1000家公司中，高管团队中性别多样性程度最高的公司利润率更高，创造的价值也更好。

种族和文化的多样性也对成功有重大贡献。领导团队最多样性的公司在盈利能力方面领先于其所在行业水平的可能性要高于33%。

相反，在性别、种族或文化多样性方面处于底层的公司获得高盈利能力的可能性几乎要低30%。

对于Allsup公司的高级副总裁玛丽·戴尔·沃尔特斯来说，这样的消息并不完全令人惊讶。Allsup公司为那些希望重返职场的残障人士提供就业服务。沃尔特斯说，Allsup公司几乎为其所有客户提供了便利，无论是大楼内的物理通道还是公司的电话和网络服务的无障碍功能。

沃尔特斯认为，雇用一个从不同角度看世界的人，可以提供更好的客户服务和产品开发机会。

沃尔特斯说："如果有一个残疾人想出了一个有创意的主意，因为他们是以不同的方式思考问题的，这可以使一家公司的服务和产品惠及所有人，而不仅是残疾人。更多样性的员工能带来创造力和创新，这会让领导者耳目一新。"

建立一个管道

即使那些希望在工作场所促进多样性和包容性的公司，也会在过程中犯一些关键性错误。它们往往专注于从初级职位引入多样性的劳动力，然后期望这种效应会自然地流向高层。它们依靠非正式的系统来识别和提拔潜在的领导者，这些系统会导致无意识的偏见，或者它们设定的领导标准强化了现状。

非营利组织Catalyst的高级研究主任安娜·贝宁格说，那些希望领导团队更加多样性的公司需要采取有目的的方法来实现这一目标。

贝宁格说，许多公司都致力于在入门岗位招聘多样性的员工，但当员工在组织中升职时，这种多样性就会逐渐消失。她将这种影响归因于同质化的领导团队，他们倾向于以有利于现状的方式来定义领导素质。

贝宁格说："从定义上看，一个组织的成功就是由高层领导决定的。在美国，高层领导往往是男性和白人，他们重视典型的男性化行为。因此，人力资源部门将这些期望转化为所有正式的人才管理项目,以这些男性标准来评判每个人。根据定义,任何不是男人的人都是弱势的。"

贝宁格说,在规定谁参与重要项目或谁得到有助于晋升的职业任务时,非正式的制度也容易产生偏见。

"绝大多数人的发展不是来自正式的规划,而是来自他们每天拥有的机会。"贝宁格说,"如果女性得不到展示自己能力的机会,就会强化偏见和标准,延缓她们的进步。"

Altice USA Inc.是一家在全国范围内提供有线电视和互联网服务的电信公司,它利用已有一年历史的多样性和包容性倡议,帮助从各种"亲和团体"中甄别出潜在的领导人,这些团体包括黑人、拉丁美洲人、女性和残疾人。(作者的丈夫在Altice位于纽约的公司总部工作。)

Altice的首席多样性官兼政府和公共事务执行副总裁李·施罗德说,该计划的主要目的是在Altice在全美约300个地点的9000名员工中创造一种更强的社区意识。

公司在员工调查的基础上定义了亲和团体。每个亲和团体都有自己的领导者,鼓励员工负责团队中他们感兴趣的活动。此外,Altice的许多亲和团队领导者都属于公司之外的类似组织,这使得他们成为高级职位外部人才的主要招聘人员,施罗德说。

施罗德补充道,"通过创建这些领导团队,我们已经开始寻找那些主动成为超出自己职责范围的领导者的人。我们会注意这样问:'谁是我们正在崛起的领导者?我们如何确保他们获得继续崛起的支持,从而在组织高层中改善我们的多样性?'"

创造更加多样性的领导力

多样性需要成为销售或产品开发等目标之外的成功标准,富尔普说。富尔普还担任The Partnership的总裁兼首席执行官,这家总部位于波士顿的组织帮助企业吸引和留住多样性领导人。

富尔普还建议人力资源部门采取类似于美国国家橄榄球联盟鲁尼规则的做法,这确保了管理者必须考虑任何特定职位的不同候选人。

富尔普说,高层管理者的多样性以及围绕招聘多样性的目标为中层管理者树立了一个强有力的榜样,中层管理者最终会实施这些举措。

富尔普说:"你需要确保人们理解这是一种商业需要,是公司业绩的一部分。"

贝宁格和琼斯都建议使用正式的赞助计划来培养更多样化的潜在领导者。赞助商是那些有潜力的员工的拥护者，他们试图突破自己的职业生涯进入下一个阶段。创建一个正式的项目可以消除无意识的偏见，这种偏见可能会让非传统的领导候选人在被认可和选拔时处于不利地位。

琼斯帮助她的一个客户开发了一个赞助计划，以促进公司高层领导的多样性。在一次访问该公司时，琼斯与一位黑人高管交谈，这位高管在找到赞助商后已经两次升职，现在他觉得自己知道如何成为公司的合伙人了。

"他说，'我看到了道路，有人向我解释过，所以是否继续走下去取决于我自己'。"琼斯说，"你通常不会从不同的人那里听到这样的信息。你想让人们知道，如果他们想获得晋升，已经有人支持他们了，你随时都在他们身边。"

贝宁格指出，全国互助保险公司就是一个例子，该公司致力于通过触点计划培养女性员工。2011年，该公司推出了触点计划，为女性员工寻找并提供赞助机会。

该公司负责人才管理和发展的副总裁凯西·史密斯说，2010年，该公司为约250名高潜力员工找到了能反映他们背景、职业抱负和个性的赞助商。该计划帮助全国范围内的女性高管比例从29%提高到34%，并使有色人种女性领导比例翻了一番。

2010年，全国互助保险公司将触点扩展到了管理层之外，为其3.1万名员工创造了赞助机会。

史密斯说，员工可以多次参与触点活动，而且随着他们在组织中的晋升，他们也有望成为发起人。

史密斯以学员和赞助商的身份参加了这个计划，说："帮助别人提高成绩很有吸引力。这传递出许多信息：我们将亲自帮助你，我们相信你也能帮助公司里最优秀的人才取得成功。需要投入的部分是发现组织中的人才，并实际管理他们。"

为什么应该把残疾人纳入多样性领导力计划

在这些多样性和包容性倡议中，残疾人是一个经常被忽视的群体。许多组织已经有残疾员工供其使用，但没有在多样性和包容性工作中考虑他们，因为他们没有意识到他们的残疾。

根据美国疾病控制与预防中心的数据，四分之一的美国成年人患有残疾。但是，由于残疾可能对人们的职业生涯意味着什么，或者它可能意味着雇主对医疗保健费用的担忧，很多人并不认同自己的身份。

解决这个问题的一个方法是营造一个适合残疾人的环境，这将使招聘和入职过程更加透明。首先，你要在招聘的时候扩充你的人才库，在面试和入职过程中发现公司可以帮助那些残疾人在职位上取得成功的方法。

科技是其中至关重要的一部分，因为如果潜在员工上下班很难的话，它可以提供更灵活的工作时间，以及其他一些优势。科技让雇主能够以更民主的方式利用学习和发展。许多类型的学习可以提高技能，使竞争环境变得公平。

最终，扩大你的人才库，使其包括残疾人，不仅能增强你的多样性和包容性倡议，而且具有良好的商业意义。

雇用有智力和发展障碍的人

想象一下，一个招聘计划可以挖掘未被发现的人才，改善公司文化和多样性，并帮助整个社区。

这一趋势已经蔓延到各行各业，包括服务业、高科技公司和专业公司。它在不同的赞助下运作，但它有一个信息：有智力和发展障碍的人可以成为公司团队中蓬勃发展的成员。

那些积极寻找患有智力和发展障碍的员工的企业在紧张的就业市场上找到了新的员工来源。这是因为有智力和发展障碍的员工经常发现自己落在了后面（见补充内容12.1）。

根据Best Buddies的数据，超过80%的此类残疾人处于失业或未充分就业状态。Best Buddies是一家非营利组织，为患有唐氏综合征、脑瘫和创伤性脑损伤等一系列疾病的人创造社会和经济机会。

统计数据显示，患有自闭症的年轻人的情况也好不到哪里去。倡导组织"自闭症之声"估计，25岁的自闭症患者中几乎有一半从未有过有偿工作。

缺碘症青年缺乏就业机会有可能成为一个紧迫的经济问题。根据美国疾病控制与预防中心的数据，在3~17岁的儿童中，约有15%患有智力和发展障碍。"自闭症之声"预测，大约有50万名患有自闭症的青少年将在未来十年步入成年。

"随着婴儿潮一代的退休，我们将有很多职位空缺，我们需要关注劳动力中未被充分利用的人才。"自闭症之声成人服务副总裁莱斯利·朗说，"患有自闭症和其他发展障碍的人可以填补这一空白。"

包容性的好处

患有间歇性缺碘症的人曾经发现自己的工作选择有限，例如提供庇护的讲习班，付给参与者的工资低于最低工资，并将他们与更大的社区隔离。

但在过去的几十年里，倡导组织一直致力于将缺碘症患者纳入社会或经济生活的方方面面。

这些整合工作不仅为智力和发展障碍患者带来了回报，也为那些创造了更具包容性工作场所的公司带来了回报。

帮助智力和发展障碍患者整合劳动力的TheARC@Work在2016年对其企业合作伙伴进行了调查，以确定其如何影响了他们的工作场所。

TheARC@Work的董事总经理乔纳森·卢克斯表示，所有接受调查的公司都表示，在雇用了智力和发展障碍员工后，生产率有所提高。60%的受访者表示，他们的企业文化更快乐、更友好。

"很多公司都说这是一个伟大的商业决定，不是一个个人决定，不是一个感觉良好的决定，而是一个伟大的商业决定。"卢克斯说，"不这样做的公司正在失去一部分对它们的利润有帮助的劳动力。"

律师罗伯特·弗里德曼在荷兰奈特律师事务所目睹了这种动态。20多年前，该事务所在迈阿密的办公室聘用了首批智力和发展障碍员工，弗里德曼是那里的合伙人。在过去的几年里，该事务所在其28个办事处中雇用了22名员工，其中包括在国外的几个办事处。

弗里德曼认为，招聘工作表明公司关心的不仅仅是赚钱。

"你会得到一个热爱工作、友好、外向、完全忠诚的员工。"弗里德曼说，"当把智力和发展障碍员工介绍到你的工作场所时，你是在告诉每个在那里工作的人，你致力于一个多样性的工作场所，并确保每个人都有机会为社区和经济做出贡献。"

一些公司努力使它们的工作场所更加包容智力和发展障碍患者，它们发现所有员工的目标感都在增加。

软件和技术公司SAP要求员工作为"团队伙伴"，为通过其"自闭症工作项目"聘用的新员工提供志愿服务。SAP负责自闭症工作的全球联席主管约瑟夫·贝拉斯科说，已有数百名SAP员工自愿参加这个项目。

这种参与方式提高了员工的敬业度和留任率，同时吸引了新的人才。

贝拉斯科说："现在有很多人，尤其是年轻人，都在关注自己所在公司的影响。人们看到这类项目就会说，'这是一家想改变未来工作的公司'。这样我们就能吸引那些志趣相投的人。"

打破贸易壁垒

已经努力使员工队伍多样性的公司表示，这个过程从倾听和教育开始。

卢克斯说，TheARC@Work经常在招聘过程开始前就回答有关如何治疗残疾人的问题。答案吗？和他们对待其他同事的方式没有太大区别。

Best Buddies负责工作的高级主管考特尼·罗加切夫斯基说，作为工作场所整合过程的一部分，该组织为现有员工和管理者提供培训，让他们学会如何与智力和发展障碍患者打交道。

这通常意味着教授强调个人价值的"以人为本的语言"。例如，将一个人称为残疾人，而不是将其称为"残疾人"，罗加切夫斯基说。

人力资源专业人员还将学习如何消除传统申请流程所设置的障碍。

亚利桑那州非营利组织Ability360负责就业服务的副总裁苏珊·韦伯说，招聘说明书中有一些标准的语言，在招聘过程开始前就会把患有智力和发展障碍的求职者排除在招聘名单之外。Ability360致力于促进残疾人的独立生活。

韦伯是一名律师和人力资源专业人员，拥有超过40年的辩护经验。当她看到需要有效驾驶执照，或者能够举起30磅重的东西的职位介绍时，她不寒而栗，因为这些职位的职责不包括运输或搬运箱子。

她的建议是，在写一份工作描述时，要坚持该工作的基本职能。

"你可以给50个人贴上同样的诊断标签，但每个人都有不同的局限性。"韦伯说，"患有这类残疾的人可以做很多事情。所以，人力资源专家所能做的最好的事情就是专注于你需要完成的工作。"

面试过程也会给自闭症或其他智力和发展障碍患者造成障碍，他们可能难以进行眼神交流，也难以对开放式问题给出冗长的回答。

专家表示，为了将重点从面试转移，人力资源专业人员可以创造"工作见习"的机会，或者提供一个项目，让智力和发展障碍求职者展示自己的技能和优势。

例如，SAP为其通过"自闭症工作项目"招募的员工提供一个为期六周的企业准备学院。贝拉斯科说，参与者在学院刚开始建立时被分配一个项目，在结束时展示他们的成品。

公司也可能制造内部障碍，因为他们在每次雇用一个有智力和发展障碍的员工时都期望有一个完美的契合——这是管理者永远不会对其他员工抱有的期望。

在Best Buddies的帮助下，荷兰奈特律师事务所聘请了第一批智力和发展障碍员工。一个应聘厨房服务职位的人没有成功。弗里德曼说，这个结果立即引起了一些人的担忧，他们担心这个项目是否适合这家公司。

但弗莱德曼说，被雇来代替他的人已经在公司工作了25年，成为一名很有价值的员工，知道每个人的名字。

TheARC@Work的卢克斯建议，公司从小公司开始，雇用一些患有智力和发展障碍的人，在他们成功的基础上继续发展。卢克斯与一家公司合作，这家公司通过它的包容性计划雇用了五名智力和发展障碍患者。一个月后，五个新员工中的两个离开了——不是因为他们没有技能，而是因为这份工作不适合他们。

"如果你有一个高流动率的工作，它不会阻止你再次雇用一个神经质的人——那么为什么它会阻止你雇用一个神经多样性的人呢？"卢克斯说，"这就是为什么你要从小处着手，有目的性地去做，然后获得第一场胜利。然后随着时间的推移，你会让它成长。"

超出预期

利维等公司为全美的体育场馆提供食品和饮料服务，它们已经看到自己的智力和发展障碍员工越来越多，他们的工作技能已经超出了最初雇用他们时的水平。

五年前，利维与TheARC@Work合作，为纽约布鲁克林的巴克莱中心的食品和饮料业务招聘智力和发展障碍的员工。

列维项目的负责人格雷格·科斯塔让智力和发展障碍的新员工完成一项简单但至关重要的任务：保持调味品站的清洁和库存。科斯塔说，美国职业篮球联赛后来认可巴克莱中心为其29个球馆提供最好的调料车。

科斯塔说，随着时间的推移，有智力和发展障碍的员工不再是推调料车的人，而是在小卖部工作或当收银员。科斯塔现在是利维在拉斯维加斯T-Mobile竞技场的运营总监。拉斯维加斯T-Mobile竞技场雇用了约200人。科斯塔说,大约10%的人患有智力和发展障碍。

与此类似,SAP启动了其"自闭症工作项目",希望填补两个技术职位:质量保证和软件开发。自启动以来,贝拉斯科表示,该项目已为该领域的员工创造了20多个全职工作机会。

超过320名自闭症患者在工作中参与了自闭症的某些方面,这已经发展成一种高中指导、专业实习和合同工作的系统。

杰夫·王就是其中之一。王先生患有自闭症,2015年大学毕业后开始申请工作,工作经历有限。经过一年多无果而终的寻找,王被转到SAP的自闭症工作项目。

现年27岁的王一开始是实习生,后来成为SAP费城人力资源部的全职员工,分析员工数据,管理项目。

"这是一个不断学习的过程。"王说,"SAP的人真的很重要,有一种强烈的社区意识。每个人都对自己的专业领域了如指掌,也都愿意互相帮助。"

SAP也对更大的商业社区采取了共享的方式。微软、摩根大通和安永等公司已与SAP联手成立了自闭症工作圆桌会议,分享最佳实践,并将该项目扩展到更多公司。SAP已经回应了160家有意在自己的工作场所实施类似举措的公司的咨询。

贝拉斯科说,建立这样的关系对自闭症的工作有一个令人满意的,即使是意想不到的好处。

"看看那些已经这样做的公司,我们非常愿意分享。"贝拉斯科说,"这不是一笔交易,我们不是在卖产品。我们正在与其他公司合作,朝着同一个方向发展,并有一个目标,对社区产生影响。"

补充内容12.1 定义知识和发展障碍

"智力和发展障碍"一词是多种诊断的统称。

智力障碍通常被定义为智力功能上的限制,如智商低于75,以及一个人在日常社交和实践技能上的限制,如自理和理财。

发展障碍是指在学习、语言或行为技能方面的障碍,但并不一定包括智力障碍。一些发展障碍的例子包括唐氏综合征、胎儿酒精综合征、多动症和自闭症。

"不再是你父亲的工作场所"：具备文化智商是智慧的商业

工作场所变得不那么同质化了。看待工作不再只有一种方式。每个企业都需要成为一个文化包容的组织。

精明的整体回报专业人员必须不断发展他们的文化智商（Cultural Intelligence或Cultural Quotient，CQ）。能够灵活地与来自不同背景和世界各地的人一起工作，是一种宝贵的底线提升。

构建文化智商基于三种行为：重视、尊重和倾听员工、客户和其他与企业互动的人。如果你在与人打交道时表现出对他们重要的东西对你也重要，他们就会更有可能参与进来。

拥有文化智商，意味着认识和解决无意识的偏见，让沉默寡言的高层领导人相信多样性和包容性的好处。

文化智商，是指拥有知识、技能和能力，有效和适当地与来自不同文化背景的人进行交流，以实现更好的业务结果。

文化智商的好处：

- 提高员工敬业度。
- 增加创新性和灵活性。
- 吸引高素质人才。
- 提高销量并降低成本。
- 减少多元文化风险。

资料来源：Multicultural Foodservice & Hospitality Alliance（MHFA）。

获得高管对组织文化变革的支持

现在，发展和保持一个强大的组织文化已经成为一个公司成功的关键组成部分，特别是在不可避免的变革和破坏时期。然而，在创造和维持组织文化变革方面，很难获得必要的高管支持，特别是如果专注于财务数据的高管并不天生将文化视为优先事项的话。

管理层之外的人如何才能让决策者相信，组织文化的变革是值得花时间和投资的呢？遵循以下五个步骤来获得许可。

说他们的语言

高管关注的是公司的总体战略和发展轨迹，而这自然以盈利能力为中心。带着这个观点，在提出文化倡议时，首先要强调底线。

你可以引用以下这些快速数据来说明为什么文化对底线很重要。

- 根据约翰·科特所著的《企业文化与绩效》一书，拥有提升绩效文化的公司股价比没有这种文化的公司上涨了901%。
- 艾玛·斯帕拉和金·卡梅伦在《哈佛商业评论》上发表的文章《证明积极的工作文化更有成效》中指出，研究表明，每次企业更换受薪员工时，平均需要花费6~9个月的工资。
- 克里斯蒂娜·梅哈尔在她的赞恩福利博客中说，在压力大、文化缺乏的公司，医疗支出比其他公司高出近50%。

将公司价值观与文化联系起来

组织文化对财务的影响对高管来说是一个强有力的卖点，但将组织文化与其价值观联系起来也是获得认可的必要条件。研究公司文化在多大程度上反映了既定的公司价值观是一项重要的前期任务。

列出公司认为重要的无形价值，这些可能包括正直、信任、尊重、品质、沟通和领导力。接下来，清楚地概括公司文化是如何维系这些价值观的，或者是如何不维系这些价值观的，并阐明可以做些什么来让员工重新拥有核心价值观。

例如，如果价值观是沟通，那么人们的看法可能是，人们不愿意说出潜在的担忧，因为他们害怕自己会受到惩罚或被忽视。要重新调整，要制定一个具体流程，以认可和奖励那些诚实而富有成效地表达他们担忧的员工。

基准信念和感知

如果领导不能听取下属的真实反馈，就很难提出改变的理由。有几种方法可以发现和阐明反馈，包括360度的评论、投票和调查。

以下是一些你可能想要包括的问题：

- 你的上司是否平易近人？
- 你的上司是否给了你足够的指导和期望？
- 你觉得你的上司重视你和你的意见吗？

- 你会怎么做来改变（你公司的）员工经历？

提取结果

梳理定性调查结果可能是一项令人生畏且耗时的任务。以下是你如何管理开放式问题，以提取结果，并确定最重要的元素，以纳入组织文化：

- 初步通读。快速浏览结果以获得评论的基调和主题的概述。
- 量化词汇的使用。试试 WordCounter 这样的工具，看看哪些单词在调查结果中出现得最频繁。
- 分类。使用电子表格，确定系列类别，并将响应组合在一起。
- 强调。有没有绝对积极或消极的答案？用绿色或红色标出。
- 量化。哪个类别的回应最多？绿色和红色回应最多的是哪一个？

阐明变化

总结一下，有三种核心工具可以帮助高管对组织文化活动的支持：

- 证明组织文化有利于坚守底线的知识。
- 了解如何识别公司价值观和现有文化之间的偏差。
- 来自公司各部门的真实反馈，了解公司发展的必要性。

这三个关键方面（财务影响、组织协调和员工反馈）是成功赢得管理层批准的必要条件。通过成熟的研究技术阐明变革的使命、费用和潜在影响，你将能够为文化变革计划获得关键管理者的支持。

统一企业文化：推动并购后敬业度和绩效的五个步骤

已故的大卫·鲍伊在他的经典歌曲《改变》中讲述了随着时间的推移，我们都面临着不可避免的变化。正如人们面对变化一样，组织也必须处理业务生命周期中的转换。公司将做出的最重大的调整之一发生在并购期间或之后。在这个脆弱时期，两种文化的成功融合对组织的繁荣昌盛至关重要。建立统一的企业文化，可以把新实体凝聚起来，推动公司前进。当今商业世界的变化速度令人担忧。无论是否进行并购，在这种动态环境中要想成功，企业都必须适应技术进步，利用多样性的劳动力，在紧张的劳动力市场中竞争并在全球经济中保持灵活性。员工的效率取决于吸引和留住高质量员工的能力，这些员工最终决定了业务结果并推动成功。

根据LinkedIn Learning的数据，56%的组织都在努力留住有潜力、表现出色的员工。对于任何组织来说，这都是一个令人生畏的数据，尤其是那些由于并购而经历重大变化的组织。在与并购交易相关的不确定性和转换层中，你将拥有一个复杂的业务和人员需求网络，所有这些都需要在紧张的时间框架内同时进行管理。从一长串优先事项中，商界领袖应该从哪里开始集中精力？在这个阶段，整合和优化员工的基础需求是至关重要的，需要一个战略计划。否则，这个过程就会变成一个势不可挡的任务，注定会失败。

虽然这似乎是显而易见的，但如果企业主想要他们的公司成功，他们必须创建一支致力于这一使命的员工队伍，积极贡献时间、精力和人才来实现特定的企业目标。组织需要敬业的员工，他们致力于将公司提升到下一个层次。北卡罗来纳大学凯南-弗拉格勒商学院的研究显示，事实上，员工高度敬业的公司三年的平均收入增长是员工敬业度一般的公司的2.3倍。员工敬业度衡量的是员工对组织及其目标的情感承诺。这种情感上的承诺意味着敬业的员工实际上关心他们的工作和公司的福利。

盖洛普（2017）的数据显示，失业员工每年给美国造成4500亿~5500亿美元的损失。"2017年盖洛普美国工作场所状况"报告发现，更好的投入会使企业盈利能力提高21%。在并购环境中，对敬业员工的需求被放大，因为新的团队聚集在一起，具有新的或更新的合并任务、期望、人员和流程，甚至新的管理。这是一个过渡时期，需要采取积极的变革管理策略，让人们关注结果，而不是对新世界的恐惧或不确定性。那么，是什么黏合剂将所有这些黏合在一起，并推动有效的并购呢？领导者如何在巨大的变化中最佳地吸引他们的员工？什么东西有足够的黏性，可以把人们聚集在一起，对客户、销售和盈利产生积极的影响？

企业文化作为黏合剂

首先是企业文化。根据《公司》杂志的说法，"企业文化指的是共同的价值观、态度、标准和信念，这些都是组织成员的特征，并定义了组织的性质。企业文化植根于一个组织的目标、战略、结构和对待劳动力、客户、投资者和更大社区的方法"。组织中的领导者必须通过研究他们的企业文化来开始并购后的同化过程——剖析企业文化的元素，并确定驱动期望行为的因素。是什么让员工努力工作并对公司保持忠诚？

在并购环境中，合并企业必须评估每个不同组织的文化，并确定哪些特征使每个组织成功（或失败）。确定的积极的行为和习惯将成为任何并购行动所需的多层变革管理的基础。因此，从人力资本的角度来看，并购过程的目标是优化新文化，以推动员工参与，并最终取得商业成功。

文化是一个令人生畏的概念。它由可重复的过程、一致的行为和人们在与组织打交道时所经历的难以捉摸的直觉组成。员工想要感觉到自己与工作场所的联系，而企业文化通过口头和非口头的方式帮助员工推动这种联系。

那么，在推动用户参与方面，哪些文化元素最有效呢？是什么让一种文化如此伟大，能够吸引人们加入，将他们与组织联系在一起，激发出一种奉献和忠诚的感觉？

如果经常实施和实践某些组织习惯，就会形成人们想要去工作并取得成果的极好的文化。在并购环境中，关键是快速识别和利用理想文化中最具影响力的元素，并在整个新组织中推动它们。

员工希望感觉自己与工作场所有联系，而企业文化有助于推动这种联系。

整合人力资源实践

组织的政策和制度也应该支持组织的文化和价值观。组织的绩效评估问题是否符合组织的价值观？组织的奖励和认可系统是否强化了组织对员工的期望？与价值观营销类似，一个组织必须在整个组织生态系统中综合并强化这些价值观和预期行为。例如，每年1月，Hodges-Mace都会举办一次全体员工启动会议。在那次会议上，Hodges-Mace不仅强调和重申了他们的价值观，而且展示了员工在公司内部以及与客户展示这些价值观的杰出例子。从印有客户报价的桌账到墙上的海报，再到课间展示时滚动的例子，Hodges-Mace想要赞美那些信奉自己价值观的人。（Hodges-Mace是一家总部位于亚特兰大的员工技术和通信公司。）

Hodges-Mace现在每年都有"核心价值观奖"，由经理提名在全年中表现出特定价值观的员工。然后，一个委员会聚集在一起，以最能体现公司价值观的杰出例证来确定获胜者。这些获奖者将在全公司会议上被重点表彰。Hodges-Mace赞扬他们的个人领导力和对价值观的承诺。然后，为了让这种势头超越公司范围内活动的势头，他们会表彰特定团队成员在部门取得的成功，这些人超出了他们的标准预期。得到客户赞扬的员工会出现在办公室周围的电视屏幕上，大家一起庆祝。

改变需要不断强化。期望是什么？我们如何实现它？为什么它很重要？通过将组织的系统和流程与组织想要传达的信息保持一致，组织就可以看到成功的机会飞速发展。员工想要的是清晰，而高度定义的系统和期望则为他们提供了一个创造舒适的路线图，让他们能够专注于他们的工作。

将核心价值观融入日常工作中，可以加强和推动绩效评估期间的交流。通过不断努力践行这些核心价值观，人们会设定期望并在评估环节创造有意义的对话。例如，Hodges-Mace在评估中会提出一些问题，关注员工的主要核心价值观："哪种价值观最能代表你？你是怎么证明的？"通过开启管理者和员工之间的对话，Hodges-Mace强调其核心价值观的重要性，并鼓励员工践行这些价值观。

在并购中，尽早将价值观作为讨论的重要部分以设定明确的预期尤为重要。这样可以实现更顺畅的过渡、一致的信息传递和有意义的第一印象。Hodges-Mace目前实践的一个例子就是新员工入职。他们通过视频、与首席执行官的小组会议和专门针对他们的价值观的讨论计划，将核心价值观融入培训计划中。与新员工一样，并购员工也是新团队的一部分。从一开始就清晰地传达核心价值观，并解释它们是如何在组织中实现的，这一点至关重要。

以价值观为导向

成功的企业价值观根植于一个组织的行为结构中，在推动有意的文化方面发挥着重要作用。根据BusinessDictionary.com的说法，它们是指导组织内部行为以及与客户、合作伙伴和股东关系的经营理念或原则。当组织在并购交易中走到一起时，领头的组织需要在交易过程的早期定义合并的价值，为预期的行为和态度设定基调。

一旦确定了新的企业价值观，领导团队必须快速、定期地以书面和口头形式向所有员工清晰地表达出来。文字有一种非常强大的力量。人力资源部门应该积极营销更新的价值观，以推动理解和采用相关的预期行为。从员工手册开始，这些价值观需要包含在任何相关的人力资源政策和材料中。此外，这些价值观需要在整个办公室的视觉上得到积极的强化。可以考虑在企业前台上方的墙上贴一张价值观清单，这样员工每天来上班时就能看到。在给员工的（新的和/或当前的）鼠标垫或其他实用物品上，同样打印上价值观。让价值观的强化成为一项持续的运动，让所有员工牢记价值观的重要性。

另一种行之有效的强化价值观的方法是在企业网站的主页上发布企业价值观，让所有人都能看到。价值观需要在整个办公室的视觉上得到积极的强化。

确定并利用文化倡导者

企业倡导者定义了合并的企业文化并让人们保持关注，保持参与，并推动组织绩效。在缺乏确定性的情况下，人们通常依赖于既定的行为模式。拥有明确定义和有意的企业文化有助于确保人们即使在变革时期也能保持专注和参与。再加上"投入会带来绩效"这一事实，组织就有了一个双赢的组合。以下是在选择文化倡导者时要注意的一些特征：

- 他们有天生的信誉和领导能力。其他人跟着这些人，会得到他们想要的结果。如果他们不直接担任领导角色，他们会通过他人——通过合作，或者简单地通过把事情做好来取得成果。组织要找的是一个能成为代表公司价值观榜样的人。在组织的各个层面都可以找到有效的倡导者，充当所有类型员工的变革推动者。组织应该利用这些人以一种不太正式但非常有效的方式分享核心信息。

- 文化倡导者充满活力，支持变革，并有能力表达成功整合的必要性。当他们遇到没有朝那个方向前进的人时，他们可以解释为什么这个人改变方向如此重要。他们了解全面支持的重要性，始终以身作则。

- 他们有同理心，不指望一夜之间就能改变。他们明白这对一些人来说更困难。如果到了一个人因为无法适应变化而不得不转变的阶段，文化倡导者仍然会有同理心和理解力。他们知道如何对自己的行为做出艰难的决定，而且当看到反复出现别人没有遵循价值观的情况时，他们也不怕与领导沟通。

- 有时，寻找企业倡导者的最佳方式是让他们表明自己的身份。通过这样做，雇主允许隐藏的企业倡导者挺身而出，承担责任。例如，Hodges-Mace 要求员工处理围绕其社交和社区活动的领导角色。每年夏天，在其"服务之夏"慈善活动期间，Hodges-Mace 都在寻找一个自封的团队领导者来处理与每个慈善机构的外联。这可以识别出这些隐藏的领导者，创造团队能量，并围绕他们努力强化信息和意图。个性化的流程有助于推动服务团队内部和跨部门的参与。允许员工宣称自己是文化倡导者，可以为他们提供想要的权威和敬业度，也可以让雇主看到谁可以成为未来的领导者。

关注人才发展

那些不相信自己能在现有雇主那里实现职业目标的员工考虑离职的可能性是其他

人的12倍。LinkedIn Learning的数据显示，随着新员工的加入，这个数字会飙升至30倍左右。这些统计数据表明，组织通过培训和职业发展，帮助员工在职业生涯中脱颖而出是非常重要的。

人类天生想要学习和成长。通过支持员工的个人和职业发展，管理者培养了一种进步感。管理者应该帮助员工将他们的能力与组织的发展相结合。通过这种方式，员工就会感觉他们正在学习和成长，培养内在的动力，通常更努力、更高效地工作。

为管理者设定他们需要培养员工的期望是很重要的。但同样重要的是，要准备好用于专业发展的工具和流程。将这种期望整合到绩效管理中可以提高管理者的效率，并鼓励员工发展。

例如，Hodges-Mace实施了SmartPath，这是一种培训和开发工具和程序，以帮助员工磨炼技能。有了管理者的加入，SmartPath就可以融入员工队伍中，将员工的潜力推向更高的水平。

致力于透明的沟通

有效的沟通对所有业务都至关重要，尤其是在并购之前、期间和之后。事实上，缺乏沟通是并购失败的一个关键因素。在过去12个月内经历过并购的员工和没有经历过并购的员工之间，在透明度和沟通方面存在巨大差距。根据Quantum Workplace的《2018年敬业度趋势》报告，这些差距存在于薪酬、变革管理和绩效方面。

合并组织的员工需要清晰的沟通。Quantum Workplace报告揭示了合并和未合并员工之间的好感度的两个主题：合并员工对新的组织结构如何工作没有一个清晰的理解，他们需要更多的可见的迹象，表明组织重视他们的努力。

在并购后的环境中，对角色和期望的诚实沟通至关重要。不要以为员工理解新规定。刚开始的时候，员工自然会对新的工作环境感到焦虑。自上而下的清晰而定期的沟通将减少不确定性，并有助于雇主将他们的最大利益放在心上。

确保并购后清晰沟通的最佳方式是创建非常清晰的发言要点，帮助所有管理者传递一致的企业信息。精心安排的沟通策略让员工感到轻松自在，并表明整个组织都在同一旅程中。

当Hodges-Mace在2013年收购两家公司时，每个组织的管理者了解并接受这家公司的新话题是非常重要的。清晰、透明和一致的沟通有助于让员工更轻松地接受变化，并使公司统一朝着相同的企业目标前进。

成功始于顶层

并购市场依然生机勃勃。2017年,各公司宣布了超过5.06万笔交易,总价值超过3.5万亿美元。

正如这里提到的,并购后组织的成功率直接与员工团结在一起实现新成立实体的共同愿景的能力有关。这需要敬业的员工理解并接受新的企业文化。这种程度的承诺从领导团队开始,他们传播新的价值观,并努力建立社区和信任。

13

薪酬平等和奖励公平

"薪酬平等"作为一个问题或广泛的话题，是指个人或群体之间的薪酬比较结果，即相同或类似工作的薪酬是相同或相似的，或者薪酬差异是由可辩护的因素解释的，如角色、经验、教育和业绩。当薪酬差异不能用可辩护的因素来解释时，其结果是"薪酬不平等"，需要更多的审查，并可能是系统内无意识的偏见的结果。

重要的是要明白，如果无法解释的薪酬差异确实存在，它通常不是失败的薪酬计划或个人或组织不道德的选择的结果。相反，它通常是合法的业务驱动的决策的结果，这些决策可能对一个或多个受保护的类别产生完全不同的、意想不到的负面影响。这些差异可能使组织面临法律责任、声誉损害和竞争劣势的风险。

不公平或偏见的根本原因和解决方案可能与不完全由薪酬职能部门拥有的工作场所实践有关，如组织文化、招聘/雇佣/晋升实践、绩效评估系统、领导力发展计划、福利政策或多样性和包容性倡议。这些系统中的任何一种偏差或崩溃都可能导致薪酬不平等。薪酬专业人员往往处于一个独特的位置，以识别和监控这些结果，并越来越依赖于领导跨职能和协作的努力，以识别和改善根源因素。

组织目标和薪酬平等工作的方法可能而且确实有所不同。公司可以根据其目标和奖励理念利用最佳实践和一系列解决方案。虽然有很多方法将薪酬平等定义为一种结果，但问题实际上在于围绕薪酬和奖励计划的公平性和透明度。

与薪酬平等和奖励公平相关的工作通常会导致围绕前面提到的工作场所实践（例

如，员工代表和招聘/雇佣/晋升等其他实践）进行更微妙的对话，这些对话涉及一个比薪酬更广泛的生态系统。

这对薪酬和奖励专业人士意味着什么

薪酬和奖励专业人士的任务是提供具有竞争力、合规性和持续管理的内部薪酬系统。然而，无意识的偏见也有可能渗透到制度和实践中，从而导致意想不到的薪酬不平等。薪酬和奖励专业人士能够接触和理解薪酬数据、系统和流程，以及薪酬职能之外的关键合作伙伴关系，这使他们处于一个独特的位置，帮助人力资源和整个组织实现和维护薪酬平等和奖励公平。

薪酬平等工作既重要又复杂，薪酬和奖励专业人士在其组织的发展过程中发挥着关键作用。

这对组织来说意味着什么

这个问题的范围是全球性的，几乎涉及奖励工作的所有方面，并且远远超出了合规性和法律风险缓解的范围。它已经成为一个社会问题、组织命令和竞争优势的来源。

在许多国家，员工、董事会、立法者、投资者和整个社会要求采取行动的呼声越来越大。围绕薪资历史禁令、性别薪酬差距报告、薪酬透明度指令等的立法几乎是源源不断的。但在解决这些问题上，雇主能做的远比仅靠立法所能做的多得多——他们也应该这么做。

如果企业不能妥善解决薪酬平等问题，就会面临重大的法律和声誉风险，但如果它们处于公平和透明工作的前沿，就会拥有重大优势。激励措施也很重要，因为承担社会责任、确保公平的做法和奖励，对雇主的品牌及其吸引和留住支持业务增长所需人才的能力至关重要。

这对社会意味着什么

性别薪酬差距是一个社会和劳动力市场问题，而不仅仅是影响部分雇主的问题。薪酬差距和流动性停滞的后果在人的一生中不断加剧，这是真实存在的。在职业生涯中，女性的收入比男性少数十万美元，这种收入差距限制了她们在住房、继续教育、储蓄和退休计划等方面的选择。这是一种终生的不利条件，影响着我们的家庭、社区和更广泛的经济结构的力量（见表13.1）。

表 13.1　薪酬平等的主题和条件

与薪酬平等有关的话题	与薪酬平等无关的话题
• 多样性和包容性实践。 • 行业和职业之间的隔离。 • 职业发展和指导。 • 家庭问题可能是职业发展的障碍。 • 环境、社会和治理。 • 企业社会责任。 • 工资历史禁令。 • 集体谈判对工资结果的影响。 • EEO-1 报告。 • 修复策略。 • 歧视/刻板印象。 • 获得大学教育的机会	• 员工与领导者的薪酬比率。 • 不同职业的差异（如教师与职业体育工作者的薪酬）。 • 雇佣合同中解释的差异。 • 提高首席执行官薪酬。 • 最低工资。 • 生活工资。 • 《公平劳动标准法》的规定。 • 美国福利成本上升

关键定义

- **薪酬平等**：同工同酬。也用于描述没有无法解释的薪酬差异的薪酬比较，而这不是由可辩护和合法因素造成的结果。
- **薪酬不平等**：无法解释的薪酬差异，或者不是由可辩护和合法因素造成的结果。
- **薪酬差距**：通常用来指男女在同等职位上的薪酬差异。它可能归因于一个解释（可辩护的和合法的）或未解释的因素。
- **同工同酬**：薪酬对等。
- **内部公平**：一种公平标准，指导雇主建立与每项工作对组织的相对价值相对应的工资率。
- **性别薪酬差距**：简单地按性别比较平均薪酬，而不考虑工作类型或员工资历。（这是最常被引用的基准指标，表明全职工作的女性平均只能得到男性每一美元的 80 美分）。
- **角色间的薪酬差距**：比较不同人群在同一角色中的薪酬（如男性和女性在同一角色中的薪酬）。
- **群体间的薪酬差距**：环境因素的影响可能导致特定人群的薪酬差距。例如，长期的系统性劳动力趋势，如女性集中在某些低收入职业和行业，以及母亲身份对职业的累积影响。

- 受保护阶层："受保护阶层"的定义是指具有共同的、受法律保护的特征的群体，这些群体因法律管辖而不同，并处于不断扩大的状态。在美国，受保护阶层根据 1965 年的《民权法案》第七章进行了界定，并对其提供保护，使其免受基于种族、肤色、宗教、性别或国籍的歧视。
- 差别化影响：一种政策或做法，被平等地应用，但对受保护的一类员工产生的不利影响大于另一类员工。
- 差别化待遇：由于受法律保护的特点，对受保护阶层成员的待遇低于其他员工的任何做法和/或政策。
- 薪酬透明度：一个组织对薪酬公开和明确的程度，并支持员工自由分享。这包括薪酬和奖励理念、行政指导方针、薪酬结构和等级、薪酬水平等方面的透明度。
- 多样性和包容性：培养和支持多样性劳动力的组织战略、计划和实践，并利用竞争优势。
- 奖励公平：一种公平的奖励交付状态，考虑可比工作的价值，但忽略偏见和对受保护阶层的不同影响。薪酬平等的状况高度依赖于组织文化、招聘/雇佣/晋升实践、绩效评估系统、领导力发展计划、福利政策、多样性和包容性倡议的一致生态系统。

三种类型的薪酬差距以及如何解决它们

虽然薪酬歧视确实存在，但不同的薪酬平等术语可以互换使用，实际上衡量的是不同形式的不平等，因此差距的大小以及如何缩小差距各不相同。

随着薪酬平等立法席卷全球，现在正是纠正不同形式的薪酬不平等的关键时刻，因此，人力资源专业人员必须注意哪些法律适用于哪些差距。

这些术语是什么？它们的意思是什么？

- 性别薪酬差距。常见的标题"男性每挣 1 美元，女性挣 80 美分"指的是美国总体的性别薪酬差距——比较一个组织或整个国家的男性和女性的平均薪酬。性别薪酬差距并没有比较同一工作中男性和女性之间的差距。它不考虑资历、工作职能、工作级别或规模，也不考虑专业技能，而这些都是造成薪酬合理差异的原因。
- 薪酬平等。如果男性是高管，女性是主管，那么考虑到不同的角色，他们的薪酬可能有所不同，这是可以理解的。然而，有很多工作，男性和女性在规模、范围和责任上是相似的，被认为是同等价值的，但不一定是相同的头衔。人力资源专员和会计专员通常被认为是规模差不多的工作，因为他们需要相似的工作经验和教育背景。它们解决的问题的性质是可比性的。这两种角色的薪酬应该相似多于不同。

- 同工同酬。如果蒂娜和汤姆都是会计师，在同一家公司从事同一份工作，有着相似的技能背景，那么他们的工资应该相似。

这些不同类型的性别薪酬审计的计算结果彼此之间可能有很大不同（见图13.1）。我们从经验和研究中了解到，与外部基准薪酬数据相比，单个组织的薪酬差距数据可能明显过高或过低。

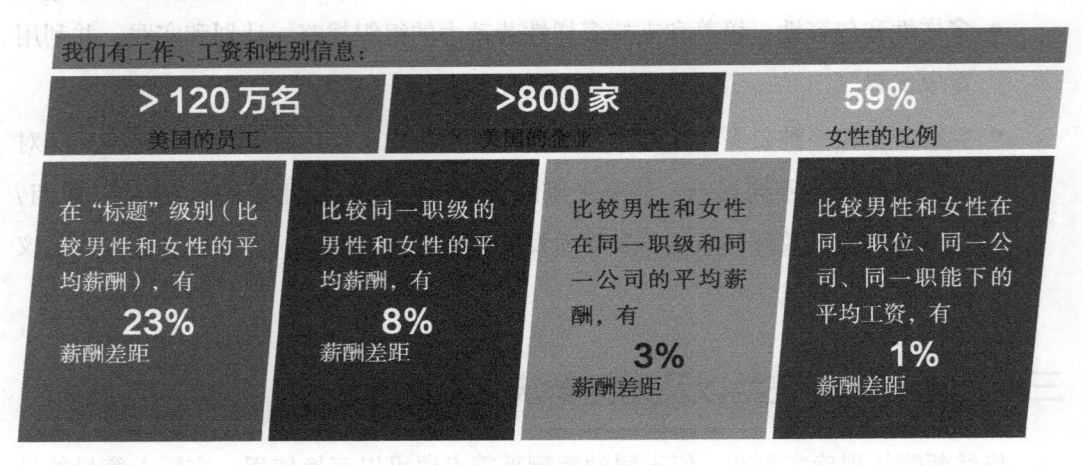

我们有工作、工资和性别信息：			
>120万名 美国的员工	>800家 美国的企业		59% 女性的比例
在"标题"级别（比较男性和女性的平均薪酬），有 **23%** 薪酬差距	比较同一职级的男性和女性的平均薪酬，有 **8%** 薪酬差距	比较男性和女性在同一职级和同一公司的平均薪酬，有 **3%** 薪酬差距	比较男性和女性在同一职位、同一公司、同一职能下的平均工资，有 **1%** 薪酬差距

图13.1 性别薪酬差距的细分

当我们看规范时会发生什么？当从整体的性别薪酬差距开始计算时，我们看到了23%的巨大差异。但随着我们把数据细化，并比较从事类似规模或相同工作的男性和女性，当他们具有某些特征时，薪酬差距会显著缩小：

- 与同职位的男性和女性相比，这个比例下降到了8%。
- 如果同时任职于同一家公司，这个比例会降至3%。
- 当他们具有相同功能时，这个比例低至1%（光辉国际，2018b）。

造成大多数薪酬差距的原因：没有足够的女性担任领导职务

那么，当涉及整体的性别薪酬差距时，那些有效地确保男性和女性在相同或类似职位中获得平等薪酬的组织怎么会如此无效呢？答案是，在组织中的工作人员配置方

13 薪酬平等和奖励公平

式和女性如何被跟踪到较低级别的职位或延长晋升时间方面存在显著差异。光辉国际的研究表明，在被任命为首席执行官时，女性首席执行官的平均年龄比男性大四岁以上，而且至少担任过一个额外的高管角色（光辉国际，2018a）。麦肯锡的一项研究发现，这种情况从入门级管理者开始，每100名男性被雇用或晋升为管理者，只有72名女性被雇用或晋升为管理者（2019年）。如果女性在早期落后，就很难迎头赶上，从而导致女性担任最高职位的比例较低。

图13.2显示了女性在特定职位级别工作的百分比。随着职位级别的提高，从左到右，女性所占的比例下降，从文书岗位的60%~70%，下降到高管岗位的10%。数据证实，性别薪酬差距在很大程度上是由缺乏女性代表造成的，而不是类似角色之间的薪酬不平等。这些总薪酬差异与不平等薪酬无关，而更多与管理层和领导层的不平等代表有关。

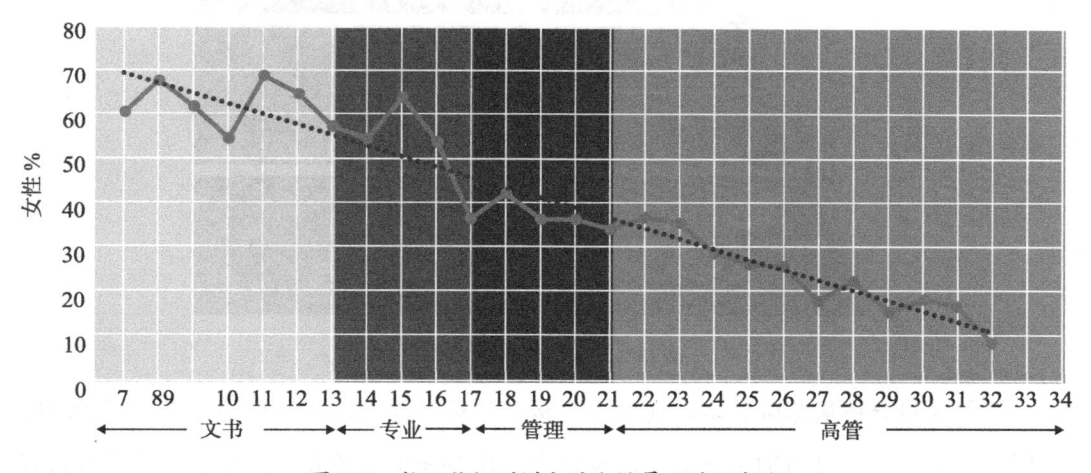

图13.2 按职位级别划分的女性员工的百分比

如何缩小差距

从立法上讲，除超过四分之一的司法管辖区的基线报告要求外，美国的几个城市和州近期都颁布了立法，禁止雇主在招聘期间询问薪资历史，以确保不同人口群体的薪酬更加公平。

越来越多的公司开始自己动手解决问题。光辉国际和世界薪酬协会（2019）进行的研究发现，60%的组织已经或正在采取薪酬平等管理行动，以应对或赶在立法之前采取行动。

但它们的动机是什么？该研究显示，虽然奖励型领导者主要出于对监管合规的担忧（31%），但只有10%的决策型领导者是这样的。与之相反的是，决策型领导者认为建立或维持组织信任文化是首要目标（41%），而只有26%的奖励型领导者这样认为。对于决策型领导者来说，管理薪酬平等具有良好的商业意义。薪酬不平等确实会赶走女性人才，而且根据麦肯锡的《通过多样性交付》，排名前四分之一的女性领导者的公司在财务上比竞争对手高出21%（Hunt等，2018）。

解决薪酬平等问题的公司正在进行以下一种或多种类型的薪酬平等分析：基础分析、补救分析和驱动分析（见图13.3）。

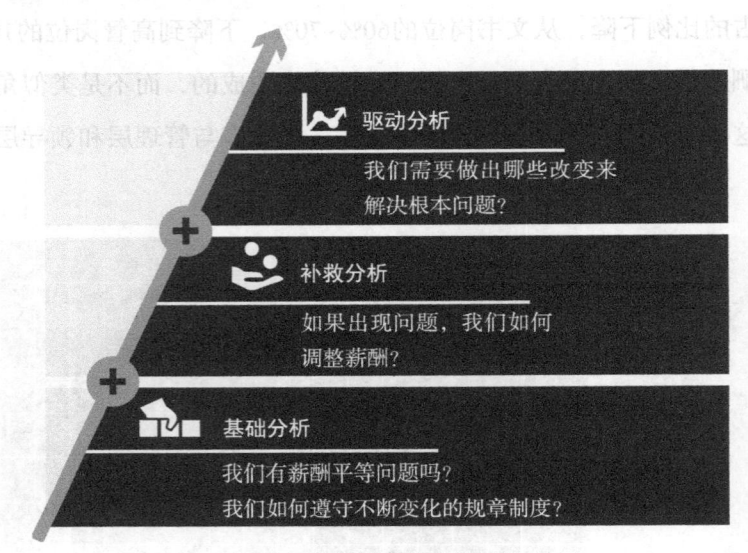

驱动分析
我们需要做出哪些改变来解决根本问题？

补救分析
如果出现问题，我们如何调整薪酬？

基础分析
我们有薪酬平等问题吗？
我们如何遵守不断变化的规章制度？

图13.3　各种薪酬平等分析

随着这些分析从基础分析转向驱动分析，管理者处理这些分析的含义所需的时间和精力增加了，但也增加了价值，以及拥有了比薪酬更有效和可持续的人才管理过程的能力。

基础分析

帮助组织在隔离类似变量（如职位名称、职位级别、职能、地理位置等）时，回答他们是否存在员工群体之间薪酬差异的问题。

基础分析的一个重要部分（经常被组织忽视）是验证工作分类系统的机会。组织需要检查平衡作业的流程，以确保将类似的作业分在同一级别。如果没有这种审计或验证，薪酬平等分析的结果可能会受到质疑。换句话说，如果工作是根据期望的薪酬水平而不是根据工作的内容来划分的，那么薪酬平等的结果很可能会显示出虚假的薪酬平等差异。

补救分析

它不仅回答了基础分析中的关键问题，还回答了如果存在薪酬差距，组织希望如何解决这些差距。

组织应该采取深思熟虑的方法来解决薪酬不平等问题。注意事项包括确定：

- 谁有资格补救，是员工，还是弱势群体？
- 补救的门槛是什么，是0.5%的工资差距，还是3%或10%？
- 如何筹措资金？
- 组织是一次性解决所有问题，还是需要几年的时间？
- 组织如何传达调整的原因？它是否明确规定了薪酬平等，或者是否将其纳入年度绩效提高程序？

由于薪酬平等分析的敏感性，组织往往不确定如何沟通薪酬调整。组织应该通过建立核心信息和透明度水平，从领导、人力资源和法律视角，围绕薪酬平等的沟通制定指导原则。

补救分析可以超越薪酬调整，开始解决当前工作平衡和薪酬管理流程的基础分析审计发现的差距问题。组织应该制订一个行动计划来缩小导致薪酬不平等的差距。

驱动分析

确定差距，修正它们，并试图理解是否存在或可能导致永久薪酬差距的系统和流程。对奖励管理、人才获取和人才管理领域的战略、设计和行政流程进行驱动（或根本原因）分析，可以让组织更全面地了解造成差距的原因。

但是，尽管组织可以使用补救程序来确保同等价值的工作获得平等的薪酬，或者对旨在支持女性职业发展的其他人力资源政策进行小规模的计划改进，但组织永远无法通过补救或调整方式来完全消除性别薪酬差距。

要解决代表性问题，企业必须制定解决方案，不仅要解决薪酬差距的技术问题，还要解决关键的根本原因之一：导致女性仍然遇到玻璃天花板的领导渠道的挑战。

这意味着组织也必须理解多样性和包容性的真正含义，并采取更多的结构性措施来创造公平的竞争环境。

有效的多样性和包容性政策有助于缩小薪酬差距

首先，做一些快速定义。光辉国际认为多样性是一种混合，而包容性使这种混合

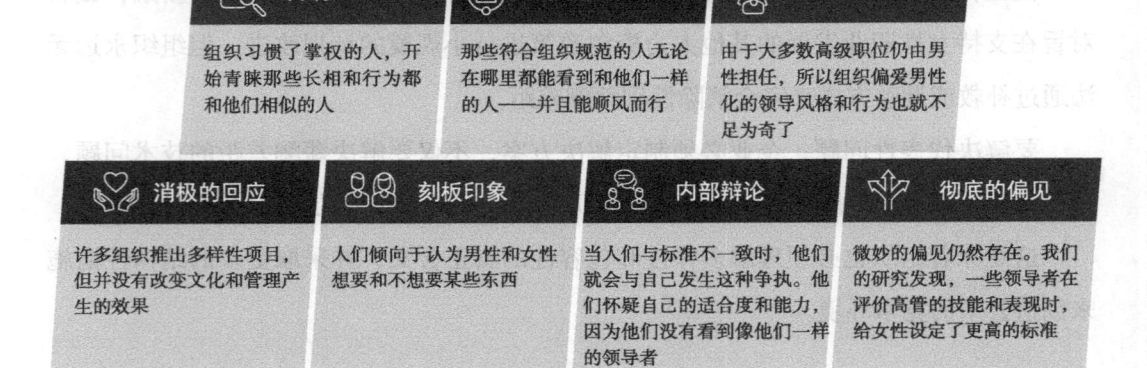

发挥作用——该公司已注册了这一声明的商标。这种混合包括所有使人与众不同的差异，这些差异可以用来区分不同的群体和人群——身体和认知上的差异。

要让这种混合发挥作用，就要让组织里的每个人都参与进来并得到发展。这也是在一个开放、信任和多样性的工作场所中利用知识、见解和观点的财富。当组织让这种混合发挥作用时，它可以影响员工的贡献水平，从而使他们释放出拥有多样性员工队伍的力量。

组织必须正确处理两个关键部分，以真正支持混合，并创造每个人都做出贡献的环境。

第一个是行为包容。有必要创造一种归属感的文化，使组织中的员工有更包容的心态，做出更包容的决定，采取更包容的行动。这是解决有意识和无意识偏见的地方。

第二个是结构包容。组织会重新审视可能阻碍未充分代表员工的实践和过程，如职位描述、高潜力标准和绩效评估清单。这些可能充满了在不经意间偏向白人男性的规范、行为和形容词。

结构包容必须到位，才能成功解决薪酬平等问题。这首先要通过全面和包容性的视角对本组织的政策和核心结构进行审计。

所有人才系统的公平性，而不仅仅是薪酬和奖励，承认一些人面临大多数人没有的障碍。这些是大多数人甚至没有意识到的不利因素，因为他们没有看不或感觉到它们。需要采取公平的做法，通过解决系统性障碍来平衡竞争环境。图13.4说明了许多组织中存在的问题。

传统	参照组	文化规范
组织习惯了掌权的人，开始青睐那些长相和行为都和他们相似的人	那些符合组织规范的人无论在哪里都能看到和他们一样的人——并且能顺风而行	由于大多数高级职位仍由男性担任，所以组织偏爱男性化的领导风格和行为也就不足为奇了

消极的回应	刻板印象	内部辩论	彻底的偏见
许多组织推出多样性项目，但并没有改变文化和管理产生的效果	人们倾向于认为男性和女性想要和不想要某些东西	当人们与标准不一致时，他们就会与自己发生这种争执。他们怀疑自己的适合度和能力，因为他们没有看到像他们一样的领导者	微妙的偏见仍然存在。我们的研究发现，一些领导者在评价高管的技能和表现时，给女性设定了更高的标准

图13.4 女性在许多组织中经常面临的障碍

13 薪酬平等和奖励公平

总体来说，性别薪酬差距是一个更广泛的就业公平问题的症状，以及整个人才生命周期（人才获取、人才管理和奖励管理流程）的待遇差异。实施一套涵盖人才生命周期的广泛计划将实现更长远的组织成功，并增强员工体验。

积极解决整体回报和就业公平管理问题并建立更具包容性的做法，以在组织的最高层实现更大多样性的组织，将在快速变化的监管环境中降低诉讼风险，同时提高员工的信任感和敬业度。

请参阅第12章了解更多关于创建多样性和包容性劳动力的信息。职场公平之路如图13.5所示。

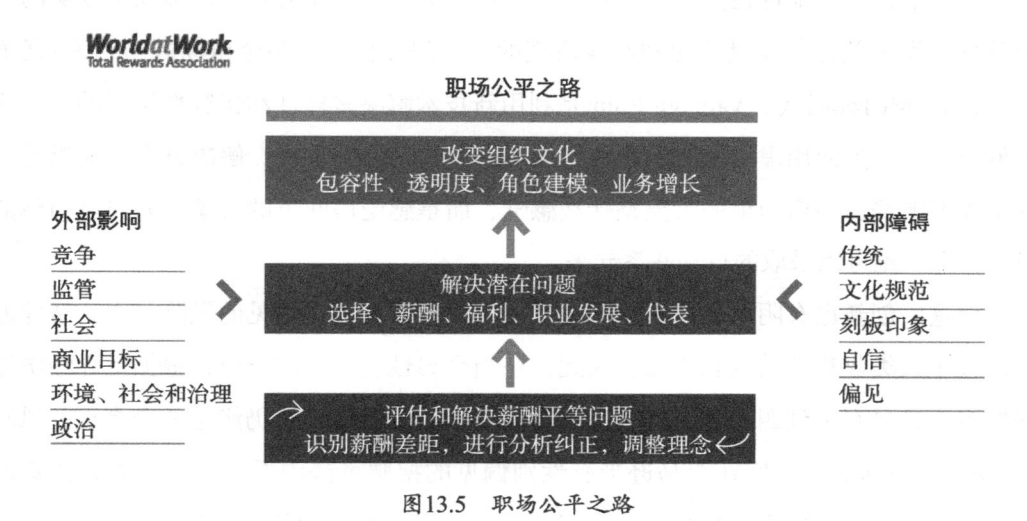

图13.5 职场公平之路

第四次工业革命如何解决性别薪酬平等问题

今天，一场前所未有的技术变革正在发生。

第四次工业革命是指人工智能、增强现实、机器人、神经语言编程、情感分析和3D打印等技术的指数级变化时期，这些技术改变了人类创造、交换和分配价值的方式。一些评论人士预计，这一时期可能为重新平衡我们社会中存在的不平等提供了及时的机会，共同迈向一个更包容、以人为本的未来。

考虑到全球存在的性别薪酬差距，以及我们在实现收入平等方面进展缓慢，在这个新时代，是否还有机会解决工作结构的问题，具体来说，是在性别界限和导致薪酬不平等的系统性问题上。

新技术可以推动文化变革

正如他们在其他商业领域一样，进步的领导者正在寻求利用第四次工业革命的融合技术来帮助推动消除偏见所需的文化变革。这些领导者认识到，在平等和包容方面的良好记录有助于提高员工的敬业度，改善客户导向，做出更具创新性的决策，最终提高业务绩效。与此同时，一个新的多样性和包容性技术市场正在出现，通过创造一致的实践、简化复杂的决策（特别是大规模的决策）和更有效地跟踪结果，帮助解决员工生命周期中的多样性挑战。

事实上，分析师现在开始把多样性和包容性解决方案作为人力资源技术领域的一个独立类别来关注。美世公司和红线研究的一份报告估计，整个市场规模约为1亿美元。在后#MeToo时代，Vantage Point是利用新技术解决多样性和包容性挑战的一个典型例子——它为使用虚拟现实的企业提供了反性骚扰培训方法。解决方案的前提是，你不需要解释成为房间里的大象是什么感觉，而是感受房间里的大象，并将其与你的员工在那一刻可以采取的行动联系起来。

但这一创新也有阴暗的一面，尤其是围绕人工智能存在偏见的风险，人工智能通常依赖于人类收集的数据和算法。因此，在当今男性主导的IT行业，根据世界经济论坛的报告，只有不到四分之一的人工智能专业人士是女性，这仍然是一个真正的风险（Cann，2018）。我们在亚马逊带有性别偏见的招聘算法中看到了这一点，该算法在了解到女性在这些职位中的比例较低后，放弃了有竞争力的女性候选人（Dastin，2018）。

同样，卡罗琳·克里亚多·佩雷斯在《看不见的女人：揭露为男性设计的世界中的数据偏见》一书中强调了在科学、技术、工程和数学领域普遍存在的男性偏见。通过她的研究，我们了解到，对于女性来说，大多数办公室的温度都低了5度，因为20世纪60年代确定温度的公式使用的是40岁154磅男性的新陈代谢静息率，没有考虑到女性新陈代谢较慢。同样地，英国女性心脏病发作后被误诊的可能性要高出50%，因为心力衰竭试验通常使用男性参与者。甚至汽车都是围绕着"参照男性"的身体设计的，所以尽管男性更容易发生撞车事故，但发生撞车事故的女性受重伤的可能性要高出男性近50%。

因此，尽管技术与创新息息相关，但当人们与之互动时，我们需要采取积极措施来解决任何内在的偏见。为了充分理解第四次工业革命的技术可能提供的机会和影响，我们需要考虑是什么因素导致了性别薪酬差距。

解决女性在工作中的代表性问题

英国在2017年引入了强制性的性别薪酬差距报告，该规定（英国政府2017年）实施的第二年显示，在报告的企业中，78%的时薪差距中位数更青睐男性。《性别薪酬差距条例》所要求的六项法定计算方法中最引人注目的指标是薪酬四分位数的性别代表性；在这里，82%的雇主表示，在收入最低的25%的雇主中，女性比男性多；而在收入最高的25%的雇主中，只有17%的雇主表示女性比男性多。这一趋势并非英国独有，在所有地方都存在，但英国雇主现在正积极开始分析其人才管道中可能阻碍女性晋升高级职位的障碍或漏洞。

在"人工智能的作用在降低偏见来增强多样性和包容性"这篇文章中（Zhang等人，2019），IBM的Smarter Workforce Institute指出，偏见会对整个员工生命周期的决策产生不利影响，包括人才吸引、招聘、晋升、培训、绩效评估、薪酬，甚至解雇。这可能就是多样性和包容性市场中的许多供应商在这些关键决策点上解决偏见的原因。目前，这个市场的43%的供应商专注于人才招聘解决方案，帮助寻找多样性的候选人，改变招聘广告和描述，以减少偏见，并提供可以标准化背景调查期间筛选人员的技术。

利用这种新的无偏见技术来解决这些问题是必需的。

另一个可能有利于女性担任领导职务的更微妙的影响是，预计将出现人类与机器人之间的技能权衡。德勤在其《2018年技术趋势预测》中认为，"智能自动化解决方案可能能够通过自动化任务的某些部分来提高人类的表现，从而使个人能够专注于更多'人类'的方面，包括需要同理心解决问题的能力、强大的社交技能和情商"（Briggs，2017）。正是这些传统上被认为是女性能力的更人性化或更柔和的技能，可能成为更有价值的领导特征：这是对当前领导领域的性别刻板印象的适当反击，这种刻板印象支持男性特征，如果断、雄心和竞争。

更平等地分担关爱角色

通常情况下，女性收入低于男性的辩护理由是她们在职业生涯中所做的选择。但要解决这个问题，我们需要从社会的角度来解释为什么女性会做出这些选择。

在很多情况下，我们看到照顾孩子的责任和兼职的角色被不平等地分担，导致女性在生完孩子后被迫承担低薪、灵活的角色或自主创业，这通常被称为"母亲的惩罚"。

快速浏览一下之前的工业革命，就会发现家庭角色和性别角色是如何产生的，从传统的农业社会开始，家庭成员作为一个生产单位一起工作。女性和男性可以一起抚养孩子，同时也可以在生产家庭收入所需的食物或商品方面发挥作用。在第一次工业革命期间，男人、女人和儿童都转移到城市和工厂工作，但随着重型机械的引入，这些地方对儿童来说变得不安全。男性更强壮的体力使他们在生产力方面比女性更有优势，从而获得更多工资，让女性在经济角色下降的同时照顾家庭。

今天，新技术使雇主更容易接受弹性工作和远程工作的要求。但仅此并不能为女性（以及男性）提供平衡抱负与关爱责任所需的灵活性。

首先，如果保持长时间对工作的期望，那么部分或全部时间在家工作的机会是不够的。Hilbrecht和Lero的一项研究（2014）"自主创业和家庭生活：当你总是在工作时构建工作和生活的平衡"，观察到，虽然技术可以帮助促进以家庭为基础的工作，但迄今为止，这主要有利于有更高地位的男性职业，而女性个体经营的远程工作者则面临更高的工作-生活溢出风险。。

尽管技术可以提供促进弹性工作的工具，以承担照顾他人的责任，但它也使全天候工作变得更容易，并创造出"永远在线的员工"。也许我们需要重新考虑工作或工作时间的问题，使它们更符合人类的需要。改变将长时间工作视为努力工作和承诺的观点，可能有助于提高劳动生产率和员工敬业度，这是我们目前正在经历的问题。

这让一些人质疑，一个不断发展的福利产业，是否只是解决对工作时间不切实际期望这一现实问题的创可贴。

如果我们能塑造一种工作方式，让工作和生活在关爱责任的周围实现真正的平衡，那么男性也会从中受益。一些研究显示，许多千禧一代的男性也在寻求家庭平等——他们既想在工作中做个积极的父亲，也想要灵活的休息时间。接受这一点有助于使家庭中照顾者和挣钱者的双重角色正常化，并解决性别定型观念。因此，目标必须是创造高质量的弹性工作，使女性和男性能够在雄心壮志和照顾他人的责任之间取得平衡。

克服职业隔离

性别薪酬差距的另一个原因是职业隔离，从历史上来看，女性倾向于从事有时被称为5C的低薪工作：清洁（cleaning）、餐饮（catering）、收银员（cashiering）、文书工作（clerical work）和护理（caring）。

世界经济论坛在2016年的报告《未来的工作》中强调，随着第四次工业革命在不同行业和工作家庭中占据主导地位，它将以不同的方式影响女性和男性雇员。从行业来看，就业增长最快的职业包括建筑、工程、计算机科学和数学，这些行业目前的女性就业率最低。女性也可能被认为更容易受到伤害，因为她们专注于技能较低或更容易自动化的常规工作。通过从当前的性别隔离模式推断，这将导致女性净失业，减少300万个工作岗位，仅增加55万个工作岗位——每增加一个工作岗位就会失去五个以上的工作岗位，而男性将面临近400万个工作岗位减少和140万个工作岗位增加，大约每增加一个工作岗位就失去三个工作岗位。显然，我们需要打破这些性别隔离模式，以扭转这些预测的趋势。

也许最根本的是，只要雇主和员工对性别规范和职业的观念（包括对男性和女性能力和技能的刻板印象以及与不同类型的工作相关的文化）继续存在，性别薪酬差距就会持续存在。但随着人才争夺战愈演愈烈，我们知道人才越来越成为一种宝贵的资产。成功的企业将是那些能够让员工熟练运用第四次工业革命技术的企业。这很可能与第一次工业革命相反，在第一次工业革命中，体力变得更加重要。在一个更少依赖资本而不是人才的经济中，女性更有可能得到平等对待，从而培养出一种人才获取和留任障碍更少的环境。

第四次工业革命中的技术颠覆将在全球、国家和组织层面带来许多机会和利益，但技术本身并不是万能的。我们需要一个明确的道德目标，以建立一个以合作为基础、惠及所有人的社会。重新考虑工作时间、家庭时间和个人时间，重新评估劳动的性别分工，并回顾女性在劳动力中的参与率和进步率，所有这些都将有助于建立一种文化——支持日益多样化和多代人的劳动力。

即时奖励是如何导致薪酬不平等的

大多数即时奖励计划的一个关键特点是，它们在很大程度上是由管理者驱动的。当涉及即时奖励决定时，许多管理者都有充分的自由裁量权和自主权，这些决定只在奖励数额较大（如超过1000美元）的情况下由人力资源部门审查和批准。由于管理者往往最接近员工而会有影响力，所以能够快速有效地奖励积极的影响，这对他们作为唯一的决策者的角色可能是有利的。问题是管理者对员工的印象在组织中并不总是完全准确、客观和一致的。

研究表明，无意识的偏见会影响管理者注意到什么，他们如何评估绩效，以及他们如何做出其他影响员工职业生涯的关键决定。这种无意识的偏见可能根植于许多因素，但经常发生是因为管理者对理想人选在一个职位上的"样子"的期望，或者因为管理者含蓄地倾向于与自己相似的人。研究表明，上司和下属之间的相似度会导致更有利的结果，包括聘用的可能性、绩效评估和工作晋升。例如，一项关于绩效评分中种族效应的荟萃分析发现，黑人和白人评分者给自己种族成员的评分都要高得多，而且这种偏见尤其可能发生在黑人员工只占劳动力一小部分的环境中。感知的相似性（非人口相似性）也会导致偏见。在一个对专业服务公司的案例研究中，120名接受面试的评估者中，超过一半的人将"适合"作为评估求职者的三个最重要的标准之一。"适合"通常由休闲活动、个人经历和自我展示风格的相似性决定。

如果相似性偏差或其他类型的偏差（如承诺偏差的升级）影响即期奖励的决定，这可能会使这些奖励如何分配的不公平性持续存在。关注薪酬平等的公司通常会审查薪酬和整体回报等信息，分析不同性别、种族或其他人口断层之间是否存在显著差异，然后调整薪酬，以确保公平分配。但即期奖励和其他连续表彰计划很少进行类似的系统评估，以确保公平分配。这使得公司容易受到有偏见的奖励决定的影响，从而削弱员工的主动性和积极性。

公司能做些什么不同的事情

企业面临的挑战是，如何利用即期奖励来提高员工的积极性和敬业度，同时又不招致薪酬平等带来的风险。幸运的是，有几种方法可以创建一个有效的即期奖励计划，也可以缓解潜在的无意识偏见和不平等分配。

- 确保管理者有必要的资源来识别值得嘉奖的行为。如果管理者接受过如何有效分配奖金的培训，他们就不太可能根据内隐偏见和主观印象来做出薪酬决定。根据组织的价值观和目标，为管理者提供值得嘉奖的行为的清晰定义，甚至提供清单来帮助管理者认识这些行为，都可以确保关于谁获得即期奖励的决定是基于一套一致的标准的。还应就即期奖励的适当价值给予管理者指导。因为这些奖励通常与管理者的预算紧密相关，所以管理者最终可能会根据他们的预算而不是表现出来的行为来决定奖励的价值。确保管理者对特定行为的适当奖励有一个很好的理解，可以帮助减少他们无意中高估或低估员工的风险。管理者仍然应该对即期奖励的重要方面有自由裁量权，如奖励的价值、谁获得奖励以及为什么获得奖励。然而，他们更有可能根据明确定义的标准做出即期奖励决定，而不是"直觉"或"我认为他配得上这个奖"。

- 沟通（和庆祝）即期奖励分配。我们知道，员工在薪酬决策方面积极寻求透明度，即期奖励也不例外。如果管理者未能与员工沟通他们为什么会获得奖励（或者只是在事实发生后很长时间才与员工沟通这个信息），那么员工就很难建立一种能够强化期望行为的联系。在通知被选中的员工他将获得一个奖项并解释原因之后，管理者还可以考虑给团队的其他成员发一封电子邮件，通知他们这个奖项，并承认获奖员工的出色工作。虽然奖金的确切数额不需要与他人分享，但在哪些人获得奖金以及值得奖励的行为类型方面建立透明度，对于管理者来说，这是一种保持决策一致和公平的有效策略。

- 定期审查即期奖励。这种非正式的和相对较小的奖金规模，可能会让人觉得"没有必要"对它们进行衡量。但这些奖励会迅速累积起来，随着时间的推移，它们对员工敬业度和公平性的影响会越来越大。薪酬专业人员应定期审查针对潜在人口问题提供的奖励，正如他们审查基本工资和薪酬方案的其他组成部分一样。奖励的数量和与这些奖励相关的金钱价值都应该被监控，以便能够识别和解决潜在的问题，无论是管理者个人的问题还是整个组织的问题。请注意，这并不意味着人力资源部门会参与到每个即期奖励中，总是会减慢本应是有效流程的速度。但人力资源部门可以从长远的角度来审视这些薪酬，并注意到一些趋势和模式，这些趋势和模式可能表明管理者、团队或业务部门正在走向不平等的薪酬分配。

- 注意管理者疲劳的迹象。有偏见的决策最可能发生在管理者疲惫不堪或不知所措的时候。当我们精神枯竭时，我们更有可能使用"启发式"或认知捷径来做决定。问题是，这些捷径可能会损害决策的准确性和公平性。例如，熟悉启发式鼓励我们选择熟悉而不是新奇。这表明，管理者可能更倾向于奖励过去获得过奖励的员工，而不是以前从未获得过奖励的员工，这可能会进一步加剧不公平的分配。事实上，研究表明，与那些没有升职的人相比，曾经提拔过员工的评估者更有可能对该员工进行更积极的评价，提供更大的奖励，对该员工未来的表现做出更乐观的预测。对于人力资源部门来说，在管理者特别忙碌的时候特别注意奖励的分配可能是明智的。例如在年底，管理者更有可能依赖于过于简化的决策策略。

在现场，持续的补偿方式正成为激励和奖励优秀工作的越来越流行的方式。但是，如果组织不采取适当的步骤来确保公平分配，即期奖励的某些特点，如严重由管理者驱动、非正式和即时，可能会产生问题。培训管理者明确定义值得嘉奖的行为，鼓励与其他员工进行透明的奖励沟通，并定期对奖金分配进行深思熟虑的评估，这些都是一些实用的技巧，可以帮助企业在不承担薪酬平等风险的情况下获得奖励。随着薪酬的发展和组织继续采用新的薪酬方式，组织也必须调整思考，审查和确保所有人同工同酬的方式。

14

零工与新人才价值主张

零工在多大程度上参与了市场是有争议的，但每个人都同意，它正在影响工作环境，不仅是今天，而且是明天。

值得注意的是，这些人中有许多人可能有全职工作，并以副业来补充他们的收入，也就是说，零工没有取代传统工作。

"我们必须在这种背景下理解这些数字，对于如今的零工经济的规模有多大存在着很大争论，但毫无疑问，它在过去5~10年里有了大幅增长。"韦莱韬悦人力资本和福利部门董事总经理约翰·不莱梅说，"零工经济正在蓬勃发展，我们已经注意到它会持续下去。"

那么，雇主如何应对这种不断变化的工作环境呢？不莱梅表示，组织应该从几个方面来应对零工经济。他说，从人才获取的角度来看，雇主应该分析和确定可能更适合自由职业者的职位，因为从成本角度来看，这可能会让他们受益。

组织还需要弄清楚如何整合零工经济从业者，以便降低风险。

"我们看到董事会最近真的是关心零工人员的标准，因为这些年来很多公司丑闻都是由承包商或分包商带来的，所以公司必须有办法确保文化契合度，以及质量和过程控制。"不莱梅说最后，组织应该创造一个人才价值主张来补充他们的员工价值主张。通过这样做，组织可以使它们的临时工与组织使命、价值观和文化保持一致，而不会无意中使组织面临共同雇佣和错误分类的风险。

人才价值主张的一个关键部分是提供公平的薪酬安排、退休和医疗福利，而后者目前在美国是不可能实现的。这引发了一场围绕Lyft和优步等公司的全国性辩论，这些公司完全依赖零工经济从业者，却无法提供足够支持这些从业者的福利。

不莱梅说，他预计与这些相关的等式的一部分将会发生改变，但是谁都不知道会有多快。

不莱梅表示："鉴于美国有很大比例的劳动者从事零工经济，我对立法在这方面的缓慢变化感到惊讶。我本以为其中一些规则会改变，但我的感觉是，压力不是来自公司，而是来自选民。因此，随着美国零工比例的增加，我认为选民将向他们选出的官员施加压力，要求他们更新法律。但在那之前，我认为现有法律会有点过时。"

不莱梅表示，尽管在一些特定类别中，零工人员落后于传统劳动力，但他们似乎在一个可能被证明在未来至关重要的领域中占有一席之地。

不莱梅表示："技能重塑在当今经济中发挥着重要作用。研究表明，零工人员技能重塑的速度远快于传统雇员。我认为，当我们看到有关工作受到技术、机器人和人工智能影响的研究时，员工们需要重新学习技能。零工人员正在以更快的速度进行技能重塑，这很有意思。"

自由职业者的未来很光明无论是更灵活、更有趣的工作，额外的收入，还是仅仅因为无法获得传统工作，人们越来越多地寻找更适合他们不断变化的需求、生活方式和满足他们愿望的工作。

仅在美国，如今就有超过5700万名自由职业者（约占劳动力的36%）。根据Upwork的"美国自由职业者：2017"的调查，到2027年，大部分美国劳动力将成为自由职业者。千禧一代处于领先地位，已经有近一半的人是自由职业者。

为了支持自由职业者人数的激增，组织希望更多地利用自由职业者，因为他们既希望填补技能空白，又考虑如何在成本、速度和风险等因素的情况下最好地完成工作。事实上，根据韦莱韬悦的"2017—2018年全球工作未来调查"，到2021年，雇主对自由职业者的使用将增加50%。与传统的全职或兼职员工相比，组织越来越多地与更广泛的人才接触，这些人才对短期雇佣关系有着非常不同的需求和期望。

关于自由职业的谬误"未来的工作"研究消融了一些关于临时工的普遍误解。最重要的是，他们既不脱离也不致力于组织的成功。相反，约有一半的雇主表示，临时工和全职员工一样会付出额外的努力。此外，雇主认为临时工和全职员工一样，他们也会向朋友推荐这家公司，认为它是一个很好的工作场所，这就强调了领导者和管理者在吸引各类人才方面的重要性。

由于临时工非常关键、忠诚，而且很可能将公司提升为一个良好的工作场所，韦莱韬悦近一半的雇主报告称，他们正在考虑为这部分人提供某种程度的奖励。具体来说，组织希望增加对这些人员的认可项目和健康与福利项目（如进入健身房）。

随着劳动力继续拥抱新的零工经济，临时工正在通过新的视角寻找机会——其中技能最高的人期望（甚至要求）不仅是有竞争力的薪酬。韦莱韬悦的员工意见规范数据库提供了一些关于零工经济偏好的理解。来自112家公司的临时工的结果汇总分析，代表了10多万名受访者。

那么，这些人对自己的工作经历有什么看法呢？与高绩效公司的典型员工相比，临时工在各个领域上的得分通常更高，这表明他们相对积极。但临时工的得分低于员工的平均分，这表明在三个方面存在挑战和机遇：

- 工作量和工作时间，特别是工作分配的公平性。
- 目标和目的，特别是了解工作目标如何与公司目标相适应。
- 运营效率，特别是决策的及时性。

总体来说，研究结果表明，一份积极的工作的特点是（感知到的）不公平的工作量，与公司目标不一致，以及糟糕的决策速度（这可能反映决策过程的角度不佳）。换句话说，这些员工可能会感到过度紧张和被低估（见补充内容14.1）。

补充内容14.1　人力资源在零工经济中有了新的工作

在过去的30年里，人力资源一直在努力（而且在大多数情况下都成功地）在高管层占据一席之地，在吸引、留住和参与人才方面发挥着战略作用。当前传统人力资源的角色涵盖了从招聘到整体回报（设计和管理）和员工发展。今天的人力资源的责任已经远远超出了分配给他们的过时术语"人员"的遗留责任。

然而，改变就在眼前。一个新的至关重要的角色正在出现，它将优于以前的一切。人力资源需要充满活力的员工队伍来应对日益活跃的工作环境所带来的挑战。传统的人力资源支持传统工作方法。在更快的速度、人工智能和自动化的推动下，新的、不断发展的工作创造了一支由临时和自由职业者组成的强大劳动力队伍。人力资源必须处于这一变革的中心，并最终成为劳动力生产力的中心。随着人力资源部门继续与企业在整体回报和拥有稳定的员工基础（主要由全职员工担任的工作）、新的工作场所现实（包括临时和有时不可预测的任务）方面创造新的挑战，当职业道路演变成广泛而非线性的工作经历组合时，传统方法变得不那么重要了。工作是如何完成的、由谁来完成是人力资源正在面临的问题。

正如其他职业中的工作正在发生转变一样，人力资源的工作也将发生转变。具体来说，人力资源需要：

- 从业务合作伙伴转变为工作和业务集成商，专注于生产力。
- 将重点从交付员工价值主张转变为交付面向更广泛人群的人才价值主张。

人力资源将如何完成这些变革？它必须：

- 重新思考工作和人才管理。
- 重新定义人才体验。
- 重新设想人力资源解决方案。
- 将技能和才能与即时、快速、高度优先的工作相匹配。
- 更频繁地应用数据，创建有意义的人才洞见。

人力资源准备好了吗？在大多数组织中，人力资源的职能需要根据这些新的目标进行评估，并可能对其进行修改以适应这种不断变化的环境。在人才竞争中取胜的关键在于速度，这包括各种类型的人才：兼职的、临时的、自由的和联盟的。为了与当前的雇主环境相关，任务变得更短了，工作需要不断地校准和迭代，这时工作就变得更加动态了。

人力资源需要为这个转变做计划并做出改变。现在就需要。

或有难题

随着组织更多地利用临时工，以及灵活和远程工作变得更加普遍，员工和临时工之间的界限正在变得模糊。从雇主的角度来看，拥有大量临时工是有风险的。如果不工作，临时工会更快地离开公司，带着他们的知识，并可能在接下来的一周中为竞争对手工作。更糟糕的是，他们可能会继续为当前的公司工作，并认为它不是一个很好的工作场所，且表现不佳。从本质上说，他们可能缺乏黏性，也就是忠诚度。

人力资源部门必须转变思路，关注这个新的群体，以及他们的需求与传统员工的需求有何不同。组织如何将自己与其他竞争相同技能和人才的组织区分开来？他们将如何与组织、组织文化建立联系，以及如何完成工作以实现业务目标并推动高绩效？他们将如何解决前面提到的三个挑战领域？

推动提案

员工价值主张定义了"给予和得到"，概述了组织为员工提供了什么，以及期望回报的行为。明确员工价值主张并不是什么新鲜事，但将其扩展到包括核心员工和临时工的做法正在变得流行。

人才价值主张采用员工价值主张的传统概念，并关注更广泛的人群。人才价值主张是通过为与公司相关的所有人才提供令人信服的工作体验来创造竞争优势的，它还涉及创建一种特殊的工作关系，使组织内外的合适人员参与进来，以实现共同的目的和目标。

总体来说，员工价值主张可能适合全职员工，但其他人才群体的需求和风险可能是不同的，可以提供的具体项目也可能不同。从员工价值主张转向更广泛的人才价值主张可以让企业更好地利用整个人才网络。

创建人才价值主张：3D方法

开发人才价值主张的第一步是发现（discovery），确定组织今天和明天拥有（和需要）的人才细分市场。从这些细分市场中获取最能推动参与度的交易要素的观点，并参考研究揭示的挑战领域。

第二步是汇报（debriefing）。这包括汇总一份关于每个人才细分市场影响的数据驱动报告，包括对未来工作、人才和敬业度驱动因素的研究，还包括识别风险和评估与业务绩效目标相关的机会。

最后一步是开发（developing）。这包括通过个人地图探索人才群体的特征，并确定能够区分雇主的特定人才和奖励解决方案。最后，将解决方案融入人才价值主张。

一旦3D设计完成，我们建议创建一个个性化的整体回报或人力资源门户网站来传达新的人才价值主张（见补充内容14.2）。

> **补充内容14.2　共同就业的考量和整体回报**
>
> 　　虽然法律仍在围绕共同就业的考量去制定的，但一些组织对提供可能误解员工和非员工身份之间界限的价值主张表示担忧。例如，一些组织认为，提供获得保健或退休福利的机会将被视为就业。事实上，只有当组织提供实际的医疗福利（与购买医疗保健的选择相比）或提供实际的退休福利（如固定缴款计划）（与获得财务规划资源相比）时才会承担风险。
>
> 　　此外，雇主可以为临时工提供许多自愿福利，如学习机会或认可。在人才价值主张解决方案中，挑战在于找出临时工的最佳奖励组合，以及他们应该如何/为什么不同于员工。这是一个专门的法律领域，所以一定要让组织的人力资源和法律团队在组织的具体问题上进行合作。

为更广泛的人才网络量身定制课程

　　很多已经开始明确表达其人才价值主张的组织都有许多兼职的、季节性的、合同的或其他临时的雇员。一些组织（特别是那些因技术而正在改变工作的组织）认识到有必要让比直接员工更广泛的受众参与进来。这些组织明白，一个强大的人才价值主张通过让员工拥有完成工作所需的关键技能，可以帮助它们获得竞争优势。

　　通过以下这些步骤可以建立组织的人才网络，以及如何吸引他们，并管理风险：

- 了解整个人才组合：现在是什么，未来可能是什么。
- 弄清楚这些类型的员工希望从他们与雇主的关系中得到什么。
- 考虑与这些关系相关的潜在风险，以及如何减轻它们。
- 定义并执行一些快速成功的做法：决定是否可以引入一些量身定制的项目或活动，以帮助组织吸引那些在短期内会对组织产生影响的人。

人才价值主张：连接到高绩效

　　员工的定义正在发生变化，组织完成工作所依赖的人员有全职员工、兼职员工、季节性员工、自由职业者和志愿者——不要忘了人工智能。

　　组织从未有过如此多的机会来吸引人才。因此，组织设计工作协议的方式正在演变。组织需要新的价值主张，既要与扩大的人才网络打交道，又要降低风险。人才价值主张可以在员工、组织和文化之间建立一种真正的联系，并随后创建一个高度投入的、具有黏性的员工队伍，以帮助组织推动绩效。

就业权利

世界各地的法庭都在为零工经济从业者的权利辩护。主要的争论是，许多临时工的就业权利有限。然而，根据法律，他们实际上属于个体经营者的一类，他们享有基本权利（如带薪假期、最低工资和免受歧视的保护）。

在巴拉克·奥巴马任总统期间，美国劳工部的工资与工时司为零工经济从业者提供了非正式的监管指导。工资与工时司表示，将对雇员分类的投诉和随后的薪酬纠纷进行调查。然而，唐纳德·特朗普总统时期的劳工部部长亚历克斯·阿科斯塔取消了这一指导意见。由于美国政府缺乏明确性，法院只能对权利进行界定和裁决（见补充内容14.3）。

> **补充内容14.3　在通过AB5后，零工人员的未来会怎样**
>
> 加利福尼亚州议会第5号法案（AB5），一个全州范围的零工法律把数千名的独立承包商变成被保护和拥有福利的员工，该法案于2020年1月1日生效。这项法案代表了劳动法的一个分水岭，将影响整个美国数年。
>
> 虽然AB5的大部分焦点针对的是优步和Lyft等知名零工公司，但也会影响其他很多行业，包括货运业务、医疗保健和媒体行业。然而，有些职业则被豁免，如房地产经纪人、商业渔民和发型师，而优步、Lyft和DoorDash表示他们将花费至少9000万美元赞助一项投票倡议以推翻它。优步还表示，将通过法庭以将其司机保留为独立承包商。
>
> 那么，加利福尼亚州的雇主，以及美国其他各地的雇主，应该如何为未来可能不允许独立承包商存在做准备呢？雇主为这种可能的转变做准备的第一步，应该是安排律师-当事人针对他们的劳动力进行特权分析，以确定他们的独立承包商，以及非豁免和豁免员工。
>
> 确定成本的一部分将涉及对现有承包商的欠款责任考虑，以及未来的日程安排和福利提供。加利福尼亚州的各种就业法律使得这项立法更加复杂，包括用餐和休息的法律。法律规定，员工每工作四小时，雇主必须提供带薪休息时间；员工每工作五小时，雇主则提供一次无薪用餐时间。其中，每次休息时间必须至少10分钟，每次用餐时间必须至少30分钟。
>
> 所有这些因素都影响了独立承包商的灵活性方面，如果新法律要求雇主在未来成为员工，那他们在未来需要考虑这些因素。

在英国，"泰勒现代工作实践评论"指出，问题在于法律的混乱或法律无法跟上时代的步伐，这两者都可能导致雇员在不经意间被剥夺了他们理应享有的权利。显然，制定法律和使用零工的组织需要适应一种工作安排结构，以更好地支持临时工的福祉，同时仍保留所有参与者所要求的灵活性。

人才资源的挑战

尽管数字平台可以促进雇主和市场上大量人才之间的直接联系，但由于数字平台的丰富，吸引和管理合适的人才变得更加困难。

招聘人员必须更加注重数据，以便为合适的职位找到最优秀的人才，并能够加快他们的面试流程以争夺流动性很强的人才。虽然可以在网上进行招聘，但仍然需要筛选技能适合性甚至文化契合度。

从雇主的角度来看，在组织设计方面还有一些工作要做，以从传统的工作需要由员工在工作中交付的观点转变为可以通过外包或通过部署临时或合同技能来完成的更多样化的工作观点。从"我需要雇一个人"转变为"我需要完成一项任务"，这确实需要方法上的改变。管理好这种任务型员工是下一个挑战。

性别薪酬差距的影响

零工经济让更多的人选择自由职业者或独立承包商作为主要收入来源。

派安盈的《2020年自由职业者收入报告》基于对来自150个国家的7000多名自由职业者的调查，发现自由职业者的全球平均时薪为21美元，这远远高于许多受调查国家的平均工资。

自由职业的流行归因于有更多的工作机会、独立性、更高的收入，以及在工资平等方面有希望的进展。今天的零工经济——由社交媒体、全球市场和在线支付平台提供支持——为全球劳动力配备了绘制自己职业道路所需的所有工具图，员工可利用自由职业者的生活方式来构建一个全职的职业生涯或者副业，甚至只是在退休后延长自己的职业生涯。

"过去十年，自由职业者经济呈指数级增长，我相信我们现在可以坚定地说，工作的未来已经到来，"派安盈的首席执行官斯科特·加利特（Scott Galit）说，"那些可能减缓或阻碍自由职业者成长、联系和成功的障碍已被消除。来自各行各业和世界各个角落的自由职业者都有权获得工作，设定自己的工资，推销自己的技能，并以他们想要的时间和方式获得薪酬。"

自由职业者光明的年轻未来

总体来说，自由职业者非常年轻，近70%的被调查的自由职业者年龄在35岁以下，21%的人年龄在25岁以下。这一青年群体在亚洲更为明显，82%的被调查者年龄在35岁以下，而北美的这一比例仍然很高，但接近47%。

总体来说，在职业生涯的开始和结束阶段，员工最有可能只从事自由职业，而稳定的收入和随之而来的安全感似乎驱使他们在养家的同时寻找一份为某家公司服务的工作。而更有经验的员工拥有最高的工资，这种差距在未来可能会缩小，因为自由职业的机会会让那些经验较少的人有能力提高和磨炼他们的手艺。

此外，教育程度与自由职业者的高收入并不一定相关，因为拥有学士学位的人并不比没有学士学位的人要求更高的费用，这表明未来的工作与传统教育一样重视价值评估、推荐和丰富的投资组合。

如何通过收入机会来释放工作满意度

虽然自由职业者在自由和做自己老板的灵活性中找到了价值，但幸福感与收入密切相关。与那些兼职为公司工作的人相比，专门从事自由职业的人时薪更高，对自己的生活方式也更满意。当自由职业者挣得更多的时候，企业也因为能够在不考虑地点和管理成本的情况下找到顶尖人才而受益，提高了双方的满意度。

迈向工资平等的重要步骤

报告中一个比较乐观的发现是，女性参与自由职业的势头一直在增强，女性的平均工资远远高于更多的劳动力。在所有领域，女性自由职业者的平均收入是男性的84%，虽然还有改进的空间，但与世界经济论坛报告的所有从业者64%的平均收入相比，差距要小得多。然而，不同行业之间存在着细微差别，而且存在着性别差异仍然明显的领域，包括金融和项目管理领域。也就是说，女性在市场营销、网页和平面设计领域比男性挣得多。

其他关键要点：

- 女性在劳动力中的比例在增加：女性自由职业者现在占劳动力的39%，而2015年这一比例为22%。
- 在一些国家，这个比例要高得多，如菲律宾是67%，美国是47%。

- 专注于自由职业的回报：那些专门作为自由职业者的人比那些兼职自由职业者和为公司工作的人获得更高的时薪，对他们的生活方式更满意。

今天的全球自由职业者：年轻和"全心投入"

一场自由职业者的青年运动正在引领这一全球趋势，年轻的雇员渴望独立和寻求新的机会。千禧一代（1981—1996年出生的人）和Z一代（1997—2012年出生的人）代表了全球自由职业劳动力的大多数：接近70%的人年龄在35岁以下，超过五分之一的人年龄在25岁以下。这一浪潮是由亚洲自由职业者引领的，其中多达82%的自由职业者年龄在35岁以下。相比之下，只有47%的北美自由职业者年龄在35岁以下。

但是，当谈到自由职业者的成功时，不要把婴儿潮时期出生的人排除在外：根据报告，经验是自由职业者每小时收费的主要因素。事实上，55岁以上更有经验的自由职业者的收入是18~25岁同龄人的两倍。

不管他们的年龄，大多数（69%）自由职业者"全心投入"，也就是说，他们致力于一种生活方式并且只做它（见补充内容14.4）。然而，这也因地区而异。例如，在西欧，77%的自由职业者是全职的。42%的中美洲自由职业者和41%的中东自由职业者会在全职和兼职之间分配时间。

> **补充内容14.4 零工填补了紧张的劳动力市场的空缺**
>
> 终身制雇员和退休人员经常利用劳动力市场的紧张和技能短缺，转而从事零工。这是ADP研究所调查（"见习劳动力的启示：洞察商业中的零工劳动力"）的主要发现。该调查还发现，六分之一的企业员工实际上是零工人员，他们的薪酬要么和1.099亿工作人口的一样，要么和工作一至六个月的短期员工一样。
>
> 以来自75000家公司的1800万名员工的匿名工资数据为支持，再加上来自传统员工和零工人员的16800份直接调查回复，以及21名C级高管访谈，研究表明，这种不断变化的劳动力构成对人才管理具有重要意义，对各种规模的企业预算和合规性有影响。
>
> 此外，ADP研究所还发现组织中的两类零工人员。第一类是由1.099亿个独立承包商组成的，他们通常是根据项目的技能而被雇用的。这些技术熟练的终身员工往往年龄较大，受教育程度较高，并选择从事自己喜欢的工作。事实上，在1.099亿个

零工中，30%的人的年龄在55岁以上。对一些人来说，他们的零工工作是退休储蓄的补充收入。第二类包括年轻、受教育程度较低、收入较低 且通常以季节性或随叫随到的方式工作的短期员工。

ADP研究所联席主管阿胡·伊尔德马兹表示："很明显，随着创新对工作方式的改变，以及对技术人才的需求增加，劳动力市场出现了根本性的转变。为了弥补当今劳动力市场紧张的人才缺口，许多公司都在高价招聘技术雇员。我们的研究表明，公司正在以零工的形式聘用终身、熟练的雇员和退休人员，以满足不断增长的需求。"

聚焦关注零工就业和关键发现

- 零工岗位在增加：从2010年到2019年，企业中零工岗位的比例增加了15%，短期W-2和1.099亿个零工岗位对这一增长的贡献相同。研究表明，零工岗位将继续增长，进一步影响劳动力动态，迫使公司优化人才管理和劳动力战略。
- 每个行业都依赖零工：娱乐、建筑和商业服务是利用零工劳动力的三大行业。
- 合同制生活是一种选择：在1.099亿个零工中，超过70%的人表示，他们独立工作是自己的选择，而不是因为他们找不到一份"传统的"工作。大多数人似乎都对零工感到满意，并把灵活性作为他们做决定的驱动力，而不是经济安全和福利。事实上，在1.099亿个零工中，60%的人表示他们将在未来三年继续从事零工。
- 零工工作不是零星的：超过一半的1.099亿个合同工连续12个月为同一家公司工作，就像任何传统的W-2员工一样。
- 收入潜力与传统员工相似：连续工作12个月的员工的平均收入是相似的，无论是1.099亿个合同工还是传统的W-2员工。
- 千禧一代和Z世代以自己的方式打零工：34岁以下的打零工者认为自己是传统员工，这或许反映了劳动力的转变。然而，医疗保险的前景似乎并没有改变他们的工作行为。事实上，74%的人表示，即使他们失去了目前的医疗保险，也会继续以1.099亿个合同工的身份去工作。

> 伊尔德马兹说："虽然'零工'这个词已经无缝地融入我们的方言和文化中，但对企业领域中的零工劳动力并没有真正的数据洞察力。这种'影子劳动力'是由拥有大量技能的雇员组成的，他们在美国所有的行业和地区工作。此外，我们发现，这些雇员中的大多数都是出于自己的偏好而打零工的。"

为什么要在组织内部创建零工经济

通过对教育、爱好或其他兴趣的追求，人们会发展出许多日常工作中可能永远不会发现的能力。组织可能会发现，员工正在参加工作之外的活动，以获得更多他们的主要角色所没有的技能和经验（Mosquida，2018）。

尽管许多人认为零工经济的出现是拼车或送外卖的司机兼职赚点小钱，但这只是片面的观点。

根据自主创业研究中心2019年6月的一份报告（Burke，2019），很大一部分人参与零工经济——员工通过短期自由职业而不是专注于更传统的朝九晚五的工作，技能娴熟。他们知道如何编写计算机程序，设计网站，保存书籍，甚至发展公司——他们的专业知识是高需求的。

保留在内部

如果能在公司内部重新创造零工经济模式，组织将有更大机会留住公司所需的顶尖人才。

内部零工经济在组织内部提供了角色之外的活动，使员工能够获得新的技能和开发新的能力。他们可以在正常职责之外的项目基础上工作，或者从事跨部门工作。

这可能是看待工作的一种新方式，但如果做得好，它可以极大地造福于组织。组织不仅可以节省招聘和培训员工的成本，还可以保持现有员工的积极性和敬业度。

通过个性化策略支持发展

通过允许员工在这些内部零工上花费他们一定比例的时间，组织将在旷工率、留任率、整体满意度，甚至健康的内部网络方面看到巨大的改善。这里有三种方法可以通过内部零工经济来支持员工的发展。

个性化的策略

组织根据每个员工的情况制订计划。没有放之四海而皆准的方法，如果培训能真正满足员工的需求，他们就会做出最好的反应。

培训资源（课程、视频，当然还有兼职）应该与每位员工的目标和抱负相吻合，并将工作与组织内的使命感联系起来。

提供指导

组织通过指导和发展来支持员工的才能。记住，这是培养技能的资源。晋升机会，如拓展任务和领导力培训课程，可以帮助员工更快地成长。

在角色定义的帮助下，员工可以了解每个角色需要的技能和熟练程度，以及他们在哪里有差距并需要更多的发展。

启动所有权

根据埃森哲的一项研究，大多数刚毕业的大学生认为，大公司能够提供他们想要的一切，如导师和培训。

通过实施职业道路计划，组织可以成为员工职业发展的一部分，让他们了解继续前进所需要的技能和能力。作为该计划的一部分，开发方案附带与所需开发相关的具体活动。

在组织内部提供零工可以帮助员工获得新的经验和技能。这有利于那些想要获得不同机会的员工，帮助他们定义职业发展（见补充内容14.5）。

补充内容14.5　零工经济从业者前途光明的福利前景？

随着员工队伍继续从标准的朝九晚五的全职员工结构演变，公司的薪酬结构也在演变。

如今，估计有36%的员工参与了零工经济，据预测，到2027年，大多数美国劳动力将自由工作。然而，这部分劳动力（没有全职工作的那部分）面临的一个关键障碍是缺乏福利，因为零工和他们的组织之间的交易通常是严格的金钱交易。

然而，这种情况可能正在改变。

2019年，福利管理技术和服务公司Businessolver在其平台上增加了福利选项，以迎合那些传统上没有资格享受福利的员工。它允许使用Businessolver的组织指导他们的自由职业者或合同工在平台上选择福利，而不是要求他们通过《患者保护和平价医疗法案》的个人市场购买自己的福利。

"我们所做的其中一件事是，我们利用了过去只在零售领域获得的好处，并且我们已经能够在我们的平台上构建这些好处。"Businessolver的战略实践负责人雪莉·波克霍茨说，"正因为如此，我们还能够吸引到一般情况下一群人无法获得的福利。这些不是团体计划，而是个人计划。"

波克霍茨表示，他们平台上提供给零工的福利来自同一个个人市场，但它们提供了两个明显的优势。因为它们是在团体平台上协商的，所以价格通常会更便宜。而且，由于所有服务都整合在一个平台上，因此对于必须跟踪从事不同工作的零工来说，这是一个易于使用和方便的选择。

波克霍茨说："我们所能做的就是采取雇主的心态，但将其应用于零售领域。我们正在对福利、沟通、教育、招生、保险费整合进行管理，所以它看起来感觉就像一个雇主福利计划，与符合雇主福利条件的人群处在同一平台上，因此，它与雇主支持的计划具有相同的外观和感觉。"

Businessolver对MyChoice平台的扩展很可能是福利领域未来转变的开始。政府机构和企业都需要重新考虑员工福利计划，以充分补偿参与劳动大军的各种类型的雇员。

2019年6月下旬，特朗普政府最终确定了允许公司通过医疗报销安排（HRA）对在个人市场购买医疗保险的员工进行报销的规则，这一报销等式所涉及的政府部分问题可能也同样得到了解决。

该规定于2020年1月1日生效，放宽了奥巴马时代对不符合医疗报销安排标准的短期医疗计划的限制。从福利的角度来看，对雇主有吸引力的一个关键变量是医疗报销安排规则提出的可携带性和便利性因素。在个人市场上购买医疗保险的员工在换工作时可以随身携带。

医疗报销安排规则对像Businessolver这样的福利提供商的平台战略起到了作用，这可能会为行业带来一个有趣的未来。

> 波克霍茨说："我认为雇主最终可以利用个人保险医疗报销安排来支持员工，但我认为它最初可以发挥作用的是替代劳动力，如兼职和零工，它们正在成为劳动力的更大一部分。我确实认为，将来可能会有一段时间，它也适用于符合条件的人群，成为雇主赞助计划的一种新的交付机制。"

15

工作的现在和未来：数字化颠覆、自动化和技能重塑

关于数字化颠覆如何成为工作的现在和未来的例子比比皆是。这场革命不仅影响着日常生活，也影响着传统行业：虚拟助理现在可以打电话给餐馆和沙龙预约，进行复杂的对话；音乐家也可以使用人工智能梳理现有的曲目，创作基本的配乐，然后再添加自己的原创曲目。尽管这一切都是奇迹，但对工作中断的担忧已经变得太熟悉了，而且它对我们的影响（对我们的自我意识、我们的实得工资和未来职业）都太真实了。

和往常一样，这比引人注目的头条新闻要复杂得多。是的，企业必须拥抱数字化转型，才能在全球经济中取得成功，但与此同时，它们面临的挑战是让人们参与进来，并赋予他们权力，在这个混乱的时代茁壮成长。组织正在重新思考它们的商业模式，重新设计工作以利用技术的力量，并调整它们的运营模式以适应快速变化的世界。然而，尽管人们对技术颠覆感到担忧，但很明显，如果不把人放在首位，它们就无法取得成功。

在人力资源领域，数字解决方案对员工绩效贡献的潜力越来越明显。由区块链技术的超安全网络支持的便携式绩效管理系统可以在工作之间使用。数据和算法正在推动管理者做出更好、更善于分析的人才决策，并帮助管理者加强与团队成员的互动。与此同时，面向员工培训和技能重塑的大规模在线开放课程的发展，为员工发展和就业打开了一扇大门，而这在几年前还不是人们讨论的重点。

人是每个组织的核心，但同样明显的是人是技术的核心。随着人工智能融入今天和明天的工作中，企业需要高技能和新技能人才来最大化数字化带来的好处。人们，而不是机器人或人工智能软件，将继续头脑风暴新的想法，追求机会，激励彼此，并推动组织取得成功。如果说有什么不同的话，那就是我们已经进入了一个新的人类时代，一个我们必须以不同的方式思考如何建立未来的技能的时代。

这是美世公司"2018年全球人才趋势"研究的一个关键结论，该研究收集了来自世界各地的7600多名高级企业高管、人力资源领导者和员工的见解。这一共识表明，全球领导者和员工都明白，要想发展壮大，组织需要由终身学习者组成的员工队伍，他们与企业一起成长，拥抱持续变化，掌握新技术，并为未来积累技能，使他们能够与技术和一系列人才合作伙伴一起工作。

那么，如果员工想坚持下去，他们需要什么、想要什么呢？灵活安排他们的工作方式、时间和地点。符合个人生活的职业，而不是相反。这会给他们一种幸福感和使命感。而且，在他们支持技术的同时，他们也希望技术能支持他们——通过最先进的平台，人们能够相互联系、协作和共同创新。

在集成新技术时，领导层必须关注为组织提供动力的"人类操作系统"。美世公司的研究明确指出了2018年及以后的五大劳动力趋势。

Change@Speed

公司如何为未来的工作做准备取决于预期的中断程度。那些期望最大破坏的人将敏捷性融入他们的模型中，并将赌注押在更扁平、更网络化的结构上（32%的人正在组建更全息式的工作团队——基于分散的权力而不是管理等级制度）。超过一半（53%）的高管认为，在不久的将来，他们所在机构中至少有五分之一的职位将不复存在，因此，为工作转移和技能重塑做好准备被视为生存的关键也就不足为奇了。当年启动的第一个技能重塑项目是培养创新技能，第二个是培养数字能力和全球思维。

在实践中，Change@Speed呼吁进行敏捷组织设计，96%的受访高管表示，他们正在计划一场大变革，他们引用了新的工作模式，如自我驱动团队，以使公司更加"改变敏捷"。"效率的提高和自动化程度的提高是这些变革的主要驱动力，而创新是亚洲变化的更大驱动力。"

在个人层面，Change@Speed致力于培养一种学习型文化，鼓励员工发挥潜能，尝试新事物，走出自己的舒适区。在调查中，只有50%的组织被认为是有能力的，共享学习和资格认证的生态系统，为员工创造一个便携的"技能护照"。edX和Coursera等大规模在线开放课程提供商是其中的一部分，它们推动了教育大众化和"微学习"。这颠覆了传统的"学习和应用"模式。例如，在美国，通用电气保证对所有成功完成edX微硕士项目的候选人进行面试，其他公司也纷纷效仿，要求员工学习以满足未来的技能需求。

技术也被用于改善学习结果：人工智能驱动的教育公司Fulcrum Labs开发了一种算法，以确定哪些人不会完成课程，哪些人可能无法应用学到的知识。在意大利，米兰理工大学商学院利用大数据和人工智能来评估学员的技能，将其与工作要求进行对比，并提出学习建议，以填补技能缺口。所有这些应用的结果之一是快速的技能发展和驱动实验和创新的"实验室思维"的产物。

使用的目的

那些在个人生活和工作上都感到满足的成功员工中，有四分之三（75%）的人表示他们的公司有强烈的使命感。为了找到目标，员工渴望运动、学习和实验。如果没有得到这份工作，很明显，他们将会去其他地方寻找这份工作——39%对目前工作满意的员工仍然计划离开，因为他们认为缺乏职业机会。除目的外，员工寻求的新价值主张还包括关注他们的健康和财务福利。

随着人工智能和自动化有可能将工作简化为一系列任务，寻找工作的意义只会变得越来越重要。虽然昨天的"忠诚契约"已经转变为今天的"参与范式"，但研究表明，今天的前瞻性组织正在寻求为有价值的员工提供"茁壮成长契约"。这不仅承认了薪酬、福利和敬业度的重要性，也承认了对他们未来增长的投资，并确保他们能够找到自己的定位，以及受到公司使命的启发。没有良好的天赋智力是很难做到的。Pymetrics公司的游戏化评估技术和Fuel50公司的职业应用程序（这些应用程序评估个人的价值观和兴趣，以便将它们与潜在的职业机会"匹配"起来）都紧跟这一趋势。

永久的灵活性

每个人都在表达他们对工作安排的期望，这种安排使他们能够控制自己的个人和职业生活。员工希望有更灵活的工作选择，其中一些人还创办了自己的企业来推动这一议程。澳大利亚初创公司Gemini3是由三位女性创立的，旨在根据技能、个性和可用性来匹配求职者，这样他们就可以作为一个工作分享团队一起申请工作。当我们乐于分享房屋、汽车和数据时，为什么工作分享却落在了后面？更重要的是，怎样才能赶上它们？

好消息是，组织正在倾听——80%的高管将弹性工作作为其价值主张的核心部分。然而，只有3%的公司认为自己在灵活性方面处于行业领先地位，41%的员工担心灵活的工作安排会对他们的晋升前景产生负面影响。

灵活性对金融服务和保健部门的雇员尤其重要。在那些表示自己工作蒸蒸日上的人中，71%的人表示他们所在的公司提供灵活的工作选择（2017年这一比例为49%）。对于许多组织来说，灵活工作也是解决不断扩大的技能差距战略的一部分，使它们能够获得更广泛的人才库。根据美世咨询公司的"当女性茁壮成长"研究平台，那些把灵活性作为核心原则的组织更能代表女性。

对人才的平台

鉴于89%的高管预计人才竞争将会加剧，企业意识到它们必须拓展人才生态系统，并为数字化时代更新人力资源模式。现在是时候了——五分之二的公司在2018年"借用"更多的人才，78%的员工从事自由职业，但目前的就业模式和立法难以使这种运作的核心和临时招聘无缝衔接。

在平台模型中，组织不再是一个由员工组成的层次结构。相反，它是一个智能平台，将技能供应与工作需求相匹配。数据，尤其是工作反馈，在这个过程中起着至关重要的作用。像Zugata这样的自动反馈机制和像工作市场这样的工作管理平台（帮助企业寻找、审查和管理独立的员工）是使这一愿景成为可能的一套不断增长的应用程序的一部分。他们正在寻找创造性的方法来授权管理者扩大或缩小规模。

当然，在不断变化的时代，通过更广阔的生态系统获得更多的人才渠道至关重要。企业还需要更快、更精确地部署人才，以释放员工的潜力。许多高管表示，提高人岗匹配的能力，将是对企业业绩影响最大的人才投资。在实践中，今天的人才平台需要更好的人才供应（通过了解公司生态系统中的人才，以及人才管道中的差距和障碍），以及更好地洞察即将到来的需求（未来将在哪里创造价值？在哪里很难找到价值来源？）。人工智能和自动化可以帮助组织通过预测所需技能和监控个人产出来简化这一过程，但我们仍处于起步阶段——在接受调查的全球劳动力中，只有43%的人宣称将与人力资源部门进行数字化互动。这种情况将会改变，当这种情况发生时，人力资源部门将专注于人才战略、匹配执行和其他支持技术。

由内而外的数字化

尽管2020年有所改善，但公司在给员工提供消费级的数字体验方面仍然滞后——如今只有15%的公司认为自己是数字化组织。尽管65%的员工表示，最先进的工具对他们的职业成功很重要，但只有不到一半（48%）的员工表示，他们现在拥有有效完成工作所必需的数字工具。

好消息是，大多数公司都在投资技术来支持关键的人力资源流程，其中人才招聘、绩效管理和奖励是最需要升级的领域。值得关注的是，专门增强员工体验的数字工具往往出现在购买周期的后期，通常位于人力资本管理平台之上。在我们拥抱个人的时代，支持个人而不是管理者或人力资源的系统可能需要优先考虑。

美世人才趋势研究发现，实施人力资本管理/人力资源信息管理系统（如Workday或SAP）对从内到外的数字化有重大影响。在员工眼中，定制技术（如职业或人力资源门户和协作技术）可能为公司的数字投资提供最好的回报。随着我们向管理多个系统以支持员工的方向发展，用户体验变得更加重要。2021年，这是一个巨大的增长领域，ServiceNow等公司提供聊天机器人和流程管理工具来回答员工的日常请求，通过简化和加速人力资源流程来缓解员工的不满。

值得注意的是，三分之一的员工表示，由于数字技术的发展，他们的角色或职责已经发生了变化，这个比例在未来几年内可能会翻一番。我们面临的挑战是，在迎接一个科技化的未来时，如何保持人与人之间的接触。获得最正面报道的技术，是帮助企业充分利用其人才生态系统，以支持其健康、财富和职业需求的方式。

要在新的人类时代蓬勃发展，组织必须保持敏捷和警惕——以市场波动的速度为中心，利用最好的技术，并在新机会出现时灵活地进行改革以利用它们。但是仅仅有好的战略和组织灵活性是不够的。为了保持增长，组织必须让员工参与其中。为未来打造员工队伍，需要对未来有远见的领导者，需要一支受到未来承诺鼓舞的员工队伍。

联合的力量：高科技，高接触

人力资源专家知道，成功来自把每个员工当作一个人来对待，而不是一个数据库条目。但问题是：尽管人力资源依赖技术来支持所有员工，但人们担心，人力资源的自动化和数字化程度越高，它们就会越不人性化——数字智商将取代人类的洞察力。

随着技术改变了工作的性质，有一种危险是，管理者将被它束缚："只要部署技术"将成为解决问题的咒语。光靠闪亮的新技术解决方案无法解决真正的、具体的、个人的问题。尖端平台、移动技术、数据分析和一系列数字人力资源服务可能会扭曲我们看到幕后人物的能力。

未来的挑战是确定如何成功地大规模部署技术，同时在这个过程中不失去人与人之间的接触。

人力资源和薪酬福利经理开始以他们可能没有考虑到的方式关注员工。从战略上讲，他们希望他们的人力资源项目为员工创造真正的选择。这些项目需要与员工一起设计，并有效地实施。最后，程序设计和执行需要基于当前可能混乱的数据。

策略：为人们提供真实的选择

人力资源部门已经走出了交易性的壁橱，现在肩负着一个更加战略性的角色。人力资源部门经理仍然必须找出利用组织内部人员的最佳方法，从确定人才需求、规划有效的招聘和保留计划、发现有效的管理策略到改进内部流程。现在，人力资源专业人员比以往任何时候都需要根据业务目标来部署和激励人才。

组织现在正在审查它们的人员与薪酬战略，以确保他们创造真正的选择，并帮助管理者预测意外情况。组织正在深入挖掘目前拥有的人才、成本是否足以支持业务目标以及需要保留和发展哪些关键技能等问题。

- 如何才能得到、培养和留住需要的人才？
- 如何在这场人才争夺战中脱颖而出？
- 组织的内部品牌是什么？它是否与人们的新工作方式有效相关？
- 组织的价值观和员工的个人价值观之间是否有一种联系？
- 组织如何通过正确的奖励计划来衡量和提高"劳动回报率"？

组织适应和规划工作场所动态演变的能力需要新的战略来真正区分潜在招聘人员的业务。制定组织的薪酬战略也需要同样的能力。

设计：员工在中心

人力资源领导者正在寻找新的方法，使他们的项目与员工的需求和价值观相一致，同时还能提升资产负债表。他们不断改进内部流程，创造继任阶梯，发展专业培训，增强企业文化。在此过程中，专注于提升人们的职业规划、健康和福祉的计划至关重要。

但这些项目对员工来说必须是特别的，能够提高他们的工作，并说明公司价值观和个人满意度是如何结合在一起的。在这样做的过程中，管理者看到了以人为本的设计思维所提供的不断增长的机会。通过将员工和他们的需求放在设计过程的中心位置，雇主可以更好地制订灵活的奖励计划：符合员工群体的不同需求；建立现代职场文化的意识；鼓励更大的个人责任；使员工对这些行为更加负责。

当然，技术发挥了作用，但雇主正在以不同的方式考虑如何使用技术。例如，技术可能会迫使员工在线报名，让他们试图获得非常私人和独特的问题的答案，而这些问题往往令他们不满意。另外，以人为中心设计的技术可以帮助组织预测个人敬业度计划的正确组合，然后引导用户做出正确的选择。这可以帮助员工避免投保过多或不足，帮助他们实现短期和长期的财务目标，并提醒他们有机会在这一年中最好地利用他们选择的计划。

雇主意识到，是时候认真审视一下他们目前的计划了，看看他们是否支持理想的劳动力状态——人们的财务、身体和精神健康。组织需要问，随着计划设计和数字技术的交叉，最好的选择将集中在哪里。

服务提供：及时性和个性化

人力资源的管理工作变得更加繁重，包括处理新的和不断变化的法规遵从性任务，跟踪和支付合同工的工资。

行政解决方案在招聘、福利、薪酬、健康和人才管理方面比比皆是，但主要是最佳实践，基于软件即服务（SaaS）的产品化解决方案。组织被迫将人力资源目标和流程融入通常过于简化的模型中。差异化让位于效率。在日益严峻的劳动力市场中，雇主已经失去了创造反映其独特的员工价值主张的奖励和发展计划的能力。

替代方案正在出现。企业需要有能力与候选人和员工分享自己的故事，让他们产生共鸣。以人为本的设计再次发挥作用，用户体验让雇主的员工价值主张付诸实践。

不同于通过计划的不同视角提供每个人力资源项目，新的经验可以通过个人的视角来看待它们。人力资源专业人员正在认真研究他们如何向员工提供服务和信息。它们是否满足了当今劳动力不断变化的需求？他们已经知道，人们越来越习惯于通过消费者技术来满足他们的需求。当涉及工作和个人生活中的决策支持时，员工希望他们的雇主也能这样做——这两者越来越交叉。

不同的系统将数据、内容甚至事务性服务输入单个引擎中，以便以个人的方式呈现整个奖励画面。通常需要解析到无数应用程序的问题通过一个界面来解决。用户可以求助于对他们来说最方便的资源（人力资源门户网站、他们的手持设备、聊天机器人，甚至一个真人）来获得个性化的、全面的、同理心的答案，这些往往是非常个性化的人力资源问题。

即使技术进步了，人力资源也解放出来了，可以与人而不是流程一起工作，但流程也不会消失。实施新解决方案、启动新项目、传达企业愿景的雇主知道，他们将继续面临变革管理的挑战。然而，今天的不同之处在于，这些过程不必显得笨拙和冷静。

今天，机器人流程自动化的最佳使用着眼于组成流程的多个系统，并从用户的角度重新思考它。新员工培训是一个很好的例子，它经常涉及人力资源、IT、财务、采购和业务等许多方面。通常情况下，用户必须自己确定路径，独立访问每个系统，并希望数据从一个平台传递到下一个平台。其实没必要这样。机器人流程自动化提供了简化数据流和用户体验的能力，在幕后处理烦琐的工作，从而避免了管理任务，取而代之的是有价值的学习。

管理需求（开发和维护平台、管理供应商、建立有意义的指标、遵守新的全球法规）继续在职责列表中排名靠前。然而，采用以人为中心的方法，可以确保在用户获得最佳体验的同时完成这些琐事。

人力分析：个人维度

人力资源需要回答的问题是：你如何知道你的项目是否成功？没有改变，但现在可以分析甚至实时预测答案。

在最近的过去，人力资源分析工作倾向于用基本的报告来解决部门特定的问题。人才目标（如招聘的有效性）将与吸引力和保留数据进行对比。组织通过计划参与和人口健康数据，解决了减少医疗费用率上升等医疗保健挑战。养老金风险等财务问题是通过精算分析来处理的。

不过，目前的趋势是，将职业、健康和财富数据等一系列数据综合起来，并融入了敬业度数据。交互分析是一个热门的人力资源话题，因为它将个人维度添加到最终旨在吸引和激励人们的项目中。通过交互分析，组织可以测量任何项目变化的影响、宣传活动的有效性，甚至组织外部的市场力量。很多组织现在都在应用这种机器学习来帮助人们理解人力资源部门拥有的宝贵数据。

在人力资源工具箱中，将人工智能应用于许多人力资源问题中是相对较新的。它具有处理日常管理任务、生成报告、存储数据和执行许多其他重复性任务的潜力，使人力资源部门有更多的时间专注于其提供人才的战略职能上。

人工智能仍处于早期阶段，尽管许多组织都在研究人工智能如何满足它们的需求，但尝试用人工智能开发人力资源的组织遇到了困难。在一个案例中，人工智能程序错误地解雇了一名员工，而"修复"过程非常复杂，以至于这名员工不仅在不上班时失去了工资，而且最终带着一些怨恨离开了公司。在另一个案例中，一家使用人工智能进行招聘的大型科技企业发现了根深蒂固的性别偏见，以至于已经停止使用它。

人工智能利用了大量现有的人力资源数据。这些数据需要仔细检查，系统需要谨慎部署。人力资源部门发现，没有人类洞察力的自动化技术系统可能会导致灾难性的结果。

随着人工智能的进步和机器学习的支持，组织可以持续评估整个人力分析范围内的数据，可以在调整任何杠杆之前预测结果，并且可以根据需要调整设计以实现最终目标。机器学习与人工智能相结合，可以确保人力分析被用于解决组织和个人的需求，并不断调整以帮助每个人实现目标。

数字智能和最终的人力资源客户

按照目前的发展速度，技术将简化流程，迅速为我们提供答案，并卸下我们目前所背负的许多管理负担。但如果不加以控制，这种日益增长的数字智能就可能削弱我们在人力资源部门努力培养的个人支持和信任。

为了从高科技解决方案中获得最大的好处，我们不能忽略高接触。技术可以在编程时考虑人的因素，并且应该确保我们正在满足人力资源的最终客户——我们的员工的需求。

通过技术实现更加个性化

随着技术的不断进步，人力资源的作用也在不断演变。很明显，10年后，人力资源专业人员的角色将会大不相同，但需要指出的是，不同并不意味着被取代。

Sage发布的《2019年人力资源面貌改变》报告显示，在接受调查的500多名人力资源领导者中，82%的人认为，他们的角色将在10年内"完全无法辨认"。但Sage副总裁保罗·伯林说，这最终应该是一个积极的方面。

伯林说："不可避免的是，我们应该尽可能多地利用技术来帮助人们从低价值、平凡的任务中解放出来。这样一来，人力资源部门就能走出幕后办公室，摆脱单调的流程，花更多时间与员工一起工作。"

该报告强调了一些已经走向自动化的流程，包括招聘和各种人事决策。调查发现，24%的组织正在使用人工智能进行招聘，56%的组织计划在下一年内采用人工智能。此外，42%的受访者表示，人力资源/人事决策是数据驱动的，51%的受访者计划在下一年内实时访问数据。

伯林说，与其将这种技术革新解读为一种威胁，还不如乐观地看待它。

伯林说："我们在人力资源部门的工作方式正在发生变化，人力资源部门有巨大的机会与员工一起合作，找到更好的工作方式。无论是围绕绩效管理，还是围绕入职培训或人才发展，都有巨大的机会来设计更好的工作方式。还有一个机会是，以新的方式拥抱技术，帮助人力资源专业人士腾出时间，花更多时间与领导一起工作。所以，有很多东西值得思考，我认为这是从事这一职业的一个非常激动人心的时刻。"

也许，最大的机会就是人力资源部门有机会变得更有人情味，与员工群体亲力亲为。这种心态得到了Sage的研究的支持，近70%的人力资源领导者表示，他们的员工对人力资源的期望正在改变。

伯林表示，解放人力资源，更多地调动员工的积极性，从而帮助组织发展，这是一个令人兴奋的可能性。然而，这将要求组织改变目前的运作方式。

伯林说："现在，人们过于关注交易和自动化，而不是真正想实现最终目标，也就是如何找到合适的人、合适的技能、经验和激情。如果组织能做到这一点，那么很多事情都可以落实到位，特别是在经验、表现、学习和发展方面。"

工资改革

在考虑未来工作的所有可能性时，一个可能被忽视的因素是人们未来的薪酬。企业已经在调整薪酬惯例，为员工提供更多的选择。

ADP研究所的"薪酬演变"研究发现，在接受调查的2900名雇主中，有43%已经在提供非传统支付方式，如支付卡、移动钱包、数字平台和加密货币。

Alight发现了一些薪酬管理领域的热门话题，企业应该注意这些话题的发展趋势。一个趋势是在工资管理中集成人工智能。Alight注意到，与业务中的其他任务类似，小型事务任务现在可以自动化，取代人工数据输入处理。

Alight交付外包高级副总裁威尔逊·席尔瓦表示："机器人流程自动化将成为新的规范，为输入大量数据提供更高效、高质量的方法。例如，机器人流程自动化将自动协调，并帮助组织创建一个一致的过程，以在未来处理它们。为了更有效地管理质量保证，人工智能将通过机器学习，利用历史薪酬信息来识别和纠正当前薪酬运行中的异常情况。"

Alight强调的另一个趋势是实时支付分配。这将从根本上改变目前大多数企业采用的两周直接存款的标准支付体系。席尔瓦说，在薪酬方面为员工提供更多的选择，包括迅速获得补偿，这将是互利共赢的。

席尔瓦说："为员工提供更快的薪酬是创造灵活工作环境的一部分，这种环境让员工在工作方式、工作地点、工作时间以及最终如何和何时获得薪酬方面具有灵活性。为生活在支票上的员工加速支付工资将有助于改善他们的财务状况，帮助他们避免高利贷或在工资周期之间由于预算不足而造成的昂贵的账单滞期费。"

加密货币也是未来支付的一个潜在途径，特别是随着数字钱包的不断普及。虽然它可能永远不会成为主要的薪酬手段，但对于希望吸引各种人才的雇主来说，它肯定是一个值得一试的选择。

Alight提到的最后一个趋势，是一个已经悄悄进入企业头脑好几年的趋势。零工经济的兴起，以及它在劳动力（尤其是年轻一代雇员）中的普及，可能会迫使企业制定与优步或罗孚等公司类似的薪酬结构。

"虽然零工经济在即时薪酬选项的出现中发挥了作用，但我们也看到这些资源越来越受欢迎，因为员工越来越多地使用移动设备来管理个人财务。随着越来越多的员工依赖数字钱包，雇主将提供满足他们偏好的分销选项。"席尔瓦说，"虽然如今的零工被视为合同工，而不是员工，但雇主将不得不为员工调整同样的即时薪酬选项，以吸引和留住最优秀的人才。"

席尔瓦表示，虽然未来薪资系统会有很多调整，但薪资流程的基本面在未来五年内不会改变。

他说："工资表将继续由核对表组成，其中今天存在的任务明天也会存在。然而，管理入库流程和相关控制总额的协调将是自动化的，只有当错误无法解决时才涉及工资分析师。支付后对账，包括工资净额支付资金和其他出库流程，也将实现自动化。"

自动化对工作和薪酬的巨大影响

在讨论未来的工作时，自动化是一个可怕的流行词。是的，自动化将取代雇员，因为据估计，到2030年，美国32%的工作岗位将被淘汰。

然而，一些经济学家和未来学家猜测，如果处理得当，这些被取代的工作岗位将产生新的角色，而技术进步最终是一件好事。

未来研究所博士帕明德·贾萨尔在接受世界薪酬协会采访时说："工作不会消失，它们会转变，而且是以不同的方式转变。因此，我们认为，更多的工作将受到自动化的影响，但它们将以不同的方式受到影响。我们认为它会影响整个过程以及我们做事的方式，而不仅仅是一线流程。"

然而，当谈到如何补偿这些一线雇员时，一些经济学家正在重新评估。麻省理工学院的戴维·奥托和乌得勒支大学的安娜·萨洛蒙斯得出结论称，人工智能的使用解释了过去30年国民收入中用于雇员工资的份额下降的原因。

越来越多的人认为，过去几年雇员工资没有大幅上涨的原因之一是，尽管技术有了显著进步，但整体生产率并没有提高多少。不过，这一趋势在未来可能会有所改变。

世界薪酬协会高管薪酬战略总监苏·霍洛威表示："员工和流程需要时间来适应新技术，并充分利用技术进步的优势来实现生产率的提高。"

与雇员一样，薪酬专业人士意识到他们也需要适应。世界薪酬协会联合Salary.com对364位会员进行的"未来薪酬功能"调查，展示了成功的薪酬专业人员的形象正在发生怎样的变化。该调查显示，尽管人们期望人工智能、机器学习和预测分析在薪酬过程中越来越有影响力，但受访者也期望其他变量也能发挥作用。

他们期望在两到三年内，与创造、分析、解释或展示分析结果、薪酬公平和透明度相关的活动将成为他们最重要的职责。

"随着技术产生更先进的见解，薪酬专业人员将需要具备更强的背景知识和表达强有力的故事的能力，以帮助组织进行薪酬决策。"艾莉森·阿瓦洛斯说，她是CCP、CBP、GRP、世界薪酬协会会员和整体回报战略总监。

韦莱韬悦全球未来工作主管特雷西·马尔科姆表示，由于自动化，企业需要考虑各种因素，才能正确地将工作与价值结合起来。

马尔科姆说："现在需要确定的是，该职位的薪酬是否会继续下降，或者我们是否需要重新设计该职位。那么，我们就需要在薪酬或整体回报决策方面采取积极主动的态度，以确定最佳的薪酬方程。"

自动化冰山的一角：技能重塑

2019年7月，亚马逊宣布将在未来6年花费7亿美元帮助美国三分之一的劳动力进行技能重塑。

这种大规模自愿投资背后的动力，是赶在自动化和新技术即将带来的颠覆之前。这个想法是为了帮助亚马逊员工晋升到更高级的职位，甚至是公司之外的新职位。

亚马逊将这一计划称为"技能提升2025"，通过培训，员工理论上可以在以前不具备资格的岗位之间转换。这方面的一个例子是，物流中心的仓库工作人员可以接受培训，以在IT部门担任技术角色，即使他们缺乏技术背景。

"虽然我们的许多员工想在这里开创自己的事业，但对其他人来说，这里可能是实现不同抱负的垫脚石。"贝丝·加莱蒂，亚马逊人力资源主管在新闻发布会上说，"我们认为对员工进行投资很重要，可以帮助他们获得新技能，为自己创造更专业的选择。"

亚马逊提出技能重塑计划之际，自动化和人工智能正越来越不像未来的概念，而更多是现代的现实。牛津经济研究院的一份报告称，未来10年，机器预计将取代全球约2000万个制造业工作岗位。此外，普华永道发现，79%的首席执行官经常担心员工的现有技能，以及他们满足动态工作场所需求的能力。

因此，这可能是世界经济论坛所称的"技能重塑革命"的开端，各组织可能开始采用一种新的持续学习模式。

"未来的承诺不是终身的工作。这是作为一家公司的承诺，我将确保你与时俱进。"世界经济论坛2019年报告的合著者拉文·杰苏塔桑表示,"人才体验将越来越强调公司需要让员工获得新技能并在他们获得新技能时给予奖励——公司将为你提供继续发展自己的能力、途径和机会。"

随着这种运动的继续,这为整体回报专业人员创造了一个有趣的动态。韦莱韬悦全球薪酬主管卡罗尔·海瑟薇说,无论是工作定价还是为现有员工重新划分新角色,都将有一段调整期。

海瑟薇说:"这给薪酬专业人员带来了很多挑战。我们一直工作在这样的环境中,工作是稳定的,你可以出去评估工作,然后你可以进行市场基准测试并获得工作的市场价格,这一切都非常稳定。现在困难多了。市场的变化非常快。这些技能的需求量很大,如数据科学家和其他技术类的工作,我们观察到的情况是,不仅工资在快速变化,人们也在快速变化。"

然而,正如未来的劳动力将需要拥有更多的数字技能,以避免被取代,薪酬领导者也将不得不用改进的技术来调整自己的流程。

海瑟薇说:"作为一名薪酬专家,我们知道有更多的技术可以帮助人们更好地完成工作,也有工具可以帮助人们管理大量数据或各种薪酬流程。我们目前还没有看到大量的这种情况。我们什么时候开始在薪酬中使用大数据和预测分析来更好地管理薪酬?这是一种未来可能不会出现的创新。"

混合自动化和老龄化的劳动力

预计到2030年,50~64岁的员工数量将增加15%~30%,那么企业应该如何为可持续增长和发展做好准备呢?

组织如何平衡其自动化和数字化的野心与日益增长的成为人口老龄化解决方案的一部分需求,特别是当老年人完成的大部分(50%~80%)任务面临被新技术取代的高风险时,难道又要使他们面临更高的流离失所风险?

马什和麦克伦南2019年11月的报告《老龄化和自动化的双重趋势:利用技术授权的有经验的劳动力》提出了一种不同的思考这些问题的方式。

把老员工重新塑造成有经验的员工

人口老龄化通常被认为是对组织和整个社会的威胁,但这种情况正在改变。预计的更高的医疗费用和迅速老龄化的劳动力是人口老龄化被广泛视为一个社会挑战的关键原因——一个企业领导人需要缓解的挑战。"银色海啸""银色浪潮""灰色经济"等用来描述这一人口群体的隐喻中带有负面色彩，这些都反映了这种年龄歧视的观点。

在企业追求更高的生产率和效率（通过自动化和数字化或其他方式）的过程中，年长的员工及其宝贵的经验既不被重视，也被忽视。与其让他们离开，不如重新将"老员工"定义为"有经验的员工"，并围绕这些新兴劳动力建立一个全面的战略，这将更好地为企业应对即将到来的劳动力和人才短缺做好准备。

全球有45%的雇主表示难以找到合适的人选，为十多年来最高水平。有经验的员工是一个潜在的人才来源，可以极大地缓解目前的人才短缺。留住有经验的员工不仅能防止制度知识的流失，还能确保公司对市场有深入的了解，并在不断增长的长寿经济中保持与时俱进。长寿经济是由50岁及以上的人推动的经济活动的总量。

因此，问题不是我们为什么应该重视和留住有经验的员工，而是组织如何围绕有经验的员工制定战略。

围绕这一群体的有凝聚力的技术整合过程、量身定制的工作和人才重新设计，以及包容性的组织文化，将是至关重要的。

为有经验的技术人员重新设计工作

将技术整合到一个组织中需要重新设计工作的过程。高管面临的关键问题是：
- 在新工作中，技术含量应该是多少？
- 这些技术如何增加有经验的员工给公司带来的丰富的行业知识？
- 有经验的员工成功适应这些技术提升的工作的必要条件是什么？

在有经验的员工和技术之间实现健康平衡的情况下，人类与机器人以互补的方式并肩工作，而不是一个被另一个取代。例如，在一家大型汽车工厂，经验丰富的雇员现在与桌面机器人一起工作，这些机器人帮助雇员完成重复性或体力劳动任务。该公司采用这种机器人和人的结合，以应对日益增长的定制和个性化需求，这些需求需要更复杂的人的接触，而不是完全自动化的过程。

技术进步的步伐迫使组织跟上大量新技术应用的步伐，并积极寻求部署它们以保持竞争力。这样的需求给劳动力带来了巨大的挑战，因为快速的数字化意味着，随着工作岗位的重新设计，雇主将需要快速提升技能或所有年龄段、所有级别的技能人员。在这一过程中，高管可以通过两个视角来审视有经验的员工所扮演的角色。

首先，有经验的员工将需要技能提升和技能重塑，年轻雇员也是如此。根据自己喜欢的学习方式进行培训是最有效的。历史上，研究表明，相比正式的培训课程，有经验的员工往往更喜欢动手操作的在职培训和指导。若干公司也成功地实施了技术培训的相互指导，这已证明是技术改造的有用工具。但是，情况正在改变。在最近的小组讨论中（美世，2019）中，经验丰富的员工似乎出现了两种偏好。

超过半数的人已经通过多种方式学习新技能，如数字高级学位、在线专业课程或亲自辅导。这些员工已经准备好接受雇主给他们的新挑战和弹性角色。从发展的角度看，他们感到被忽视了，对各组织内部培训预算分配的分析表明，他们在这方面没有错。一些雇主也在向有经验的员工提供他们正在崛起的年轻专业人士的快速发展计划——非常积极地参与。

剩下的一组准备"放松下来"，以便更好地享受工作与生活的平衡，花时间做志愿工作，或照顾所爱的人。

然而，或许更突出的一点是，人们认识到，有时所需的技能提升完全不是技术性的。公司的数字化本质上是一个变革性的过程，在这个过程中，管理技能（从解决问题到有效沟通、指导和团队建设）比纯技术知识更重要。这些技能，以及高同理心，是有经验的员工往往擅长的领域。因此，与其用单向的观点强迫员工接受新技术，不如让有经验的员工自己来塑造这一整合过程。

结果可能是两全其美，因为有经验的员工（利用他们丰富的知识）以最适合组织的方式实现技术。当然，技术的确始于我们现在所说的有经验的员工这一代。

改革人才模式和包容年龄的文化的作用

组织要探索新的创新人才模式，不仅要通过新技术优化效率，还要能够为有经验的员工提供更有吸引力的员工价值主张。

零工经济的兴起给工作场所带来了极大的灵活性和流动性，为有经验的员工和企业提供了明显的双赢。由于后者受益于流动性和灵活性，这将使组织变得更加灵活，前者也可以享受零工经济提供的灵活性。

然而，零工式就业安排的吸引力受到许多结构性缺陷的影响，如缺乏传统的社会保障福利和正规的职业发展，从长远来看，这种安排并不理想。

解决这些障碍需要组织创新人才模式。例如，美世公司就在所谓的人才库联盟上进行了广泛的工作。人才库联盟是几家公司中有经验的员工的人才库，其中每家公司的一部分劳动力成为"按需"人才组的一部分，该组中的不同成员被雇用到工作流和项目中。新的雇佣合同将包含培训和保障福利，并结合广泛的灵活性，为各代雇员提供了独特的价值主张。

人才库联盟的概念为企业提供了一个按需的人才基础和更灵活的招聘机会。与此同时，通过建立新的发展和保护水平，人才库联盟成员可以克服导致零工经济缺乏吸引力和不可持续的结构性问题。

最后，尽管他们在为未来经验丰富的劳动力做好准备方面扮演着关键角色，但工作重新设计和人才模式重新设计本身是不够的。他们需要融入一种不歧视年龄、包容的组织文化，这种文化不会破坏有经验员工的价值观。这将需要新的词汇、清晰的愿景和价值观、强有力的管理、有效的组织沟通以及领导层和董事会的强大问责制，最后，还需要在全组织范围内实施一套有利于老年人的政策。

展望未来：经验丰富的劳动力战略势在必行

考虑到老龄化和自动化的双重趋势，前瞻性的组织需要更进一步，从根本上将技术整合到业务模式中，并赋予有经验的员工权力。社会压力要求企业成为负责任的雇主，以实现最佳增长，这意味着现在是企业更新其劳动力战略的时候了，经验丰富的劳动力将成为中心舞台。

有很多选择：未来的福利浪潮

在吸引和留住未来人才方面，能够成功地提供整体回报方案的雇主将处于领先地位。

根据"怡安2019年福利和趋势调查"，组织越来越意识到这一现实，超过三分之一（37%）的组织表示，正在改变其福利套餐或计划在不久的将来这样做。"虽然这肯定会让事情变得更容易，但考虑到目前存在的极端的多代人劳动力，并没有一种适用于所有人的方式来创造未来的福利方案。你必须审视你的几代人，调查你的员工。"福利管理技术公司Businessolver的首席执行官乔恩·沙纳汉说，"这就是为什么你会得到不同的休假计划，而雇主过去从未考虑过。对于生活中发生的事情有不同的休假选择，不管是照顾老人还是家庭假期，除州或联邦规定外。所以，我认为你看到了创新。"

沙纳汉说，制定正确的薪酬方案的一部分是确保员工有足够的自愿选择。最受欢迎的自愿选择之一是宠物保险，世界薪酬协会的"2019年整体回报计划和实践清单"调查发现，2019年33%的雇主提供了宠物保险。另一个近年来激增的热门福利是学生贷款债务偿还项目，2018年提供该项目的雇主比例从10%上升到2019年的26%。

沙纳汉说，在同样的情况下，消费者账户和紧急储蓄计划也很受欢迎。这些都是雇主提供的账户，通常对千禧一代很有吸引力。

沙纳汉说："这只是一种能力，要考虑到你所拥有的几代员工以及他们的各种需求，然后做出反应。你是在想那些即将退休的人，他们是如何看待福利的？你有没有想过那些没有经历过生活事件的人，所以他们可能不太关心健康计划，但他们更担心休假和生活中其他马上就会影响到他们的事情？这是一种开放的观点，与你的员工保持一致，微调你的福利计划，这样你就可以吸引和留住人才。"

除预计今后将继续流行的自愿福利外，诸如健康储蓄账户等保健福利正变得更加标准化，并证明受到年轻一代的高度重视。根据Benefitfocus的一份报告，员工参与健康储蓄账户的比例从2017年的50%增长到2018年的81%。

数字医疗公司Amino的首席执行官大卫·维维罗在《福布斯》杂志上写道，健康保险是最适合千禧一代的福利。

"这是在你年轻、健康的时候省钱的好方法。"他写道，"你的千禧一代员工也会欣赏健康储蓄账户的灵活性，它可以用来支付从针灸、隐形眼镜到医疗用品的任何费用。"

雇主正在提供或计划提供的其他福利包括员工折扣计划、长期护理保险、通勤福利计划和通勤福利的税收优惠选项。

沙纳汉指出，拥有一个全面的福利管理方法将为一个组织在未来成功吸引和留住人才打下基础，但成功实施的一个关键因素是为员工提供用户友好的技术来获取和利用上述福利。

"如果你没有好的技术，他们的第一次体验就很糟糕。"沙纳汉说，"对大多数福利项目来说，他们与福利互动的第一种方式是在开始或第一天上班前通过移动设备或坐在计算机前。如果这很难理解，如果它不灵活，平台不能帮助员工做出有关他们的利益的决定，那么这将是一个糟糕的经历。但如果用户体验良好，他们就会倾向于更青睐自己的雇主。"

反侵权盗版声明

电子工业出版社依法对本作品享有专有出版权。任何未经权利人书面许可，复制、销售或通过信息网络传播本作品的行为；歪曲、篡改、剽窃本作品的行为，均违反《中华人民共和国著作权法》，其行为人应承担相应的民事责任和行政责任，构成犯罪的，将被依法追究刑事责任。

为了维护市场秩序，保护权利人的合法权益，我社将依法查处和打击侵权盗版的单位和个人。欢迎社会各界人士积极举报侵权盗版行为，本社将奖励举报有功人员，并保证举报人的信息不被泄露。

举报电话：（010）88254396；（010）88258888

传　　真：（010）88254397

E-mail：　dbqq@phei.com.cn

通信地址：北京市万寿路173信箱
　　　　　电子工业出版社总编办公室

邮　　编：100036